Zeitstrahl

4 Mio. Jahre v. Chr.–1500 n. Chr.

0
Die cl
Zeitre
begin
ange
Gebu
Jesus

Geschichte und Geschehen

Michael Sauer (Herausgeber)

Rolf Brütting
Ursula Fries
Martin Krön
Georg Langen
Peter Offergeld
Michael Sauer
Helge Schröder
Raimund Schulz
Franz-Josef Wallmeier
Uwe Walter

Ernst Klett Verlag
Stuttgart · Leipzig

1. Auflage 1 6 5 4 3 2 | 2012 011 010 09 08

Alle Drucke dieser Auflage sind unverändert und können im Unterricht nebeneinander verwendet werden. Die letzten Zahlen bezeichnen jeweils die Auflage und das Jahr des Druckes.

Internetadresse: www.klett.de

Herausgeber: Prof. Dr. Michael Sauer
Autoren: Dr. Rolf Brütting: S. 196–219; Dr. Ursula Fries: S. 90–95, 98–99; Dr. Martin Krön: S. 102–121; Georg Langen: S. 220–245; Dr. Peter Offergeld: S. 72–83,, 86–89, 100–101, 154–167; Prof. Dr. Michael Sauer: S. 10–49, 96–97, 178–179; Prof. Dr. Raimund Schulz: S. 144–153; Dr. Helge Schröder: S. 50–71, 122–143; Franz-Josef Wallmeier: S. 168–177, 180–195; Prof. Dr. Uwe Walter: S. 84–86

Layoutkonzeption und Umschlaggestaltung: kognito Visuelle Gestaltung, Berlin
Zeichnungen/Illustrationen: Lutz-Erich Müller, Leipzig; Johanna Scholz, Göttingen
Kartografien: Kartografisches Büro Borleis & Weis, Leipzig

CD Programmierung: KREAKTOR, Hannover

Herstellung: Sabine Artner

Reproduktion: Meyle + Müller, Medien-Management, Pforzheim
Druck: Himmer AG, Augsburg

Printed in Germany
978-3-12-443010-6

9 783124 430106

Einleitung

Liebe Schülerin, lieber Schüler,

nun liegt dein neues Geschichtsbuch vor dir und will dich ein Jahr lang durch den Geschichtsunterricht begleiten. Vielleicht hast du schon einmal darin geblättert. Dann wird dir aufgefallen sein, dass neben den Texten viele farbige Abbildungen, Karten und Schaubilder abgedruckt wurden. Genauso bunt und vielfältig wie die Geschichte selbst will auch dein Geschichtsbuch sein.

Die Entdeckungsreise mit Geschichte und Geschehen führt dich in ferne Zeiten und ferne Länder:

- Du kannst herausfinden, wo die Geschichte von uns Menschen vor Millionen von Jahren begann und wie die Menschen die ganze Erde bevölkerten.
- Du wirst ins Land der Pyramiden und der Pharaonen geführt und wirst erfahren, was es mit den Mumien auf sich hat.
- Dir werden die alten Griechen begegnen, die nicht nur die Olympischen Spiele erfanden.
- Du kannst in Gedanken mit wagemutigen Seeleuten vor über zweitausend Jahren in fremde Länder reisen.
- Die Römer kennst du sicher von Asterix und Obelix. Wie die Römer so mächtig wurden und sie in ihrem riesigen Reich lebten, das erfährst du hier.
- Du kannst eine Zeitreise ins Mittelalter unternehmen und erfahren, wie die Menschen in Dörfern, Klöstern, auf Burgen und in Städten lebten.

Beim Durchblättern wirst du gesehen haben, dass zu Geschichte und Geschehen eine CD-ROM gehört. Dort findest du Material, mit dem du üben und dein Wissen anwenden kannst, z. B. Arbeitsblätter, Quizfragen, bewegliche Karten usw.

Bestimmt kannst du schon mit dem Internet umgehen. Dort findest du auch viel Wissenswertes über die Geschichte. Damit du schneller zum Ziel kommst, haben wir für dich unter der Adresse www.klett.de/online viele Seiten zusammengestellt. Dort gibt es so unterschiedliche Angebote wie den Vorschlag „Kochen wie im Mittelalter" oder den virtuellen Besuch in einem Museum. Lass dich einfach überraschen. Es ist bestimmt für jeden etwas dabei.

Bei deiner Reise durch Raum und Zeit wünschen wir dir viel Spaß.

Die Autorinnen und Autoren

3 Mio. v. Chr. | 800 v. Chr. | 750 v. Chr. | 500 v. Chr. | 150 n. Chr.

800 n. Chr.

1. Jh.

16. Jh.

9

Lebensformen in der mittelalterlichen Ständegesellschaft 196

10

Städte verändern das Leben 220

•╫• Fakultative Themen

So arbeitest du mit diesem Buch

Auf dieser Doppelseite möchten wir dir kurz die unterschiedlichen Seiten und Elemente von Geschichte und Geschehen vorstellen. Dir begegnen im Buch ganz unterschiedliche Medien: Bilder, Karten, Grafiken und Texte stehen beispielhaft für die unterschiedlichen Wege, auf denen man etwas über die Geschichte erfahren kann.

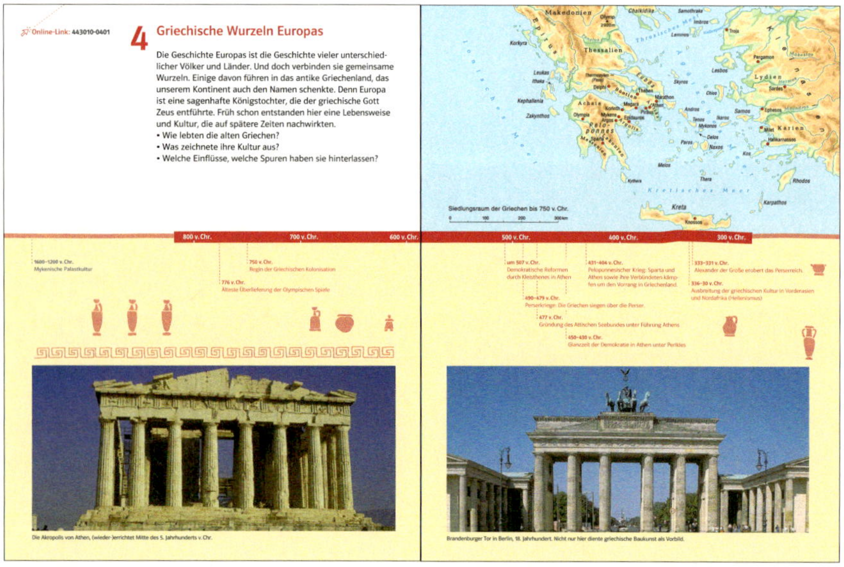

4 Griechische Wurzeln Europas

Die Geschichte Europas ist die Geschichte vieler unterschiedlicher Völker und Länder. Und doch verbinden sie gemeinsame Wurzeln. Einige davon führen in das antike Griechenland, das unserem Kontinent auch den Namen schenkte. Denn Europa ist eine sagenhafte Königstochter, die der griechische Gott Zeus entführte. Früh schon entstanden hier eine Lebensweise und Kultur, die auf spätere Zeiten nachwirkten.
- Wie lebten die alten Griechen?
- Was zeichnete ihre Kultur aus?
- Welche Einflüsse, welche Spuren haben sie hinterlassen?

Die Akropolis von Athen, (wieder-)errichtet Mitte des 5. Jahrhunderts v. Chr.

Brandenburger Tor in Berlin, 18. Jahrhundert. Nicht nur hier diente griechische Baukunst als Vorbild.

Das Buch umfasst zehn Themeneinheiten. Jede beginnt mit einer **Orientierungsseite.** Ein kurzer Text führt in das Thema ein und nennt Fragen, die du am Schluss der Themeneinheit beantworten kannst. Eine Zeitleiste hilft dir, das Thema in die Zeit einzuordnen. Rot sind die wichtigsten Daten der Themeneinheit vermerkt. Bereits behandelte wichtige Daten sind schwarz vermerkt. Du siehst so auf den ersten Blick, was früher, was später oder was gleichzeitig war.

Auf jeder Orientierungsseite befindet sich eine Karte, damit du das Thema geografisch einordnen kannst.

Bilder sollen dein Interesse wecken und erste Ausblicke auf das Thema geben.

Die **Verfassertexte** haben Schulbuchautoren – meist Lehrerinnen und Lehrer – für dich geschrieben. Die Texte informieren dich zusammenhängend über das jeweilige Thema des Kapitels. Sie sind in kleinere Abschnitte gegliedert. Damit du sie zielgerichtet lesen kannst, schlagen die Verfasser Aufgaben vor.

Auch zum Erschließen von Bildern werden Aufgaben vorgeschlagen. Diese Aufgaben sind durch ein Symbol gekennzeichnet: ✎ X:

Unbekannte Begriffe werden in der Randspalte erklärt. Wenn du gezielt nach bestimmten Begriffen suchst, kannst du den Anhang des Buches benutzen.

Ebenfalls im Anhang findest du Hinweise zum Lösen der Aufgaben.

7 Das Christentum – eine Religion setzt sich durch

Christen im Römischen Reich

D3 Warenumschlag im Lübecker Hafen

Ware	Hauptherkunft	Einfuhr	Ausfuhr	Summe
Tuche	Flandern	120,8	39,7	160,5
Fisch	Schonen	64,7	6,1	70,8
Salz	Lüneburg	-	61,6	61,6
Butter	Schweden	19,2	6,8	26,0
Felle, Pelze	Russland, Schweden	13,3	3,7	17,0
Getreide	Preußen	13,0	0,8	13,8
Wachs	Russland, Preußen	7,2	5,8	13,0
Bier	Wendische Städte	4,1	1,9	6,0
Kupfer	Schweden, Ungarn	2,2	2,4	4,6
Eisen	Schweden, Ungarn	2,4	2,2	4,6
Öl	Flandern	2,7	1,5	4,2
Flachs	Livland, Norddeutschland	0,4	3,0	3,4
Wein	Rheinland	1,3	0,9	2,2
Leinen	Westfalen	0,2	1,1	1,3

Du findest im Buch viele unterschiedliche Materialien. Mit einem Q sind Quellen (Texte, Bilder) gekennzeichnet, die aus der Zeit, um die es im Kapitel geht, erhalten geblieben sind. Später entstandene Texte und Bilder sind mit einem D (Darstellung) gekennzeichnet. Quellen und Darstellungen sind in jedem Kapitel durchnummeriert.

Am Ende eines jeden Kapitels stehen Aufgaben, mit denen du prüfen kannst, was du gelernt hast.

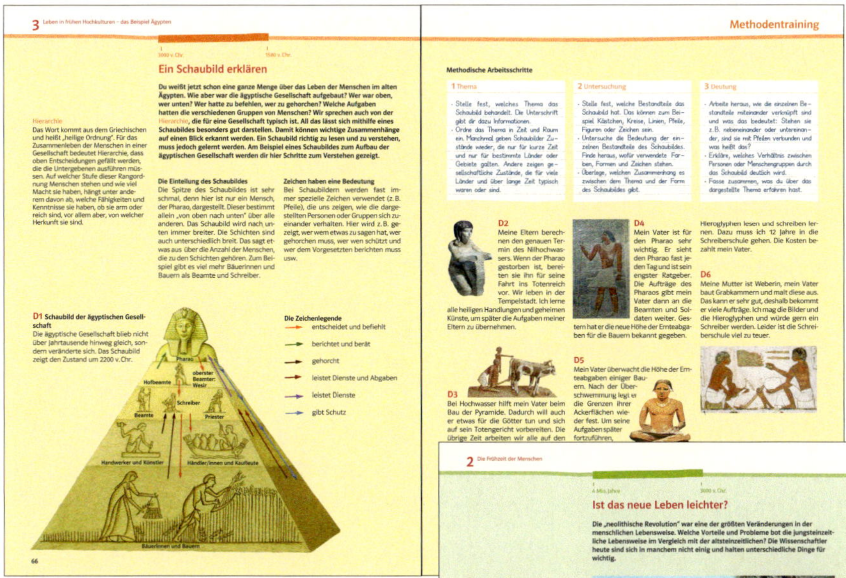

Unter der Überschrift **„Methodentraining“** wird in jeder Themeneinheit eine Methode vorgestellt. Auf diesen Doppelseiten wird dir vorgeführt, wie du ein bestimmtes Material (Texte, Schaubilder Karten, Bilder usw.) auswerten kannst. Die methodischen Arbeitsschritte findest du im Anhang des Buches wieder.

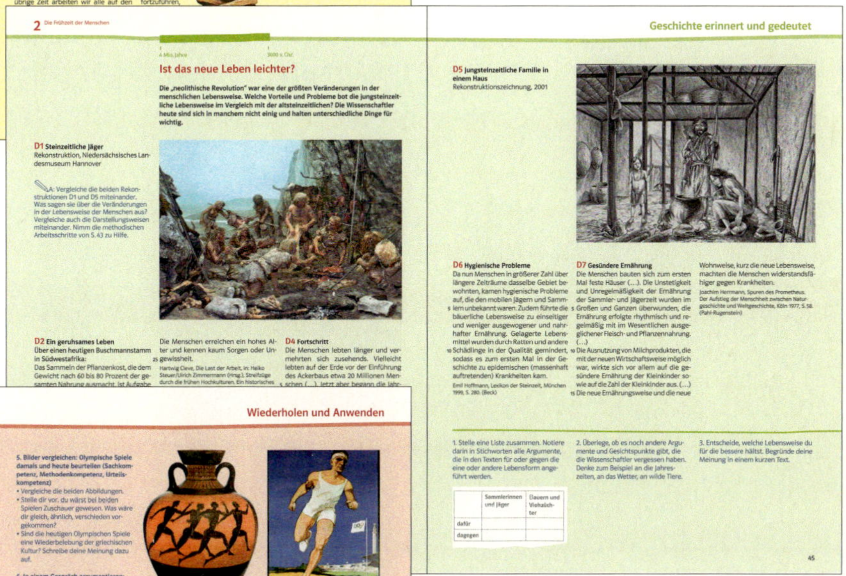

An einigen Stellen des Buches gibt es die Seiten **„Geschichte erinnert und gedeutet“**. Hier kannst du sehen, wie Menschen aus späterer Zeit die Geschichte darstellen und deuten – oft ganz unterschiedlich.

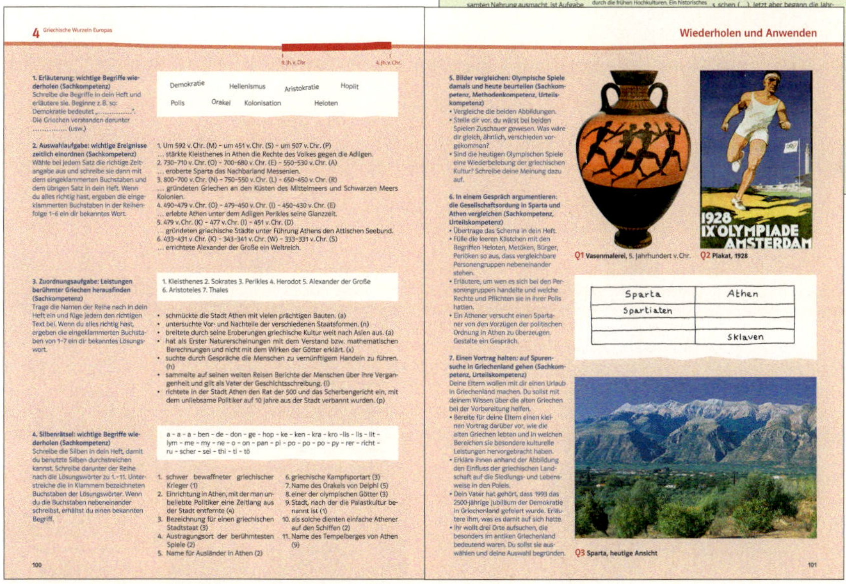

Am Schluss einer jeden Themeneinheit steht die Doppelseite **„Wiederholen und Anwenden“**. Hier kannst du an verschiedenen Aufgaben üben und testen, was du gelernt hast.

Kleine Symbole helfen dir, dich im Buch leichter zurechtzufinden:

Hier findest du Literaturtipps zum Weiterlesen.

Das Zeichen bedeutet, dass du weiter hinten im Buch mehr dazu erfährst.

Dieses Zeichen sagt dir, dass du weiter vorn im Buch noch einmal nachlesen und wiederholen kannst.

Das Zeichen verweist auf Übungen auf der CD-ROM.

Nach diesem Symbol findest du auf jeder Orientierungsseite und auf vielen anderen Seiten eine Nummer. Unter www.klett.de/online und dieser Nummer findest du im Internet Zusatzmaterial zur Themeneinheit.

Dieses Zeichen bedeutet, dass der Inhalt des Kapitels fakultativ ist.

Online-Link: 443010-0101

1 Was geht mich Geschichte an?

Geschichte ist für dich nichts Neues. Du hast davon schon eine ganze Menge gehört, gelesen und gesehen. Aber was genau ist eigentlich „Geschichte"?

- Warum beschäftigen wir uns überhaupt damit?
- Wie finden wir etwas über die Vergangenheit heraus?
- Und wie können wir Geschichte einteilen, damit wir nicht die Orientierung verlieren?

Das sind Fragen, die für den Umgang mit Geschichte grundlegend sind. Antworten darauf findest du nicht nur in diesem Kapitel, sondern auch in allen weiteren Kapiteln dieses Buches und in den beiden folgenden Bänden von „Geschichte und Geschehen".

4000 v. Chr. | 3000 v. Chr. | 2000 v. Chr.

3761 v. Chr.
Nach jüdischem Glauben wird die Welt erschaffen. Die jüdische Zeitrechnung beginnt.

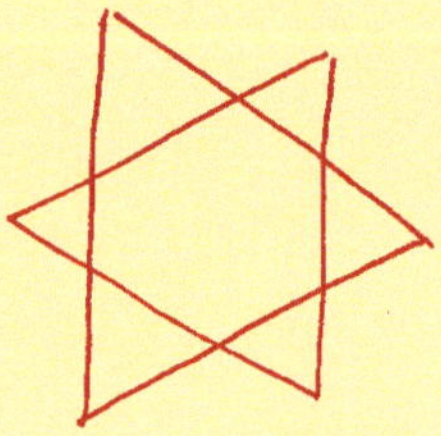

Juden beim Gebet an der Klagemauer in Jerusalem, Israel, Foto 2006
Jerusalem ist für die drei Weltreligionen Judentum, Christentum und Islam eine heilige Stadt.

Rom, im Vordergrund das Forum Romanum
Überreste von Bauten aus der römischen Kaiserzeit

Zentrale Orte von Weltreligionen

1000 v. Chr. — **1 n. Chr.** — **500 n. Chr.** — **700 n. Chr.**

753 v. Chr.
Der Sage nach wird Rom von Romulus gegründet. Die Zeitrechnung der Römer beginnt.

1 n. Chr.
Die christliche Zeitrechnung beginnt mit dem angenommenen Geburtsjahr von Jesus.

622 n. Chr.
Mohammed zieht aus seiner Geburtsstadt Mekka nach Medina aus, wo ihm ein neuer Glaube offenbart wird. Die islamische Zeitrechnung beginnt.

Grabeskirche in Jerusalem, Foto 2006
Die Grabeskirche ist eines der größten christlichen Heiligtümer. Sie steht an dem Ort, an dem Jesus Christus gekreuzigt und begraben worden sein soll.

Pilger umrunden die Kaaba in der Großen Moschee von Mekka, Foto 2001.
Die Kaaba ist das größte Heiligtum des Islam. Muslime sollen einmal in ihrem Leben dorthin pilgern.

Online-Link: 443010-0102
Fragebogen: Was interessiert dich an Geschichte?

Was ist eigentlich Geschichte?

Wenn du an „Geschichte“ denkst, was fällt dir dann ein? Ritter und Burgen? Die Pyramiden? Bilder aus einem alten Fotoalbum? Oder vielleicht das, was dir deine Großmutter über ihre eigene Schulzeit erzählt hat?

Q1 Der erste Schultag, 1959

A: Denke dir eine kleine Geschichte zu dem Foto aus.

Ein Foto und viele Fragen

Anna und Martin blättern in einem alten Fotoalbum. „Mein erster Schultag am 1. September 1959“ steht unter einem Foto. „Guck doch mal, der Junge ganz links, das muss Opa sein.“ „Besonders begeistert sieht er ja nicht aus. Ob er wohl gern zur Schule gegangen ist?“ „Sieh mal, wie komisch die alle angezogen sind!“ „Kalt muss es gewesen sein.“ „Vielleicht hat es geregnet.“ „Wieso ist da ein Pfarrer dabei?“ „Was die wohl in ihren Schultüten hatten?“ „Ich würde lieber wissen, wie der Unterricht war. Ob die schon Computer hatten?“ „Ob die Lehrer streng waren?“ „Und ob es einen Schulchor gab ...“

B: Schreibe auf, welche Fragen an die Geschichte dich am meisten interessieren. Ihr könnt diese Fragen in der Klasse sammeln und mit eurer Lehrerin oder eurem Lehrer darüber sprechen. Ihr könnt auch den Fragebogen auf dem Online-Link verwenden.

Fragen an die Geschichte

Geschichte macht uns neugierig, sie ist oft rätselhaft, abenteuerlich und spannend. Aber nicht alle Menschen interessieren sich für die gleichen Themen. Deswegen stellen sie ganz unterschiedliche Fragen an die Geschichte, zum Beispiel: Wie haben die Menschen gelebt, als es noch keine Autos und Computer gab? Wie haben sie in der Steinzeit ihre Waffen und Werkzeuge hergestellt? Warum gibt es heute in manchen Ländern noch Königinnen und Könige, bei uns aber nicht? Gab es Asterix und Obelix wirklich?

Kann man aus der Geschichte lernen?

Wenn wir uns mit Geschichte beschäftigen, fallen uns Unterschiede und Ähnlichkeiten zwischen früher und heute auf. Wir stellen fest, wie sich Dinge im Laufe der Zeit allmählich verändert haben, bis sie so geworden sind, wie sie heute sind. Wir können aber auch darüber nachdenken, ob nicht vielleicht andere Entwicklungen in der Geschichte möglich gewesen wären. Oder wir finden Dinge, die in der Vergangenheit passiert sind, falsch und wollen dafür sorgen, dass sie nicht noch einmal passieren. Wir können also in vielerlei Weise aus der Geschichte lernen, jeder und jede für sich und alle gemeinsam.

D1 **Asterix und Obelix, Die goldene Sichel, 1962**

Was ist Geschichte?

Geschichte ist nicht nur all das, was in der Vergangenheit geschehen ist. Geschichte ist auch das, was jemand erzählt oder aufgeschrieben hat, nachdem er sich mit der Vergangenheit beschäftigt und darüber nachgedacht hat. Weil man aber so viele unterschiedliche Fragen an die Geschichte stellen kann und genauso viele Antworten darauf findet, ist Geschichte nie etwas Fertiges. Sie wird immer wieder neu erzählt – auch von dir und von deinen Mitschülerinnen und Mitschülern im Geschichtsunterricht.

Wie teilen wir Geschichte ein?

Du weißt schon, dass Jahreszahlen für die Einteilung der Geschichte nötig sind. Aber woher nehmen wir die Zählung der Jahre? Grundlage dafür ist die Zeitrechung. In der Welt am meisten verbreitet ist heute die christliche Zeitrechnung. Sie setzt das angenommene Jahr von Christi Geburt als Nullpunkt und rechnet von dort aus vorwärts und rückwärts. Es gibt aber auch andere Zeitrechnungen. Die jüdische beginnt mit einem Datum, an dem die Juden die Erschaffung der Welt annehmen, nämlich dem Jahr 3761 vor Christus (v. Chr.). Die Römer rechneten von dem Zeitpunkt aus, an dem der Sage nach ihre Stadt gegründet wurde. Nach christlicher Zeitrechnung war dies das Jahr 753 v. Chr. Mit dem Auszug Mohammeds aus seiner Geburtsstadt Mekka nach Medina im Jahre 622 nach Christus (n. Chr.) beginnt die islamische Zeitrechnung.
Um uns leichter orientieren zu können, fassen wir außerdem größere Zeitabschnitte zusammen, die wir als Epochen bezeichnen. Du wirst sie im Geschichtsunterricht kennen lernen, z. B. die Epoche des Mittelalters.

C: Stelle dar, welche Rolle die Religionen bei den Zeitrechnungen spielten. Nenne mögliche Gründe dafür.

Einen Überblick über die Einteilung der Geschichte findest du auf den Ausklappseiten vorn im Buch.

D2 **Zeitleiste zu den Epochen der Geschichte**

1. Erkundige dich und erkläre: Woher leiten sich die Zeiträume eines Tages, eines Monats und eines Jahres ab?

2. Rechne aus, in welchem Jahr nach jüdischer, römischer und islamischer Zeitrechnung du geboren wurdest.

Eine Zeitleiste erstellen

Eine Zeitleiste gibt dir einen Überblick über den Verlauf der Zeit. Sie zeigt in einer graphischen Darstellung Daten von wichtigen Ereignissen und Informationen über historische Situationen und Personen. Sie hilft dir, geschichtliche Vorgänge in einen zeitlichen Zusammenhang einzuordnen und einen guten Überblick länger lang andauernde historische Zustände und Abläufe zu gewinnen.
Zeitleisten können sich auf unterschiedlich große Zeiträume beziehen. Sie können in einem groben Überblick die gesamte Menschheitsgeschichte darstellen, den Stoff eines einzelnen Schuljahres zeigen oder sich mit einzelnen ausgewählten Themen – z. B. der Zeit der Bürgerkriege in Rom – befassen. Man kann auch die Geschichte der eigenen Familie oder sogar nur einer Person in einer Zeitleiste wiedergeben. Daran lässt sich dann ablesen, wie die persönliche Geschichte mit der allgemeinen Geschichte zusammenhängt. Selbst gemachte Zeitleisten kannst du in dein Heft eintragen. Ihr könnt aber auch gemeinsam große Zeitleisten gestalten und an die Wand des Klassenzimmers hängen.

Die Bürgerkriege in Rom findest du in diesem Buch auf Seite 118.

Die Planung
Wenn ihr gemeinsam in der Klasse eine Zeitleiste gestaltet, gibt es eine Menge zu tun und zu bedenken. Bevor es losgeht, müsst ihr überlegen, welchen Zeitraum ihr darstellen wollt und wie viel Platz ihr dafür zur Verfügung habt. Soll die Zeitleiste nur einen groben Überblick bieten, kommt man mit wenig Platz für viel Zeit aus; denn dann reichen die wichtigsten Daten mit ein paar Bildern aus. Je genauer die Zeitleiste werden soll, desto mehr Platz müsst ihr einplanen. Als Material für eine Zeitleiste im Klassenraum eignen sich am besten große Zeichenkartons, aber ihr könnt auch aneinandergeklebte Blätter oder eine Tapete verwenden.

Zeitleistenbausteine
Bei der Gestaltung einer Zeitleiste könnt ihr viele unterschiedliche „Bausteine" verwenden. Das „Rückgrat" jeder Zeitleiste bildet die Zeitskala. Das ist eine Linie mit Markierungen für bestimmte Zeitabstände, die in der Regel von links nach rechts verlaufen. Je nach Maßstab könnt ihr einzelne Jahre, Zehnjahresabstände oder größere Zeitabschnitte durch Striche markieren. Weitere Abstände könnt ihr durch größere Striche oder Farbe hervorheben und die dazu gehörenden Zahlen eintragen. Wichtige Ereignisse werden durch einen Strich markiert, dazu kommt das Datum (Jahr, eventuell auch Monat und Tag) mit einem Stichwort. Ereignisse, Personen oder Schlüsselbegriffe wie etwa Epochen könnt ihr in kurzen Texten erläutern.

Die Ausgestaltung
Zusätzlich kann die Zeitleiste mit Bildern, Karten, Symbolen oder Grafiken ausgestaltet werden. Dabei müsst ihr einen guten Mittelweg finden: Die Zeitleiste soll nicht überladen sein, aber auch nicht zu leer. Bei einer Zeitleiste im Klassenzimmer ist es wichtig, dass alle Eintragungen auch aus einiger Entfernung zu lesen sind.

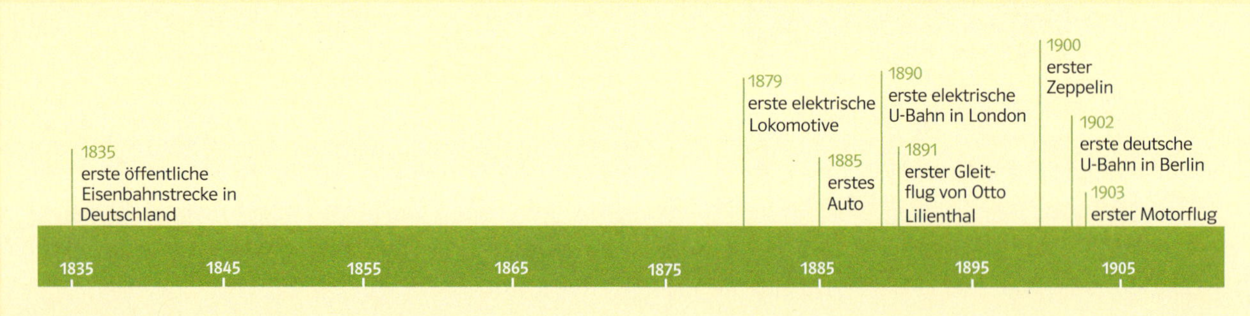

D1 **Zeitleiste zur Geschichte der modernen Verkehrsmittel**

Methodische Arbeitsschritte

1 Die Planung

- Bestimmt Thema und Zweck der Zeitleiste.
- Berechnet Maßstab und Platzbedarf.
- Tragt die Zeitskala ein und nehmt die Markierung von Abschnitten vor.
- Besprecht untereinander, zu welchen Ereignissen, Personen oder Begriffen ihr Eintragungen vornehmen wollt (am besten dann, wenn ein Thema im Unterricht abgeschlossen ist).

2 Die Zeitleistenbausteine

- Schreibt eure Texte vor und besprecht sie miteinander.
- Sammelt passende Bilder und andere zusätzliche Materialien, wählt sie gemeinsam aus und formuliert Unterschriften dazu.

3 Die Ausgestaltung

- Klärt genau, wo welcher „Baustein" in der Zeitleiste hinkommen soll; tragt, klebt oder malt dann ein, was ihr geplant habt.
- Überlegt gemeinsam, welche Verzierungen ihr noch vornehmen könnt (Farbe, Symbole).

D2 **Zeitleiste zum Leben des Fritz M. (1902–1974)**

1. Zeichne eine Zeitleiste zur Geschichte deiner Familie. Überlege, welche Daten und Ereignisse dir selber dazu einfallen. Unterhalte dich auch mit deinen Eltern und/oder Großeltern darüber.

Auf der CD-ROM findest du eine Reihe von Daten zur allgemeinen Geschichte, die vielleicht für eure Familiengeschichte wichtig gewesen sein könnten. Du kannst sie deinen Eltern oder Großeltern vorlegen.

Trage in deine Zeitleiste Familien- und Orientierungsdaten aus der allgemeinen Geschichte ein. Deine Familienzeitleiste wird besonders gut aussehen, wenn du auch noch Kopien von Fotos einklebst.

Wie finden wir etwas über Geschichte heraus?

Woher wissen wir heute eigentlich, was vor hundert, vor tausend oder vor zehntausend Jahren geschehen ist? Und wie genau können wir es wissen?

A: Ordne die Abbildungen Q1–Q4 einer Quellengruppe zu.

Genauere Informationen zu den verschiedenen Quellenarten findest du bei der Einführung der verschiedenen Methoden.

Geschichtsquellen

Die Menschen, die früher gelebt haben, haben viele Dinge hinterlassen, die uns Auskunft über die Vergangenheit geben können. Weil diese Dinge die Quellen unseres Wissens darstellen, werden sie tatsächlich auch Quellen genannt. Es gibt ganz unterschiedliche Arten von Quellen:

- Sachquellen, z. B. Bauwerke, Waffen, Scherben oder Knochen
- Texte, z. B. Gesetze, Verträge, Briefe, Urkunden
- Bilder, von der Höhlenmalerei bis zur Fotografie
- Tonaufnahmen und Filme

Zeitzeugen – erzählte Geschichte

Eine historische Quelle ist schließlich auch das, was uns andere Menschen über die Vergangenheit erzählen, die sie selbst erlebt haben. Man nennt diese Menschen dann Zeitzeugen. Jeder Mensch kann zum Zeitzeugen werden, vor allem für das alltägliche Leben, wie er selber es erfahren hat. Zeitzeugen können eher zufällig und nebenbei über ihre Vergangenheit erzählen – so ist es meist in der Familie. Sie können aber auch gezielt von Fachleuten zu bestimmten Themen befragt werden. Als die Schrift noch nicht so eine große Rolle spielte, wurden Geschichten über die Vergangenheit von Generation zu Generation weitererzählt.

Die Arbeit der Historiker

Die Spezialisten für die Beschäftigung mit Geschichte nennt man Historiker. Sie wollen herausfinden, wie die Menschen früher gelebt, was sie getan, erlebt, gedacht und geglaubt haben. Sie fragen z. B. auch, wann ein bestimmtes Ereignis geschehen ist, wie es sich abgespielt hat, wer daran beteiligt war und was die Gründe dafür waren. Um all das herauszubekommen, suchen und untersuchen sie alle Geschichtsquellen, die Auskunft darüber geben können.

Q1 Griechisches Vorratsgefäß
um 520 v. Chr.

Q2 Tagebuch

Q3 Szene aus dem Spielfilm „Spartakus"
Universal Studios, USA, Gaibleentertainment LLC, Regie: Robert Dornhem, 2004

Über den allergrößten Teil der Menschheitsgeschichte existieren nur Sachquellen. Auf das Suchen, Ausgraben und Auswerten solcher Quellen sind Fachleute spezialisiert, die Archäologen heißen.

Wie Archäologen arbeiten, erfährst du auf den Seiten 28 und 29.

Geschichtsschreibung

Die Arbeit des Historikers ist noch nicht zu Ende, wenn er Quellen zu einem Thema gefunden hat. Er muss nun alle Informationen aus den Quellen auswerten. Das ist oft gar nicht einfach, denn manchmal fehlen wichtige Quellen. Dann ist man auf Schlussfolgerungen und Vermutungen angewiesen. Auch kommt es häufig vor, dass in mehreren Textquellen ein Ergebnis ganz unterschiedlich dargestellt wird. Wenn z. B. zwei Länder gegeneinander Krieg geführt haben, wird meistens jedes dem anderen die Schuld dafür geben. Und so steht es dann auch in den Texten. Es kommt also immer auf die Sichtweise an, mit der die Beteiligten ein historisches Ereignis wahrgenommen haben. Die Gründe dafür müssen überprüft werden. Ein Historiker wertet natürlich auch aus, was andere Fachleute schon über das Thema geschrieben haben. Am Ende kommt jeder zu einem eigenen Urteil und schreibt seine Sicht der historischen Geschehnisse auf.

Urteile über die Geschichte

Dabei müssen keineswegs immer alle Historiker einer Meinung sein. Auch wenn sie alle dieselben Quellen nutzen und dieselben Informationen haben, können sie sie doch unterschiedlich bewerten. Und Historikerurteile verändern sich im Laufe der Zeit: Denn Fragen an die Vergangenheit werden immer neu gestellt. In der Geschichte ist es also anders als in der Mathematik, wo zwei plus zwei immer vier ist. Das merkst du übrigens auch in deinem Schulbuch. Hier findest du manchmal Formulierungen wie „vermutlich" oder „die einen meinen dies, die anderen das". Dass wir bei vielen Fragen nicht genau entscheiden können, wie es „wirklich" war, kann uns manchmal irritieren und verunsichern. Aber zugleich macht es Geschichte auch besonders spannend.

Q4 Spielzeugpuppe der Sioux-Indianer
um 1900

1. Lass dir von deinen Eltern, Großeltern oder älteren Geschwistern erzählen, wie es bei deiner Einschulung war. Vergleiche die Erzählungen miteinander. Gibt es Unterschiede oder vielleicht sogar Widersprüche in den Erinnerungen? Erkläre, was das mit Geschichtsschreibung zu tun hat.

2. Schreibe in Stichworten ein Merkblatt für Historiker. Was müssen sie tun und beachten? Nummeriere die einzelnen Schritte.

Sachquellen untersuchen

Sachquellen sind Gegenstände, die aus vergangenen Zeiten übrig geblieben sind. Wenn wir sie genau betrachten und untersuchen, können sie uns Informationen über diese Zeiten geben.
Zu den Sachquellen werden auch Bauwerke und Denkmäler gezählt. Hier geht es aber erst einmal um kleinere, bewegliche Sachquellen. Dazu gehören Werkzeuge und Geräte (Haushaltsgeräte, landwirtschaftliche Geräte, Werkzeuge aus Handwerk und Industrie, Waffen), Einrichtungsgegenstände (Möbel, Herde, Öfen, Lampen), Kleidung, Spielzeug, Münzen und Banknoten oder Briefmarken. In diesem Buch kannst du Sachquellen leider nur in Form von Fotografien sehen. Spannender ist es, wenn ihr im Unterricht Sachquellen im Original untersucht.

Ein Beispiel
Am Beispiel einer ganz alltäglichen Sachquelle lassen sich die einzelnen Arbeitsschritte erproben. Sicher hast du sofort erkannt, dass es sich bei Q1 um ein Bügeleisen handelt.

Beschreiben
Wenn du den Gegenstand in die Hand nehmen könntest, würden dir zwei Dinge auffallen: Obwohl das Bügeleisen ziemlich klein ist, ist es sehr schwer. Und den Griff des Bügeleisens kann man abnehmen, er wird mit einem Schwenkhebel gesichert.

Untersuchen
Der Gegenstand ist – wie der Name Bügeleisen ja schon verrät – aus Eisen, der Handgriff ist aus Holz.
Aus welcher Zeit das Bügeleisen stammt, lässt sich nicht genau sagen, weil solche Modelle über längere Zeiträume hinweg hergestellt wurden. Wahrscheinlich wurde es um 1900 hergestellt.
Natürlich diente das Eisen zum Glätten der Wäsche.
Das Besondere an diesem Bügeleisen ist der abnehmbare Griff. Es handelt sich um ein so genanntes Wechselbügeleisen. Man hatte zwei Unterteile zur Verfügung: Mit dem einen wurde gearbeitet, das andere wurde auf der Ofenplatte heiß gestellt. War das eine Eisen kalt geworden, tauschte man die beiden aus – so konnte man Wartezeiten vermeiden.
Bügeln war um 1900 eine typische Frauenarbeit; es bügelte die Hausfrau oder in bessergestellten Kreisen das Dienstmädchen.

Deuten
Mit dem Gegenstand wurde eine Hausarbeit verrichtet, die es heute noch immer so ähnlich gibt. Die Wäschepflege insgesamt war damals vermutlich sehr viel aufwändiger, weil es keine Waschmaschinen gab. Das Bügeln selber war mit einem solchen Eisen wahrscheinlich schwieriger als heute, weil es viel schwerer und nicht gleichmäßig heiß war.
Heute verwendet man fast nur noch elektrische Dampfbügeleisen. Sie sind nicht mehr aus Eisen und viel leichter. Dadurch und durch den Dampf ist das Bügeln einfacher geworden. Trotz des technischen Fortschritts hat sich die Arbeitsteilung zwischen Frauen und Männern im Haushalt aber nicht wesentlich verändert. Bügeln ist bis heute eine typische Frauenarbeit geblieben.

Q1 Wechselbügeleisen
komplett
Länge: 7 cm
Breite: 9 cm
Höhe: 11 cm
Gewicht: ca. 2,18 kg

Q2 Wechselbügeleisen
Griff und Eisenkörper
Das Eisen wiegt ungefähr 2,03 kg, der Griff ca. 0,15 kg.

Methodische Arbeitsschritte

1 Beschreiben

- Stelle fest, um welchen Gegenstand es sich handelt.
- Sieh ihn an, nimm ihn in die Hand, probiere ihn aus.

2 Untersuchen

Beantworte die folgenden Fragen:
- Aus welchen Materialien ist der Gegenstand?
- Aus welcher Zeit stammt er vermutlich?
- Wozu diente er?
- Wie wurde er gehandhabt und von wem?

Dafür musst du dir unter Umständen zusätzliche Informationen aus Lexika, Sachbüchern, dem Internet oder von Experten besorgen. Als Experten können oft ältere Menschen dienen.

3 Deuten

- Überlege, was du aus dem Gegenstand über das Leben von Menschen früher entnehmen kannst. Welche Bedeutung hatte er für sie? Notiere Fragen, die sich an den Gegenstand anknüpfen und zu deren Beantwortung du weitere Informationen brauchst.

- Stelle abschließend fest, ob der Gegenstand für unser heutiges Leben noch eine Rolle spielt. Ist er durch andere ersetzt worden? Was lässt sich daraus über die Lebensweise der Menschen und ihren Wandel ablesen?

Q3 Hohles Bügeleisen
Eine andere Möglichkeit, ein Bügeleisen warm zu halten, bestand darin, in ein hohles Bügeleisen ein erhitztes Eisenstück einzuschieben. Man konnte diese Eisenstücke austauschen. Sie ließen sich unmittelbar im Feuer erhitzen; Schmutz machte nichts aus, weil die Eisenstücke nicht direkt mit der Wäsche in Berührung kamen.

Länge: 19,5 cm
Breite: 9 cm
Höhe: 18 cm
Gewicht insgesamt: 3,56 kg
Gewicht der Einlage: ca. 1,27 kg

1. Suche zu Hause den ältesten Gegenstand, den du transportieren kannst. Untersuche ihn mithilfe der Arbeitsschritte und verschaffe dir alle Zusatzinformationen, die du brauchst.

2. Schreibe als Auswertung einen kurzen „Steckbrief", in dem du die wichtigsten Ergebnisse für deine Mitschülerinnen und Mitschüler zusammenfasst. Du kannst dafür die Vorlage auf der CD-ROM verwenden. Wenn dann jeder seine Sachquelle in die Klasse mitbringt, könnt ihr eine kleine Ausstellung gestalten und euch die Gegenstände gegenseitig vorstellen.

Überall Geschichte

Geschichte als Schulfach ist für dich neu. Aber außerhalb der Schule bist du sicher schon oft mit Geschichte in Berührung gekommen – vielleicht nur aus Zufall, vielleicht aber auch aus besonderem Interesse.

A: Wähle eine Straße bei dir in der Nähe aus, die nach einer Person benannt ist. Finde heraus, wer diese Person war und warum die Straße nach ihr benannt worden ist.

D1 Straßenschild in Hamburg

B: Schreibe in Stichworten auf, wo du schon etwas über Geschichte erfahren hast. Vergleiche und ergänze deine Liste, nachdem du die Texte auf dieser Doppelseite gelesen hast. Tauscht euch anschließend aus, in welcher Form Geschichte für euch besonders spannend ist.

Geschichte auf der Straße

Dass wir überall von Geschichte umgeben sind, merkt jeder, der mit offenen Augen durch die Straßen geht: Hier steht ein altes Haus, dort eine Kirche, davor ein Denkmal; und dieser Platz ist benannt nach einem früheren Bürgermeister. Wenn wir wollen, können wir alles dies genauer untersuchen: Wann wurde das Haus gebaut, wem gehörte es, wann wurde es verkauft, wann umgebaut, wie wird es heute genutzt? Anders als Bauten sollen Denkmäler und Straßennamen ausdrücklich an Geschichte erinnern und eine Botschaft vermitteln: Der Bürgermeister, nach dem dieser Platz benannt ist, hat sich vor 50 Jahren besonders um diese Stadt verdient gemacht, und deshalb sollen alle Leute seinen Namen kennen.

Gedenktage und Jubiläen

Öffentlich an Geschichte erinnert wird auch an Gedenktagen und Jubiläen. An Jubiläen gedenkt man eines historischen Ereignisses, das vor einer „runden" Zahl von Jahren stattgefunden hat: Warum war es wichtig und was bedeutet es für uns heute? Der wichtigste historische Gedenktag in Deutschland ist der 3. Oktober, der „Tag der Deutschen Einheit".

„Tag der Deutschen Einheit"
Viele Jahre war Deutschland in zwei Staaten geteilt, die Bundesrepublik und die Deutsche Demokratische Republik. Am 3. Oktober 1990 kamen die beiden Staaten wieder zusammen. Der Gedenktag soll uns an die Wiedervereinigung selber, aber auch an die Zeit der Teilung zuvor erinnern.

Museen und Gedenkstätten

Museen und Gedenkstätten sollen die Erinnerung an die Vergangenheit aufrechterhalten. Gedenkstätten befinden sich fast ausnahmslos an solchen Orten, wo in der Zeit des Nationalsozialismus Menschen eingesperrt und getötet worden sind. An diese Taten soll erinnert und das Andenken der Toten soll gepflegt werden. Historische Museen wollen anhand von Ausstellungsgegenständen Geschichte möglichst anschaulich zeigen: Die Besucher sollen Geschichte erleben und zugleich über sie lernen können.

Geschichte in den Medien

In den Buchhandlungen findet man ganze Regale mit Romanen, die historische Themen behandeln. Ebenso beliebt sind Computerspiele, in denen es um Geschichte geht. Dabei greifen die Autoren mal sehr genau die historischen Umstände auf, mal dient Geschichte aber auch nur als ziemlich beliebiger Hintergrund für Erzählungen und Spielabläufe. Wer besonders an Geschichte interessiert ist, kann spezielle Geschichtszeitschriften kaufen.

Die meisten Menschen aber kommen durch Film und Fernsehen mit Geschichte in Berührung. Im Fernsehen werden vor allem Dokumentarfilme zu historischen Themen gesendet. Sie versuchen, genaue historische Information und Unterhaltung miteinander zu vereinen, denn sie wollen ein breites Publikum ansprechen und möglichst hohe Einschaltquoten erzielen.
Auch Spielfilme beschäftigen sich oft mit historischen Themen. Gerade bei solchen Zuschauern, die sich sonst nicht mit Geschichte befassen, können Spielfilme die Vorstellungen von einer vergangenen Zeit prägen. Die Handlung eines Spielfilms stimmt allerdings oft nicht mit dem tatsächlichen Geschehen überein. Die Geschichte soll nur einen spannenden Hintergrund bieten.

Bücher für Kinder und Jugendliche

Im historischen Kinder- und Jugendroman werden spannende Geschichten über Ereignisse der Vergangenheit erzählt. Die Heldin oder der Held ist meist ein Kind oder ein Jugendlicher und mit ihr oder ihm zusammen kannst du in die Vergangenheit eintauchen. Die Einzelheiten seiner Geschichte hat sich der Autor ausgedacht, aber die historischen Umstände stimmen meistens ziemlich genau.
Das Sachbuch erzählt keine zusammenhängende Geschichte, sondern erklärt mit vielen Bildern historische Sachverhalte. Die beliebtesten Themen sind Ägypten, Rom und das Mittelalter. Wenn du solche Bücher liest, wirst du dich in einzelnen Fragen der Geschichte besonders gut auskennen.
Eine dritte Art von Jugendbuch liegt vor dir: Es ist das Schulbuch. Wie dort Geschichte behandelt wird, erfährst du am Anfang des Buches unter der Überschrift „So arbeitest du mit diesem Buch“ und auf den Methodenseiten.

D2 Cover eines Kinderbuches

Q1 Henrichshütte in Hattingen
Das stillgelegte Werk ist heute ein Museum. In Nordrhein-Westfalen gibt es zahlreiche solche Industriemuseen.

C: Erkundige dich, wo es in deiner Nähe ein Industriemuseum gibt. Vielleicht kannst du es mit deiner Familie oder mit deiner Klasse besuchen.

1. Sicher hast du schon einmal ein historisches Museum besucht. Erzähle, woran du dich erinnerst und was dich am meisten beeindruckt hat.
2. Befrage deine Eltern, ob sie in letzter Zeit historische Spielfilme gesehen haben und wie diese ihnen gefallen haben. Schreibe den Titel und einige Stichpunkte auf.
3. Hast du schon einmal einen historischen Roman oder ein Sachbuch gelesen? Ihr könnt euer Lieblingsbuch in der Klasse vorstellen und erzählen, was euch daran besonders gut gefallen hat.

1. Kreuzgitter: wichtige Begriffe wiederholen (Sachkompetenz)

Zeichne das Kreuzgitter in dein Heft und fülle es aus. Das Lösungswort findest du in den stark umrandeten Feldern von oben nach unten gelesen. Achtung: Zwei Buchstaben fehlen, die musst du noch ergänzen. (Ä=AE, Ö=OE)

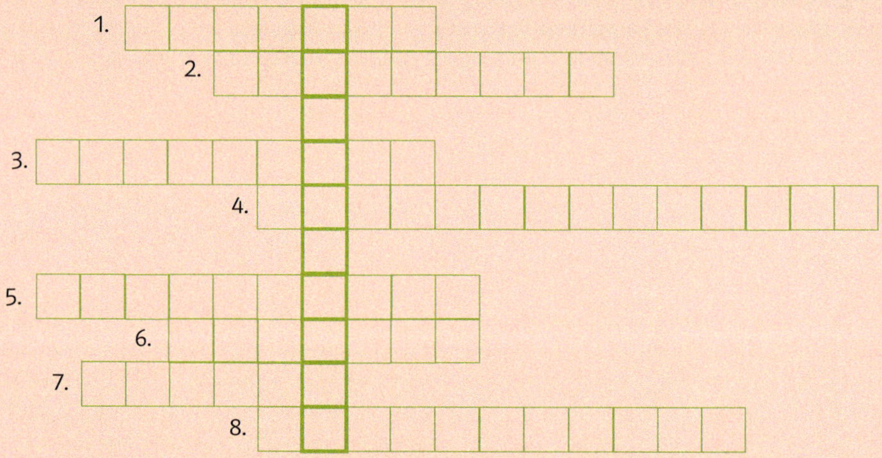

1. Damit teilen wir die Vergangenheit in einzelne Abschnitte ein (Mehrzahl).
2. Er kann dir etwas über die Vergangenheit erzählen, wie er sie selber erlebt hat.
3. An diesem Tag wird an Ereignisse aus der Vergangenheit erinnert.
4. Das ist die älteste Bildquelle.
5. Sie hilft dir, einen Überblick über die Geschichte zu bekommen.
6. Dieses Bauwerk soll an Menschen oder Ereignisse aus der Vergangenheit erinnern.
7. Das kann dir über die Vergangenheit Auskunft geben.
8. Er beschäftigt sich vor allem mit der ältesten Geschichte und ist Spezialist für Sachquellen.

2. Zuordnungsaufgabe: Epochennamen kennen (Sachkompetenz)

Ordne die Epochenbezeichnungen und die Zahlenangaben mithilfe der Zahlen und Buchstaben einander richtig zu:

1. Neuzeit	a. etwa 500 bis 1500 n. Chr.
2. Altertum	b. etwa bis 3000 v. Chr.
3. Ur- und Frühgeschichte	c. etwa 1500 bis heute
4. Mittelalter	d. etwa 3000 v. Chr. bis 500 n. Chr.

3. Strukturskizze: einen Informationstext zusammenfassen (Sachkompetenz, Methodenkompetenz)

Fasse die Seiten „Überall Geschichte" in einer Skizze zusammen. Übertrage die Zeichnung rechts in dein Geschichtsheft und fülle die einzelnen Felder unter den Überschriften mit wenigen Stichworten aus.

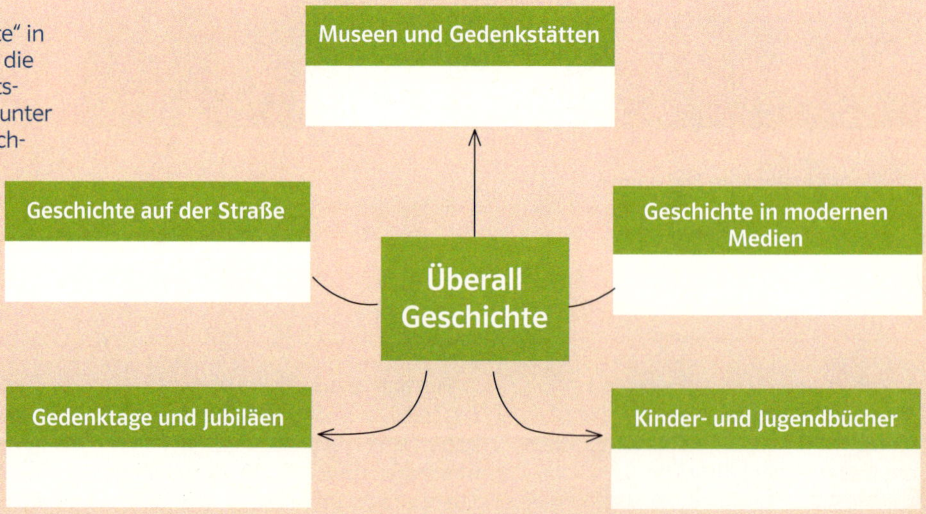

4. Zu einem Bild schreiben: mit unterschiedlichen Perspektiven umgehen (Urteilskompetenz)

Schreibt mit eurem Tischnachbarn jeweils einen Text dazu: Was könnte einer der Polizisten und was könnte einer der Demonstranten anschließend über diese Situation berichtet haben? Erkläre, was dieses Beispiel über die Schwierigkeiten von Geschichtsschreibung aussagt.

Q1 Polizeieinsatz gegen Demonstranten
Das Foto vom Juni 2007 zeigt, wie Polizisten eine Sitzblockade auflösen. Die Demonstranten protestierten gegen eine Zusammenkunft der Regierungschefs der acht größten Industrienationen der Welt in Heiligendamm (Mecklenburg-Vorpommern).

5. Gedankenexperiment: eine Forschungssituation nachvollziehen (Methodenkompetenz, Urteilskompetenz)

Stelle dir vor, du lebst in 100 Jahren und bist Historikerin oder Historiker. Du hast dir vorgenommen zu erforschen, wie der Schulunterricht im Jahre 2008 aussah. Beschreibe, wie du dabei vorgehen würdest. Welche Quellen könntest du verwenden und was würdest du aus ihnen jeweils über dein Thema erfahren?

Online-Link: 443010-0201

2 Die Frühzeit des Menschen

Unsere nächsten Verwandten sind die Affen. Diese Einsicht löste noch vor 150 Jahren bei den meisten Menschen einen Schock aus. Heute ist uns diese Erkenntnis selbstverständlich geworden. Durch neue Funde und neue Forschungsmethoden wissen wir inzwischen sehr viel mehr über die Entwicklung und die Lebensweise der Frühmenschen. Aber manche Fragen bleiben auch nach wie vor offen. In dieser Themeneinheit erfährst du vieles über das Leben der Menschen in der Frühzeit:

- Wie hat sich der Mensch entwickelt und über die Erde verbreitet?
- Wie sorgten Steinzeitmenschen für ihr Überleben?
- Wie teilten sich Frauen und Männer die Arbeit?
- Wie haben Erfindungen das Leben verändert?

4 Mio. Jahre — **2 Mio. Jahre** — **150 000 v. Chr.**

vor 4 Mio. Jahren
Die ersten menschenartigen Wesen gehen aufrecht.

vor 2 Mio. Jahren
Die Menschen stellen einfache Steinwerkzeuge her.

vor ca. 1,5 Mio. Jahren
Die Menschen nutzen das Feuer.

150–100 000 v. Chr.
Die Menschen lernen, selber Feuer zu machen.

Skelett von „Lucy", einem Vorläufer des heutigen Menschen, ca. 3,18 Mio. Jahre alt

Vor- und Frühmenschen, Rekonstruktion, Hessisches Landesmuseum Darmstadt

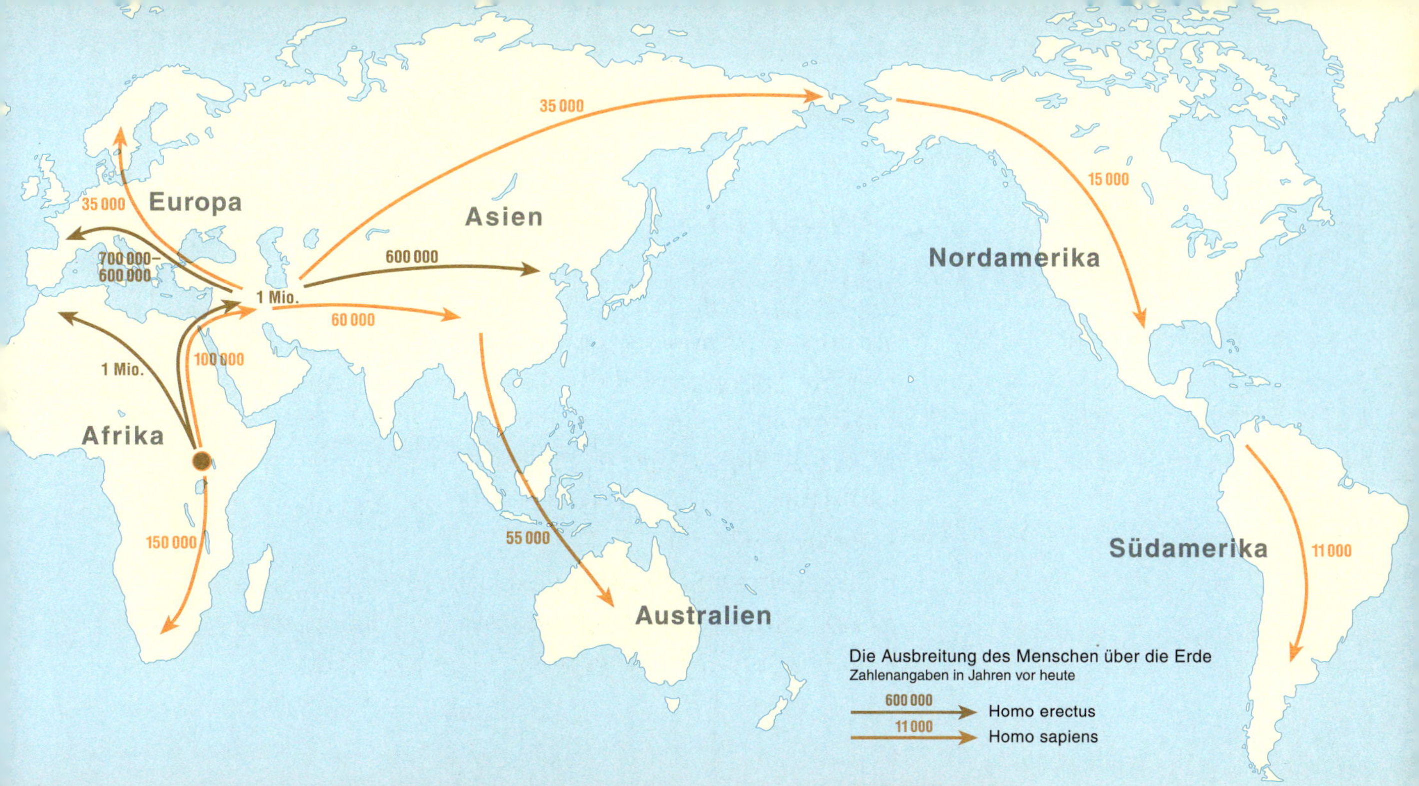

100 000 v. Chr. | 50 000 v. Chr. | 30 000 v. Chr. | 10 000 v. Chr.

35 000 v. Chr.
Die Menschen fertigen sich Kleidung gegen die Kälte an.

um 9000 v. Chr.
In Vorderasien beginnen Menschen, sesshaft zu werden. Sie halten Vieh und treiben Ackerbau.

um 4500–4200 v. Chr.
Die Menschen beginnen mit der Kupfergewinnung und entwickeln die Bronzetechnik.

um 3000 v. Chr.
Die Menschen erfinden das Rad.

um 1200 v. Chr.
Die Menschen beginnen, Eisen zu verarbeiten.

Höhlenzeichnung aus Altamira, Spanien, zwischen 21 000 und 13 000 v. Chr.

4 Mio. Jahre 3000 v. Chr.

Der Geschichte auf der Spur

Vielleicht hast du schon einmal von „Ötzi" gehört, dem ältesten Kriminalfall der Welt. An seinem Beispiel erfährst du, was Wissenschaftler alles über einen Fund aus der Steinzeit herausbekommen können, und du lernst die Methoden kennen, mit denen sie arbeiten.

Q1 Fundstelle des „Ötzi" am Hauslabjoch
Schon einen Tag nach ihrer Entdeckung war die Gletschermumie bis zur Hüfte freigelegt worden. Foto vom 20. Oktober 1991, Landesgendarmeriekommando für Tirol.

A: In der Bildlegende zu Q1 und im Verfassertext findest du Hinweise zu der Stelle, an der die Leiche von „Ötzi" gefunden wurde. Suche den Fundort in einem Atlas auf.

Gudrun Sulzenbacher, Die Gletschermumie. Mit „Ötzi" auf Entdeckungsreise durch die Jungsteinzeit, Wien/Bozen 2000, 64 Seiten, 300 Abbildungen.

Ein sensationeller Fund

Donnerstag, der 19. September 1991. „Das ist doch eine Leiche!" Beim Wandern in den Ötztaler Alpen entdeckt das Ehepaar Simon einen Toten. Er liegt 3 200 m hoch im Gletschereis einer Felsmulde. Kopf und Oberkörper ragen aus dem Eis heraus. Die Polizei wird alarmiert, eine Bergungsmannschaft ausgesendet. Alle gehen davon aus, dass hier ein Bergsteiger verunglückt ist – vor 50 oder sogar vor 100 Jahren. Aber bei dem Toten findet man eine Reihe seltsamer Gegenstände, die nicht zu dieser Vermutung passen. Vier Tage nach dem Fund wird die Leiche mit dem Hubschrauber nach Innsbruck transportiert. Als Wissenschaftler sie zum ersten Mal genauer untersuchen, ist die Sensation da: „Ötzi", wie die Gletscherleiche bald genannt wird, ist etwa 5 400 Jahre alt.

Was wir über „Ötzi" wissen

Inzwischen haben die Wissenschaftler viel über „Ötzi" herausgefunden. Er war ca. 1,60 m groß, wog 40 kg und hatte dunkles Haar. Als er starb, war er etwa 45 Jahre alt. Lange war die Todesursache unbekannt. Inzwischen gehen Wissenschaftler davon aus, dass „Ötzi" von einem Pfeil tödlich getroffen wurde. Wer ihn dort in der Höhe der Berge ermordet hat und warum dies geschah, wird wohl immer ein Rätsel bleiben.
Aus „Ötzis" Ausrüstung lässt sich viel über seine Lebensweise erkennen. Nehmen wir als Beispiel den Grasmantel. Nach dem Abtransport der Leiche wurde die Fundstelle noch einmal genau untersucht. Dabei entdeckten die Forscher drei Reststücke von Grasgeflechten. Sie gehörten einmal zu einem aus Gras geflochtenen ärmellosen Umhang. Er bedeckte den ganzen Oberkörper. Vorne war er offen. Solche Gras- oder Strohmäntel wurden noch bis vor hundert Jahren von Hirten als Regenschutz getragen.

Q2

Q4

Q3

Q5

Q7

Q8

Q6

Q9

D1 So könnte „Ötzi" ausgesehen haben
Nach den Funden im Eis haben Archäologen dieses Modell angefertigt. Rekonstruktion, Südtiroler Archäologiemuseum

Q2–Q9 „Ötzis" Ausrüstung
Auswahl von Gegenständen, die bei der Gletscherleiche gefunden wurden

B: Ordne die Abbildungen der einzelnen Funde den folgenden Begriffen zu:

Bohrer aus Feuerstein
Köcher aus Gamsleder
aufgewickelte Schnur aus Baumbast, evtl. Bogensehne
Dolch mit abgebrochener Feuersteinklinge
Griff aus Eschenholz
Pfeilschäfte, einer mit Steinspitze
Beil aus Eibenholz mit Kupferklinge
Mütze aus Bärenfell
Bogenstange aus Eibenholz (1,82 m lang)

4 Mio. Jahre — 3000 v. Chr.

C: Beschreibe die Arbeitsschritte der Archäologen und ordne sie den Bildern D2 bis D5 zu. Finde heraus, in welcher Reihenfolge die Bilder stehen müssten. Zu welchen Arbeitsschritten gibt es keine Bilder?

Die Suche nach Überresten

Archäologinnen und Archäologen suchen nach den Überresten vergangener Zeiten. Das können Knochen, Mauern, Steine, Reste von Geräten oder sogar Körner und Pflanzenreste sein. Aus ihren Funden versuchen sie Schlüsse auf die Lebensweise der Menschen damals zu ziehen.
Funde können – wie „Ötzi" – zufällig entdeckt werden. Oft geschieht das bei Bauarbeiten, etwa wenn die Baugrube für ein Haus ausgeschachtet wird. Man kann auch gezielt nach Funden suchen. Wälle oder Terrassen deuten z.B. darauf hin, dass an diesem Ort früher Menschen gelebt haben.

Wie Archäologen mit einem Fund umgehen

Wenn Archäologen einen Fund aus der Erde holen, ist es wichtig, alle Teile so freizulegen, dass ihre ursprüngliche Lage erhalten bleibt. Deshalb schaufeln Archäologen nicht einfach drauflos, sondern arbeiten sehr vorsichtig. Sie tragen den Boden Schicht für Schicht ab, benutzen sehr feine Werkzeuge wie Pinsel und sieben die Erde, um auch Kleinigkeiten zu finden. Haben die Forscher den Fund erst einmal aus der Erde herausgeholt, kann keiner mehr erkennen, wo genau die einzelnen Teile gelegen haben. Deswegen müssen sie durch Messungen, Fotos und Zeichnungen genau festhalten, wo was gefunden wurde. Jedes Fundstück wird mit einer Nummer versehen und sicher verpackt.
Zunächst müssen die Fundstücke gereinigt werden. Dann versuchen die Archäologen herauszufinden, wie alt der Fund ist, wie und wo er hergestellt wurde, wozu er gedient und wer ihn benutzt hat. Manche Antwort ergibt sich dadurch, dass man den neuen Fund mit älteren vergleicht. Zum Schluss werden alle Forschungsergebnisse zusammengefasst. Dann versuchen die Archäologen, den Gegenstand wieder so zusammenzusetzen, wie er im Original gewesen ist. Fehlende Teile kann man ergänzen. Haben Forscher nur wenige Bruchstücke gefunden, können sie in einer Zeichnung oder einem Modell zeigen, wie der Gegenstand vermutlich ausgesehen hat. Wenn die Untersuchungen abgeschlossen sind, kann der Fund ausgestellt werden, z.B. in einem Museum.

D2 Archäologe mit einem Metalldetektor auf der Suche nach Metallgegenständen

D3 Eine Wissenschaftlerin untersucht Textilreste aus der Jungsteinzeit

D4 Restaurierte Funde im Museum

D5 Archäologiestudenten bei Ausgrabungen im Kleinwalsertal

Wie Archäologen Funde einordnen können

Fundgegenstände lassen sich anhand von Material und Form zeitlich einordnen. Eisenwerkzeuge z. B. gibt es erst seit ca. 750 v. Chr. Gefäße weisen Verzierungen auf, die für eine Zeit und bestimmte Orte oder Gruppen von Menschen typisch sind. Auch aus der Lage von Gegenständen können Forscher auf ihr Alter schließen. Oft werden Gegenstände in verschiedenen Schichten übereinander gefunden. Normalerweise sind die tiefer liegenden Schichten immer älter als die höheren. Auch mit physikalischen und chemischen Methoden kann man das Alter verschiedener Materialien bestimmen, z. B. von Knochen, Pflanzenresten, Leder oder Keramik.

Die Dendrochronologie

Mithilfe der Dendrochronologie kann man das Alter von Hölzern bestimmen. Bäume wachsen zwischen Frühjahr und Spätsommer, dabei entstehen die so genannten Jahresringe. Ihre Breite hängt davon ab, wie viel der Baum innerhalb des Jahres gewachsen ist. Trockene Sommer ergeben schmale, feuchte Sommer breite Jahresringe. Die Reihenfolge schmalerer und breiterer Jahresringe ist bei allen Bäumen einer Gegend gleich, weil sie dem gleichen Wetter ausgesetzt sind. Wenn man eine lange Reihe immer älterer Bäume und Hölzer miteinander vergleicht, bekommt man einen lückenlosen „Baumringkalender". Jedes neu gefundene Holz, z. B. Pfähle eines alten Hauses, kann mithilfe dieses Kalenders zeitlich eingeordnet werden.

Dendrochronologie
wörtlich „Baumzeitlehre"

Q10 Luftbildarchäologie
Durch Luftaufnahmen kann man Reste von Bauten erkennen, auch wenn sie unter der Erdoberfläche liegen. Über Gruben oder Gräben ist der Bewuchs (Wiese, Getreide) höher, denn der tiefere Boden bietet den Pflanzen mehr Nährstoffe; bei Mauerresten ist es umgekehrt. Oben siehst du die Luftaufnahme eines römischen Legionärslagers aus dem 1. Jahrhundert n. Chr. bei Xanten-Birten am Niederrhein.

1. Was war „Ötzi" von Beruf? Überprüfe noch einmal seine Ausstattung. Äußere deine Vermutung und begründe sie (Q2–Q9).

2. Erläutere, wozu „Ötzi" die Gegenstände vermutlich gebraucht hat, und begründe, warum sie gerade aus dem jeweiligen Material gefertigt waren.

3. Liste auf, was du heute als Ausstattung für eine längere Bergwanderung in solcher Höhe mitnehmen würdest. Erörtert gemeinsam: Wie zweckmäßig war „Ötzis" Ausrüstung?

4. Versuche, auf der Luftaufnahme Gebäude und Mauerreste zu unterscheiden (Q10).

5. Überlege, welche Untersuchungsmethoden sich eignen, um Näheres über Kleidung und Ausrüstung von „Ötzi" herauszufinden.

4 Mio. Jahre | 3000 v. Chr.

Q1 Fußabdrücke des Vormenschen „Australopithecus afarensis"
Zu dieser Menschengattung gehörte auch „Lucy". Die Fußabdrücke entdeckten Archäologen 1978 in Laetoli in Tansania.

Vom Affen zum Menschen – einen Verfassertext auswerten

Die Wissenschaftler sind sich darüber einig: Der Mensch ist ein Afrikaner. Von dort stammen die Skelettfunde der ältesten menschenartigen Lebewesen. Eines dieser Skelette ist richtig berühmt geworden und bekam sogar einen Namen. Warum dieser Knochenfund so etwas Besonderes war, erfährst du im folgenden Verfassertext.
Auch die Verfassertexte sind Sachtexte. Sie geben dir wichtige Informationen zu einem Thema und helfen dir, einen Überblick zu gewinnen, damit du mit den Quellen arbeiten und die Aufgaben lösen kannst. Doch nicht immer ist es ganz leicht, dem Text die richtigen Informationen zu entnehmen. Damit du Verfassertexte gut verstehen und auswerten kannst, lernst du hier Arbeitsschritte kennen, nach denen du immer vorgehen kannst. Doch nun zurück zu dem berühmten Skelett; von ihm handelt der folgende Beispieltext:

„Lucy" – Mensch oder Affe?
1974 fand eine amerikanisch-französische Archäologengruppe in der Steinwüste von Hadar (Ostafrika) Teile eines Skeletts; insgesamt waren es etwa 40 Prozent aller Knochen. Die Forscher gaben ihrem Fund den Namen „Lucy" – nach einem Lied der Musikgruppe „Beatles", das gerade zufällig im Radio lief.
„Lucy" ist eines der am besten erhaltenen und ältesten menschenartigen Wesen, die man bisher gefunden hat – 3,18 Millionen Jahre alt. War „Lucy" ein Vorläufer des heutigen Menschen? Wahrscheinlich hat sie eher wie ein Schimpanse ausgesehen. Aber sie hatte eine Besonderheit: Sie lief vorwiegend aufrecht. Darauf weisen ihr Knochenbau und erhaltene Fußspuren hin. Der aufrechte Gang war ein wichtiger Entwicklungsschritt. Dadurch hatte „Lucy" eine bessere Sicht auf Nahrung oder Bedrohung. Sie benötigte für längere Wege weniger Energie. Und sie bekam die Hände frei, um Nahrung zu sammeln oder Gegenstände zu tragen.

Überblick
Sicher wirst du schnell herausgefunden haben, worum es in dem Text geht. Überschrift und Stichwörter auf deinem Arbeitsblatt könnten lauten:
Ein alter Skelettfund („Lucy")
- Mensch oder Affe?
- aufrechter Gang als wichtiger Entwicklungsschritt

Untersuchung
Den Inhalt des Textes kann man mit folgenden Begriffen gut gliedern: Bedeutung des Fundes; sein Aussehen; die Besonderheit und die Folgen daraus. Damit du sie gleich auf den ersten Blick sehen kannst, sind die wichtigsten Inhalte im Text orange gekennzeichnet. In deinem Buch darfst du solche Kennzeichnungen aber nur vornehmen, wenn es dir gehört. Du könntest zum Beispiel Folgendes aufschreiben:

Inhalt
Fundort: Ostafrika
Bedeutung: eines der ältesten menschenartigen Wesen
Aussehen: wie ein Schimpanse
Besonderheit: vorwiegend aufrechter Gang, erkennbar an Knochenbau und Fußspuren
Folgen: bessere Sicht, weniger Energie, freie Hände

Grün sind alle die Textteile markiert, die die Darstellungsweise auszeichnen. Dazu könntest du Folgendes notieren:

Darstellungsweise
Es ist nicht ganz sicher, ab wann wir von „Menschen" sprechen können. Das wird schon in der Überschrift deutlich. Deswegen ist auch von „menschenartigen Wesen" die Rede und es wird gefragt: „War Lucy ein Vorläufer des heutigen Menschen?" Wie sie aussah und sich bewegte, wissen wir nicht genau. Deshalb schreibt der Verfasser „wahrscheinlich", „vorwiegend" und „weisen hin".

Zusammenfassung
Zum Schluss solltest du die wichtigsten Erkenntnisse in einigen wenigen Sätzen zusammenfassen. Du könntest zum Beispiel Folgendes aufschreiben:

In Afrika wurde ein über 3 Millionen Jahre altes Skelett gefunden. Seine Entdecker tauften es „Lucy". Lucy sah zwar aus wie ein Schimpanse, ging aber vorwiegend aufrecht. Das war ein wichtiger Entwicklungsschritt hin zum Menschen.

Methodische Arbeitsschritte

1 Überblick

- Lies den ganzen Text einmal zügig durch. Um welches Thema und um welche Fragestellungen geht es?
- Notiere eine Überschrift und Stichwörter auf deinem Arbeitsblatt.

2 Untersuchung

- Finde Begriffe, mit denen du den Text gliedern kannst.
- Notiere die wichtigsten Gedanken eines jeden Abschnitts. Zum Beispiel: Welche Ereignisse und Entwicklungen werden genannt; wer sind die Handelnden; mit welchen Begriffen werden die historischen Situationen und Abläufe benannt; wie werden sie bewertet?
- Untersuche, wie der Verfasser seine Informationen und Argumentationen sprachlich darbietet. Zum Beispiel: Zeitliche Bezüge werden ausgedrückt durch „vorher", „nachher", „plötzlich" oder „danach"; Begründungen durch „weil", „da", „deshalb", „deswegen"; gegensätzliche Wertungen oder Widersprüche durch „einerseits — andererseits", „obwohl", „trotzdem", „manche meinen"; Unsicherheit oder Vorbehalte durch „vielleicht", „vermutlich", „wahrscheinlich".

3 Zusammenfassung

Fasse die wichtigsten Informationen des Textes knapp zusammen und bringe sie in eine eigene Form. Dafür kannst du zum Beispiel
- den Inhalt des Textes in wenigen eigenen Sätzen formulieren,
- eine Stichwortliste erstellen (etwa mit einander widersprechenden Argumenten oder Wertungen),
- eine Tabelle gestalten,
- die Aussage des Textes in einer Strukturskizze wiedergeben.

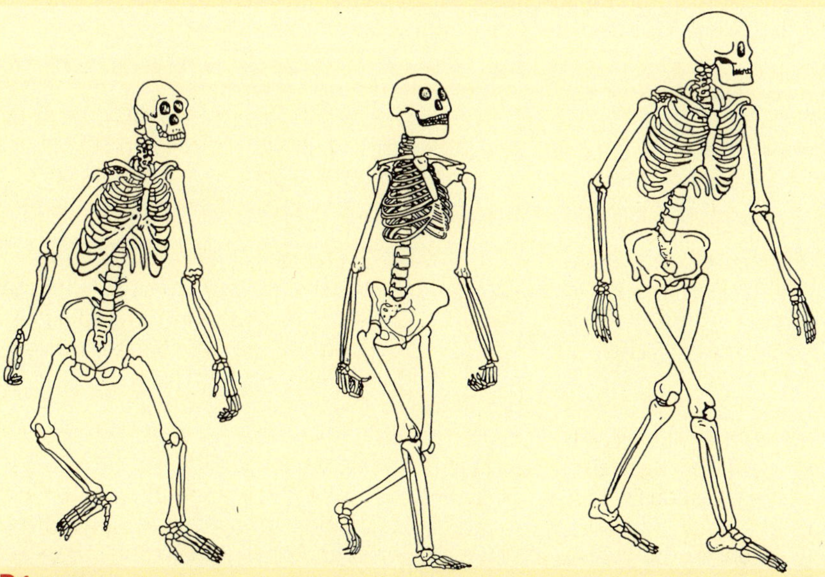

D1 Skelette, Zeichnung von links nach rechts: Schimpanse, Australopithecus afarensis („Lucy"), moderner Mensch

A: Schreibe die Merkmale des Körperbaus auf, die etwas über die Kletter- oder Gehfähigkeit der drei Lebewesen aussagen.

1. Vergleiche die drei Skelette D1. Wo ist „Lucy" eher dem Schimpansen, wo dem Menschen ähnlich?
2. Vergleiche die Aussagen im Text „Lucy – Mensch oder Affe?" mit den Darstellungen in D1.
3. Schreibe einen eigenen Text zu diesem Thema.

4 Mio. Jahre — 3000 v. Chr.

Die Entstehung und Ausbreitung des Menschen

Lange vor dem Menschen gab es Lebewesen auf der Erde. Wann und wie kam der Mensch dazu? Vieles wissen wir darüber, manches lässt sich nur vermuten.

A: Beschreibe anhand der Karte auf der Auftaktdoppelseite die Ausbreitung des Menschen über die Erde. Nenne die Ursachen dafür und die Schwierigkeiten, mit denen er fertig werden musste. Die nötigen Informationen findest du im Verfassertext.

Afrika – Wiege der Menschheit

Die Wurzeln menschlichen Lebens liegen in Afrika. Das warme Klima und die reiche Pflanzenwelt waren die Voraussetzung für die Entwicklung des Menschen. Vor etwa einer Million Jahren begannen dann Gruppen des Frühmenschen, ihre ursprünglichen Lebensgebiete zu verlassen. Ursache dafür waren vermutlich Klimaveränderungen, die zu einer Verschlechterung des Nahrungsangebots führten. In Europa und Vorderasien hat sich aus dem Frühmenschen der Neandertaler entwickelt.

Die Ausbreitung des Menschen

Vor mehr als 100 000 Jahren hat sich eine neue Gattung des Menschen, der „Jetztmensch", wieder von Afrika aus, auf den Weg gemacht und allmählich alle Erdteile besiedelt. Der Neandertaler ist vermutlich ausgestorben, weil er mit diesem „neuen" Menschen nicht konkurrieren konnte. Vielleicht hat er sich aber auch mit ihnen vermischt. Alle heute lebenden Menschen gehören also zur gleichen Menschengattung. So unterschiedlich die Menschen heute auch aussehen: Sie alle sind sozusagen Schwestern und Brüder.

Überleben in der Kälte

In Europa hatte vor etwa zwei Millionen Jahren das Eiszeitalter begonnen. Kalt- und Warmzeiten lösten einander ab, insgesamt wurde das Klima kühler. Von Natur aus waren die Menschen für das Leben in der Kälte nicht gut eingerichtet. Sie verwendeten Hilfsmittel, um dort zu überleben: Kleidung, Behausungen, Feuer. Das war ein großer Schritt in der Entwicklung der Menschheit: Durch eigene Tätigkeit gelang es dem Menschen, seinen Lebensraum auszudehnen – Tiere passen sich nur biologisch an veränderte Umweltbedingungen an.

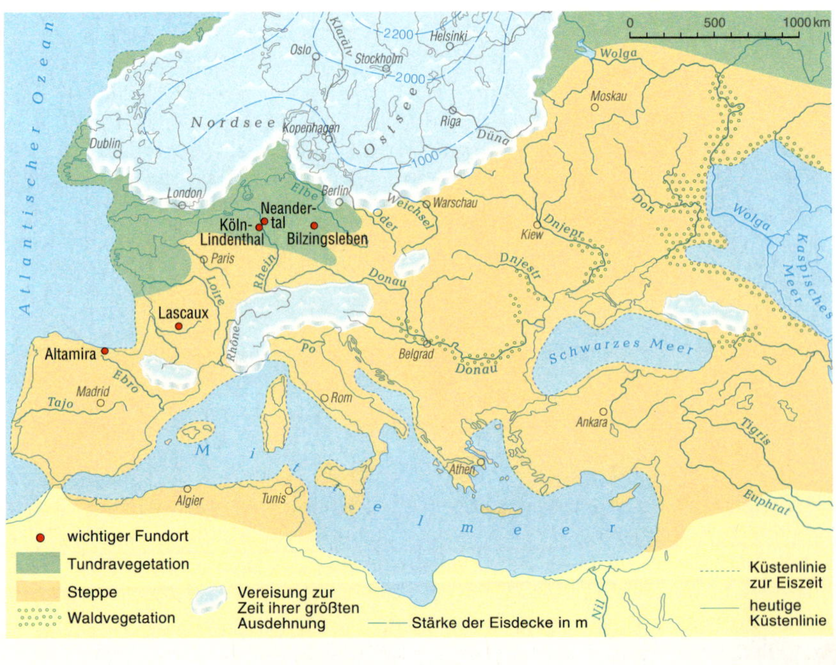

D1 Europa während der letzten Eiszeit, vor 75 000 Jahren bis vor 10 000 Jahren

B: Schreibe auf, welche heutigen Länder während der Eiszeit von Eis bedeckt waren.

D2 Alte Frau und Neandertalermädchen
Rekonstruktion aus dem Neandertalermuseum in Mettmann
1856 wurden im Neandertal bei Düsseldorf die Knochen eines Menschen entdeckt. Wissenschaftliche Untersuchungen ergaben später, dass es sich um Gebeine einer Menschenart handelte, die vor ungefähr 150 000 Jahren dort lebte. Nach dem Fundort erhielt der Neandertaler seinen Namen.

C: Schließe aus der Kleidung auf die Lebensumstände der Neandertaler.

Schöpfungsmythen

Wie ist die Erde, wie ist das Leben auf ihr, wie sind vor allem die Menschen entstanden? Diese Fragen beschäftigen die Menschen seit Tausenden von Jahren. Meist glaubten sie an eine göttliche Schöpfung. Darüber, wie sich diese Schöpfung vollzogen haben könnte, erzählten sich die Menschen Geschichten: die Schöpfungsmythen. Die Schöpfungsmythen verschiedener Völker weisen manche Ähnlichkeit, aber auch viele Unterschiede auf – je nachdem, in welchen Gegenden und unter welchen Umständen die Menschen leben.

D: Charles Darwins Forschungsergebnisse sind vor 150 Jahren auf große Ablehnung gestoßen. Begründe mithilfe des Verfassertextes auf dieser Seite, was die Menschen an seinen Überlegungen so empörte.

Die Evolution

Noch vor 150 Jahren glaubten die meisten Leute, der Mensch sei als göttliches Geschöpf in seiner heutigen Gestalt fertig entstanden und er nehme gegenüber der Natur eine völlige Sonderstellung ein – als „Krone der Schöpfung". So hatten es die Religionen Jahrhunderte lang gelehrt. Heute wissen wir mehr darüber, wie und wann die Erde entstanden ist, wie Meere und Berge ihr Aussehen verändert und sich allmählich Pflanzen und Tiere entwickelt haben. Der Mensch hat sich über mehrere Millionen Jahre hinweg aus tierischen Vorfahren entwickelt; Biologen bezeichnen das als „Evolution". Er ist eng verwandt mit den Affen, besonders den Menschenaffen. Die Grundlage für diese neue Anschauung legte der britische Biologe Charles Darwin 1859 mit seinem Buch „Die Entstehung der Arten".

Erforschung der Menschheitsgeschichte

Neue Möglichkeiten für die Erforschung der Menschheitsentwicklung bieten heute genetische Untersuchungen. Anhand kleinster Knochenüberreste können Wissenschaftler das Erbmaterial, den inneren „Bauplan", verschiedener Menschenarten miteinander vergleichen. So haben sie zum Beispiel deutliche Unterschiede zwischen dem Neandertaler und dem Jetztmenschen festgestellt. Das spricht für die Annahme, dass es zwischen ihnen keine unmittelbare Verwandtschaft gibt. Größer als erwartet ist dagegen die genetische Ähnlichkeit zwischen Schimpansen und heutigen Menschen.

4 Mio. Jahre — 3000 v. Chr.

D3 Der Neandertaler
Name: Homo sapiens neandertalensis
Alter: 220 000 – 27 000 Jahre
Größe: bis 1,60 m
Gewicht: bis 80 kg
Wohnort: Europa und Vorderasien
Ernährung: Pflanzen und Fleisch
Besondere Kennzeichen: Der Neandertaler ist sehr stark und ein guter Jäger. Seine gedrungene Gestalt macht ihn widerstandsfähig gegen Kälte. Er bestattet seine Toten. Vermutlich kann er sprechen. Er ist wahrscheinlich kein direkter Vorläufer von uns heutigen Menschen; er wird vom Jetztmenschen verdrängt.

D4

D5 Der Urmensch
Name: Homo rudolfensis („Mensch vom Rudolfsee")
Alter: 2,5 – 1,8 Millionen Jahre
Größe: 1,55 m
Gewicht: etwa 40 kg
Wohnort: Afrika, vielleicht auch schon Asien
Ernährung: Pflanzen und Fleischreste
Besondere Kennzeichen: Stellt einfache Steinwerkzeuge her, um damit Tierkadaver zu zerlegen.

D6

D7 Der Jetztmensch
Name: Homo sapiens sapiens („verständiger Mensch")
Alter: 150 000 bis heute
Größe: zunächst bis 1,80 m
Gewicht: etwa 80 kg
Wohnort: zunächst Ostafrika, dann auch Asien, Europa, Amerika
Ernährung: Pflanzen und Fleisch
Besondere Kennzeichen: Der Jetztmensch entwickelt alle Arten von Werkzeugen, Kleidung und Kunstgegenstände. Er kann sprechen und hat religiöse Vorstellungen. Die Arbeit teilt er sich mit anderen Menschen, es gibt Spezialisten für bestimmte Tätigkeiten.

D8

D9 Der Vormensch
Name: Australopithecus („Südmensch")
Alter: 4,2 – 1,1 Millionen Jahre
Größe: 1,20 – 1,40 m
Gewicht: 35 – 80 kg
Wohnort: Ost- und Südafrika
Ernährung: Pflanzen
Besondere Kennzeichen: Der Vormensch ist die älteste menschenähnliche Gattung. Er kann aufrecht gehen.

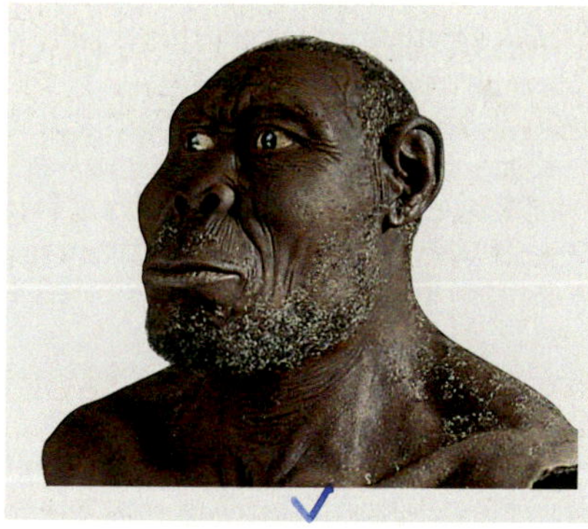

D10

D11 Der Frühmensch
Name: Homo erectus („aufrecht gehender Mensch"; man kannte bei der Namensgebung die älteren Gattungen noch nicht)
Alter: 1,8 Millionen – 40 000 Jahre
Größe: bis 1,65 m
Gewicht: bis 65 kg
Wohnort: Afrika, Asien, Europa
Ernährung: Pflanzen und Fleisch
Besondere Kennzeichen: Der Frühmensch stellt planvoll Werkzeuge her und nutzt das Feuer. Jagdbeute macht einen wachsenden Anteil seiner Ernährung aus.

Auf der CD-Rom findest du ein Arbeitsblatt.

Q1 Die Erschaffung von Adam und Eva
Mosaik in der Kirche San Marco in Venedig, um 1250

E: Erzähle, was du über die Schöpfungsgeschichte aus der Bibel weißt.

Q2 Schöpfungsgeschichte der Karraru aus Australien

Nachdem die Sonne die Tiere geschaffen hatte, begannen diese einige Zeit später, sich über die Gestalt und Eigenarten anderer Tiere lustig zu machen, was großes Ärgernis, heftige Streitereien und schließlich erbitterte Kämpfe zur Folge hatte. Zuletzt begannen die einzelnen Tierfamilien einander zu töten. Voller Kummer schaute die Sonnen-Mutter auf die Erde hinunter und sah, wie die Geschöpfe, die ihr Licht und die Wärme ihrer Strahlen ins Leben gerufen hatten, sich gegenseitig vernichten wollten.
Sie rief den weisen Rat des großen All-Vaters zu Hilfe. „Ich ging davon aus, einen Plan verwirklicht zu haben, der alles Leben auf der Erde ordnet und regelt. Doch unter den Pelztieren, den Vögeln, den Echsen und den Fischen fehlt diese ordnende Vernunft. Wir müssen uns ein Wesen ausdenken, das sie alle zu der ursprünglichen Ordnung zurückführt." Dann beschlossen Sonnen-Mutter und All-Vater, den Menschen als Hüter über diese Ordnung einzusetzen.

Victoria Kamp-Linfort (Hrsg.), Mythen von der Erschaffung des Menschen, Hamburg 1994, S. 147. (Friedemann)

Q3 Schöpfungsgeschichte aus Afrika

Moari (Gott) machte sich einen Menschen, der hieß Mwuetsi (Mond). (…) Es gab keine Gräser. Es gab keine Büsche. Es gab keine Tiere. (…) Moari gab Mwuetsi ein Mädchen, das hieß Massassi (Morgenstern). (…) Mwuetsi ging abends mit Massassi in eine Höhle. (…) Als Mwuetsi gegen Morgen aus dem Schlaf erwachte, blickte er zu Massassi hinüber. Da sah Mwuetsi, dass Massassis Leib geschwollen war. Als es Tag war, begann Massassi zu gebären. Massassi gebar Büsche. Massassi gebar Bäume. Massassi hörte nicht auf mit Gebären, bis die Erde mit Gräsern, Büschen und Bäumen bedeckt war. (…) (Die zweite Frau Mwuetsis hieß Morongo.) Als es am anderen Tage gegen Morgen war, erwachte Mwuetsi. Mwuetsi sah, dass der Leib Morongos geschwollen war. Als der Tag anbrach, begann Morongo zu gebären. Morongo gebar am ersten Tag Hühner, Schafe und Ziegen. (…) Am andern Tag gebar Morongo Elenantilopen und Rinder. (…) Am vierten Tag gebar Morongo erst Knaben und dann Mädchen.

Olga Rinne (Hrsg.), Der neue Entwurf der Welt. Ursprungsmythen, Bd. 1, Darmstadt/Neuwied 1985, S. 40–42. (Luchterhand)

1. Bringe die Steckbriefe in die richtige zeitliche Reihenfolge und ordne ihnen die Abbildungen zu. Beachte: Eine Abbildung fehlt. Nach welchen Merkmalen hast du dich bei der Zuordnung gerichtet (D3–D11, VT)?

2. Finde heraus, zu welchen Gattungen „Ötzi" und „Lucy" gehören. Vergleiche dazu die Informationen, die du im Verfassertext über sie findest, mit den Steckbriefen (VT, D3–D11).

3. Vergleiche die Vorstellungen von der Entstehung des Menschen (Q1–Q3). Lies auch die biblische Schöpfungsgeschichte. Welche Rolle spielen Gott und Götter? Welche Stellung nimmt der Mensch in der Schöpfung ein?

4 Mio. Jahre — 3000 v. Chr.

Sammlerinnen und Jäger – die Altsteinzeit

So wie wir heute vom Computerzeitalter sprechen, bezeichnen wir den Abschnitt der Menschheitsgeschichte, der etwa vor zwei Millionen Jahren begann und ungefähr 3000 v. Chr. endete, als „Steinzeit". Warum ist das so? Und wodurch zeichnete sich das Leben der Menschen in der Steinzeit aus?

A: Zeichne eine Zeitleiste und trage nebeneinander ein, wann welche Erfindungen und Entwicklungen stattgefunden haben. Stelle fest, in welcher Zeit sie gehäuft vorkamen.

Werkzeuge aus Stein

Ungefähr vor zwei Millionen Jahren begannen die Menschen mit der Herstellung einfacher Steinwerkzeuge. Der Faustkeil war das erste Werkzeug. Mit der Zeit gab es immer speziellere Formen zum Schlagen, Schaben, Bohren oder als Speerspitze. Viele tausend Jahre blieb Stein neben Holz das wichtigste Material, bis die Menschen später lernten, auch Metalle zu bearbeiten.

Q1 Steinzeitwerkzeuge, gefunden in Frankreich
Links ein Faustkeil, rechts eine Speerspitze

Immer unterwegs

Den größten Teil der Steinzeit – bis ca. 9000 v. Chr. – waren die Menschen nicht sesshaft. Sie lebten in Gruppen von 25 bis 30 Personen an wechselnden Plätzen. Wenn sie im Umkreis ihres Lagerplatzes nicht mehr genügend Nahrung fanden, zogen sie weiter. Diesen Zeitraum der Geschichte nennen wir Altsteinzeit.

Wie ernährten sich die Menschen?

Einen großen Teil ihrer Zeit verbrachten die Menschen mit der Nahrungsbeschaffung. Oft war es mühevoll, das Lebensnotwendige zu finden, manchmal gab es aber auch ein reichhaltiges Angebot. An den Lagerplätzen steinzeitlicher Jäger hat man Spuren von allen möglichen Tierarten gefunden: von Großwild wie Elefanten, Nashörnern, Auerochsen, Wildpferden, Bären oder Wildschweinen, aber auch von kleinen Säugetieren und Vögeln. Die Jagd war allerdings eine unsichere Sache: Beute musste erst gefunden und unter Mühen und Gefahren erlegt werden. Die Grundlage der Ernährung sicherte meist das Sammeln von Früchten, Beeren, Körnern, Nüssen, Pilzen, Honig oder Insekten. Das Sammeln war vor allem Aufgabe der Frauen und Kinder. Auch die Männer nahmen daran teil. Vor allem aber betätigten sie sich als Jäger. Bei der Treibjagd waren sie wiederum auf die Hilfe der Frauen angewiesen. Wegen dieser Arbeitsteilung sprechen Wissenschaftler heute oft von „Sammlerinnen und Jägern".

Q2 Frau eines Buschmannstammes in Südafrika

B: Erläutere, was die Frau tut. Achte auch auf ihre Ausrüstung.

Man nennt sie auch Wildbeuter

Weil diese Menschen allein vom natürlichen Angebot ihrer Umwelt lebten, nennt man sie auch Wildbeuter. Auch heute noch gibt es Völker, die so ähnlich leben wie die Wildbeuter der Steinzeit, zum Beispiel Inuit in Nordamerika, Buschmänner in Südafrika und Ureinwohner Australiens. Durch Beobachtungen an ihnen versuchen Forscher, Informationen über die Lebensweise von Steinzeitmenschen zu gewinnen. Uns erscheint diese Lebensweise heute manchmal reizvoll und abenteuerlich, zugleich aber auch primitiv. Aber die Wildbeuter der Steinzeit waren nicht „unterentwickelt". Sie waren Spezialisten in ihrer Lebensweise, die das Angebot der Natur gezielt und geschickt nutzten.

Q3 **Jäger in der Kalahari,** Botsuana

C: Die Jäger haben eine Antilope gefangen und wollen so viel wie möglich von ihrer Beute verwenden. In der linken Spalte findest du die Materialien, die das Tier liefert, rechts ist aufgelistet, welche Verwendungszwecke die Menschen dafür haben. Ordne zu: Was können sie wofür gebrauchen?

Fleisch Geweih Haut Knochen Sehnen und Därme Eingeweide	Kleidung Nahrung Riemen Nähfaden Zeltbahn Speerspitze Grabwerkzeug Behälter Beil

Die Zähmung des Feuers

Der Frühmensch wanderte in neue Siedlungsgebiete in Europa und Asien ein. Dort musste er sich gegen die Kälte schützen. Wahrscheinlich schon vor 1,5 Millionen Jahren konnten die Menschen das Feuer hüten und nutzen. Aber sie kamen nur in seinen Besitz, wenn sie es irgendwo vorfanden, zum Beispiel wo ein Blitz einen Brand verursacht hatte. Erst viel später, vor 150 000 oder 100 000 Jahren, lernten die Menschen, selber Feuer zu machen. Sie erzeugten durch Reibung zwischen zwei Hölzern Hitze oder durch das Aufeinanderschlagen von Steinen (Feuerstein) Funken. Ein Lagerfeuer bot Wärme und Licht, diente zum Braten oder Kochen und schreckte wilde Tiere ab.

Wohnen und Kleidung der Steinzeitmenschen

Als Wohnungen dienten den Wildbeutern vor allem Hütten. Sie bedeckten ein Gestell aus Ästen und Zweigen mit Gras, Laub, Schilf oder Tierfellen. Auch Felsvorsprünge und Höhlen wurden als Behausungen genutzt. Kleidung haben die Menschen seit etwa 35 000 v. Chr. verwendet. Eine nützliche Erfindung war die Nähnadel. Felle und Häute bildeten das wichtigste Material. Mit Unterkleidung, Umhängen, Schuhen und Mützen konnten sich die Menschen jetzt gegen die Kälte schützen.

Kunst und Glaube

Ungefähr aus derselben Zeit stammen die ersten „Kunstwerke“: Verzierungen auf Gebrauchsgegenständen, Schmuckstücke, vor allem aber die berühmten Höhlenmalereien. Mit den Höhlenmalereien wollten die Menschen vermutlich die Geister der gejagten Tiere beschwören und so ihre Jagd erleichtern. Die Menschen fingen auch an, ihre Toten sorgfältig zu bestatten und für das Jenseits auszurüsten. Sie machten sich also Gedanken über den Tod und über ein Dasein danach. Sie versuchten, die Welt und ihr Leben zu verstehen und zu erklären.

4 Mio. Jahre — 3000 v. Chr.

Q4 Venus von Willendorf
um 25 000 v. Chr. Kalkstein, 11,5 cm groß, Naturhistorisches Museum Wien
Solche Frauenfiguren stellten vermutlich Fruchtbarkeitsgöttinen dar.

Q5 Bisonfigur aus Knochen
Die Schnitzerei ist ungefähr 15 000 Jahre alt und 10 cm hoch. Gefunden wurde sie in Frankreich. Museum für alte Geschichte, Saint-Germain-en-Lay

D: Ergänze den folgenden Satzanfang aus der Sicht eines „Künstlers" von damals: „Ich habe die Figur angefertigt, weil ich glaube, dass …"

D1 Ein Lagerplatz aus der Steinzeit

1969 wurde in Bilzingsleben (Thüringen) ein Platz entdeckt, der vor 350 000 oder 400 000 Jahren von Frühmenschen besiedelt war. Der Leiter der Ausgrabungen, Dietrich Mania, schreibt über die Funde:

(An dem Ufer des Sees) befand sich dicht neben der Quellbachmündung eine ebene Uferterrasse, die halbinselartig in das Seebecken hineinragte. Sie bildete einen idealen Siedlungsplatz, denn hier gab es freien Zugang zum lebenswichtigen Wasser; das Plateau [höher gelegene Fläche] über dem Platz bot eine gute Geländeübersicht, von der Wasserseite her war der Platz vor Raubtieren gesichert, und zusätzlich waren die Quelle, der See und das anschließende Wippertal mit seinen Altwässern und dem Fluss ein wichtiger Anziehungspunkt für das Wild. (…)

Beobachtungen (…) haben ergeben, dass der Lagerplatz von Bilzingsleben längere Zeit ohne Unterbrechung genutzt wurde. Damit erhält er den Charakter eines Basislagers in einem größeren Gebiet, dessen äußere Grenzen mindestens in der Entfernung lagen, die an einem Tage hin und zurück bewältigt werden konnte. Das sind etwa 10 bis 15 km. Somit hatte dieses Gebiet einen Durchmesser von etwa 20 bis 30 km und eine Fläche von etwa 400 bis 500 km². (…)

Im Zentrum des Lagers kamen die kreisförmigen bis ovalen Grundrisse von drei einfachen Wohnbauten zum Vorschein. Sie hatten 3 bis 4 m Durchmesser und bestanden aus diffusen (ungeordneten), wallartigen Anhäufungen großer Steine und Knochen. Im südöstlichen Teil, an der windabgewandten Seite, waren sie unterbrochen und ließen Eingangsbereiche erkennen. Davor lagen jeweils die Feuerstellen. Sie waren an Anhäufungen von Holzkohleresten und (…) teilweise verkohlten Hölzern sowie an Steinen mit Brandspuren zu erkennen. Die Wohnbauten selbst waren wohl ähnlich zeltartigen Stangengerüsten errichtet, wie wir das heute noch bei einfachen Naturvölkern (…) beobachten können. Die Bedeckung bestand aus organischem Material, wahrscheinlich aus Rindenstücken und Grasbüscheln, die über einem Zweiggeflecht befestigt wurden, weniger aus Tierhäuten. (…)

Es ließen sich Werkplätze zur Bearbeitung von Feuerstein und Herstellung von Spezialgeräten (…) nachweisen. Sie waren von Abschlägen und Trümmerstücken aus Feuerstein umgeben, auch die Geräte selbst kamen hier vor. (…) An anderen Werkplätzen wurden bevorzugt Geräte aus Knochen, Geweih oder auch Elfenbeinsplittern hergestellt. (…)

Am Ufer fielen zahlreiche dicht gelagerte, große Skeletteile oder große Fragmente (Teilstücke) von solchen besonders auf. Sie stammen von Nashörnern, Elefanten und Wildrindern. (…) An den Knochen (…) treten Schnittspuren und Einschläge von Hackmessern auf. Es liegt nahe, aus diesen Erscheinungen auf das Zerlegen von Tierkörpern zu schließen, eine Arbeit, die auch hier am Ufer ausgeführt wurde.

Dietrich Mania, Die ersten Menschen in Europa, Stuttgart 1998, S. 27,37,43,47,49. (Theiss)

Q6 Höhle von Lascaux in Frankreich
Die Bilder wurden 1940 entdeckt. Sie entstanden vermutlich zwischen 17 000 und 15 000 v. Chr.
Die Umrisse wurden mit Feuerstein in die Wand geritzt und dann mit Farbe ausgemalt. Aus Eisenoxid (Eisen in Gestein, das durch Berührung mit der Luft rote Farbe angenommen hat), Fett, Tierblut, Ruß oder Holzkohle erzeugten die Maler die Farben Schwarz, Braun, Rot, Gelb und Ocker. Mit Pinseln aus Tierhaaren, Zweigen oder bloßen Fingern trugen sie die Farben auf.

E: Benenne die Tiere, die du auf dem Bild erkennen kannst. Begründe, warum die Steinzeitmenschen diese Tiere vermutlich gemalt haben. Eine Information dazu findest du im Verfassertext.

1. Schreibe eine Jagdgeschichte. Verwende die folgenden Wörter: Speere, Tal, Fackeln, Schrei, Versteck, Flucht, Beute, Bäume, Felsen, Jäger, Treiber.

2. Überlege, welche Fähigkeiten erforderlich waren, damit Menschen gemeinschaftlich jagen konnten.

3. Zeichne nach der Beschreibung (D1) einen Plan des Lagerplatzes und beschrifte ihn.

4. Liste auf, welche Materialien und Werkzeuge sich am Lagerplatz Bilzingsleben nachweisen lassen (D1).

5. Stelle ein „Merkblatt für Steinzeitmenschen" zusammen: „Worauf wir bei der Wahl eines Lagerplatzes achten müssen".

6. Lange Zeit war umstritten, ob man den Frühmenschen überhaupt schon als Menschen bezeichnen sollte. Wie würdest du entscheiden? Tauscht eure Urteile und Argumente aus (VT, D1).

Projektvorschlag:
Versucht einmal, so ähnlich zu malen wie die Steinzeitmenschen. Für sie war es nicht einfach, Farbe auf einer Steinwand aufzubringen. Wenn ihr als Malgrund Raufasertapete verwendet, bekommt ihr das auch zu spüren. Eure Farben braucht ihr nicht selbst mit Fett und Blut anzumischen, sondern ihr könnt Tuschfarben verwenden. Malt mit den Fingern oder mit dünnen Zweigen. Wenn ihr deren Enden zwischen zwei Steinen zerfasert, bekommt ihr eine Art Pinsel. In den Höhlen war es ziemlich dunkel. Verdunkelt euren Klassenraum und beleuchtet ihn mit ein paar Kerzen.

4 Mio. Jahre — 3000 v. Chr.

Bauern und Viehzüchter – die Jungsteinzeit

Der Übergang von der Lebensweise der Wildbeuter zur Sesshaftigkeit vollzog sich ganz allmählich. Trotzdem war es für uns heute im Rückblick eine Revolution: Denn nur ganz selten in der Geschichte hat es derartig einschneidende Veränderungen gegeben.

A: Beschreibe, von wo und auf welchem Wege sich die landwirtschaftliche Lebensweise auf der Welt ausgebreitet hat. Wann erreichte sie Mitteleuropa?

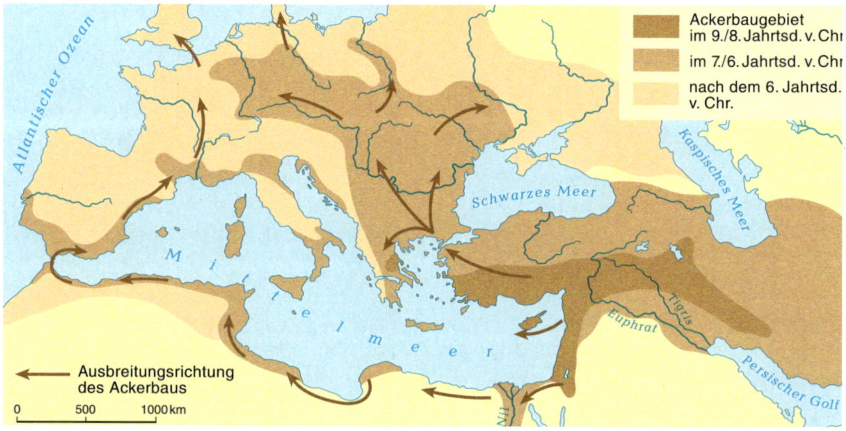

D1 Ackerbau und Viehzucht

B: Als Sammlerinnen und Jäger habt ihr zum ersten Mal gesehen, wie Bauern und Viehzüchter in einem Dorf leben. Vieles kommt euch ungewohnt vor, anderes reizvoll. Lest den Verfassertext und veranstaltet danach ein Streitgespräch: Wie wollen wir leben?

Die Menschen werden sesshaft

Viele tausend Jahre waren die Menschen Wildbeuter, Sammlerinnen und Jäger. Etwa seit 9000 v. Chr. begann sich das zu verändern: Sie fingen an, sesshaft zu werden und Landwirtschaft zu betreiben. Zuerst geschah das in Vorderasien, in der besonders fruchtbaren Gegend an Euphrat und Tigris im heutigen Irak. Von dort verbreitete sich die neue Lebensweise.

Viehzucht und Ackerbau

Die Menschen lernten, Tiere zu halten und zu züchten: Schaf, Ziege, Schwein und Rind. Zuerst nutzten sie die Tiere nur als Fleischreserve, aber bald auch wegen ihrer Milch. Sie begannen, aus der Wolle der Tiere Stoffe für Kleidung und Decken herzustellen. Spinnen und Weben waren die neuen Techniken dafür. Etwa ab 5000 v. Chr. verwendete man Rind, Esel und Pferd als Reit-, Pack- und Zugtiere. Zugleich mit der Viehhaltung entwickelte sich auch der Ackerbau. Die Menschen begannen, planvoll Aussaat, Ernte, Vorratshaltung und Getreidezüchtung zu betreiben.

Q1 Webstuhl
Rekonstruktion aus Fundbruchstücken

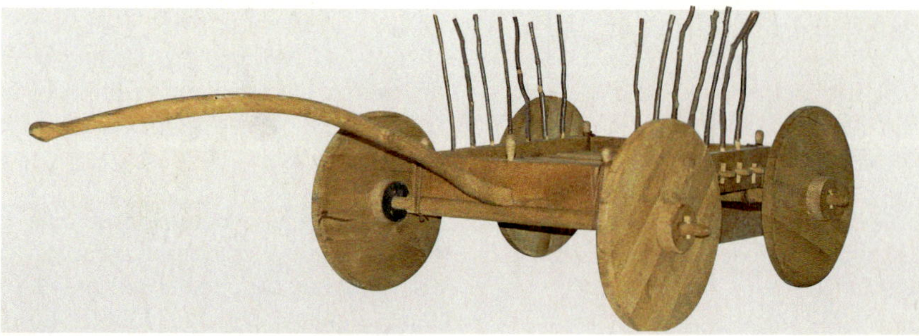

Q2 Wagen aus der Jungsteinzeit
Rekonstruktion nach im Moor gefundenen Einzelteilen
Länge ohne Deichsel: 2,30 m, Spurbreite: 1,53 m, Radhöhe: 90 cm
Das Rad wurde um 3000 v. Chr. erfunden.

C: Überlege, welche Bedeutung die abgebildeten Gerätschaften für das Leben der Steinzeitmenschen gehabt haben.

Das Handwerk entsteht

Das neue Leben erforderte auch neue Werkzeuge, vor allem Hacke und Pflug, aber auch geeignete Gefäße und vieles mehr. Um dies herzustellen, brauchte man besondere Kenntnisse. Einzelne Menschen wurden zu Spezialisten dafür. So entwickelten sich die Arbeitsteilung und die Unterscheidung verschiedener Berufe. Viele, wenn nicht die meisten der neuen Erfindungen wurden von Frauen gemacht, denn sie fanden in ihren Arbeitsbereichen statt.

Gabriele Beyerlein/Herbert Lorenz, Die Sonne bleibt nicht stehen. Eine Erzählung aus der Jungsteinzeit, 5. Auflage. Würzburg 1988, 168 Seiten.

Steinzeitjäger Dilgo begegnet Mirtani, die in einem Dorf von Bauern und Viehzüchtern wohnt. Vieles am Leben des anderen kommt ihnen merkwürdig vor.

Das Dorf

Die Menschen siedelten sich in Dörfern an. Sie bauten festere und größere Häuser, die auch Platz zum Lagern von Vorräten boten: ein Gerüst aus Stämmen, Wände aus Flechtwerk, das mit Lehm verputzt wurde, später auch Ziegelwerk aus Lehm. Die Bevölkerung wuchs, weil jetzt mehr Menschen ernährt werden konnten. Ernteüberschüsse und Handwerksprodukte wurden zu Handelswaren. Unterschiedlicher Besitz konnte zu Streitigkeiten und Überfällen führen. Deshalb befestigten die Menschen ihre Dörfer. Wo mehr Menschen beisammen lebten, musste man auch neue Regeln für das Zusammenleben finden.

Ursachen der Veränderung

Die neue Lebensweise unterschied sich so stark von der alten, dass sich für die Veränderung die Bezeichnung „neolithische Revolution" eingebürgert hat. Mit ihr begann ein neues Zeitalter, die Jungsteinzeit. Wodurch diese Veränderung in Gang gesetzt wurde, ist schwer zu sagen. Sicherlich spielten Klimaveränderungen eine Rolle. Mit dem Ende der letzten Eiszeit zogen sich die Gletscher zurück. Es wurde wärmer, Wälder begannen das Land zu bedecken. Der Boden wurde fruchtbarer, zugleich die Jagd schwieriger. Es kann auch sein, dass sich die vielen Menschen nicht mehr auf die herkömmliche Art ernähren konnten. Vermutlich spielte aber auch eine Rolle, dass sie die Natur genauer beobachteten und vieles ausprobierten. So fanden sie etwa heraus, dass dort am meisten neues Getreide wuchs, wo sie im Jahr zuvor ihre Körner gelagert hatten.

Neolithische Revolution
Der Übergang zu Ackerbau und Viehzucht in der Jungsteinzeit (ab etwa 9000 v. Chr.) wird als „neolithische (griech.: jungsteinzeitliche) Revolution" bezeichnet. Allerdings darf man sich durch den Begriff „Revolution" nicht täuschen lassen. Die bäuerliche Lebensform setzte sich nicht von heute auf morgen, sondern erst im Laufe von Jahrhunderten und Jahrtausenden durch. Lange Zeit gab es beide Lebensweisen nebeneinander oder Mischformen davon.

Der Mensch verändert seine Umwelt

Bisher hatten die Menschen nur genutzt, was ihnen die Natur von sich aus bot. Nun begannen sie selbst in die Natur einzugreifen und sie zu verändern. Aus der natürlichen Umwelt begann eine von Menschen gestaltete Kulturlandschaft zu entstehen: Für Siedlungen und Felder wurde der Wald mit Feuer gerodet (Brandrodung). Durch zu starke Nutzung konnte der Boden unfruchtbar werden. Das Vieh weidete man im Wald und der „Viehverbiss" konnte dort erhebliche Schäden anrichten.

Q3 Keramikgefäße der Jungsteinzeit
Gefunden bei Aschersleben in Sachsen-Anhalt (rechts) und Düren in Nordrhein-Westfalen (links).
Zur Vorratshaltung und Nahrungszubereitung wurden wasserdichte und feuerfeste Gefäße benötigt. Manche Gefäße wurden mit Mustern versehen, an denen man sogar einzelne Siedlungsgruppen unterscheiden kann.

1. Schreibe in Stichworten die wichtigsten Merkmale der jungsteinzeitlichen Lebensweise auf.

2. Begründe, warum der Übergang von der Alt- zur Jungsteinzeit als Revolution bezeichnet wird.

3. Werte mithilfe der CD-ROM den Textabschnitt „Ursachen der Veränderung" aus.

4 Mio. Jahre — 3000 v. Chr.

Rekonstruktionszeichnungen untersuchen

Rekonstruktionen sind Nachbildungen von historischen Bauwerken und Gegenständen, die nicht im ursprünglichen Zustand erhalten sind, oder von typischen historischen Situationen. Sie beruhen auf wissenschaftlichen Erkenntnissen. Die verbreitetsten Formen der Rekonstruktion sind Modelle und Rekonstruktionszeichnungen. Auf Modelle stößt man besonders häufig in Museen (z. B. Stadtmodelle oder Nachbildungen alter Maschinen). Rekonstruktionszeichnungen sind vor allem in historischen Sachbüchern für Kinder und Jugendliche beliebt.
Oft ist bei Rekonstruktionen nicht klar, was man über die Sache eigentlich historisch genau wissen kann und wo man auf Vermutungen angewiesen ist. Rekonstruktionszeichnungen für Kinder und Jugendliche wollen oft nicht einfach nur zeigen, was wir einigermaßen sicher über die Geschichte wissen. Sie malen die Geschichte möglichst bunt, lebensvoll und mit vielen Details aus. Zum Beispiel werden beim Thema Mittelalter oft riesenhafte Burgen mit Hunderten von Angreifern und Verteidigern gezeigt; bis auf wenige Ausnahmen waren Burgen allerdings viel kleiner, gab es viel weniger Kämpfer und wurden sie viel häufiger belagert als erstürmt. Man muss also mit Rekonstruktionszeichnungen vorsichtig sein und darf sie nicht als direkte Wiedergabe vergangener Wirklichkeit ansehen.

D1 Lagerplatz der Altsteinzeit

A: Wende die Arbeitsschritte auf die beiden Rekonstruktionszeichnungen an. Fasse die Ergebnisse mithilfe der Tabelle zusammen. Übertrage sie in dein Heft und und trage ein, was für das Leben an einem altsteinzeitlichen Lagerplatz und in einem jungsteinzeitlichen Dorf typisch ist und worin die Unterschiede liegen.

Lebensbereiche	Altsteinzeit	Jungsteinzeit
Wohnen		
Kleidung		
Ernährung/Waffen		
Werkzeuge		
Gefäße/Aufbewahrung		
Natur/Landschaft		

Methodische Arbeitsschritte

1 Beschreiben

- Stelle fest, worum es bei der Rekonstruktionszeichnung geht. Die Unterschrift gibt dir dazu Informationen.
- Handelt es sich um einen einzelnen Gegenstand, ein Bauwerk, eine historische Szene, ...?
- Ordne das Thema in Zeit und Raum ein.
- Überlege, was du bereits über das Thema weißt.

2 Untersuchen

- Welche Gegenstände sind zu sehen?
- Welche baulichen oder technischen Einzelheiten kann man erkennen?
- Was lässt sich über die Funktionsweise erkennen?
- Welche Personen sind abgebildet?
- Welche Tätigkeiten üben sie aus?
- Welche Darstellungsweise wurde gewählt: farbig oder schwarz-weiß, einige wenige Dinge oder viele Details, welche Perspektive?
- Geht es um Sachinformation oder um Atmosphäre und Dramatik?

3 Deuten

- Was sagt die Rekonstruktionszeichnung über das Thema aus?
- Ist erkennbar, was man über das Thema tatsächlich weiß und wo Ergänzungen vorgenommen wurden? Woran erkennst du das?
- Was würdest du möglicherweise an der Rekonstruktionszeichnung kritisieren? Begründe deine Kritik.

D2 Jungsteinzeitliches Dorf

Mithilfe der CD-ROM kannst du die Bilder auswerten und vergleichen.

Zu den Bildern lassen sich auch Geschichten erzählen. Wähle auf jedem Bild eine (möglichst ähnliche) Figur aus und schildere ihren Tagesablauf. Welche Arbeiten mussten erledigt werden, welche Aufgaben und Pflichten gab es? Wie würden die Bilder zu anderen Jahreszeiten aussehen?

4 Mio. Jahre – 3000 v. Chr.

Ist das neue Leben leichter?

Die „neolithische Revolution" war eine der größten Veränderungen in der menschlichen Lebensweise. Welche Vorteile und Probleme bot die jungsteinzeitliche Lebensweise im Vergleich mit der altsteinzeitlichen? Die Wissenschaftler heute sind sich in manchem nicht einig und halten unterschiedliche Dinge für wichtig.

D1 Steinzeitliche Jäger
Rekonstruktion, Niedersächsisches Landesmuseum Hannover

A: Vergleiche die beiden Rekonstruktionen D1 und D5 miteinander. Was sagen sie über die Veränderungen in der Lebensweise der Menschen aus? Vergleiche auch die Darstellungsweisen miteinander. Nimm die methodischen Arbeitsschritte von S. 43 zu Hilfe.

D2 Ein geruhsames Leben

Über einen heutigen Buschmannstamm in Südwestafrika:

Das Sammeln der Pflanzenkost, die dem Gewicht nach 60 bis 80 Prozent der gesamten Nahrung ausmacht, ist Aufgabe der Frauen, die damit zwei oder drei Tage in der Woche zubringen. Die Männer, die mittelgroße und große Tiere mit vergifteten Pfeilen jagen, beschaffen außerdem Kleintiere und Pflanzen. Auch sie halten sich in der Woche zwei oder drei Tage lang außerhalb des Lagers auf. Die restliche Zeit verbringt die gesamte Gruppe mit Schwatzen, Singen, Tanzen und Nichtstun im Lager.

Es hat demnach den Anschein, dass diese Menschen ein erstaunlich geruhsames Leben führen und sich sehr gut und abwechslungsreich ernähren. Selten sind Essensvorräte für mehr als zwei oder drei Tage im Lager, doch man sorgt sich nicht um das Morgen. Die Nahrungsressourcen (natürlichen Vorräte) sind ergiebig und verlässlich (…). Die Menschen erreichen ein hohes Alter und kennen kaum Sorgen oder Ungewissheit.

Hartwig Cleve, Die Last der Arbeit, in: Heiko Steuer/Ulrich Zimmermann (Hrsg.), Streifzüge durch die frühen Hochkulturen. Ein historisches Lesebuch, München 1994, S. 32f.. (Beck)

D3 Mühsal und Plage

Die neolithische Revolution beinhaltet eine Entwicklung, die uns heute noch zur Last fällt: das Erbringen regelmäßiger Arbeitsleistungen. Mit der Hege und Pflege der Tiere, der Aufarbeitung ihrer Produkte, mit der Feldarbeit, mit Rodung, Saat, Wachstumspflege und Ernte, mit Vorratshaltung und Vorbereitung der Nahrungsmittel zum Verbrauch sind Mühsal und Plage zum Bestandteil unserer Existenz geworden.

Bernhard Campbell, Ökologie des Menschen. Unsere Stellung in der Natur von der Vorzeit bis heute, München 1985, S. 155. (Harnack)

D4 Fortschritt

Die Menschen lebten länger und vermehrten sich zusehends. Vielleicht lebten auf der Erde vor der Einführung des Ackerbaus etwa 20 Millionen Menschen (…). Jetzt aber begann die Jahrtausende anhaltende Vermehrung und Ausbreitung des Menschengeschlechts über die ganze Erde. Ackerbau und Viehzucht gewöhnten den Menschen an jene geregelte Arbeit, ohne die wirtschaftlicher, technischer und zivilisatorischer Fortschritt nicht denkbar sind.

Hans-Werner Niemann, Vom Faustkeil zum Computer. Technikgeschichte – Kulturgeschichte – Wirtschaftsgeschichte, Stuttgart 1984, S. 18. (Klett)

D5 Jungsteinzeitliche Familie in einem Haus
Rekonstruktionszeichnung, 2001

D6 Hygienische Probleme

Da nun Menschen in größerer Zahl über längere Zeiträume dasselbe Gebiet bewohnten, kamen hygienische Probleme auf, die den mobilen Jägern und Sammlern unbekannt waren. Zudem führte die bäuerliche Lebensweise zu einseitiger und weniger ausgewogener und nahrhafter Ernährung. Gelagerte Lebensmittel wurden durch Ratten und andere Schädlinge in der Qualität gemindert, sodass es zum ersten Mal in der Geschichte zu epidemischen (massenhaft auftretenden) Krankheiten kam.

Emil Hoffmann, Lexikon der Steinzeit, München 1999, S. 280. (Beck)

D7 Gesündere Ernährung

Die Menschen bauten sich zum ersten Mal feste Häuser (...). Die Unstetigkeit und Unregelmäßigkeit der Ernährung der Sammler- und Jägerzeit wurden im Großen und Ganzen überwunden, die Ernährung erfolgte rhythmisch und regelmäßig mit im Wesentlichen ausgeglichener Fleisch- und Pflanzennahrung. (...)
Die Ausnutzung von Milchprodukten, die mit der neuen Wirtschaftsweise möglich war, wirkte sich vor allem auf die gesündere Ernährung der Kleinkinder sowie auf die Zahl der Kleinkinder aus. (...) Die neue Ernährungsweise und die neue Wohnweise, kurz die neue Lebensweise, machten die Menschen widerstandsfähiger gegen Krankheiten.

Joachim Herrmann, Spuren des Prometheus. Der Aufstieg der Menschheit zwischen Naturgeschichte und Weltgeschichte, Köln 1977, S. 58. (Pahl-Rugenstein)

1. Stelle eine Liste zusammen. Notiere darin in Stichworten alle Argumente, die in den Texten für oder gegen die eine oder andere Lebensform angeführt werden.

	Sammlerinnen und Jäger	Bauern und Viehzüchter
dafür		
dagegen		

2. Überlege, ob es noch andere Argumente und Gesichtspunkte gibt, die die Wissenschaftler vergessen haben. Denke zum Beispiel an die Jahreszeiten, an das Wetter, an wilde Tiere.

3. Entscheide, welche Lebensweise du für die bessere hältst. Begründe deine Meinung in einem kurzen Text.

4 Mio. Jahre — 3000 v. Chr.

Handwerker und Händler – die Metallzeit

Auch bei den Bauern und Viehzüchtern blieb zunächst Stein das wichtigste Material zur Herstellung von Werkzeugen. Aber dann entdeckten die Menschen neue Werkstoffe – und das veränderte ihr Leben aufs Neue.

A: Liste auf, welche besonderen Kenntnisse und Fähigkeiten die Menschen haben mussten, um Metalle wie Kupfer oder Eisen bearbeiten zu können.

Kupfer

Schon im 8. Jahrtausend v. Chr. hatte man kleine Kupferklumpen verarbeitet, die man in den Flüssen finden konnte. Um 4500 v. Chr. entwickelten die Menschen neue Verfahren zur Gewinnung und Verarbeitung von Kupfer. Sie bauten das erzhaltige Gestein ober- oder unterirdisch ab. Die ersten einfachen Bergwerke entstanden. Erst wurde das Gestein mit Feuer erhitzt, dann plötzlich mit Wasser abgekühlt. So bildeten sich Risse. Mit Schlägel und Hacke löste man die Felsstücke ganz ab. Dann wurden sie zermahlen. So konnte man das Erz vom unbrauchbaren Gestein trennen. Für den eigentlichen Schmelzvorgang wurde der Ofen aus Stein oder Ton unten mit Holzkohle, darüber mit Erz gefüllt. Um das Kupfer zum Schmelzen zu bringen, waren Temperaturen von über 1 000 °C notwendig. Dafür fachten die Menschen das Feuer mit Blasebälgen an. Durch das Schmelzen erhielt man reine Kupferstücke. Für die Herstellung eines Geräts wurde das Kupfer noch einmal geschmolzen und dann in eine Form aus Holz, Ton oder Stein gegossen.

B: Nenne die verschiedenen Metallgegenstände, die du in der Grabkammer erkennen kannst.

D1 Ein Fürstengrab, Rekonstruktion
1978 wurde in Hochdorf (Baden-Württemberg) das Grab eines keltischen Fürsten gefunden. Das Volk der Kelten bewohnte das Gebiet des südlichen Deutschlands, Frankreichs und Großbritanniens. Das Grab stammt von ca. 550 v. Chr. Außen hatte es die Form eines Hügels von ca. 6 m Höhe und 62 m Durchmesser. Das Innere der Grabkammer haben Wissenschaftler rekonstruiert. Das Bild zeigt, wie sie vermutlich ausgesehen hat.

Bronze
Aus Kupfer konnte man Waffen, Geräte und Schmuck herstellen. Kupfer ist ziemlich weich. Deshalb lässt es sich gut formen, aber es ist nicht sehr widerstandsfähig. Bald fanden die Menschen heraus, dass sich ein festeres Metall ergab, wenn man Kupfer und Zinn (im Verhältnis 9 : 1) mischte: die Bronze. Sie war fast so hart wie Stein.

Eisen
Erst im letzten Jahrtausend v. Chr. kam ein Werkstoff auf, der wiederum der Bronze an Härte und Haltbarkeit überlegen war: das Eisen. Allerdings lösten die neuen Materialien die alten nicht schlagartig ab. Kupfer und Bronze waren wertvoll, deshalb benutzten die meisten Menschen noch immer Alltagsgeräte aus Stein.

Handwerk, Handel und Herrschaft
Geräte aus Metall wurden rasch zu einer begehrten Handelsware. Denn im Norden und Osten Europas gab es kaum Kupfervorkommen und die Techniken der Metallverarbeitung waren nicht leicht zu beherrschen. Das führte wiederum zu Veränderungen im Zusammenleben der Menschen. Es entwickelten sich besondere Berufe: Bergleute, Schmiede und Bronzegießer waren Spezialisten für die Metallbearbeitung. Händler übernahmen den Transport und den Austausch von Geräten und Schmuck. Der Besitz der Menschen nahm zu. Es gab Reichere und Ärmere, Mächtigere und Schwächere. Immer öfter lebte man in größeren Stammesgruppen zusammen, an deren Spitze Fürsten oder Häuptlinge standen.

Bronze- und Eisenzeit
Seit ungefähr 4000 v. Chr., in Mitteleuropa etwa seit 2500 v. Chr. lernten die Menschen, Geräte aus haltbarem Metall herzustellen – erst aus Kupfer, dann aus Bronze, seit etwa 750 v. Chr. schließlich aus Eisen. Danach wurden diese Zeitabschnitte benannt.

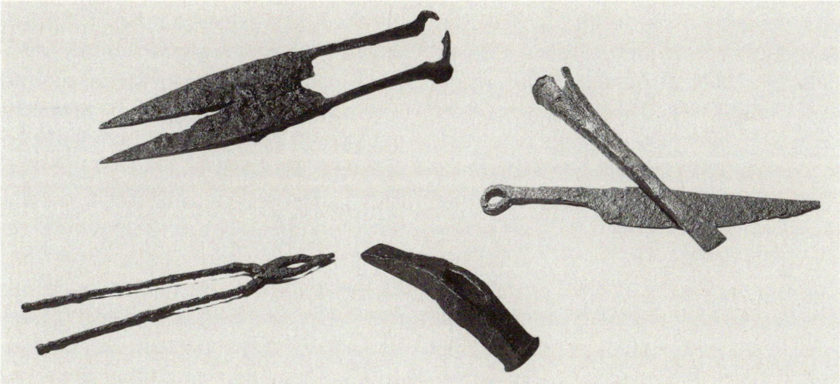

Q1 Eisenwerkzeug der Kelten
In Manching (Bayern) wurde ein keltischer Ort ausgegraben, der um 150 v. Chr. entstanden sein muss. Neben Werkzeugen wurden Haushaltgeräte wie Kesselhaken, Bratspieße, Gabeln und Hausschlüssel gefunden.

Q2 Keltische Bronzekanne
4. Jh. v. Chr., 29,5 cm hoch, gefunden im Saarland

C: Benenne die Werkzeuge. Vergleiche ihre Form mit der heute gebräuchlichen. Schätze den Entwicklungsstand der Werkzeugherstellung damals ein.

1. Erläutere, woraus man ersehen kann, dass es sich bei D1 um ein Fürstengrab handelt. Suche Gründe dafür, weshalb man den Toten so bestattet hat.

2. Schmiede waren in der Eisenzeit sehr angesehen. Finde eine Begründung dafür. Nenne Sagen oder Märchen, in denen Schmiede eine Rolle spielen.

3. Beschreibe, wie sich die Lebensweise und das Zusammenleben der Menschen durch die Metallverarbeitung verändert haben. Welche Schlüsse kannst du aus dem Fund von Hausschlüsseln ziehen (VT, Q1, Q2)?

4 Mio. Jahre — 3000 v. Chr.

1. Quiz: wichtige Kenntnisse über die Steinzeit (Sachkompetenz)

Begründe jeweils, warum du dich für Antwort a, b, c, oder d entschieden hast.

Wann haben die Menschen gelernt, Feuer zu machen?
a. vor etwa 3 Mio. Jahren
b. vor über 1 Mio. Jahren
c. vor etwa 100 000 Jahren
d. vor etwa 10 000 Jahren

Was ist bei der Frühgeschichte mit dem Wort „Abschlag" gemeint?
a. das Abschlagen des Felsens bei der Suche nach Eisenvorkommen
b. das gezielte Abschlagen von Steinteilen zur Herstellung eines Steinwerkzeugs
c. der Abschlag nach dem Tor-Aus beim Steinzeitfußball
d. das Abschlagen von Bäumen, um Platz für Felder zu bekommen

Wovon ernährten sich die Menschen der Altsteinzeit vorwiegend?
a. Sammeln von Beeren, Früchten und Knollen
b. Jagen von Tieren
c. Haltung von Schlachtvieh
d. Backen von Brot

Warum nennt man die Menschen der Altsteinzeit auch Wildbeuter?
a. Weil sie wild und primitiv waren.
b. Weil sie wilde Tiere einfingen und zähmten.
c. Weil sie ausschließlich von dem lebten, was ihnen die Natur bot.
d. Weil sie in rauer und wilder Natur lebten.

Wo wohnten die Menschen der Altsteinzeit vorwiegend?
a. in Wohnhöhlen
b. in Hütten aus Flechtwerk
c. in Ziegelhäusern
d. in Erdlöchern

Aus welchem Material war „Ötzis" Beil?
a. Stein
b. Eisen
c. Kupfer
d. Bronze

Was konnten die Menschen der Jungsteinzeit noch nicht?
a. Töpfern
b. Stoff herstellen
c. Schmuck aus Kupfer basteln
d. Wagenräder bauen

2. In einem Gespräch argumentieren: die Lebensweise der Bauern und Viehzüchter – Wertungen vergleichen (Urteilskompetenz)

In ihrer Erzählung „Die Sonne bleibt nicht stehen" schildern Gabriele Beyerlein und Herbert Lorenz das Zusammentreffen zweier Lebensweisen: Der Junge Dilgo ist ein Steinzeit-Jäger, das Mädchen Mirtani wohnt in einem Dorf von Bauern und Viehzüchtern.
Schreibe auf, wie das Gespräch zwischen Dilgo und seinem Vater weitergehen könnte. Lass jeden noch mindestens zweimal zu Wort kommen.

Dilgo denkt über die Dorfleute nach:
Waren diese Leute vielleicht wirklich etwas Besseres? Was sie für Gebäude zu bauen verstanden, die sie Häuser nannten! Welches geheime Wissen und welch unbegreifliche Fertigkeit mussten dazu gehören, diese Dächer zu errichten. Es war doch gegen alle Erfahrung, dass man solche gewaltigen Stämme dazu bringen konnte, in der Luft an ihrem Platz zu bleiben!
Und wie sie Bäume fällten! Er hatte einen jungen Mann heimlich beobachtet, wie dieser eine ausgewachsene Eiche gefällt hatte. Wenn er nur hätte erkennen können, mit welchem Werkzeug der Fremde das vollbracht hatte – was würde er dafür geben, dieses Werkzeug einmal in Händen halten und erproben zu können! Waren Menschen, die dies alles und noch mehr vermochten, nicht doch etwas Besseres?
Und dann ihre Nahrung, dieses Gras, das Mirtani Weizen nannte und von dem sie erzählt hatte, wie es angebaut wurde. Nicht einfach nur gesucht und gesammelt, nein, diese Leute zwangen die Erde, das wachsen zu lassen, was sie ernten wollten. Was für eine unglaubliche Macht ihnen ihr Wissen gab! War er gegen sie nicht wirklich nur ein armer Junge?

Das Dorf von Mirtani ist von anderen Bauern überfallen worden. Deren Dorf ist durch einen Waldbrand zerstört worden, dabei haben sie ihre ganzen Vorräte verloren. Nun rauben sie Mirtanis Dorf aus und töten dabei zwei Menschen. Dilgo spricht mit seinem Vater darüber. Sein Vater urteilt über die Bauern:
Die müssen ja unbedingt Besitz anhäufen. Die sind ja nicht zufrieden, wenn sie nicht sagen können: Das ist mein. Und dann wollen sie mehr haben und immer mehr. Und weil sie verlernt haben, sich von dem zu ernähren, was man jeden Tag neu finden und erbeuten kann, müssen sie Vorräte anlegen und immer mehr Vorräte. Und wenn sie keine Vorräte haben, dann bekommen sie Angst. Und wenn sie sehen, dass ein anderer mehr hat, dann packt sie der Neid. Und wenn durch ein Unglück wie den Waldbrand die Vorräte vernichtet sind, dann fällt ihnen nichts Besseres ein, als sich an denen ihrer Nachbarn zu vergreifen. Und sie schlagen sich noch tot dabei. Siehst du denn nicht, wo das alles hinführt, Dilgo, kannst du es denn nicht sehen?

Gabriele Beyerlein/Herbert Lorenz, Die Sonne bleibt nicht stehen. Eine Erzählung aus der Jungsteinzeit, Würzburg 5. Aufl. 1997, S. 94, 139. (Arena-Verlag)

3. Zuordnungsaufgabe: Nahrungsbeschaffung in Alt- und Jungsteinzeit unterscheiden (Sachkompetenz, Methodenkompetenz)

Hier siehst du Bilder, die zeigen, wie die Menschen in der Steinzeit ihre Nahrung gewonnen haben. Ordne die Bilder zu: Welches gehört in die Altsteinzeit, welches in die Jungsteinzeit? Begründe deine Wahl. Schreibe anhand der Bilder einen kurzen Text zur Geschichte der Ernährung in der Steinzeit.

Online-Link: 443010-0301

3 Leben in frühen Hochkulturen – das Beispiel Ägypten

Schon vor ungefähr 5000 Jahren lebten auf unserer Erde Menschen, die in der Lage waren, riesige Bauten zu errichten, Schriftstücke zu verfassen und bedeutende Kunstwerke zu schaffen. Sie haben uns Dinge hinterlassen, die uns noch heute staunen lassen. Die Lebensweise dieser Menschen wird als frühe Hochkultur bezeichnet. Am Ende dieser Themeneinheit wirst du auf folgende Fragen antworten können:

- Was genau ist eine frühe Hochkultur?
- Woran kann man erkennen, dass zum Beispiel die alten Ägypter in einer frühen Hochkultur lebten?
- Wo entwickelten sich solche frühen Hochkulturen? Und warum gerade dort?

3000 v. Chr. | 2500 v. Chr.

um 12 000 v. Chr.
Die letzte Eiszeit in Europa geht zu Ende.

um 6000 v. Chr.
In Mitteleuropa werden Ackerbauern und Viehzüchter sesshaft.

3000 v. Chr.
Die ägyptische Hochkultur entsteht.
Zwischen Euphrat und Tigris entsteht die Hochkultur der Sumerer.

2800 v. Chr.
Die Induskultur entsteht.

2500 v. Chr.
Die Pyramiden von Gise werden gebaut.

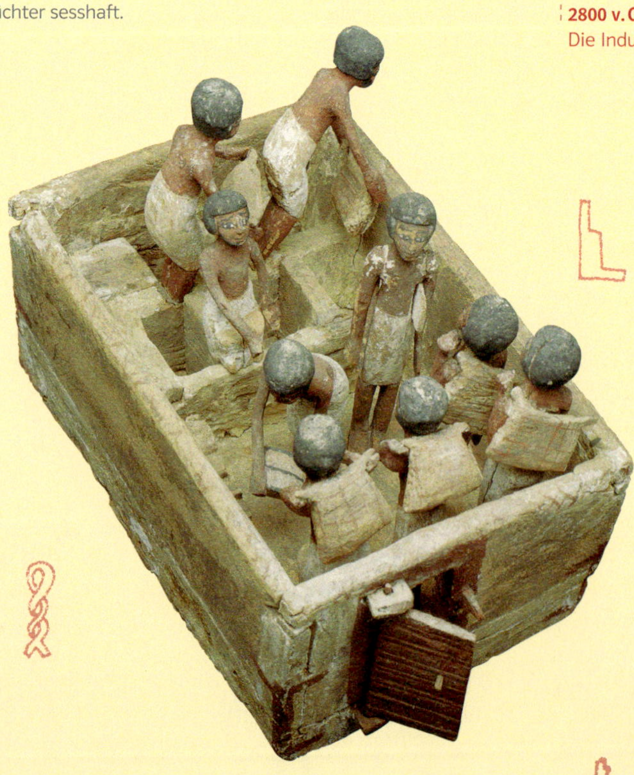

Bemaltes Holzmodell eines Kornspeichers
Arbeiter bringen Getreide und füllen es in den Speicher.
Grabbeigabe, 44 cm lang, 28 cm breit, um 2000 v. Chr.

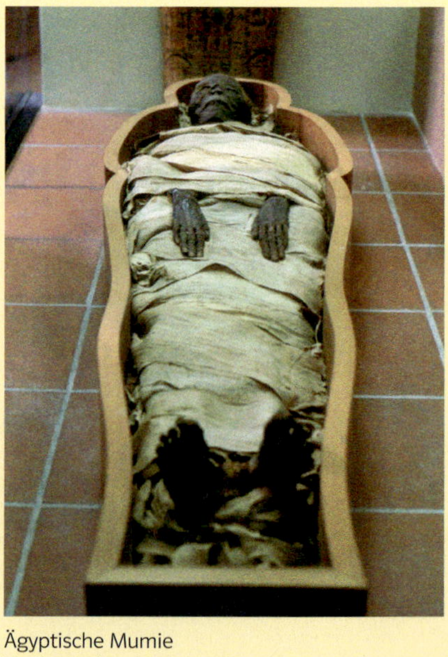

Ägyptische Mumie
Vatikanisches Museum, Rom

Ausgrabungen im Tal der Könige, Theben, Foto 2005
Noch längst sind nicht alle Geheimnisse aus der Zeit der Pharaonen gelüftet. Archäologen finden immer noch Sachquellen, die Spannendes zu erzählen haben.

0 v. Chr. **1500 v. Chr.**

1500 v. Chr.
In Mittelamerika bildet sich die Olmekenkultur heraus.

1650 v. Chr.
An den Ufern der Flüsse Hwangho und Jangtsekiang entstehen mächtige Reiche.

Statuen des Pharaos Ramses II. im Tempel von Luxor, Ägypten, Foto 2005

3000 v. Chr. 1500 v. Chr.

Das Geheimnis der Pyramiden

Ägypten ist für viele Menschen das Land der Pyramiden. Lange Zeit waren diese Bauwerke von Geheimnissen umgeben. Inzwischen können sie uns viel erzählen.

Pharao
So nannten die Ägypter ihren Herrscher. Das Wort heißt wörtlich „großes Haus" und meinte ursprünglich nur den Palast.

A: Ein Priester erklärt seiner Tochter, was mit Cheops' Leichnam alles passiert. Gestaltet dieses Gespräch nach. Bedenkt dabei, dass das Mädchen ihrem Vater sicher viele Fragen stellt.

Die große Pyramide

Vor fast 4500 Jahren starb der ägyptische Pharao Cheops. Noch zu Lebenszeiten hatte er sich ein Grab bauen lassen: eine gewaltige Pyramide aus Stein, mehr als 146 m hoch und mit einer Grundfläche größer als sieben Fußballfelder. In ihrem Inneren verbirgt sich eine Grabanlage mit verwinkelten Gängen und verschiedenen Räumen. Wir können heute nur vermuten, mit welcher Technik die Ägypter ein so großes Bauwerk errichtet haben.

Was passiert mit dem toten Cheops?

Mehr als zwei Monate sollte es dauern, bis Cheops für die Bestattung bereit war. Zuerst wurde sein Leichnam zu einem Totentempel transportiert. Dort erwarteten ihn schon einige Priester. Sie verwandelten den Leichnam Cheops in eine Mumie.
Bis auf das Herz wurden dem Körper dazu alle Organe entnommen und in speziellen Gefäßen verwahrt. Dann wurde der Tote in Salz getrocknet, gewaschen, mit Ölen eingerieben und mit duftendem Baumharz überstrichen. Schließlich wurde der so haltbar gemachte Körper mit mehreren Schichten Tüchern umwickelt. Zwischen die Schichten legten die Priester heilige Schmuckstücke aus Gold und Edelsteinen.
Wenn die Mumifizierung beendet war, wurde die Mumie in eine große Halle gebracht und es wurde eine feierliche Handlung vollzogen, die man die „Mundöffnung" nannte: Man tat so, als ob der Mund wieder geöffnet wurde, um so dem Pharao die Fähigkeiten zum Sehen, Essen und Sprechen zurückzugeben. Nach der Vorstellung der Ägypter konnte Cheops nun im Jenseits weiterleben.

Cheops' Reise ins Jenseits

Am Tag der Beisetzung wurde die Mumie des Pharaos in einem Schlitten zum Eingang des Grabschachtes an der Nordseite der Pyramide gebracht, von Priestern in die Grabkammer getragen und dort in einen Sarkophag, einen Steinsarg, gelegt. Die Gefäße mit den einbalsamierten Organen des Königs wurden neben den Sarkophag gestellt. Doch das war nicht alles: Bevor die Grabkammer

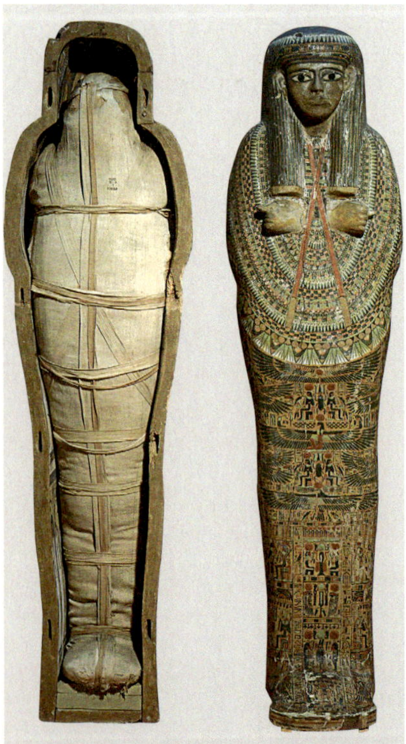

Q1 Mumie einer Priesterin im Sarg
um 1000 v. Chr., Theben

Q2 Die Mundöffnung
Wandmalerei in einem Grab, um 1100 v. Chr., Theben

Q3 Uschebti-Figuren (Dienerfiguren)
Grabfund, um 1300 v. Chr.

Q4 Die Pyramiden von Gise heute
(1) Pyramide des Mykerinos, erbaut um 2490 v. Chr. Im Laufe der Jahrhunderte wurde die glatte Verkleidung abgetragen und anders verwendet.
(2) Pyramide des Chephren, erbaut um 2520 v. Chr. An der Spitze sind noch Reste der Verkleidung zu sehen.
(3) Pyramide des Cheops, erbaut um 2520 v. Chr. Sie ist die größte der Pyramiden. An der Spitze fehlen heute 10 m.

B: Vergleiche die Höhe der Cheopspyramide mit Gebäuden an deinem Wohnort und mit anderen heutigen Bauten.

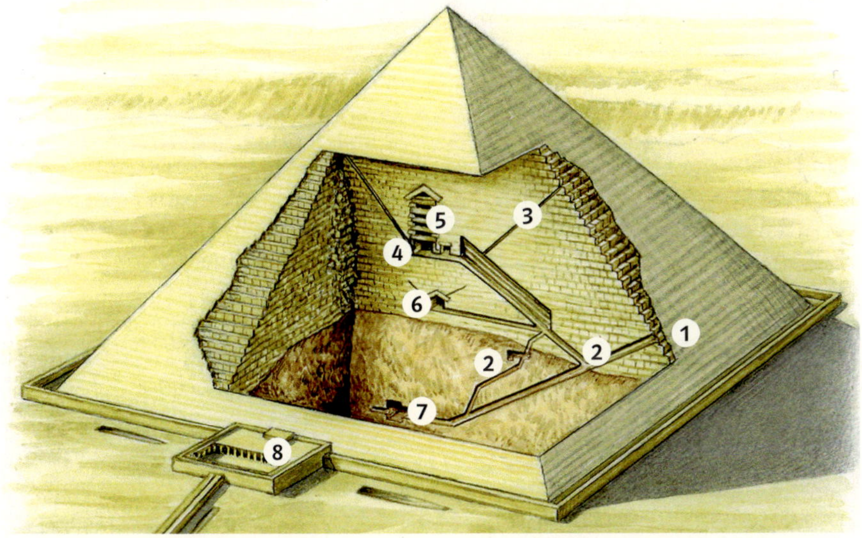

D1 Schnitt durch die Cheopspyramide
(1) Eingang, mit Steinblöcken verschlossen
(2) Gänge, mit Steinblöcken verschlossen
(3) Luftschacht
(4) Grabkammer des Königs
(5) Decksteine
(6) Königinnenkammer
(7) unterirdische Grabkammer
(8) Tempel

C: Vermute, welche Maßnahmen gegen Grabräuber ergriffen wurden.

mit mehreren tonnenschweren Steinblöcken verschlossen wurde, wurden viele Gegenstände hineingelegt, von denen man glaubte, dass sie Cheops in seinem neuen Leben nach dem Tod brauchen würde. Dazu gehörten Speisen, die an die Wand gemalt wurden, Kleider, Möbel, Schmuck, Waffen und sogar Spiele, damit sich Cheops die Zeit vertreiben konnte.

Was geschah später?
Drei große Pyramiden, auch die von Cheops, sind bis heute stehen geblieben. Sie sind so groß, dass sie sogar aus dem Weltraum zu erkennen sind. Andere sind im Laufe der Zeit eingestürzt. Später haben die Ägypter ihre Pharaonen auch nicht mehr in Pyramiden, sondern in Felsengräbern bestattet, die in den Berg hineingegraben wurden. Wie fast alle bis heute wiederentdeckten Gräber wurde das Grab des Cheops bereits zur Zeit der Pharaonen von Grabräubern geplündert. Daher war es eine Sensation, als ein britischer Forscher 1923 das unversehrte Felsengrab eines anderen Pharaos, Tutanchamun, entdeckte, der fast 1000 Jahre nach Cheops regiert hatte.

3000 v. Chr. 1500 v. Chr.

Q5 Kritik an Cheops

Um 500 v. Chr., 2000 Jahre nach dem Pyramidenbau, schreibt der Grieche Herodot:

Cheops hat das Land ins tiefste Unglück gestürzt. Er hat alle Ägypter gezwungen, für ihn zu arbeiten. Die einen mussten aus den Steinbrüchen im arabischen Gebirge Steinblöcke bis an den Nil schleifen. [...] Andere mussten die Steine weiterschleifen bis hin zu den so genannten libyschen Bergen. [...] So wurde das Volk bedrückt, und es dauerte zehn Jahre, ehe nur die Straße gebaut war, auf der die Steine dahergeschleift wurden, ein Werk, das mir fast ebenso gewaltig erscheint wie der Bau der Pyramide selber. Denn die Straße ist 890 m lang, 18 m breit, an der höchsten Stelle 14 m hoch und aus geglätteten Steinen hergestellt, in die Tiergestalten eingemeißelt sind. [...] An der Pyramide selbst wurde zwanzig Jahre gearbeitet.

Herodot 2, 124 , zit. nach Wolfgang Lautemann/ Manfred Schlenke (Hrsg.), Geschichte in Quellen. Altertum: Alter Orient, Hellas, Rom, Bd. 1, bearb. v. Walter Arend, München 4. Aufl. 1989, S. 15. (Bayer. Schulbuch-Verlag)

D2 Bau einer Pyramide

Rekonstruktionszeichnung

Der Bau einer Pyramide war für die Ägypter eine Form des Gottesdienstes: Durch ihre Beteiligung wollten sich die Arbeiter ein gutes Leben nach dem Tod sichern.

Für die Cheopspyramide wurden mehr als 2 Millionen Sandsteinblöcke mit einem durchschnittlichen Gewicht von jeweils 2,5 t verbaut. Die Blöcke wurden in Steinbrüchen in der Nähe des Bauplatzes geschlagen und mit Schiffen zur Baustelle transportiert. Dort wurden sie über abgerundete Holzbohlen zu ihrem Bestimmungsort gezogen.

Auf der CD-Rom kannst du dich über den Pyramidenbau informieren.

D3 Ein bis heute ungelöstes Rätsel

Wir wissen bis heute nicht, wie die Steine auf die Pyramide kamen. Heutige Forscher sehen zwei Möglichkeiten, die aber beide Probleme aufwerfen:

Bild 1: Bei den umlaufenden Rampen weiß man nicht, wie die Steine um die Kurve kommen konnten.

Bild 2: Bei einer großen Rampe hätte diese mehr Baumaterial als die ganze Pyramide verbraucht.

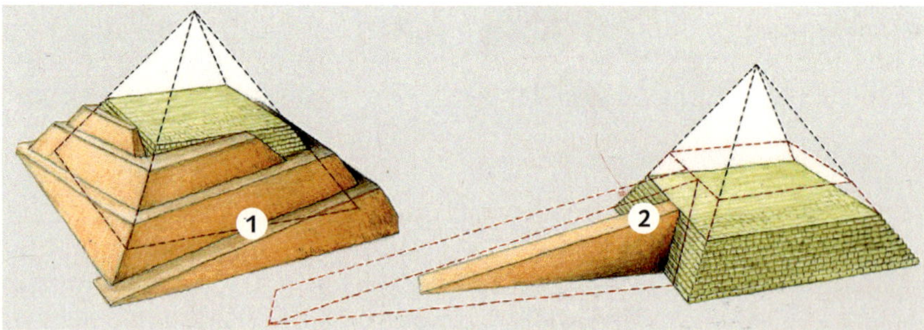

1. Entwickle fünf Quizfragen zum Thema „Pyramiden".

2. Schreibt in Gruppen zwei Zeitungsartikel über Cheops: einen unter der Überschrift „Cheops – ein großer Ägypter", einen unter der Überschrift „Cheops – der Rücksichtslose".

3. Gestalte ein Interview mit einer Wissenschaftlerin, die erklärt, was wir heute über den Pyramidenbau wissen und was nicht (D1–D3).

4. Benenne Übereinstimmungen und Unterschiede zwischen Herodots Bericht und den Informationen in diesem Kapitel (VT, D2, Q5).

5. Beschreibe das Bild Q2 und erkläre, was die Ägypter mit der „Mundöffnung" bezweckten.

6. Vermute, warum in manchen Gräbern bis zu 365 Uschebtis gefunden wurden (Q3).

7. Nenne Gründe dafür, warum die Ägypter ihre Toten auf solch besondere Weise bestatteten. Vergleiche mit heutigen Bestattungen bei uns in Europa.

Herrscher zwischen Menschen- und Götterwelt

Ein Pharao hatte viele Rechte, aber auch viele Aufgaben. Die waren für ihn genauso festgelegt wie für alle anderen Menschen im alten Ägypten. Doch ohne ihre Götter wäre dies alles für die Ägypter undenkbar gewesen. Wie hingen Religion und Herrschaft zusammen?

Die Götterwelt der Ägypter

Für die Ägypter war alles, was auf der Erde geschah oder am Himmel zu sehen war, ein Werk der Götter. Sie glaubten an eine Vielzahl göttlicher Wesen, die den Himmel und die Unterwelt, die Welt der Verstorbenen, bewohnten. Die Menschen erbauten ihren Göttern Tempel, damit sie auch auf der Erde eine Wohnung hatten. Im Inneren der Tempel wurden Standbilder der Götter aus Gold oder Stein aufgestellt, die nur von Priestern gesehen werden durften.
In der Vorstellung der Menschen hatten die Götter viele unterschiedliche Aufgaben zu erfüllen. Gleichzeitig glaubten die Ägypter an einen einzigartigen, großen Gott. Dieser wurde meist als Sonnenkönig Re bezeichnet, denn es war die kraftvolle Sonne, die für Licht und Wärme und damit für das Leben auf der ganzen Welt sorgte. Der Sonnengott Re hatte eine Tochter, die Göttin Maat. Diese war für eine geordnete Welt und für ein friedliches Zusammenleben der Menschen verantwortlich. „Maat" bedeutet „Gerechtigkeit", „Wahrheit" und ist das Gegenteil von Chaos, Gewalt und Zerstörung. Die Ägypter wussten auch, dass das Böse zum Leben dazugehörte und immer wieder zurückgedrängt werden musste.

A: Finde aus den Texten heraus, warum der Pharao für die Ägypter gleichzeitig Mensch und Gott war.

Die Herrschaft des Pharaos

Der Pharao war Herrscher über Ägypten. Ihm gehörten alles Land, alle Rohstoffe und er hatte die Befehlsgewalt über alle Menschen. Andererseits musste er dafür sorgen, dass im ganzen Land seine Gesetze eingehalten wurden und dass im Streitfall Recht gesprochen wurde. Als oberster Soldat war er auch für die Verteidigung Ägyptens verantwortlich. Die „Maat" herzustellen oder zu bewahren, war also die wichtigste Aufgabe des Pharaos.
Die Ägypter waren davon überzeugt, dass der Pharao seine Herrschaft im Auftrag der Götter ausübte. Deswegen verehrten sie ihn nicht nur als Mensch, sondern auch als Gott. Er trug daher auch solche Titel wie „lebender Horus" (= Himmelsgott) oder „Sohn des Re" (= des Sonnengottes).

Herrscher, Herrschaft
Ein Herrscher oder mehrere Herrscher üben Macht über Menschen aus, die ihnen untergeben und von ihnen abhängig sind. Herrschende sind die mächtigsten Personen in einem Staat. Sie erteilen Befehle und erlassen allgemeine Regeln (= Gesetze) für ihre Untertanen. Sie können ihre Macht auch an Personen übertragen, die ihnen unterstellt sind. Diese Personen werden oft als „Beamte" bezeichnet und üben die Herrschaft dann im Auftrag der Herrschenden aus.

Q1 Oberer Teil des Eingeweidesarges des Pharaos Tutanchamun
Er ist aus Gold und Halbedelsteinen gefertigt, ca. 40 cm hoch und stammt aus dem 14. Jh. v. Chr. Heute ist er im Ägyptischen Museum in Kairo ausgestellt. Deutlich zu erkennen sind die Zeichen der Herrschaft:
- Krummstab (Hirtenstab) als Zeichen für die Anführerschaft
- Geißel (Peitsche) als Zeichen für die richterliche Gewalt
- Kobra: Wappentier von Unterägypten
- Geierkopf: Wappentier von Oberägypten
- künstlicher Ritualbart
- gefaltetes Kopftuch

3000 v. Chr. 1500 v. Chr.

Eine Frau wird Pharao

Im Jahr 1490 v. Chr. starb der Pharao Thutmosis II. Dessen Sohn und Nachfolger war für die Regierung noch zu jung. So übernahm dessen Stiefmutter Hatschepsut zunächst die Regierungsgeschäfte. Nach einem Jahr ließ sie sich als Pharaonin ausrufen. Sie rechtfertigte sich damit, dass ein hoher Gott sie gezeugt und auf ihren Thron gesetzt habe.
Auch als Thutmosis III. volljährig geworden war, gab Hatschepsut ihre Herrschaft nicht auf. Sie regierte Ägypten bis zu ihrem Tod und war dabei sehr erfolgreich. Für viele Ägypter bedeutete eine Frau als Pharao aber einen Verstoß gegen die göttliche Weltordnung. Daher wurden alle Hinweise auf den Pharaonentitel Hatschepsuts nach ihrem Tod aus den Inschriften entfernt. So sollten die Götter zufriedengestellt werden.

Das Totengericht

Im Glauben der Ägypter spielte das Totengericht eine große Rolle: Nach seinem Tod musste sich jeder Mensch, auch der Pharao, vor einem Totengericht verantworten. Dabei wurde in einem Gerichtsverfahren vor dem Totengott Osiris das Leben des Verstorbenen bewertet. Für den, der die Prüfung bestanden hatte, begann das Leben im Jenseits. Nach ihrem Tod weiterzuleben und nicht vergessen zu werden, war eines der Lebensziele der Ägypter.

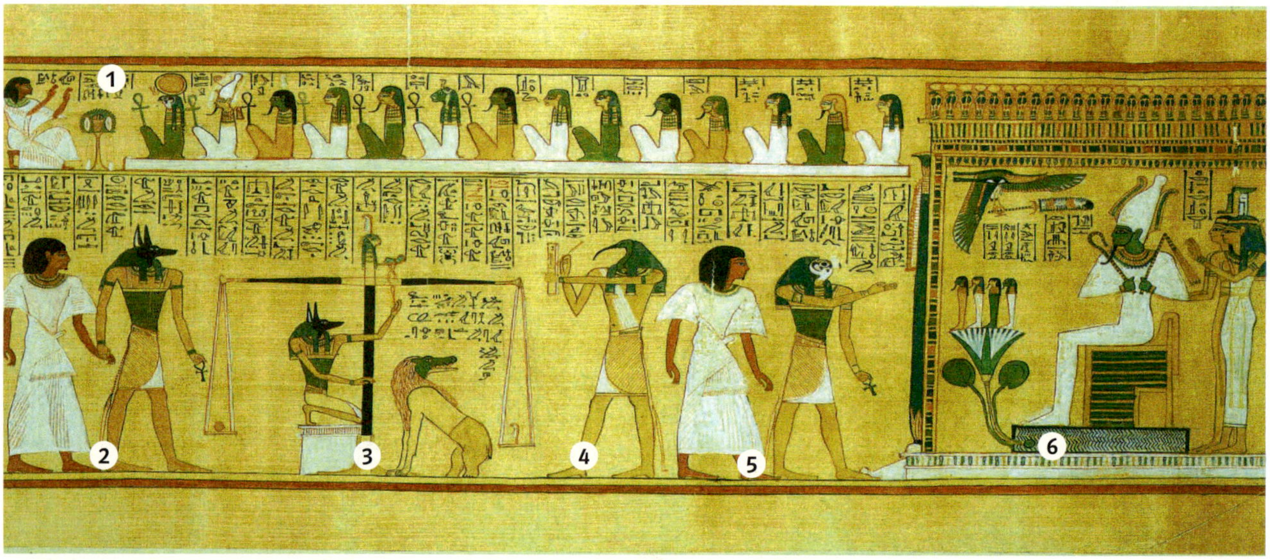

Q2 Darstellung eines Totengerichtes

Ausschnitt aus dem Totenbuch des Schreibers Hunefer.
Bemalte Papyrusrolle aus Theben (39 cm hoch), um 1285 v. Chr., British Museum London.
(1) Hunefer erzählt den Göttern aus seinem Leben.
(2) Anubis, mit dem Kopf des Schakals, führt den Verstorbenen vor das Gericht.
(3) Hunefers Herz wird gegen eine Feder, das Zeichen der göttlichen Gerechtigkeit, gewogen. Das Herz muss leichter als die Feder sein, sonst wird Hunefer von Ammit, mit dem Krokodilkopf, gefressen.
(4)) Thoth, mit dem Ibiskopf, notiert die Ergebnisse des Totengerichtes.
(5) Horus, mit Falkenkopf, führt den Verstorbenen vor den Thron des Osiris.
(6) Osiris, Herrscher des Totenreiches, verkündet das Urteil. Er trägt Doppelfederkrone, Götterbart, Krummstab und Geißel als Zeichen seiner Herrschaft.

B: Versetze dich in die Person des Hunefer und erzähle, was beim Totengericht passiert ist. Denke dabei auch an Gefühle wie Angst, Überraschung oder Freude.

Benenne die Aufgaben der Götter mithilfe eines Götterlexikons auf der CD-ROM.

Q3 Ratschläge eines Vaters

Ein Pharao schrieb um 2150 v. Chr. an seinen Sohn:

Sei geschickt im Reden, damit du die Oberhand behältst, denn Reden ist erfolgreicher als Kämpfen. Niemand kann einen Klugen überlisten. (...) Ahme deine Väter nach, die vor dir gestorben sind. Schlage nach, was sie aufgeschrieben haben, und richte dich nach ihnen. Sei nicht böse; freundlich sein ist gut. Zeige dich deinem Land gütig, dann lobt man deine Güte und betet für deine Gesundheit. (...) Mache deine Beamten vermögend, damit sie nach deinen Gesetzen handeln, denn wer reich ist, ist nicht parteiisch und nicht bestechbar. Sag die Wahrheit in deinem Hause, dann haben die Großen vor dir Respekt. Tu du als Pharao das Rechte, solange du lebst. Hüte dich davor, ungerechterweise zu strafen. (...) Was ein Mann war, bleibt nach seinem Tod übrig, und seine Taten werden alle neben ihn gelegt. Ein Narr ist, wer die Totenrichter verachtet. Wer zu ihnen kommt, ohne dass er gesündigt hat, der wird im Totenreiche wie Gott sein, frei schreitend. Mache keinen Unterschied zwischen dem Sohn eines Vornehmen und dem niedriger Herkunft, hole dir einen Mann wegen seiner Fähigkeiten.

Text auf hieratischen Papyri d. Zeit Thutmosis III., zit. nach Wolfgang Lautemann/Manfred Schlenke (Hrsg.), Geschichte in Quellen. Altertum: Alter Orient, Hellas, Rom, Bd. 1, bearb. v. Walter Arend, München 4. Aufl. 1989, S. 24 f.. (Bayer. Schulbuch-Verlag)

Q4 Statue des Chephren
um 2500 v. Chr., 168 cm hoch, 57 cm breit, Ägyptisches Museum Kairo

C: Begründe, warum der Bildhauer den Pharao mit dem Falken Horus, dem Himmels- und Königsgott, dargestellt hat.
Wie wirkt die Statue von vorn und wie von der Seite? Überlege, was der Künstler wohl damit beabsichtigt hat.

1. Erkläre, wie der Pharao herrschte, indem du seine Rechte und Pflichten gegenüberstellst (VT).

2. Vervollständige: „Chephren ist ein Mensch, weil ..." und „Chephren ist ein Gott, weil ..."

3. Schreibe auf, wie der Eingeweidesarg des Tutanchamun auf dich wirkt (Q1).

4. Schreibe alle Ratschläge, die der Pharao seinem Sohn gab, in die Spalte einer Tabelle und ergänze in der anderen, welchem Zweck sie dienten (Q3).

5. Spielt das Totengericht nach (Q2). Verteilt vorher die Rollen und schreibt Rollenkarten dazu. Wertet im Anschluss daran aus, was ihr über die Religion der Ägypter gelernt habt und wie sich dieses Wissen in eurem Spiel gezeigt hat.

3000 v. Chr. 1500 v. Chr.

Der Nil – Lebensgrundlage Ägyptens

In Ägypten entstand ein Staat mit hohen kulturellen Leistungen, die die Menschen noch lange Zeit in Erstaunen versetzten. Und dabei spielte der Nil eine ganz wichtige Rolle. Wieso eigentlich – der Nil ist doch nur ein Fluss?

A: Ein Beamter des Pharaos erzählt einem Freund, was am Nil besonders ist und was die Menschen während eines Niljahres zu tun haben. Schreibe auf, was er erzählt.

Der Nil schenkt reiche Ernten

Um 5000 v. Chr. besiedelten Nomaden die Ufer des Nils. Dort konnten sie Getreide anbauen und Vieh halten. Denn der Fluss war nicht nur eine natürliche Wasserstraße für den Schiffsverkehr, sondern er sorgte auch für eine ausreichende Bewässerung. Dabei half ihnen ein Wunder der Natur: Jedes Jahr schwoll der Nil an und überschwemmte für ungefähr drei Monate die Flussufer. Dadurch wurden die Ackerflächen mit fruchtbarem Schlamm gedüngt. Da in Ägypten ein heißes Klima herrscht, gediehen die Pflanzen prächtig.

Die Menschen spezialisieren sich

Um jedoch eine gute Ernte zu erhalten, mussten die Menschen eng zusammenarbeiten. Nach jeder Nilschwelle wurden die Felder neu eingeteilt, denn der Fluss hatte die Markierungen der Äcker fortgespült. Beamte des Pharaos, die Feldvermesser, berechneten die Flächen und teilten sie den Bauern zu. Um die Ackerflächen in der Trockenzeit bewässern zu können, mussten Bewässerungsgräben angelegt werden. Dafür waren andere Beamte verantwortlich. Wenn später das Getreide reif war, kamen wieder andere Beamte, um die Höhe der Ernte aufzuschreiben und die Abgaben, die Steuern, festzulegen. Ein weiterer Beamter, der „oberste Scheunenverwalter", ließ Getreide für Notfälle in große Kornkammern einlagern. So bildeten sich viele Spezialisten für die unterschiedlichen Tätigkeiten heraus, die den Bauern Anweisungen geben konnten.

Finde mithilfe der CD-ROM heraus, in welche Jahreszeiten die Ägypter ihr Jahr einteilten und welche Aufgaben sie in diesen Zeiten hatten.

Ein Kalender entsteht

Für die Menschen im Niltal war es wichtig, sich auf die Überschwemmung vorzubereiten und z. B. ihr Vieh in Sicherheit zu bringen. Es gelang ihnen, die Nilschwelle durch die Beobachtung des Sternenhimmels vorherzusagen. Dafür waren Priester zuständig. Wenn der Stern Sirius zum ersten Mal in der Morgendämmerung am Horizont auftauchte, begann das Wasser des großen Flusses

Q1 Das überschwemmte Niltal
Fotografie, 19. Jahrhundert
Seit dem Bau des ersten Staudamms bei Assuan im Jahr 1902 gibt es keine Nilüberschwemmung im Unterlauf mehr.

B: Überlege und erkläre, was das Ausbleiben des alljährlichen Hochwassers für Folgen hat.

Online-Link: 443010-0303
Infoblatt: Nil

über die Ufer zu treten. Dieser Tag war für die Ägypter der Beginn eines neuen „Niljahres“. Es hatte 365 Tage und war in 12 Monate zu je 30 Tagen und fünf Zusatztage eingeteilt. Damit hatten die Ägypter einen Kalender erfunden.

Heilige Zeichen – die Hieroglyphen

Um die vielen unterschiedlichen Tätigkeiten zu organisieren, um den Überblick über Abgaben und Vorräte zu behalten, aber auch um die Anweisungen des Pharaos und seiner Beamten umsetzen zu können, musste man sich Aufzeichnungen und Notizen machen können. Und so entstand in Ägypten um 3000 v.Chr. eine Schrift aus vielen kleinen Bildern und Symbolen. Schreiben konnten allerdings nur wenige Ägypter, die dafür in besonderen Schulen ausgebildet wurden. Die Schreiber waren sehr geachtete Leute.

Als die Griechen die ägyptische Schrift etwa 2500 Jahre später entdeckten, konnten sie diese nicht lesen. Sie nannten sie daher Hieroglyphen (hieros = heilig, glyphein = schreiben). Erst vor 200 Jahren gelang es einem französischen Forscher, die Zeichen zu entziffern. Seitdem ist es möglich, die vielen Hieroglyphen an den Wänden von Gräbern und Tempeln und auf Schriftrollen zu lesen.

Q2 Papyrus
Ausschnitt aus dem Buch von der Unterwelt für den Priester Amenophis, um 1000 v.Chr., Ägyptisches Museum und Papyrussammlung Berlin

Q3 Schreiberfigur des Amenophis
Ägyptisches Museum Kairo

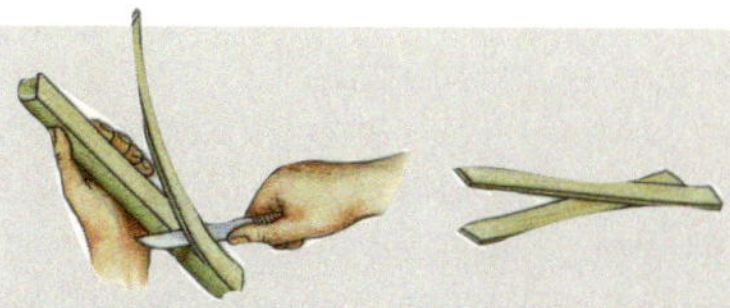

Die Stängel der Papyruspflanze werden geschält und in Streifen geschnitten.

Die Streifen werden abwechselnd längs und quer übereinandergelegt.

Darüber wird ein Tuch gelegt und die Lagen werden kräftig geklopft, damit sie zusammenhalten.

Das so entstandene Blatt wird gewalzt und poliert. Dann kann es beschrieben werden.

D1 Herstellung von Papyrus
Die Ägypter schrieben auf Papyrus, das aus der Papyruspflanze hergestellt wird.

C: Erläutere, was beide Bilder über die Bedeutung von Schrift und Schreiber aussagen.

Ägypten – eine frühe Hochkultur

Du weißt jetzt schon eine Menge darüber, was die alten Ägypter geleistet haben: Viele Menschen mit unterschiedlichen Aufgaben lebten am Nil unter der Herrschaft eines Pharaos zusammen. Sie hatten eine gemeinsame Sprache und Schrift. Sie schufen große Kunstwerke wie prachtvolle Grabmalereien oder die goldenen Mumiensärge. Die Pyramiden waren nicht die einzigen großen Bauwerke der alten Ägypter. Auch Tempel zur Verehrung ihrer Götter wurden errichtet, ebenso prächtige Herrscherpaläste, ja ganze Städte wie z.B. Theben oder Memphis. Dank des Nils, einer ausgeklügelten Bewässerungstechnik und einer guten Arbeitsorganisation hatten die Ägypter so gute Ernten, dass sie Vorräte anlegen und Handel treiben konnten. Das alles berechtigt uns zu sagen, dass die alten Ägypter in einer Hochkultur lebten.

Frühe Hochkultur
Frühe Hochkulturen nennt man Gesellschaften der Vergangenheit, in denen Städte gebaut wurden, die Schrift verwendet und planvoll gewirtschaftet wurde. Zu einer Hochkultur gehört eine festgelegte Herrschaftsordnung, in der die Menschen unterschiedliche Aufgaben haben. Auch die Religion ist ein wichtiges Merkmal früher Hochkulturen.

Q4 Ernte ohne Arbeit?

Der griechische Geschichtsschreiber Herodot (ca. 480–420 v. Chr.) schrieb nach einem Besuch in Ägypten:

Es gibt kein Volk auf der Erde, auch keinen Landstrich in Ägypten, wo die Früchte des Bodens so mühelos gewonnen werden wie hier. Sie haben nicht nötig, mit dem Pflug Furchen in den Boden zu ziehen, ihn umzugraben und die anderen Feldarbeiten zu machen, mit denen die übrigen Menschen sich abmühen. Sie warten einfach ab, bis der Fluss kommt, die Äcker bewässert und wieder abfließt. Dann besät jeder sein Feld und treibt die Schweine darauf, um die Saat einzustampfen, wartet ruhig die Erntezeit ab, drischt das Korn mithilfe der Schweine aus und speichert es.

Herodot 2, 14, zit. nach Wolfgang Lautemann/Manfred Schlenke (Hrsg.), Geschichte in Quellen. Altertum: Alter Orient, Hellas, Rom, Bd. 1, bearb. v. Walter Arend, München 4. Aufl. 1989, S. 15. (Bayer. Schulbuch-Verlag)

Q5 Feldarbeit
Wandmalerei aus dem Grab des Menena in Sheik Abd el-Korna, um 1400 v. Chr. Menena war Feldvermesser.

D: Beschreibe, was die Menschen tun. Ein Tipp: Das Bild kann von unten nach oben gelesen werden. Was fällt dir an der Zeichnung noch auf?

D2 Bewässerungssystem,
Rekonstruktionszeichnung
Jahrtausendelang haben die Ägypter auf diese Weise ihre Felder bewässert. Heute werden die Gräben mit Motorpumpen gefüllt.

E: Wähle eine Person aus der Zeichnung aus und erkläre aus deren Sicht, welche Arbeit du verrichtest und wozu sie dient.

Zeichen	Dargestellter Gegenstand	Aussprache	Zeichen	Dargestellter Gegenstand	Aussprache
	Geier	a (kurz)		Löwe	l
	Bein	b		Eule	m
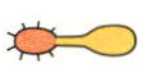	Tierleib mit Ziffern	ch		Brettspiel	mn
	Hand	d		Wasser	n
	unbekannt	ch		Seil	r
	Unterarm	q		Hocker	p
	Schlange (Hornviper)	f		Abhang	p (auch k)
	Krugständer	g		Mund	l
	Hof	h		gefalteter Stoff	s (stimmlos)
	Docht	h		Teich	sch
	Schilfblatt	j		Brotlaib	t
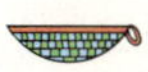	Korb	k		Wachtel-küken	w
	Wörter, die mit Bewegung zu tun haben			Deutzeichen Mann-Frau	

D3 Hieroglyphen
Aus Bildern entwickelten sich Zeichen, die für einen Konsonanten stehen, die Vokale muss man sich denken. Sie ergeben sich aus dem Zusammenhang.

F: Versuche, deinen Namen in Hieroglyphenschrift zu schreiben.

Q6 Türschild von Pharao Amenophis II.
Die Inschrift lautet: „Der geliebte Sohn des Re, Amenophis, der Gott und Herrscher von Theben, wird ewig leben." Der Königsname steht in dem ovalen Rahmen.

Q7 Werde zu einem Schreiber!
Ein Dichter schrieb um 1250 v. Chr. an seinen Sohn Phiops, der für viele Jahre eine Schreiberschule besuchen soll:
Ich lasse dich die Schriften mehr lieben als deine Mutter. Ich führe dir ihre Schönheit vor Augen; sie ist größer als die aller anderen Berufe und im ganzen Land gibt es nichts, was ihnen gliche. (…) Der Töpfer steckt in seinem Lehm; der beschmiert ihn mehr als ein Schwein, bis er seine Töpfe gebrannt hat. Seine Kleidung ist steif vor Lehm. Die Luft bläst ihm ins Gesicht, wenn sie aus dem Ofen kommt. Er stampft den Lehm mit seinen Füßen und wird dabei selbst zerstoßen. (…) Wenn der Weber den Tag vollbracht hat, ohne zu weben, wird er mit 50 Peitschenhieben geschlagen. Der Wäscher wäscht auf dem Uferdamm, sein Nachbar ist das Krokodil. Er verzweifelt, wenn er den ganzen Tag lang den Waschbleuel schwingt und auf den Stein schlägt. (…) Wenn du schreiben kannst, wird dir das mehr Nutzen bringen als alle Berufe, die ich dir genannt habe. Nützlich ist dir schon ein Tag in der Schule, und eine Ewigkeit hält die in ihr geleistete Arbeit vor.

Brief eines Dichters an seinen Sohn, zit. nach Wolfgang Lautemann/Manfred Schlenke (Hrsg.), Geschichte in Quellen. Altertum: Alter Orient, Hellas, Rom, Bd. 1, bearb. v. Walter Arend, München 4. Aufl. 1989, S. 29 f.. (Bayer. Schulbuch-Verlag)

Q8 Schreibwerkzeug aus dem Grab des Tutanchamun
Binsen wurden als Pinsel für schwarze und rote Farbe benutzt.

1. Vergleiche Herodots Beschreibung Q4 der ägyptischen Landwirtschaft mit den Informationen im VT und mit Q5 sowie mit D2. Formuliere eine Antwort auf Herodots Bericht.

2. Beschreibe das Leben der Bauern im Niltal (VT, Q1, Q2, Q4, Q5, D2).

3. Zähle die „Nachteile" der Berufe auf, die Phiops' Vater nennt, und vergleiche sie mit den Vorteilen, die ein Schreiber hat (Q7).

4. Begründe, wie die ägyptische Hochkultur mit dem Nil zusammenhängt.

3000 v. Chr. 1500 v. Chr.

Vom Alltag der Ägypter

Über das tägliche Leben der Pharaonen und der hochgestellten Beamten haben wir durch Grabbeigaben, Wandmalereien und durch überlieferte schriftliche Berichte Informationen. Doch wie lebten die so genannten einfachen Leute?

A: Trage in eine Tabelle ein, was du in den Verfassertexten über das Leben der Menschen in Ägypten erfährst.

Bevölkerungs-gruppe	Merkmale ihres Lebens
Handwerker	…
…	…

Ein Dorf in der Wüste

In den 1880er-Jahren wurden in der Wüste bei Theben die Ruinen eines Dorfes gefunden. Deir el-Medina wird es heute genannt. Dort lebten vor ca. 3000 Jahren bis zu 120 Arbeiter mit ihren Familien. Viele Hinterlassenschaften der Bewohner des Arbeiterdorfes, darunter viele Textdokumente, wurden später in einem 52 Meter tiefen Schacht gefunden. Die Reste der Häuser und die weggeworfenen Dinge erzählen uns eine Menge über das Alltagsleben der Ägypter.

Q1 Deir el-Medina
Die ausgegrabenen Überreste des Dorfes
Ungefähr 70 Häuser drängten sich dicht aneinander. Einer hohe Ziegelmauer schützte das Dorf gegen den Sand der Wüste und vor wilden Tieren. Direkt neben dem Dorf lagen die Gräber für die Dorfbewohner.

B: Beschreibe, welche Räume du erkennen kannst.

D1 Haus in Deir el-Medina, Rekonstruktionszeichnung
Die Häuser waren ca. 4 × 20 m groß. Der Fußboden bestand aus gestampftem Lehm, die Decke aus getrockneten Palmzweigen. Die Wände waren mit Kalk weiß getüncht. Wegen der großen Hitze gab es nur wenige kleine Fenster.

Q2 Fischfang mit Papyrusbooten
Holzmodell aus einem Grab, um 2000 v. Chr., Turin, Ägyptisches Museum

C: Erkläre, warum den Menschen solche Modelle mit ins Grab gegeben wurden.

Vom Alltag der Arbeiter und Handwerker
Die in Deir el-Medina lebenden Männer waren vor allem Arbeiter und Handwerker. Sie hatten die Aufgabe, im nahe gelegenen Tal der Könige die Gräber für die Pharaonen, deren Angehörige und andere hochgestellte Persönlichkeiten zu bauen und auszuschmücken. Zu ihren Aufgaben gehörte auch, die Gräber vor Grabräubern zu bewachen. Meist übernachteten sie gleich bei der Baustelle, denn der Fußmarsch zum Dorf war lang. Jeder zehnte Tag war arbeitsfrei, dann kehrten sie ins Dorf zurück. Auch dort gab es viel zu tun: Die Häuser mussten in Ordnung gehalten und mit Möbeln ausgestattet werden.

Lohn für schwere Arbeit
Einmal im Monat kam der Abgesandte des Pharaos und verteilte hauptsächlich Lebensmittel als Lohn. Aufseher und Facharbeiter bekamen dabei mehr als z. B. Wächter und Diener. Dinkel und Gerste für Brot und Bier waren die wichtigsten Nahrungsmittel. Jede Familie erhielt auch Trockenfisch, Salz, Gemüse, Datteln, Brennholz und Natron, das als Seife diente. An Festtagen gab es auch Fleisch, Wein und Honig.

Das Leben der Frauen
Die Frauen waren für den Haushalt und die Kindererziehung zuständig. Viele arbeiteten daneben aber auch z. B. als Weberin, als Frisörin oder in anderen Handwerksberufen. Frauen aus vornehmen Familien konnten lesen und schreiben. In vielen Bereichen waren Frauen den Männern rechtlich gleichgestellt. Wir kennen z. B. von Frauen unterzeichnete Verträge und Testamente. Auch bei Gericht durften sie als Klägerin oder Zeugin auftreten.

Wie lebten die Kinder?
Aus Wandmalereien und Grabbeigaben wissen wir, wie Mädchen und Jungen ihre Freizeit verbracht haben: Mädchen werden beim Tanzen und Balljonglieren, Jungen beim Ringen, Laufen, Springen und Stockfechten gezeigt. Wenn es sich die Eltern leisten konnten, erhielten die Kinder Schulunterricht. Die meisten Kinder mussten jedoch so früh wie möglich den Eltern bei der Arbeit helfen.

Das Leben der einfachen Bauern
Die Bewohner von Deir el-Medina gehörten aufgrund ihrer Fachkenntnisse zu den bessergestellten Menschen. Die einfachen Bauern, die große Mehrheit der Bevölkerung, waren ärmer. Sie besaßen kein eigenes Land und mussten große Teile ihrer Ernte an die Landbesitzer und den Staat abgeben. In der Überschwemmungszeit halfen sie als Arbeiter auf den großen Baustellen der Pharaonen, z. B. beim Bau von Pyramiden oder großen Tempeln.

Q3 Eingang zu einem Handwerkergrab in Deir el-Medina
Viel Wert legten die Arbeiter und Handwerker darauf, für sich und ihre Familien Grabstellen anzulegen und kunstvoll auszuschmücken.

3000 v. Chr. 1500 v. Chr.

Q4 Bruchstück einer Wandmalerei
Höhe 15 cm, Fundort unbekannt, um 1450 v. Chr.

Q6 Holzmodell einer Schreinerei
Grabbeigabe, 52 cm breit, 26 cm hoch, 93 cm tief, Deir el-Bahari, um 2000 v. Chr.

D: Beschreibe das Modell. Welche Arbeiten verrichten die Menschen?

Q5 Droht ein Streik?

Aus einem Beschwerdebrief der Arbeiter von Deir el-Medina an den Wesir Ta, um 1150 v. Chr.:

Ich teile meinem Herrn mit, dass ich an den Gräbern der Königskinder arbeite, deren Errichtung der Wesir befohlen hatte. Wir Arbeiter sind sehr elend geworden. Alle Sachen für uns, die das staatliche Schatzhaus, die Scheune und das Magazin uns liefern sollten, sind nicht verteilt worden. Nicht leicht ist das Tragen von Steinen! Man hat uns auch die 1½ Sack Gerste fortgenommen, um uns stattdessen 1½ Sack Dreck zu geben! Möge mein Herr handeln, sodass wir leben können, denn wir sind schon am Sterben. Wir haben kein Brot, wir haben keine Kleider. Denn man gibt uns nichts, gar nichts! Schreibt an den König, unseren Herrn, damit er uns zu leben gebe.

[Zweimal verweigern die Arbeiter wegen ausbleibenden Lohnzahlungen die Arbeit und setzen damit ihre Forderungen mit Streik durch.]

Beschwerdebrief d. Arbeiter v. Deir el-Medina, zit. nach Arne Eggebrecht, Das Alte Ägypten. 3000 Jahre Geschichte und Kultur des Pharaonenreiches, München 184, S. 219. (Bertelsmann)

Q7 Ein Junge hütet ein Schwein
Kalksteinscherbe, Deir el-Medina, um 1300 v. Chr.

Q8 Frau beim Bierbrauen
Kalksteinfigur, um 2500 v. Chr.

Q10 Der Baumeister Anhur Khaou mit seiner Frau und seinen Enkeln
Wandmalerei aus dem Grab des Anhur Khaou, Deir el-Medina, 12. Jh. v. Chr.

E: Beschreibe, wie Erwachsene und Kinder dargestellt sind.

Q9 Kosmetikkästchen der Merit
Grabbeigabe für die Frau des Baumeisters Kha in Deir el-Medina, um 1400 v. Chr.

Q11 Schultag in Ägypten

Dieser Text wurde für Diktate in der Schule verwendet, um 1200 v. Chr.:

Mit einem „Wach auf, an deinen Platz!" wird der Junge geweckt. „Die Bücher liegen schon vor deinen Kameraden. Bring deine Kleider in Ordnung (der Junge schläft in seiner Kleidung) und zieh die Sandalen richtig an!", so fing der Tag an. Dann hieß es: „Du legst deine Aufgaben täglich ordnungsgemäß vor. Sei nicht faul! Man gibt auf: 3 + 3 (…). Dann fängst du an, ein Buch zu lesen, rechnest und bist dabei still. Lass keinen Laut aus deinem Mund hören! Schreibe mit deiner Hand und lies mit deinem Mund! Faulenze nie oder wehe deinen Gliedern! Suche zu verstehen, was dein Lehrer will, höre auf seine Mahnungen; werde ein Schreiber!"

Diktattext für d. Schule, zit. nach Emma Brunner-Traut, Die Alten Ägypter: verborgenes Leben unter Pharaonen, Stuttgart 4. Aufl. 1987, S. 72f. (Kohlhammer)

Q12 Ein Ehevertrag

Der Vertrag wurde 493 v. Chr. in Theben aufgesetzt:

Heute hast du mich zur Frau genommen. Du hast mir eine Silberkite [10 Kite sind ungefähr 91 Gramm] vom Schatzhaus des Ptah [ägyptischer Gott, u. a. Schutzgott der Handwerker], vollwertig, als meine Frauengabe gegeben. Entlasse ich dich als Ehemann und hasse dich oder liebe einen anderen, so bin ich es, die dir eine halbe Silberkite, die du mir als obengenannte Frauengabe gegeben hast, zurückgebe. Außerdem verliere ich das Recht auf das gemeinsam erworbene Eigentum, ohne darum irgendeinen Prozess führen zu können.

Ehevertrag in Theben, zit. nach Staatliches Museum zu Berlin (Hrsg.), Papyrussammlung. Leben im ägyptischen Altertum. Literatur, Urkunden, Briefe aus vier Jahrtausenden, Berlin (Ost) 1986, S. 40.

1. Du entdeckst als Archäologe Q4. Deute diese Abbildung.

2. Versetze dich in den Wesir Ta und sprich mit den Arbeitern (Q5). Spielt in der Klasse verschiedene Reden durch. Wie könnten die Arbeiter reagieren?

3. Zwei Freunde – ein junger Schweinehirt und ein Schüler – unterhalten sich. Jeder beginnt mit: „Du hast es gut …" Führt solche Gespräche (Q7, Q11).

4. Entwirf einen Bericht über das Leben ägyptischer Frauen (Q8, Q9, Q12).

3000 v. Chr. | 1500 v. Chr.

Ein Schaubild erklären

Du weißt jetzt schon eine ganze Menge über das Leben der Menschen im alten Ägypten. Wie aber war die ägyptische Gesellschaft aufgebaut? Wer war oben, wer unten? Wer hatte zu befehlen, wer zu gehorchen? Welche Aufgaben hatten die verschiedenen Gruppen von Menschen? Wir sprechen auch von der Hierarchie, die für eine Gesellschaft typisch ist. All das lässt sich mithilfe eines Schaubildes besonders gut darstellen. Damit können wichtige Zusammenhänge auf einen Blick erkannt werden. Ein Schaubild richtig zu lesen und zu verstehen, muss jedoch gelernt werden. Am Beispiel eines Schaubildes zum Aufbau der ägyptischen Gesellschaft werden dir hier Schritte zum Verstehen gezeigt.

Hierarchie
Das Wort kommt aus dem Griechischen und heißt „heilige Ordnung". Für das Zusammenleben der Menschen in einer Gesellschaft bedeutet Hierarchie, dass oben Entscheidungen gefällt werden, die die Untergebenen ausführen müssen. Auf welcher Stufe dieser Rangordnung Menschen stehen und wie viel Macht sie haben, hängt unter anderem davon ab, welche Fähigkeiten und Kenntnisse sie haben, ob sie arm oder reich sind, vor allem aber, von welcher Herkunft sie sind.

Die Einteilung des Schaubildes
Die Spitze des Schaubildes ist sehr schmal, denn hier ist nur ein Mensch, der Pharao, dargestellt. Dieser bestimmt allein „von oben nach unten" über alle anderen. Das Schaubild wird nach unten immer breiter. Die Schichten sind auch unterschiedlich breit. Das sagt etwas aus über die Anzahl der Menschen, die zu den Schichten gehören. Zum Beispiel gibt es viel mehr Bäuerinnen und Bauern als Beamte und Schreiber.

Zeichen haben eine Bedeutung
Bei Schaubildern werden fast immer spezielle Zeichen verwendet (z. B. Pfeile), die uns zeigen, wie die dargestellten Personen oder Gruppen sich zueinander verhalten. Hier wird z. B. gezeigt, wer wem etwas zu sagen hat, wer gehorchen muss, wer wen schützt und wer dem Vorgesetzten berichten muss usw.

D1 Schaubild der ägyptischen Gesellschaft
Die ägyptische Gesellschaft blieb nicht über Jahrtausende hinweg gleich, sondern veränderte sich. Das Schaubild zeigt den Zustand um 2200 v. Chr.

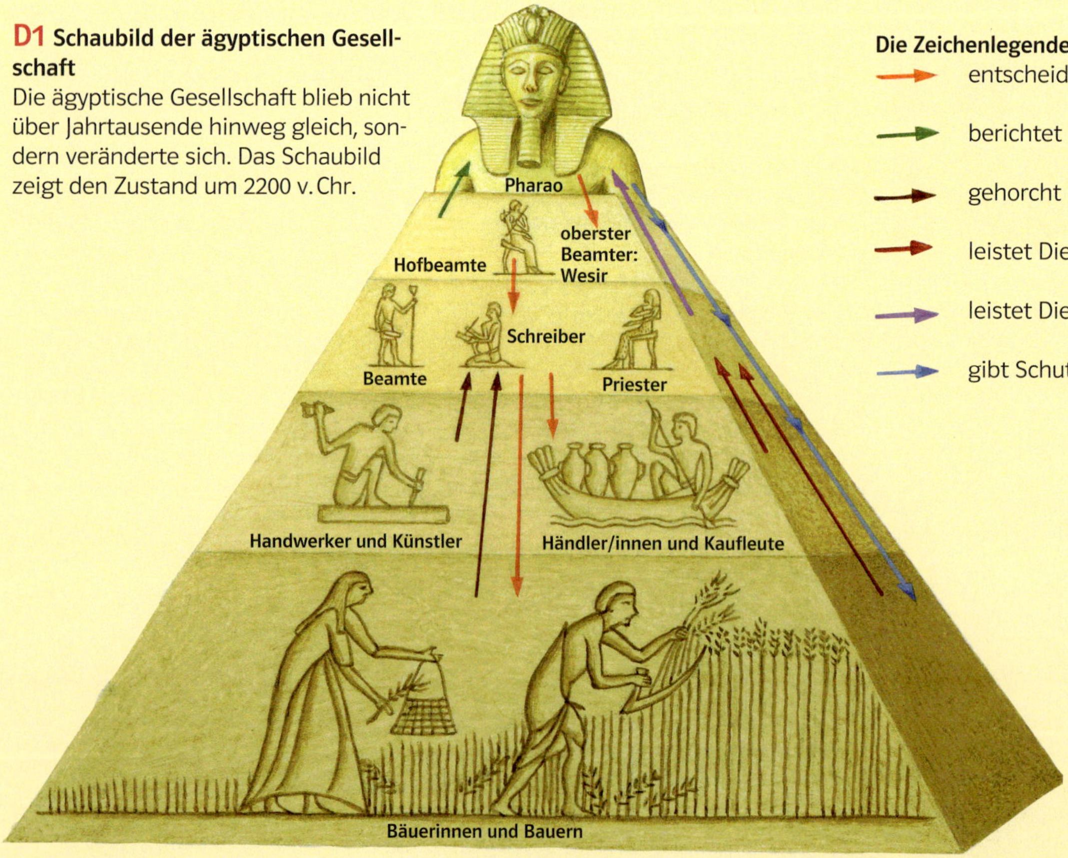

Die Zeichenlegende
- entscheidet und befiehlt
- berichtet und berät
- gehorcht
- leistet Dienste und Abgaben
- leistet Dienste
- gibt Schutz

Methodische Arbeitsschritte

1 Thema

- Stelle fest, welches Thema das Schaubild behandelt. Die Unterschrift gibt dir dazu Informationen.
- Ordne das Thema in Zeit und Raum ein. Manchmal geben Schaubilder Zustände wieder, die nur für kurze Zeit und nur für bestimmte Länder oder Gebiete galten. Andere zeigen gesellschaftliche Zustände, die für viele Länder und über lange Zeit typisch waren oder sind.

2 Untersuchung

- Stelle fest, welche Bestandteile das Schaubild hat. Das können zum Beispiel Kästchen, Kreise, Linien, Pfeile, Figuren oder Zeichen sein.
- Untersuche die Bedeutung der einzelnen Bestandteile des Schaubildes. Finde heraus, wofür verwendete Farben, Formen und Zeichen stehen.
- Überlege, welchen Zusammenhang es zwischen dem Thema und der Form des Schaubildes gibt.

3 Deutung

- Arbeite heraus, wie die einzelnen Bestandteile miteinander verknüpft sind und was das bedeutet: Stehen sie z.B. nebeneinander oder untereinander, sind sie mit Pfeilen verbunden und was heißt das?
- Erkläre, welches Verhältnis zwischen Personen oder Menschengruppen durch das Schaubild deutlich wird.
- Fasse zusammen, was du über das dargestellte Thema erfahren hast.

D2
Meine Eltern berechnen den genauen Termin des Nilhochwassers. Wenn der Pharao gestorben ist, bereiten sie ihn für seine Fahrt ins Totenreich vor. Wir leben in der Tempelstadt. Ich lerne alle heiligen Handlungen und geheimen Künste, um später die Aufgaben meiner Eltern zu übernehmen.

D3
Bei Hochwasser hilft mein Vater beim Bau der Pyramide. Dadurch will auch er etwas für die Götter tun und sich auf sein Totengericht vorbereiten. Die übrige Zeit arbeiten wir alle auf den Feldern. Von unserer Ernte müssen wir einen großen Teil abliefern.

D4
Mein Vater ist für den Pharao sehr wichtig. Er sieht den Pharao fast jeden Tag und ist sein engster Ratgeber. Die Aufträge des Pharaos gibt mein Vater dann an die Beamten und Soldaten weiter. Gestern hat er die neue Höhe der Ernteabgaben für die Bauern bekannt gegeben.

D5
Mein Vater überwacht die Höhe der Ernteabgaben einiger Bauern. Nach der Überschwemmung legt er die Grenzen ihrer Ackerflächen wieder fest. Um seine Aufgaben später fortzuführen, muss ich die komplizierten Hieroglyphen lesen und schreiben lernen. Dazu muss ich 12 Jahre in die Schreiberschule gehen. Die Kosten bezahlt mein Vater.

D6
Meine Mutter ist Weberin, mein Vater baut Grabkammern und malt diese aus. Das kann er sehr gut, deshalb bekommt er viele Aufträge. Ich mag die Bilder und die Hieroglyphen und würde gern ein Schreiber werden. Leider ist die Schreiberschule viel zu teuer.

1. Ordne die Personen (D2–D6) in das Schaubild D1 ein. Begründe deine Entscheidung jeweils.
2. Suche in den anderen Kapiteln nach weiteren Personen und versuche, diese in das Schaubild einzuordnen.
3. Wie werden in deiner Schule Entscheidungen getroffen? Zeichne dazu ein Schaubild.

3000 v. Chr. 1500 v. Chr.

Frühe Hochkulturen – nicht nur in Ägypten

Du weißt, dass das alte Ägypten nur ein Beispiel für frühe Hochkulturen ist. Wo überall waren noch Hochkulturen entstanden? Und welche Zeugnisse gibt es dafür?

A: Wiederhole, durch welche Merkmale sich frühe Hochkulturen auszeichnen. Du kannst auf Seite 59 noch einmal nachschlagen.

Nichts geht ohne Wasser

Zum Leben brauchen die Menschen vor allem ausreichend Nahrung und Trinkwasser. Das war immer schon so und wird auch so bleiben. Dort, wo die Ernten durch das günstige Klima besonders reich ausfielen, war es möglich, viele Menschen mit zu ernähren, die selbst nicht als Bauern arbeiteten. Sie konnten sich mit anderen Dingen beschäftigen: mit Handwerk und Handel, mit Wissenschaft und Kunst, mit Religion und Gesetzgebung, mit Städtebau und Herrschaftsplänen. Es ist also kein Wunder, dass Hochkulturen zumeist dort entstanden, wo es fruchtbare Böden und ausreichend Wasser gab. Eine Auswahl früher Hochkulturen lernst du hier kennen.

B: Suche in einem Atlas heraus, zu welchen heutigen Ländern die eingezeichneten frühen Hochkulturen gehören.

D1 Frühe Hochkulturen
1 Ägypten
2 Mesopotamien
3 China
4 Induskultur
5 Kultur der Olmeken
6 Andenhochkultur

Q1 Ägyptische Wandmalerei aus einem Grab bei Sheik Abd el-Korna, um 1400 v. Chr.
Über die ägyptische Hochkultur von ca. 3000 v. Chr. bis 30 v. Chr. weißt du jetzt sicher schon gut Bescheid.

Q2 Tafel mit Keilschrift aus Mesopotamien, um 3000 v. Chr.
Zwischen den Flüssen Euphrat und Tigris entstand um 3000 v. Chr. die Hochkultur der Sumerer. Sie lebten in großen Städten zusammen.

Q3 Schildkrötenpanzer mit eingeritzten Schriftzeichen aus China
Auf den fruchtbaren Böden des Huangho-Beckens und am Jangtsekiang siedelten seit ca. 3000 v. Chr. Bauern, die auch Haustiere hielten und Keramik produzierten. Schriftliche Quellen über die ersten Herrscher liegen uns seit ca. 1650 v. Chr. vor.

Q4 Siegel aus der Indus-Kultur, um 2500 v. Chr., Nationalmuseum Delhi
Die Indus-Kultur existierte ungefähr von 2800 v. Chr. bis ca. 1400 v. Chr. Sie wurde durch Ausgrabungen 1922 entdeckt. Bis heute wurden über 140 Städte und Siedlungen gefunden; in ihrer Blütezeit könnte die Indus-Kultur mehr als 5 Millionen Bewohner gehabt haben. Die Schrift ist bis heute nicht entschlüsselt.

Q5 Olmekische Steinfigur
Sie entstand zwischen 1200 und 900 v. Chr. Der Kopf ist 2,85 m hoch, 2,11 m breit und wiegt ca. 25 Tonnen. Ausgestellt ist er im Museum der mexikanischen Stadt Jalapa.
Seit ca. 1500 v. Chr. bildete sich die Olmekenkultur heraus, die u. a. eine Hieroglyphenschrift entwickelte. Erste Städte entstanden um 1000 v. Chr.

Q6 Steinkopf an einer Pyramide in der Ruinenstadt Chavin de Huantar, Peru
In den Anden entwickelten sich seit 800 v. Chr. verschiedene Hochkulturen, die einen steilen Aufstieg erlebten, dann aber wieder verschwanden. Die letzte Hochkultur war das Inkareich, das bis 1534 n. Chr. existierte.
Die Pyramide, von der das Foto stammt, wurde zwischen 800 und 200 v. Chr. erbaut. Über die frühen Andenhochkulturen wissen wir sehr wenig.

1. Bereite einen kurzen Vortrag zu einer der Hochkulturen (Q2–Q5) vor. Verschaffe dir dazu Informationen in einer Bücherei oder im Internet
2. Erläutere, warum die frühen Hochkulturen gerade in den eingezeichneten Gebieten entstanden.

3000 v. Chr — 1500 v. Chr.

1. Eine Strukturskizze gestalten: Merkmale des alten Ägypten (Sachkompetenz, Methodenkompetenz)

Schreibe in die Mitte eines Arbeitsblattes das Thema „Das alte Ägypten". Zeichne davon ausgehend Pfeile, die zu Kästchen mit einzelnen Themen führen. Zu jedem Thema findest du unten kurze Texte. Sie sind allerdings etwas durcheinandergeraten. Du musst sie also zuerst richtig zusammensetzen. Wer möchte, kann zum Schluss sein Arbeitsblatt mit Zeichnungen oder kopierten Bildern schmücken.

Die Pyramiden
Die größte Pyramide hat Cheops vor ca. 4500 Jahren bauen lassen. Nach seinem Tod wurde er darin bestattet. Sie war mehr als 146 m hoch und wurde aus über 2 Millionen Steinblöcken von jeweils 2,5 Tonnen Gewicht erbaut. Man weiß bis heute nicht sicher, wie die Pyramiden errichtet wurden.

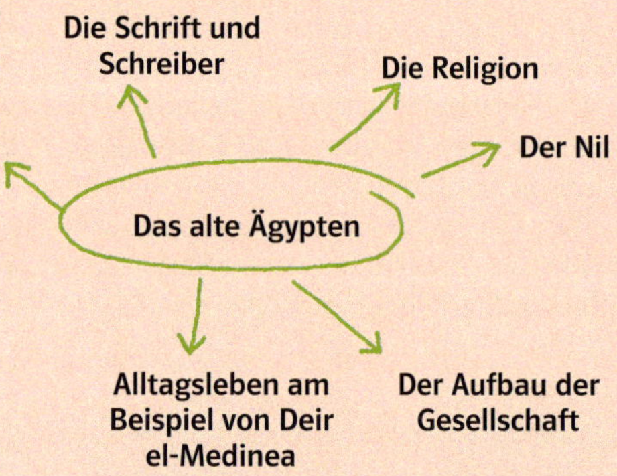

Dazu musste der Verstorbene aber eine Prüfung vor dem Gott Osiris bestehen. Das Herz des Toten wird gegen die göttliche Gerechtigkeit aufgewogen.

Die ägyptische Gesellschaft war eine Hierarchie. Ganz oben stand der Pharao. Dann folgten die Beamten, Schreiber und Priester. Handwerker und Bauern mussten gehorchen und hatten wenig Rechte.

Sein Wasser ermöglichte Transporte und sicherte durch seine jährlichen Überschwemmungen reiche Ernten. Diese waren die Grundlage für die Wirtschaft und Kultur des Landes.

Er wurde als Gott und König verehrt. Ihm gehörten das Land und die Menschen und er war oberster Soldat.

Erst vor ca. 150 Jahren wurde sie entschlüsselt. Schreiber waren sehr angesehene Menschen. Um ein Schreiber zu werden, musste man viele Jahre eine teure Schule besuchen.

Die Ägypter entwickelten eine eigene Schrift, um wichtige Dinge festzuhalten. Diese Schrift wird als Hieroglyphen bezeichnet.

In dem Dorf lebten bis zu 120 Handwerker mit ihren Familien. Sie bauten die Gräber im Tal der Könige. Die Frauen waren für den Haushalt verantwortlich. Sie hatten viele Rechte und konnten z. B. ein eigenes Vermögen haben.

Kinder mussten sehr früh ihren Eltern bei der Arbeit helfen. Wenn es die Eltern bezahlen konnten, erhielten die Kinder Schulunterricht. Über das Leben der einfachen Bauern wissen wir so gut wie gar nichts.

So sorgte der Fluss für die Entstehung der ägyptischen Gesellschaft.

2. Einen Forschungsbericht schreiben: die Religion der alten Ägypter (Sachkompetenz, Urteilskompetenz)
Stelle dir vor, du hättest das Grab des Tutanchamun entdeckt. Schreibe einen Forschungsbericht, in dem du auch erklärst, was du aus den Funden über das Jenseitsdenken der alten Ägypter folgerst.

Q1 Vorraum der Grabkammer des Tutanchamun
Der Engländer Howard Carter entdeckte das Pharaonengrab 1922. Das Durcheinander zeigt, dass hier bereits Grabräuber am Werk waren. Im Grab wurden Tausende von Gegenständen gefunden. Hier einige Beispiele:
(1) Bett aus Elfenbein
(2) Reisetruhe
(3) Liege in Stiergestalt
(4) hölzerne Lebensmittelschalen mit Rindfleischstücken
(5) vergoldeter Hocker

3. Suchrätsel: wichtige Begriffe erklären (Sachkompetenz)
In dem Gitter sind zehn „ägyptische" Begriffe versteckt. Du kannst sie waagerecht und senkrecht lesen. Schreibe sie in dein Heft und erkläre sie.

A	B	C	D	U	M	B	L	E	D	O	R
R	V	K	A	R	A	I	X	P	I	J	P
K	H	I	E	R	A	R	C	H	I	E	Y
S	T	U	O	M	T	S	F	A	M	M	R
S	C	H	R	E	I	B	E	R	B	U	A
M	R	T	T	L	S	O	N	A	A	M	M
U	S	C	H	E	B	T	I	O	L	I	I
N	V	D	W	E	S	I	R	R	T	E	D
K	N	I	L	S	C	H	W	E	L	L	E
T	O	T	E	N	G	E	R	I	C	H	T

4. Einen Vortrag halten: frühe Hochkulturen (Sachkompetenz, Methodenkompetenz)
Du hast in diesem Kapitel viel über das alte Ägypten erfahren. Dein Wissen kannst du am besten überprüfen, wenn du einen kleinen Vortrag zum Thema „Ägypten – eine frühe Hochkultur" vor deiner Klasse hältst.
Überlege zuerst, zu welchen Fragen du sprechen möchtest. Hier bekommst du Hilfe und Anregung:
- Wodurch zeichnet sich eine Hochkultur aus?
- Woran kann man erkennen, dass die alten Ägypter in einer frühen Hochkultur lebten?
- Wo entwickelten sich frühe Hochkulturen und warum gerade dort?

Bereite einen Stichwortzettel oder Karteikärtchen mit Stichworten vor und sprich möglichst frei. Denke auch daran, dass der Vortrag nicht zu lang wird, fünf bis 10 Minuten reichen aus. Wertet am Schluss den Vortrag in der Klasse aus.

Online-Link: 443010-0401

4 Griechische Wurzeln Europas

Die Geschichte Europas ist die Geschichte vieler unterschiedlicher Völker und Länder. Und doch verbinden sie gemeinsame Wurzeln. Einige davon führen in das antike Griechenland, das unserem Kontinent auch den Namen schenkte. Denn Europa ist eine sagenhafte Königstochter, die der griechische Gott Zeus entführte. Früh schon entstanden hier eine Lebensweise und Kultur, die auf spätere Zeiten nachwirkten.

- Wie lebten die alten Griechen?
- Was zeichnete ihre Kultur aus?
- Welche Einflüsse, welche Spuren haben sie hinterlassen?

800 v. Chr. | 700 v. Chr. | 600 v.

1600–1200 v. Chr.
Mykenische Palastkultur

776 v. Chr.
Älteste Überlieferung der Olympischen Spiele

750 v. Chr.
Begin der Griechischen Kolonisation

Die Akropolis von Athen, (wieder-)errichtet Mitte des 5. Jahrhunderts v. Chr.

500 v. Chr. **400 v. Chr.** **300 v. Chr.**

um 507 v. Chr.
Demokratische Reformen durch Kleisthenes in Athen

490–479 v. Chr.
Perserkriege: Die Griechen siegen über die Perser.

477 v. Chr.
Gründung des Attischen Seebundes unter Führung Athens

450–430 v. Chr.
Glanzzeit der Demokratie in Athen unter Perikles

431–404 v. Chr.
Peloponnesischer Krieg: Sparta und Athen sowie ihre Verbündeten kämpfen um den Vorrang in Griechenland.

333–331 v. Chr.
Alexander der Große erobert das Perserreich.

336–30 v. Chr.
Ausbreitung der griechischen Kultur in Vorderasien und Nordafrika (Hellenismus)

Brandenburger Tor in Berlin, 18. Jahrhundert. Nicht nur hier diente griechische Baukunst als Vorbild.

8. Jh. v. Chr. 4. Jh. v. Chr.

Wie entstand die griechische Staatenwelt?

Achilleus, Odysseus und die anderen Helden des Trojanischen Krieges – haben sie wirklich gelebt? Waren sie einmal die Herren der Paläste, deren Ruinen wir heute noch bestaunen können? So erzählte es der griechische Dichter Homer um 700 v. Chr. Aber stimmt das auch? Was wissen wir über die Anfänge der griechischen Geschichte?

A: Beschreibe, was im „dunklen Zeitalter" unterging und was an seiner Stelle neu entstand.

Ungewisse Anfänge

In Griechenland bestand zwischen 1600 und 1200 v. Chr. die so genannte „mykenische Palastkultur", benannt nach dem Ort Mykene. Dort und anderswo gab es große Palastanlagen. Sie lassen darauf schließen, dass damals mächtige Fürsten das Land beherrschten. Um 1200 v. Chr. wurden die meisten Paläste zerstört – auch die Stadt Troja in Kleinasien. Forscher sehen darin den historischen Kern des Kampfes um Troja, von dem Homer erzählt. Aber die genauen Ursachen des Untergangs dieser Städte kennen wir nicht. Vielleicht waren Kriege oder Naturkatastrophen schuld. Bis zum 8. Jahrhundert bleibt die Ungewissheit. Forscher sprechen vom „dunklen Zeitalter".

Polis
(Mehrzahl: Poleis), griech.: Burg, Stadt. Stadtstaat mit eigenem Gebiet, eigener Bevölkerung und eigenen politischen Einrichtungen, meist klein (2000–3000 Bewohner). Nur Athen, Sparta und Korinth waren größer. Von „polis" stammt unser Wort „Politik".

Entstehung der Polis

Große Veränderungen müssen in der dunklen Zeit vor sich gegangen sein. Denn danach lebten die Menschen ganz anders. Sie wohnten in dorfähnlichen Siedlungen, oft in der Nähe der verfallenden Paläste. Allmählich wuchsen die Dörfer zu Städten (Poleis). Es gab schließlich Hunderte davon.
Die meisten Poleis waren sehr klein. Das kam schon durch die Landschaft Griechenlands mit ihren hohen Bergen und tiefen Tälern. Für große Städte war dort kein Platz. Und jede Polis, auch die kleinste, war ein Staat für sich.

Q1 Das Trojanische Pferd
Darstellung auf einer Amphore, um 670 v. Chr. Der Sage nach sollen die Griechen die Stadt Troja erobert haben, indem sie in dem hölzernen Pferd Krieger versteckten und es – ihren Abzug vortäuschend – vor Troja zurückließen. Die Trojaner holten das Pferd ahnungslos in ihre Stadt. Als es dann Nacht wurde, kamen die Krieger aus ihrem Versteck und fielen über die ahnungslosen Trojaner her.

B: Beschreibe, welche Einzelheiten der Geschichte du auf dem Bild erkennen kannst.

Wenn du mehr über den Kampf um Troja erfahren willst, schau auf der CD-ROM nach.

Q2 So lebten Aristokraten
Üppige Gastmähler, Hunde- und Pferdezucht gehörten dazu. Vasenmalerei, um 600 v. Chr.

Darin wurden die Dinge, die alle angingen, von den Bürgern gemeinsam geregelt. Dafür gab es überall eine Bürgerversammlung. Es gehörten ihr nur Männer an, die Haus, Land und Familie hatten. Die Führung in den Poleis übten Adlige aus, Aristokraten. Ihre Herrschaft bezeichnete man daher als Aristokratie. Die Bürger erwarteten von ihnen vor allem, dass sie tüchtig waren bei der Verteidigung und beim Schlichten von Streitfällen. Das mussten sie aber immer wieder aufs Neue beweisen. Denn andere Adlige warteten nur darauf, ihre Stellung einzunehmen.

Aristokratie
(„Herrschaft der Besten, Tüchtigsten")
So bezeichneten die Griechen die Herrschaft, die von Mitgliedern der mächtigen und reichen Adelsfamilien ausgeübt wurde. Später ging die Bezeichnung auf die Personen selbst über, die nun „Aristokraten" oder zusammenfassend „Aristokratie" genannt wurden.

Das Zeitalter der Kolonisation

Zwischen 750–550 v. Chr. wanderten viele Griechen aus Griechenland aus, um anderswo eine neue Heimat zu finden. Gründe dafür gab es viele: Überbevölkerung in der Heimatpolis, die Suche nach Siedlungs- und Ackerland, die Gründung von Handelsstädten, Abenteuerlust. Durch die Kolonisation wurde die Welt der Griechen beträchtlich größer.

Auf der CD-ROM (Karte) erfährst du mehr zur griechischen Kolonisation.

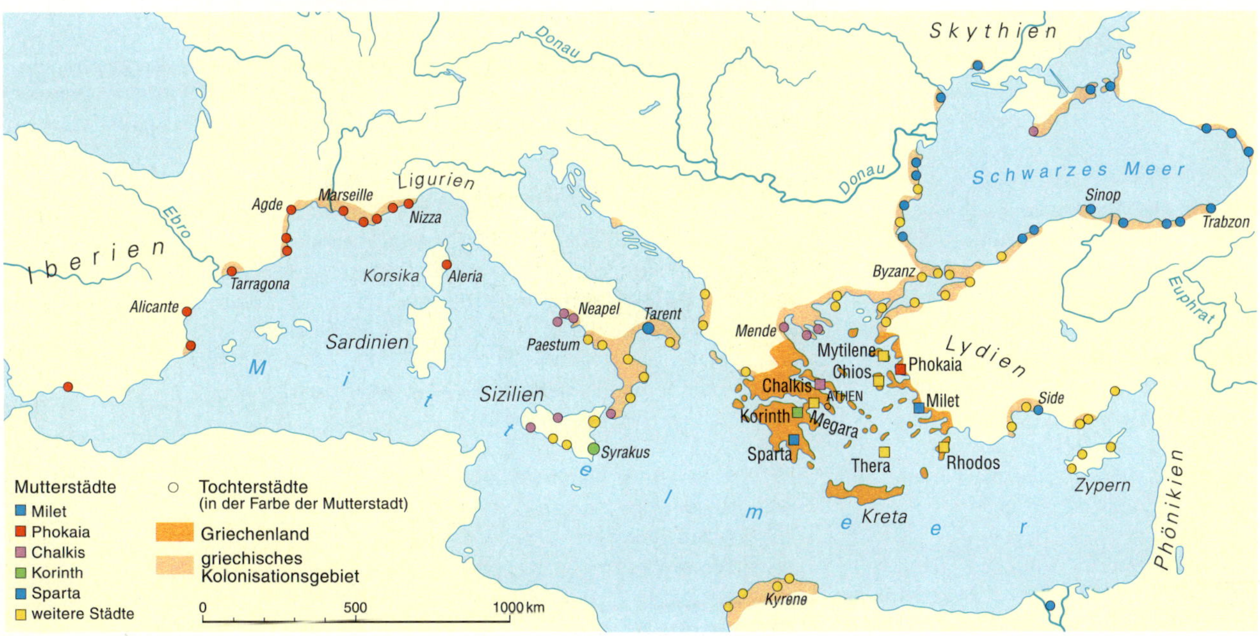

D1 Griechische Kolonisation im Mittelmeerraum
Bürger von Poleis („Mutterstädte") gründeten selbstständige Kolonien („Tochterstädte") mit einer Regierung. Tochterstädte gründeten oft weitere Kolonien und wurden größer als die Mutterstädte.

C: Ein Gelehrter aus Alt-Griechenland sagte einmal: „Die Griechen sitzen um das Mittelmeer wie Frösche um einen Teich." Erläutere, was er meinte.

8. Jh. v. Chr. 4. Jh. v. Chr.

Textquellen auswerten

Textquellen sind Schriften, die in der Vergangenheit entstanden sind und uns etwas über die Entstehungszeit erzählen. Das können Briefe, Reden, Berichte oder Ähnliches sein. Um sie zu untersuchen und möglichst viel „herauszuholen" geht man am besten Schritt für Schritt vor. Wie das geht, soll dir jetzt an einem Beispiel gezeigt werden, am Bericht des griechischen Geschichtsschreibers Herodot über die Gründung der Kolonie Kyrene im Jahr 630 v. Chr.

Q3 Die Gründung der Kolonie Kyrene
Folgendes berichteten die Bürger der Mutterstadt Thera Herodot:

Grinnos, der König der Insel Thera, reiste nach Delphi zum Orakel des Gottes Apollon. Bei ihm waren einige Bürger von Thera, darunter ein junger Mann namens Battos. Als Grinnos das Orakel befragte, gab ihm die Pythia eine ganz andere Antwort als die erwartete, indem sie ihn aufforderte, in Libyen eine Stadt zu gründen. Grinnos antwortete: „Herr! Ich bin zu alt dafür. Fordere doch einen Jüngeren auf." Dabei zeigte er auf Battos. Aber es geschah weiter nichts. Und als die Theraier heimgekehrt waren, beachteten sie den Orakelspruch nicht mehr. Denn sie wussten nicht, wo in aller Welt Libyen lag, und sie wollten es nicht wagen, Siedler ins Ungewisse zu schicken. (…)
Nun blieb aber sieben Jahre lang der Regen in Thera aus und alle Bäume außer einem verdorrten auf der Insel. Da befragten die Theraier wieder das Orakel und die Pythia erinnerte sie an das Gebot des Gottes Apollon, in Libyen eine Kolonie zu gründen. (…) Es segelten nun einige Männer von Thera los, um Libyen auszukundschaften. Sie besetzten die Insel Platea vor der libyschen Küste und meldeten dies nach Thera. Die Theraier beschlossen, dass in allen sieben Gemeinden der Insel immer einer von jeweils zwei Brüdern auswandern sollte, wobei das Los entschied, wen es traf. Anführer und König der Auswanderer sollte Battos sein. In zwei Fünfzigruderern machten sich die Auswanderer auf den Weg nach Platea.

Bericht d. Bürger v. Thera an Herodot, zit. nach Henry C. Rawlinson (Hrsg. u. Übers.), The History of Herodotus, Bd. 1, London 1949, S. 345 ff., übers. u. bearb. d. Verf.

Methodische Arbeitsschritte

1 Inhalt erfassen

- Lies dir den Text zuerst einmal genau durch, damit du weißt, worum es geht. Achte dabei besonders auf die genannten Personen sowie Orts- und Zeitangaben.
- Kläre alle Wörter und Aussagen, die du nicht verstehst, entweder mit einem Wörterbuch oder frage deine Lehrerin/deinen Lehrer.
- Unterteile den Text in Sinnabschnitte, die jeweils einen Gedanken ausdrücken, und schreibe für jeden davon eine Überschrift.
- Fasse jetzt den Text mit deinen Worten so zusammen, dass alle Sinnabschnitte berücksichtigt sind.

2 Untersuchen

- Nun weißt du, was in dem Text steht. Aber es könnte ja sein, dass der Verfasser des Textes ziemlich unwissend war oder eine einseitige Meinung vertrat. Deshalb musst du dich über den Verfasser informieren, z. B. mit einem Lexikon.
- Stelle fest, wer den Text verfasst hat, an welches Publikum er sich richtete und mit welcher Absicht er das tat.
- Kläre, mit welchem zeitlichen Abstand vom Geschehen der Verfasser schrieb und wie er an sein Wissen darüber gelangt ist.
- Kläre ferner, ob der Verfasser vielleicht eine einseitige Meinung vertritt. Hinweise dazu könntest du im Text oder in deinem Wissen über den Verfasser oder durch Vergleich mit einer anderen Quelle finden.

3 Deuten

- Ordne die Quelle in den geschichtlichen Zusammenhang ein. Du kannst z. B. den Verfassertext zu Hilfe nehmen.
- Fasse zusammen, was die Quelle über das historische Thema aussagt.
- Formuliere deine eigene Deutung des historischen Sachverhalts unter Einbezug der Quelle und anderer Informationen.

Q4 Die Pythia
Das Orakel von Delphi (lat. oraculum: „göttliche Weissagung“) war eine Priesterin (links), durch deren Mund, wie man glaubte, der Gott Apollon sprach. Trinkschale, um 430 v. Chr.

Inhalt erfassen
Es soll erklärt werden, warum die Theraier in Libyen eine Kolonie gründeten. Dabei spielt das Apollonorakel von Delphi eine besondere Rolle. Genannt werden die Pythia, die Bewohner von Thera, ihr König Grinnos und Battos sowie Delphi, Thera und Libyen.
Die Orte findest du auf der Karte D1 und auf der Karte auf der ADS. Wer die Pythia ist, wird dir in Q4 erläutert.
Zeile 1–5: König Grinnos von Thera mit Gefolge in Delphi.
Zeile 5–12: Das Orakel fordert die Gründung einer Kolonie in Libyen.
Zeile 13–18: Die Theraier vergessen den Orakelspruch.
Zeile 19–21: Dürrezeit auf Thera.
Zeile 21–25: Das Orakel wiederholt seine Forderung.
Zeile 25–29: Erkundungsfahrt der Theraier zur Insel Platea.
Zeile 29–37: Auswahl der Kolonisten und Abfahrt nach Libyen mit Battos als König.
Bei der Zusammenfassung gehst du jetzt die einzelnen Sinnabschnitte der Reihe nach durch. Du könntest so anfangen: „Einmal reiste der König Grinnos von Thera mit Gefolge nach (…)“

Untersuchen:
Angaben zum Autor findest du leicht selbst in Q6.
Genauso leicht kannst du damit den Abstand zwischen der Gründung der Kolonie Kyrene und Herodots Lebenszeit ausrechnen sowie feststellen, woher er sein Wissen bezog.
Wenn du Q7 hinzunimmst, dann bemerkst du, dass Herodot zwei Berichte über die Gründung von Kyrene hatte, einen der Theraier und einen der Kyrener, die etwas voneinander abwichen. Er teilt beide mit und überlässt das Urteil darüber dem Leser. Er ist also nicht einseitig.

Deuten:
Die Quelle gibt uns genauere Auskunft darüber, wie die im Verfassertext genannte und auf der Karte D1 dargestellte Kolonisation der Griechen vor sich gegangen ist.

Q6 Herodot
Der Grieche Herodot (um 480–420 v. Chr.) gilt als „Vater der Geschichtsschreibung“. Sein Wissen sammelte er auf seinen weiten Reisen bis nach Italien, Afrika und Asien. Überall ließ er sich von den Menschen berichten, was sie über ihre Vergangenheit wussten. Das Wichtige schrieb er auf, damit es nicht vergessen wurde. Ab und zu hielt er auch Vorträge darüber. 425 v. Chr. veröffentlichte er seine Schriften unter dem Titel „Historien“ (Erkundungen). Porträtbüste, 4. Jahrhundert v. Chr.

Q5 König Arkesilas von Kyrene überwacht den Handel
Die abgebildete Ware soll vermutlich Silphion sein, eine berühmte Heilpflanze aus Kyrene. Innenbild einer Schale, um 560 v. Chr.

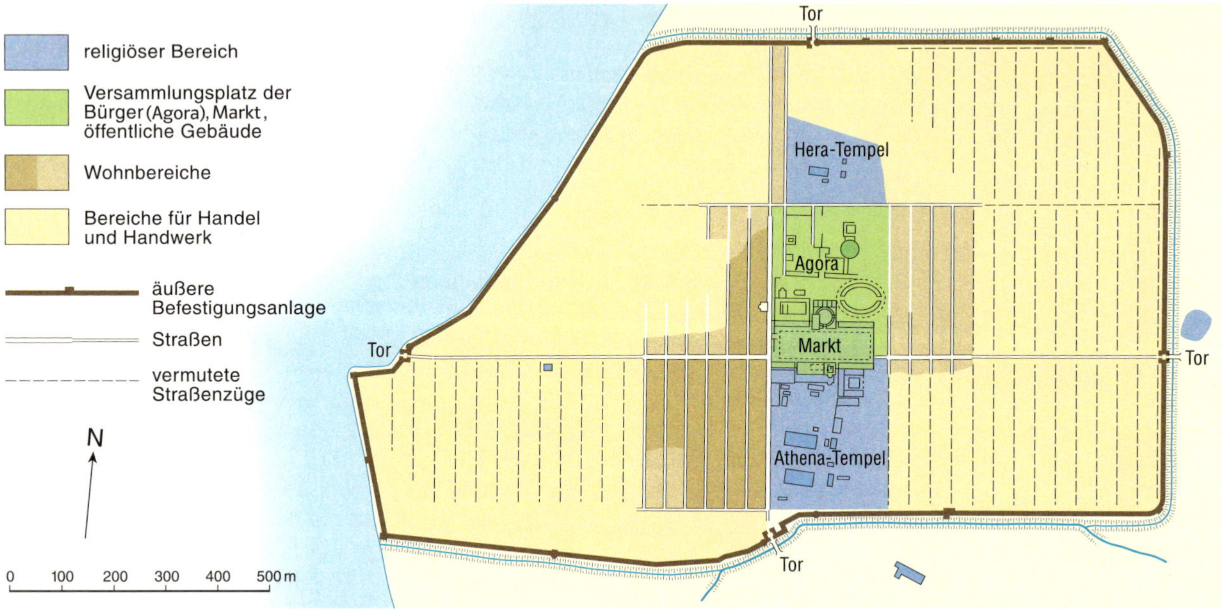

D2 Stadtplan der griechischen Kolonie Poseidonia
Poseidonia wurde um 550 v. Chr. gegründet und ist heute als Ruinenstadt Paestum südlich von Neapel bekannt, Rekonstruktion nach archäologischen Befunden.

D: Schreibe auf, was uns der Stadtplan über das Leben der Menschen in einer griechischen Polis „erzählt".

Q7 Die Gründung der Kolonie Kyrene

Folgendes berichteten die Bürger von Kyrene dem Geschichtsforscher Herodot:

Die Theraier schickten also Battos mit zwei Fünfzigruderern fort und damit fuhr er nach Libyen. Doch als die Männer sich keinen Rat wussten, kehrten sie nach Thera zurück. Aber die Theraier schossen auf sie und ließen sie nicht an Land. (...) Gezwungenermaßen fuhren sie zur libyschen Küste zurück und besiedelten dort zunächst die Insel Platea. (...) Hier wohnten sie zwei Jahre. Aber es ging ihnen dort nicht gut. So ließen sie einen Mann zurück, die anderen fuhren nach Delphi. Dort berichteten sie dem Orakel, sie hätten alles wie befohlen getan, dennoch gehe es ihnen schlecht. Aber die Pythia hielt ihnen vor, sie seien noch gar nicht in Libyen gewesen. Darauf fuhren sie zurück und ließen sich auf dem Festland gegenüber von Platea nieder. (...) Hier blieben sie sechs Jahre. Dann boten ihnen die Libyer an, sie zu einer besseren Stelle zu führen. Sie verließen die Küste und die Libyer führten sie nach Westen (...) an eine Quelle und sagten: „Hier, Griechen, ist der richtige Platz für eure Kolonie."

Bericht d. Bürger v. Kyrene an Herodot, zit. nach Henry C. Rawlinson (Hrsg. u. Übers.), The History of Herodotus, Bd. 1, London 1949, S. 348 f.. übers. u. bearb. d. Verf.

1. Beschreibe die Lebensverhältnisse der Menschen vor und nach dem „dunklen Zeitalter" (VT).

2. Vergleiche, was Homer über die griechische Frühgeschichte erzählte und was wir darüber wissen (VT).

3. Nenne Einrichtungen, die für eine griechische Polis typisch waren (VT, D2).

4. Bearbeite Q7, wie es dir an Q3 vorgemacht worden ist. Stelle gegenüber, woran sich die Theraier besser erinnerten als die Kyrener und umgekehrt. Finde Gründe dafür.

5. Stelle dir vor, du bist als Aristokrat an der Herrschaft über eine Polis beteiligt. Schreibe für deinen Sohn auf, worauf er zu achten hat, damit er später selbst erfolgreich eine Polis leiten kann (VT).

6. Wäre es nicht richtiger, wenn alle Bewohner einer Polis an der Bürgerversammlung teilnehmen dürften? Erfinde ein Streitgespräch zwischen einem Mitglied und einem Nichtmitglied.

Spiele zu Ehren der Götter

Kaum etwas anderes scheint uns heute so mit den alten Griechen zu verbinden wie die Olympischen Spiele. Wir sprechen sogar von der „Wiedereinsetzung" der Olympischen Spiele. Aber lassen sich unsere Olympischen Spiele überhaupt mit den griechischen vergleichen?

Wettkämpfe und Götterverehrung

Kein anderes Volk der Antike scheint so viel Freude an Wettkämpfen gehabt zu haben wie die Griechen. Allerdings gehörten bei ihnen Wettkämpfe und Götterverehrung eng zusammen. Das zeigte sich vor allem bei den vier großen Spielen für alle Griechen, von denen jedes Jahr mindestens eines stattfand. Sie wurden alle beim Tempel eines Gottes veranstaltet. So wurde in Olympia und Nemea Zeus, in Delphi Apollon und in Korinth Poseidon verehrt. Überall waren die Spiele eine Mischung aus sportlichen Wettkämpfen und religiösen Feiern.

Götterglauben

Warum war das so? Für die Griechen war alles, was in der Natur geschah, das Werk der Götter. Und auch das Leben der Menschen bestimmten die Götter. Wer etwas Wichtiges vorhatte, ging zuerst zu einem Seher oder Orakel, um den Willen der Götter dazu zu erkunden.
Als Hauptgottheiten wurden von allen Griechen die olympischen Götter verehrt, zu denen auch die Götter der vier großen Spiele gehörten. Die Griechen stellten sie sich als Menschen vor, nur dass sie unsterblich und übermächtig waren. Auch glaubte man, sie hätten sich wie Menschen fortgepflanzt, sodass sie eine große Familie bildeten. Ihr Oberhaupt sei der Göttervater Zeus und ihr Wohnsitz der Götterberg Olymp. Von hier aus regiere Zeus Götter und Menschen und wache über Recht und Ordnung.
Wer die Götter zornig machte, so glaubten die Griechen, den bestraften sie – und manchmal auch seine Mitmenschen. Man musste die Götter daher freundlich stimmen. Jede Polis verehrte ihre Götter in großen Festen. Fast immer gab es dabei auch Wettkämpfe. Am bekanntesten waren die vier großen Spiele, weil dabei Griechen aus allen Poleis zusammenkamen.

A: Erkläre, welche Rolle die Götter im Leben der Griechen spielten.

Wenn du mehr über die griechischen Götter erfahren willst, schau auf der CD-ROM nach.

Q1 Wettlauf von Frauen
Amphore, 5. Jahrhundert v. Chr. Frauen hatten in Olympia eigene Spiele zu Ehren der Göttin Hera, der Gemahlin von Zeus.

B: Was fällt auf, wenn du die Frauen mit den männlichen Sportlern (Q2–Q6) vergleichst?

Q2 Amphore (bauchiges Vorratsgefäß mit zwei Henkeln), um 480 v. Chr.

Q3 Deckel einer Amphore
um 500 v. Chr.

Q4 Amphore (42 cm hoch)
um 510 v. Chr.

C: Benenne die Sportarten, die auf den Vasen Q2–Q6 dargestellt sind.

Q5 Amphore
6. Jahrhundert v. Chr.

Q6 Tasse (9 cm hoch)
um 490 v. Chr.

D: Stelle dir vor, du besuchst als Fremder die Olympischen Spiele und sollst zu Hause von dem Ereignis berichten. Führe dazu ein Interview mit einem Athener Sportler.

Die Olympischen Spiele

Die Olympischen Spiele waren die ältesten und berühmtesten der vier großen Spiele. Ihre Überlieferung geht zurück bis 776 v. Chr. Seitdem fanden sie alle vier Jahre beim Zeustempel von Olympia statt. Anfangs bestanden sie nur aus einer Feier zu Ehren des Zeus und dem Stadionlauf (ca. 190 m) und dauerten einen Tag. Später kamen immer mehr Disziplinen dazu: der doppelte Stadionlauf, Langlauf, Weitsprung, Diskus- und Speerwurf, Ringen, Boxen, Pankration (Mischung aus Boxen und Ringen), Wagen- und Pferderennen. Auch die religiösen Feierlichkeiten nahmen zu. Schließlich zogen sich die Spiele über sechs Tage hin.

Im Jahr von Olympischen Spielen luden Gesandte des Zeustempels alle griechischen Poleis ein. Als Sportler durften nur männliche Griechen teilnehmen. Zuschauen durften auch Nichtgriechen, sogar Sklaven, aber keine verheirateten Frauen. Sie alle standen unter dem Schutz eines Gottesfriedens. Dadurch waren alle Griechen Zeus gegenüber verpflichtet, die Teilnehmer unbehelligt hin- und zurückreisen zu lassen.

Die Spiele begannen und endeten mit prächtigen Feierlichkeiten zu Ehren des Zeus. Dazwischen fanden die Wettkämpfe statt. Sie wurden mit höchster Leidenschaft ausgetragen. Nur der Sieg zählte. Jede Niederlage, auch als Zweiter oder Dritter, galt als Schmach. Denn nur ein Sieg bewies nach Ansicht der Griechen, dass die Götter dem Sieger und seiner Heimatstadt wohlgesonnen waren. Für beide war der Sieg ein gewaltiges Ereignis. Er machte sie in der ganzen Welt der Griechen bekannt. Deshalb wurden Sieger von ihren Heimatstädten mit höchsten Auszeichnungen belohnt.

D1 Modell von Olympia
Zustand im 5. Jahrhundert v. Chr. mit Zeustempel (Mitte), Heratempel (oben links) und Stadion (oben rechts) sowie Aufenthalts- und Versammlungsgebäuden für die Besucher der Spiele.

Sieh dir das antike Olympia auf der CD-ROM genauer an und erkunde Aussehen und Verwendung der einzelnen Gebäude.

Q7 Lob auf die Olympischen Spiele

Aus einer Festrede des griechischen Redners Isokrates (436–338 v. Chr.) für die Olympischen Spiele:

Zu Recht loben wir die Gründer unserer großen Festspiele. Denn sie haben uns die Sitte überliefert, an einem Ort zusammenzukommen, nachdem Frieden verkündet worden ist und wir unsere Streitigkeiten beigelegt haben. Wenn wir an diesem Ort dann gemeinsam beten und opfern, werden wir daran erinnert, dass wir miteinander verwandt sind. Wir bekommen freundlichere Gefühle füreinander, machen alte Freundschaften wieder lebendig, knüpfen neue für die Zukunft. Weder Zuschauer noch Athleten verbringen ihre Zeit umsonst und nutzlos. Athleten können im Wettstreit der Hellenen ihre Höchstleistungen zeigen; Zuschauer können miterleben, wie sie miteinander wetteifern. Jeder findet etwas Interessantes am Festspiel und alle etwas, was ihrem Stolz schmeichelt: die Zuschauer, wenn sie sehen, wie sich die Athleten für sie anstrengen, und die Athleten, wenn sie daran denken, dass die ganze Welt gekommen ist, um sie zu bestaunen.

Festrede d. griech. Redners Isokrates, zit. nach George Norlin (Übers.), Isocrates. With an English Translation, Bd. 1 (Loeb Classical Library; 229) London 1966, S. 145. (Harvard University Press) übers. d. Verf.

Q8 Kritik an den Wettkämpfen

Der griechische Schriftsteller Lukian (120–180 n. Chr.) lässt in einem erfundenen Gespräch, das er in die Zeit um 590 v. Chr. verlegt, einen Nichtgriechen zu einem Athener sagen:

Und warum tun bei euch die jungen Männer das alles? Einige umschlingen einander mit den Armen, stellen sich gegenseitig ein Bein, andere stoßen und drehen einander, kriechen im Schlamm wie Schweine. Zu Anfang aber reiben sie sich gegenseitig mit Öl sehr friedlich ein. Dann aber (...) stoßen sie sich mit gesenkten Köpfen, knallen ihre Stirnen zusammen wie Widder. (...) Ich möchte wirklich wissen, wofür das alles gut sein soll. (...) Ich bin völlig erstaunt über die Zuschauer. Das sind berühmte Männer, die von überall her zu den Spielen kommen. Warum vernachlässigen sie ihre wichtigen Geschäfte und vergeuden ihre Zeit bei solchen Dingen? Ich kann mir einfach nicht vorstellen, was für ein Vergnügen es ihnen macht, Männer zu Boden gestoßen, geboxt, geschlagen und einen vom anderen verhauen zu sehen.

Fiktiver Gesprächsentwurf v. Lukian, zit. nach Austin M. Harmon (Hrsg. u. Übers.), Lucian. In Eight Volumes with an English Translation, Bd. 4 (Loeb Classical Library), London 1969, S. 3, 5, 13. (Harvard University Press) übers. u. bearb. d. Verf.

1. Nenne Beispiele, die den Zusammenhang von Wettkämpfen und religiösen Feierlichkeiten zeigen (VT, D1).

2. Begründe, warum der Götterglaube und die großen Spiele für das Gemeinschaftsbewusstsein der Griechen wichtig waren (VT, Q7).

3. Stelle fest, worin Isokrates die Bedeutung der großen Spiele für die Athleten und Zuschauer sieht (Q7).

4. Gestalte ein Streitgespräch zwischen Isokrates und dem Nichtgriechen aus Q8 über die Bedeutung der Spiele (Q7, Q8).

5. Vergleiche Isokrates' Beurteilung mit der des Nichtgriechen in Lukians Text (Q8).

6. Stelle dir vor, ein Grieche von damals besucht unsere Olympischen Spiele. Was käme ihm bekannt, was fremd vor (VT, Q1–Q6, D1)?

8. Jh. v. Chr. 4. Jh. v. Chr.

Sparta – Leben für den Staat

Sparta war eine der mächtigsten griechischen Poleis und sicherlich die eigenartigste von allen. Was war das Besondere an Sparta und wie war es entstanden?

A: Erkläre, wie die neue Kampfesweise der Phalanx funktionierte.

Eine folgenschwere Eroberung

730–710 v. Chr. eroberten die Spartaner das Land der benachbarten Messenier. Die aber versuchten immer wieder, sich zu wehren. Kriegsgefahr wurde zum Dauerzustand für Sparta. Die Spartaner reagierten darauf, indem sie die neue Kampfweise der Phalanx (Walze) einführten, die damals in Griechenland üblich wurde. Dabei kämpften schwer bewaffnete Krieger (Hopliten) in dichten Reihen neben- und hintereinander. Jeder musste seinen Platz halten. Das verlangte viel Disziplin und Übung. Dafür „walzte" eine gut gedrillte Phalanx ungeübtere Gegner einfach nieder. Durch mehr Disziplin und Übung anderen überlegen und ständig kampfbereit zu sein, wurde zum Hauptziel der Spartaner und der Ordnung ihres Staates.

B: Liste die Gruppen, die es in Sparta gab, und ihre Tätigkeiten auf.

Sparta, ein Militärstaat

Vom siebten Lebensjahr an übernahm der Staat die Erziehung der spartanischen Jungen. Von nun an lebten sie in Kasernen und wurden für ihren Kriegerberuf gedrillt. Das blieb so, wenn sie mit zwanzig Jahren vollwertige Krieger wurden. Mit dreißig Jahren wurden sie stimmberechtigte Mitglieder der Volksversammlung. Damit gehörten sie zur Eliteschicht Spartas, den Spartiaten. Sie durften sich jetzt mehr um Ehe und Familie kümmern. Aber immer noch verbrachten sie ihre Tage mit ständigem Hoplitentraining in der Kaserne bei den Männern, die so dachten und fühlten wie sie selber. Ihnen galten vornehme Abstammung und Reichtum nichts. Sie bezeichneten sich daher als „Gleiche". Was bei ihnen zählte, waren Mut und Opferbereitschaft füreinander und für den Staat.

Die Geschäfte und Arbeiten erledigten in Sparta die Periöken und Heloten. Die Periöken („Umwohner") waren Spartaner, die in den Dörfern um Sparta herum wohnten. Sie besorgten Handel und Handwerke und wurden von den Spartiaten beschützt. An Kriegen nahmen sie als Hilfstruppen teil. Die Heloten waren die von den Spartanern versklavten Messenier. Sie mussten als Bauern arbeiten und den Spartanern die Hälfte ihrer Erträge abgeben.

Eine Sonderrolle spielten die Frauen in Sparta. Sie waren in mancher Hinsicht selbständiger als andere Griechinnen. Zwar hatten sie wie diese keine politischen Rechte. Aber da ihre Männer meist abwesend waren, mussten sie den Familienbesitz oft in eigener Verantwortung verwalten.

Q1 Hoplit
(von „hoplon": Schild), seit ca. 700 v. Chr. der schwer bewaffnete Elitekrieger griechischer Heere, Innenbild einer Schale.

C: Beschreibe die Bewaffnung eines Hopliten.

Q2 Erziehung in Sparta

Der griechische Gelehrte Plutarch (ca. 46–120 n. Chr.) berichtet, was der sagenhafte Gesetzgeber Lykurg um 700 v. Chr. in Sparta festgelegt haben soll:

Der Vater durfte nicht entscheiden, ob er sein neugeborenes Kind aufziehen wollte. Er musste es zu der Sprechhalle bringen, wo die Ältesten saßen und das Kind untersuchten.

Wenn es wohlgebaut und kräftig war, ordneten sie seine Erziehung an. War es aber schwächlich und missgestaltet, ließen sie es zur so genannten „Ablage" bringen, einem Felsabgrund im Taygetosgebirge. (…)

Niemand durfte seinen Sohn bei sich behalten und nach seinem Willen erziehen, sondern man teilte die Jungen, sobald sie sieben Jahre alt waren, in Gruppen ein, in denen sie zusammen aufwuchsen. So wurden sie daran gewöhnt, dass sie (…) immer beisammen waren. Zum Führer der Horde wählten sie denjenigen, der sich (…) im Kampf auszeichnete. Ihn bewunderten sie, hörten auf seine Befehle und unterwarfen sich seinen Strafen. So bestand die Erziehung vor allem darin, Gehorsam einzuüben. (…)

Lesen und Schreiben lernten sie nur so viel, wie sie brauchten. Die übrige Erziehung war darauf gerichtet, (…) Anstrengungen zu ertragen und im Kampf zu siegen. (…) Die Zucht erstreckte sich bis auf die Erwachsenen. Keinem stand es frei, zu leben, wie er wollte (…). Überhaupt glaubten sie nicht sich, sondern dem Staat zu gehören.

Lykurgos u. Numa, zit. nach Konrat Ziegler (Hrsg. u. Übers.), Große Griechen und Römer. Plutarch (dtv- Weltliteratur), München 1979, S. 146 f.. (Dt. Taschenbuch Verlag) bearb. d. Verf.

Q3 Über die spartanische Erziehung

Der lange Zeit in Athen lehrende griechische Gelehrte Aristoteles (384–322 v. Chr.) schrieb über Sparta:

Man darf nicht meinen, dass irgendein Bürger sich selbst gehöre, sondern alle gehören dem Staat. (…) In diesem Punkte wird man die Spartaner loben. (…) Aber sie machten (die Jungen) durch Anstrengungen wie zu Tieren, da dies der Tapferkeit am meisten dienlich sei. Und doch, wie schon oft gesagt, darf man als Erzieher nicht auf eine einzige Tugend und nicht zuerst gerade auf diese schauen. (…) Wer aber die Kinder zu sehr mit dergleichen beschäftigt und sie im (Verstand) unerzogen lässt, macht sie in Wahrheit zu Einfaltspinseln, einzig und allein zum Kriegführen brauchbar, und auch da noch schlechter als andere.

Aristoteles über Sparta, zit. nach Olof Gigon (Hrsg. u. Übers.), Politik/Aristoteles, München 1973, S. 250, 253 f.. (Dt. Taschenbuch Verlag) bearb. d. Verf.

Q4 Phalanx

Bild auf einer Kanne, um 650 v. Chr. Zwei Hoplitenheere in der Schlachtordnung der Phalanx marschieren aufeinander zu. Die Phalanx war vom 7.–2. Jahrhundert v. Chr. die bevorzugte Schlachtordnung griechischer Heere.

D: Beschreibe die Phalanx auf dem Marsch. Welche Aufgabe hat dabei wohl der Flötenspieler?

1. Erläutere, wie Eroberungspolitik und Lebensordnung der Spartaner zusammenhingen (VT, Q1, Q4).

2. Lege dar, welche Ziele und Absichten die spartanische Erziehung verfolgte (VT, Q2).

3. Sparta wurde bewundert und kritisiert in Griechenland. Wie würdest du Aristoteles einordnen (Q3)?

4. Begründe, warum sich die Spartiaten als „Gleiche" betrachteten (VT, Q1, Q2, Q4).

5. Beschreibe, wie die Lebensverhältnisse von Spartiaten, ihren Frauen, Periöken und Heloten miteinander verknüpft waren (VT, Q1, Q2, Q4).

6. „Von Spartas Erziehung zum Dienst an der Gemeinschaft könnten wir heute noch lernen", liest du in einer Zeitung. Nimm in einem Leserbrief Stellung dazu.

7. Beantworte nun die Frage vom Anfang: Wie kam es, dass Sparta eine der mächtigsten und dabei eigenartigsten Poleis war?

8. Jh. v. Chr. — 4. Jh. v. Chr.

Sosibros – ein Hausherr in Athen

In diesem Kapitel lernst du Sosibros kennen und mit ihm das Leben in Athen um 450 v. Chr. Sosibros ist eine erfundene Gestalt. Aber seine Geschichte hat ein Historiker geschrieben, der sich genau an das hält, was wir über die alten Griechen sicher wissen.

A: Fertige eine Liste an, die die Personen im Haushalt des Sosibros und ihre Tätigkeiten enthält. Stelle dann Unterschiede in einem Haushalt früher und heute zusammen.

Haus und Familie von Sosibros

Sosibros wohnt am Stadtrand von Athen, an der Straße nach Marathon, in einem einfachen hübschen Haus. Um einen kleinen Innenhof liegen in zwei Stockwerken die verschiedenen Räume. Am wichtigsten für Sosibros ist der einfach eingerichtete Speiseraum, wo er sich öfter am Abend mit seinen Freunden trifft, Wein trinkt, sich unterhält und Lieder singt. Ansonsten ist er nur selten zu Hause. Wenn er nicht gerade arbeitet oder zur Volksversammlung geht, treibt er Sport oder steht mit Bekannten zusammen, um zu diskutieren. Sosibros hat ziemlich spät geheiratet. Seine Frau Kalliope war damals erst 16 Jahre alt, er schon 33. Aber das war nicht ungewöhnlich. Kalliopes Vater hatte ihr seinerzeit Geld, Kleidung und eine Dienerin als Mitgift gegeben, die sie in den Besitz des Sosibros einbrachte. Mittlerweile ist er Vater von zwei kleinen Kindern, die meist im Haus spielen.

B: Beschreibe das griechische Haus und seine Einrichtung.

D1 Rekonstruktionszeichnung eines athenischen Hauses

Kalliope verlässt das Haus selten. Sie bewohnt einen Raum im zweiten Stock, wo kein männlicher Besucher zugelassen ist. Wenn sie zum Einkaufen geht, Verwandte besucht oder an einem religiösen Fest teilnimmt, wird sie meist von einer Dienerin begleitet. Im Haus bestimmt sie die täglichen Abläufe. Sie überwacht die Arbeit der Sklaven, sorgt für das Essen, achtet auf die Vorräte und erzieht die Kinder. Viel Zeit verbringt sie damit, Stoffe und Kleidungsstücke herzustellen.
Sosibros ist froh, dass er seiner Frau ein so zurückgezogenes und behütetes Leben zu Hause ermöglichen kann. In vielen anderen Familien müssen die Frauen auf dem Feld mitarbeiten oder auf dem Markt Waren verkaufen. Kalliope hat ihm zwei prächtige Kinder geboren, geht sparsam mit dem Geld um und hält den Haushalt in Ordnung. Das ist, wie Sosibros weiß, eine schwierige Aufgabe, die viel Zeit und Umsicht erfordert. Vor allem aber steht Kalliope in einem tadellosen Ruf. Selten nur wird über sie gesprochen, und wenn doch, dann nur Gutes.

Lebender Hausrat – Sklaven

Außer seiner Frau und den beiden Kindern leben und arbeiten noch der Sklave Skythos und die Sklavin Hermione im Haus. Sie sind das Eigentum von Sosibros; er hat sie gekauft wie das Haus und die Möbel. Und er kann sie genauso gut wieder verkaufen. Mit ihnen spricht er nicht viel, außer wenn er ihnen etwas befiehlt oder sie tadelt. Beide wurden schon als Sklaven geboren; ihre Eltern waren vor langer Zeit als Kriegsbeute nach Athen gekommen. Wenn im Haus wenig zu tun ist, nimmt Skythos eine Arbeit auf dem Markt oder im Hafen an. Was er verdient, muss er bei Sosibros abgeben, manchmal aber darf er einen kleinen Teil behalten.
Skythos kann sich nicht beklagen. Weil er geschickt mit den Händen ist, fällt ihm jede Arbeit leicht. Er weiß, andere Sklaven haben es sehr viel schwerer. In der Hitze auf dem Feld arbeiten zu müssen, das würde ihm gar nicht gefallen. Viel schlechter aber noch geht es den Sklaven, die in den Silberbergwerken schuften müssen. Im Gegensatz zu diesen armen Teufeln hat Skythos wenigstens die Aussicht, alt zu werden und vielleicht sogar von Sosibros freigelassen zu werden. Dann könnte er für sich selbst arbeiten, eine Familie gründen und hätte die gleichen Rechte wie die in Athen ansässigen Ausländer (Metöken).

Viele Ausländer wohnen in Athen

Skythos kennt viele Ausländer. Sie arbeiten als Händler und Handwerker oder verrichten einfache Dienstleistungen. Athen führt über seinen Hafen Piräus viele Waren ein und aus. So gibt es immer viel Arbeit. Regelmäßig müssen die Metöken eine Steuer zahlen und manchmal auch Militärdienst leisten; aber sie haben nicht das Recht, an der Volksversammlung teilzunehmen.

Sklaven
In fast allen antiken Staaten gab es Sklaven. Oft waren es Kriegsgefangene. Kinder von Sklaven waren wieder Sklaven. Sie hatten kaum Rechte und mussten tun, was ihnen befohlen wurde. Sie waren Eigentum ihres Herrn und konnten gekauft und verkauft werden.

Metöken
Seit einem Gesetz von 450/451 v. Chr. Einwohner Athens, deren Eltern nicht beide athenische Bürger waren. Sie galten daher als Ausländer und hatten weniger Rechte als die Bürger Athens.

Du kannst mithilfe der CD-ROM das Bild auswerten.

Q1 Frauen bei der Stoffherstellung
von der Rohwolle zum fertigen Tuch, Vasenmalerei, 550 v. Chr.

C: Beschreibe die Tätigkeiten, die nötig waren, um Stoffe herzustellen.

Q2 Hochzeitszug
Ankunft des Brautpaars am Haus des Mannes, Vasenmalerei, um 540 v. Chr.

D: Beschreibe den Zug und seine Teilnehmer.

Q3 Die Ehe aus der Sicht einer enttäuschten Frau

Im Schauspiel „Medea" des Athener Dichters Euripides (ca. 480–406 v. Chr.) sagt die Hauptperson:

Von allem, was beseelt ist und Verstand besitzt,
sind doch wir Frauen das erbärmlichste Geschöpf.
Erst müssen durch ein Übermaß an Geld den Mann
wir kaufen – und den Herrn gewinnen über Leben
und Leib. Der Kernpunkt dann: Ist er schlecht oder gut, den wir bekommen?
Sich scheiden lassen, bringt ja einer Frau nur Schande,
und einen Mann abzulehnen, ist nicht möglich.
In eine neue Lebensführung tritt die Frau.
Gelingt uns das und lebt der Mann mit uns zusammen
und trägt das Ehejoch geduldig, spricht man von
beneidenswertem Leben. (…)
Und fällt dem Manne lästig der Familienkreis,
geht er hinaus und macht sein Herz von Kummer frei. (…)
Sie (die Männer) sagen, ein gefahrloses Leben führten wir im Haus,
sie dagegen kämpften mit der Waffe.
Diese Dummköpfe! Dreimal möchte ich
lieber in der Phalanx steh'n
als einmal nur ein Kind gebären.

Euripides, Medea, Vers 228–251, zit. nach Dietrich Ebener(Hrsg. u. Übers.) Euripides Werke in drei Bänden, Bd. 1 (Bibliothek der Antike: Griechische Reihe), Weimar/Berlin 2. Aufl. 1979, S. 54f.. (Aufbau-Verlag) bearb. d. Verf.

Q4 Die Ehe aus der Sicht eines Mannes

In einem Buch des Schriftstellers Xenophon (um 430–354 v. Chr.) sagt ein Athener Bürger:

Mir scheinen nämlich (…) die Götter dieses Paar, das „Mann und Frau" genannt wird, mit besonderer Umsicht zusammengefügt zu haben, damit es im Hinblick auf die eheliche Partnerschaft so nutzbringend wie möglich ist. Zunächst einmal ist dieses Paar nämlich dazu bestimmt, miteinander Kinder zu zeugen, um die Arten der Lebewesen nicht aussterben zu lassen. Sodann wird (dadurch) – zumindest für Menschen – die Möglichkeit geboten, Pfleger für das eigene Alter zu haben. Ferner (…) benötigen (die Menschen) offensichtlich Behausungen. (…) Da nun aber (…) Tätigkeiten innerhalb und außerhalb des Hauses ausgeführt und beaufsichtigt werden müssen, hat Gott von vornherein die Natur (von Mann und Frau) danach ausgestattet, (…) die der Frau für die Arbeiten im Hause, die des Mannes dagegen für das, was draußen getan werden muss. (…) Durch die Tatsache aber, dass beider Natur nicht für alles gleich gut begabt ist, bedürfen sie einander noch mehr, und deswegen ist ihre Verbindung noch nützlicher für sie: Was dem einen Partner fehlt, das bietet der andere. Da wir nun das kennen, was jedem von beiden von Gott zugewiesen ist, ist es erforderlich, dass jeder von beiden versucht, das ihm Zufallende bestmöglich zu erfüllen.

Xenophons „Oikonomikos", Kap. VII, zit. nach Klaus Meyer (Hrsg. u. Übers.), Xenophons „Oikonomikos" (Philologische Beiträge zur Realienforschung im antiken Bereich, Bd. 1), Marburg 1975, S. 32 ff.. (Kaesberger)

1. Ein Freund von Skythos arbeitet in einem Bergwerk. Er schlägt ihm vor, gemeinsam wegzulaufen. Skythos schwankt, ob er soll oder nicht. Schreibe einen Dialog dazu (VT).

2. Arbeite heraus, wie der Athener Bürger die Ehe sieht und wie er seine Sicht begründet (Q4).

3. Vergleiche die Sicht des Athener Bürgers mit der Medeas (Q3, Q4).

4. „Ich halte die Ansicht des Athener Bürgers für …"
Vollende den Satz und begründe dein Urteil (Q4).

Online-Link: 443010-0405
Arbeitsblatt: Wie die Demokratie der Athener funktionierte

Athen – wo die Demokratie entstand

Wir leben heute in einer Demokratie. Das Wort stammt aus dem Griechischen. Es weist auf eine Staatsform hin, die erstmals bei den Athenern entstand. Doch kann man ihre Demokratie als Vorläuferin der unsrigen bezeichnen? Vielleicht sogar als Muster, das in mancher Hinsicht immer noch zum Nachdenken anregt?

Fast schon gleiche Rechte für alle

Um 507 v. Chr. war in Athen der Adlige Kleisthenes an der Macht. Er wollte, dass über alles Wichtige alle Bürger gemeinsam entscheiden sollten. So gab er den Bürgerversammlungen in den 139 Gemeinden, aus denen die Polis Athen bestand, das Recht zu entscheiden, wer mit 18 Jahren in die Bürgerliste aufgenommen wurde. Das war vorher ein Vorrecht der Adligen gewesen. Nach zwei Jahren Kriegsausbildung durfte jeder Bürger an der Volksversammlung teilnehmen. Hier fielen die Entscheidungen, die alle angingen. Vorbereitet wurden sie durch den neu eingerichteten Rat der 500. Seine Mitglieder wurden jeweils für ein Jahr aus allen Bürgern ausgelost. Jeder durfte nur zweimal im Leben Mitglied sein, so war jeder irgendwann einmal an der Reihe. Ähnlich wurden die Richter für die Gerichte ausgelost. Nur die hohen Beamtenposten behielt Kleisthenes den Reichen und Besitzenden vor. Aber auch hier stärkte er die Macht des Volkes, indem er das Scherbengericht einrichtete. Damit konnte die Volksversammlung unliebsame Beamte für zehn Jahre aus Athen verbannen.

Bürger
In Athen Männer ab 18 Jahren, deren Eltern beide (seit einem Gesetz von 451/450 v. Chr.) athenische Bürger waren. Wer das der Bürgerversammlung nachwies, kam in die Bürgerliste.

Q2 Tonscherbe als Stimmzettel
5. Jahrhundert v. Chr.

A: Suche im Verfassertext nach einem passenden Namen.
Beachte die letzten fünf Buchstaben der ersten Zeile.

Q1 Scherbengericht
Athenische Trinkschale, um 470 v. Chr. Dabei ritzen die Mitglieder der Volksversammlung den Namen eines Politikers, den sie auf zehn Jahre aus Athen verbannen wollen, in eine Tonscherbe. Die Abbildung zeigt die Auszählung der Stimmen.

B: Beschreibe den Vorgang (benutze dabei: die Scherben einsammeln, Namen ansagen, aufschreiben).

Seemacht und noch mehr Demokratie

490 und nochmals 480/479 v. Chr. griffen die Perser, die mächtigen Nachbarn im Osten, Griechenland an. Doch den Griechen gelang es, sie abzuwehren. Den Hauptanteil daran hatten Sparta und Athen. Athen tat sich dabei durch seine gewaltige Kriegsflotte hervor, die es zu seiner Verteidigung gebaut hatte. Sie ermöglichte es Athen auch, nach dem Abwehrsieg zum Gegenangriff auf das Perserreich überzugehen. Zahlreiche andere griechische Poleis machten mit. 477 v. Chr. gründeten sie unter Athens Führung den Attischen Seebund. Die meisten Mitgliedsstaaten begnügten sich freilich damit, jährlich einen Beitrag zu zahlen, und überließen Athen die Kriegführung.

Demokratie
Das Wort bedeutet „Volksherrschaft". Athen war eine direkte Demokratie, d. h. jeder Bürger konnte an der Volksversammlung teilnehmen und hatte Zugang zu allen Staatsämtern. Wir haben dagegen eine indirekte Demokratie, in der gewählte Abgeordnete für uns in Parlamenten Entscheidungen treffen.

C: „450–430 v. Chr. erlebte Athen eine Glanzzeit, weil …"
Vervollständige den Satz. Mehrere Antworten sind möglich.

Athen unterhielt daher eine große Kriegsflotte. Das führte auch zu einer Ausweitung der Demokratie. Denn auf den Schiffen waren auch arme Bürger, die sich keine Hoplitenausrüstung leisten konnten, gefragt – als Ruderer. Das wirkte sich günstig auf ihre politischen Rechte aus. Seit ca. 450 v. Chr. standen auch ihnen die hohen Staatsämter offen. Damals nannte man in Athen erstmals mit Stolz den eigenen Staat eine „Demokratie". Denn nun waren wirklich alle Bürger an allen wichtigen Entscheidungen und Ämtern gleichberechtigt beteiligt.

Die Glanzzeit Athens

Seine Glanzzeit erlebte Athen unter der Regierung des Adligen Perikles (ca. 450–430 v. Chr.). Gestützt auf die Kriegsflotte wurde die Stadt zum mächtigen Mittelpunkt eines weiten Handelsreiches. In der Stadt ließ Perikles zahlreiche Prachtbauten errichten. Dafür nahm er zum Teil auch Geld aus der Kasse des Seebundes, das eigentlich für den Krieg gegen die Perser bestimmt war. Kritikern antwortete er, dass Athen den Bundesgenossen keine Rechenschaft über die Verwendung des Geldes schuldig sei. Athen und die Athener profitierten zwar davon, aber die egoistische und manchmal gewalttätige Ausübung ihrer Herrschaft schuf der Stadt auch viele äußere Feinde.

Die Demokratie blieb

Die Machtfülle Athens beunruhigte vor allem die Spartaner, die ständigen Rivalen um die Vorherrschaft in Griechenland. Ab 431 v. Chr. kam es zwischen Athen und Sparta zum offenen Krieg, dem Peloponnesischen Krieg, der sich bis 404 v. Chr. zog. Bald kämpften alle griechischen Poleis auf der einen oder anderen Seiten mit. Auch die Perser mischten sich ein. Jahrzehnte wurde mit wechselndem Erfolg gekämpft. Schließlich gewann Sparta. Athen verlor seine Machtstellung, aber es bewahrte seine demokratische Ordnung.

D: Schildere anhand des Bildes, wie der Kampf zwischen Schiffen ablief.

D1 Die Seeschlacht von Salamis
Rekonstruktion einer möglichen Kampfszene während der Schlacht. Im Vordergrund sieht man griechische Kriegsschiffe beim Sieg über die persische Flotte bei der Insel Salamis 480 v. Chr.

D2 Modell der Akropolis
Der heilige Tempelbezirk Athens, u.a. mit dem Parthenon-Tempel der Stadtgöttin Athene (oben Mitte), wurde 480 v.Chr. von den Persern zerstört. Vor allem Perikles ließ ihn prachtvoll wiederherstellen.

Q3 Seemacht und Demokratie in Athen

Ein namentlich unbekannter Grieche über die Demokratie um 430 v.Chr.:
Zunächst muss ich es aussprechen, dass mit Recht die Armen und das Volk berechtigt sind, den Vorzug vor den Vornehmen und Reichen zu haben. Und zwar deshalb, weil nur das Volk es ist, das die Schiffe antreibt und dadurch der Stadt ihre Machtstellung verschafft (...), wenigstens viel eher als die Hopliten und die Vornehmen und überhaupt die Edlen. Unter diesen Umständen scheint es nur gerecht, dass allen wie jetzt üblich alle Ämter offenstehen.

(Pseudo-) Xenophon, Vom Staate der Athener, passim, zit. nach Wolfgang Lautemann/Manfred Schlenke (Hrsg.), Geschichte in Quellen. Altertum: Alter Orient, Hellas, Bd. 1, bearb. v. Walter Arend, München 4. Aufl. 1989, S. 232. (Bayer. Schulbuch-Verlag) bearb. d. Verf.

Q4 Athen, die Musterdemokratie

Rede des athenischen Staatsmanns Perikles an die Athener (430/431 v.Chr.):
Unsere Staatsordnung (...) heißt mit Namen Demokratie, weil der Staat nicht von wenigen Bürgern, sondern von ihrer Mehrheit getragen wird. Es haben (...) nach den Gesetzen in persönlichen Angelegenheiten alle das gleiche Recht (...). In den Angelegenheiten des Staates aber genießt jeder sein Ansehen we-niger durch irgendein Amt, als vielmehr durch seine Tüchtigkeit (...). Ebenso wenig wird ein armer Bürger durch seine niedere Stellung daran gehindert, trotzdem für die Stadt etwas zu leisten. Frei leben wir als Bürger im Staat. (...) Zusammenfassend sage ich, dass unsere Stadt insgesamt die Schule für Griechenland ist.

Rede v. Perikles an d. Athener, zit. nach Helmuth Vretska (Hrsg. u. Übers.), Der Peloponnesische Krieg: Auswahl/ Thukydides, Stuttgart 1985, S. 162, 165. (Reclam) [Nachdr. d. 1. Aufl. 1966] bearb. d. Verf.

Q5 Athen, eine Tyrannis?

Aus einer Rede des Perikles an die Athener über den Krieg gegen Sparta und seine Verbündeten, 430 v.Chr.:
Glaubt ja nicht, der Kampf gelte nur der einen Entscheidung: Knechtschaft oder Freiheit. Nein, es droht euch der Verlust eures Reiches. Denn der Hass, den ihr euch [bei den anderen Mitgliedern des Seebundes] durch eure Herrschaft zugezogen habt, ist gefährlich. Sie aber aufzugeben und den friedlichen, biederen Bürger zu spielen, steht euch nicht mehr frei. Denn eine Art Tyrannis [Gewaltherrschaft] ist ja bereits die Herrschaft, die ihr ausübt. Dass ihr sie ergriffen habt, mag ungerecht erscheinen. Sie aber jetzt aufgeben zu wollen, ist lebensgefährlich. (...) Wer entschlossen handelt, der ist (...) der Stärkste.

Rede v. Perikles an d. Athener, zit. nach Helmuth Vretska (Hrsg. u. Übers.), Der Peloponnesische Krieg: Auswahl/ Thukydides, Stuttgart 1985, S. 179f., (Reclam) [Nachdr. d. 1. Aufl. 1966] bearb. d. Verf.

1. Schreibe auf, welches Ziel Kleisthenes hatte und mit welchen Maßnahmen er es verwirklichte (VT, Q1).

2. Erläutere den Zusammenhang zwischen Seemacht und Demokratie in Athen (VT, Q3, D1).

3. Liste die Merkmale auf, die nach Perikles die Besonderheit der athenischen Staatsordnung ausmachen (Q4).

4. Gib deine Meinung dazu wieder, ob die Merkmale der athenischen Staatsordnung auch heute noch als Kennzeichen einer guten Demokratie angesehen werden können.

5. Stelle heraus, wie Perikles das Verhältnis zwischen Athen und den anderen griechischen Staaten sieht und welche Folgerungen er daraus zieht (Q5).

6. Formuliere eine Entgegnung auf die Rede des Perikles: Was würde ein Zuhörer aus einer anderen Stadt des Seebundes sagen (Q5)?

8. Jh. v. Chr. 4. Jh. v. Chr.

Griechenland – die „Wiege“ unserer Kultur

Bis heute wird an manchen Gymnasien in Deutschland Griechisch gelernt, und zwar Altgriechisch, eine Sprache, die vor rund 2500 Jahren gesprochen wurde. Warum? Früher sagte man gern, Griechenland sei „die Wiege“ unserer Kultur. Damit ist gemeint, dass die Griechen unsere Sicht der Welt mit ihrem Denken, ihrer Kunst und ihrer Literatur stark beeinflusst haben. Besonders deutlich wird das bei der Wissenschaft, der Politik, der Philosophie und beim Theater.

Erklären mit dem Verstand

Im Jahre 585 v. Chr. fand eine Sonnenfinsternis statt. Sie machte den Gelehrten Thales von Milet (ca. 624–545 v. Chr.) mit einem Schlag berühmt: Er hatte sie nämlich exakt berechnet und vorhergesagt. Was war daran so Besonderes? Thales ist der erste uns bekannte griechische Philosoph. Mit ihm begann etwas ganz Neues: Thales führte die Naturereignisse nicht mehr einfach auf das Wirken der Götter zurück, sondern er suchte nach Erklärungen, die man mit dem Verstand begreifen konnte. So funktioniert Wissenschaft bis heute.

Philosophie

Der Begriff kommt aus dem Griechischem und bedeutet „Liebe zur Weisheit“. Philosophen diskutieren grundlegende Fragen der Menschen und ihre Probleme:

- Wie verhält sich der Mensch im Leben richtig?
- Wie soll ein Staat organisiert werden?
- Wie entsteht Wissen?

Berühmte griechische Philosophen sind Sokrates, Platon und Aristoteles.

Philosophen in Athen

Im 5. Jahrhundert v. Chr. „erfanden“ die Athener die Demokratie. Jeder Bürger durfte nun mitentscheiden, musste sich aber auch informieren und verschiedene Meinungen sorgsam abwägen. Wer Einfluss ausüben wollte, musste darüber hinaus gut reden können. Manche Philosophen machten daraus ein einträgliches Geschäft. An belebten Orten wie z. B. Marktplätzen verkauften sie ihr Wissen an junge Männer, die reich genug waren und etwas werden wollten. Dabei ging es nicht mehr um Naturereignisse und ihre Erklärung, sondern um den Menschen und sein Handeln. Fragen nach einer gerechten Staatsform, nach einem guten und richtigen Leben standen im Mittelpunkt und erregten die Gemüter.

Q1 Büste des Sokrates

Sokrates

Der bekannteste Philosoph Athens war Sokrates (470–399 v. Chr.). Er zog durch Athen, verwickelte die Menschen in Diskussionen und versuchte, sie zum gründlichen Nachdenken anzuregen. Vor allem interessierte er sich dafür, was das richtige Handeln ist. Besonders die Jugendlichen wollte er dazu erziehen, sich auf die Suche nach der Wahrheit und nach dem guten Leben zu begeben. In hohem Alter noch wurde Sokrates angeklagt und zum Tode verurteilt, weil er die Jugend durch seine Fragerei verunsichert und „verführt“ habe. Obwohl er hätte fliehen können, blieb er. Es sei richtig, den Gesetzen des Staates zu gehorchen, in dem man freiwillig gelebt habe, meinte er. So trank er angeblich den Giftbecher, mit dem damals die Todesstrafe vollstreckt wurde, gelassen aus. Sicher ist das jedoch nicht.

A: Überlege, in welchen Schulfächern heute philosophische Fragen besprochen werden. Nenne einige Beispiele aus deinem Unterricht.

Der beste Staat?

Unter den Philosophen bestand keine Einigkeit darüber, welche Staatsform die beste ist. War es die Demokratie, auf die die Athener so stolz waren? Die meisten Athener hätten die Frage wohl bejaht. In der Demokratie hatte jeder Bürger eine Stimme, jeder zählte gleich viel, die Mehrheit entschied. Das war gerecht. Trotzdem hatten manche Bedenken: Bewährte, gebildete Menschen müssten mehr zu sagen haben als unerfahrene Nichtskönner, meinten sie. Sie bevorzugten die Aristokratie, die Herrschaft des Adels, weil hier die Besten die Politik bestimmten. Es gab auch Befürworter der Monarchie, der Königsherrschaft: Da gebe es klare Entscheidungen, keinen Streit und jeder könne in Ruhe seiner Arbeit nachgehen.

Der Philosoph Aristoteles (384–322 v. Chr.) meint, dass jede dieser drei Staatsformen ihre Vorzüge und Nachteile habe. Jede sei gut, solange auf das Wohl

Q2 Schulszene mit Lehrer, Schüler und Unterrichtsmaterialien für einzelne Schulfächer, Schale aus Athen (Ø 29 cm), um 480 v. Chr.
Auf eine gute Erziehung legten die Athener großen Wert. Vom siebten Lebensjahr an besuchten die Jungen den Unterricht bei privaten Lehrern. Dort lernten sie Lesen, Schreiben und Rechnen; auch Musik und Dichtung spielten eine große Rolle. Mädchen gingen nicht zur Schule, aber manche lernten zu Hause Lesen und Schreiben. Die Söhne der Reichen hatten einen Erzieher, einen „Paidagogos" (daher kommt das Wort „Pädagoge"). Er war meistens ein Sklave.

B: Beschreibe die dargestellten Szenen. Welche Unterrichtsfächer sind auf diesem Bild zu erkennen?

aller geachtet werde. Wenn das aber nicht der Fall sei, werde jede eine schlechte Staatsform: Wenn der König nur auf seinen Vorteil bedacht ist, wird aus der Monarchie die gewissenlose Tyrannei eines Einzelnen. Wenn die Adligen nur an sich, ihren Reichtum und ihre Macht denken, wird die Aristokratie zur Herrschaft einer egoistischen Gruppe. Wenn das Volk immer mehr will, neidisch auf die Reichen ist und die Vernünftigen nicht zu Wort kommen lässt, wird aus der Demokratie die „Pöbelherrschaft".

Theater in Athen
Nie wieder in der Weltgeschichte spielte Theater eine so große Rolle wie in Athen im 5. Jahrhundert v. Chr. Organisiert war es ganz anders als heute: Es fand nur einmal im Jahr zum Fest des Gottes Dionysos statt, aber dann war es ein wahrer Aufführungsmarathon, der mehrere Tage von früh bis spät dauerte. Das riesige Theater fasste etwa 14000 Zuschauer, Frauen waren wahrscheinlich nicht zugelassen. Auf jeden Fall waren die Schauspieler männlich, auch Frauenrollen wurden von Männern übernommen. Alle Rollen wurden mit einer Maske gespielt, die einen bestimmten Gesichtsausdruck zeigte, z. B. „Zorn und Wut". Bei der Größe des Theaters konnte man so vermutlich besser sehen, was gerade geschah. Zunächst sah man Tragödien, ernste Stücke, zum Abschluss folgten zur Aufheiterung und Entspannung immer Komödien, heitere Werke. Der Dichter der besten Tragödie wurde mit einem Preis geehrt. Die hohen Kosten für das Theaterfest übernahmen reiche Athener Bürger, die Zuschauer brauchten keinen Eintritt zu zahlen, sondern bekamen, wenn sie arm waren, sogar ein Tagegeld.
Die Festspiele nahmen einen zentralen Platz im Athener Kalender ein, schon lange vorher fieberte man dem Großereignis entgegen. Theater war für die Athener aber mehr als eine wunderbare Unterhaltung, es regte zum Nachdenken an und half ihnen, ihre eigenen Probleme in der Stadt besser zu bewältigen. In den Tragödien wurde diskutiert und „durchgespielt", wie sich ein Mensch in schwierigen Situationen verhalten soll.

Tragödien
In den Theatern der Griechen spielte man ernste Stücke, so genannte Tragödien. Behandelt wurden Stoffe aus den griechischen Sagen. Helden und Heldinnen, aber auch Götter treten auf und greifen in das Geschehen ein. Häufig verstoßen Menschen gegen die göttliche oder allgemeine Ordnung und erleiden ein schreckliches Schicksal.

Komödien
Heitere Spiele, in denen man sich über die Schwächen der Mitmenschen lustig macht, nennt man Komödien. Es wird auch Kritik an den Mächtigen geübt, indem man sie der Lächerlichkeit preisgibt.

Q3 Antigone rechtfertigt sich

Sophokles (497–406 v. Chr.) schrieb die Tragödie „Antigone", die wir heute noch häufig im Theater sehen können.

Kreon, der König von Theben, verbietet bei Todesstrafe, dass die Leiche seines Neffen Polyneikes, der einen Aufstand gegen ihn angezettelt hat, beerdigt wird. So aber kann die Seele des Toten keinen Frieden finden. Antigone, Polyneikes' Schwester, begräbt ihren Bruder trotz des Verbotes, wird dabei gefasst und soll sterben. Hier wird die gefangene Antigone vor Kreon geführt:

Kreon (zu Antigone): Sieh mich an, ich frage dich:
Gestehst du oder leugnest du die Tat?
Antigone: Ich habe es getan, ich leugne nicht.
Kreon: (...) Jetzt sag mir aber:
Hast du gewusst, dass es verboten war?
Antigone: Natürlich wusste ich es, das war doch klar!
Kreon: Und trotzdem hast du es gewagt, mein Gesetz zu übertreten?
Antigone: Du bist doch nicht Zeus! (...) Du hast doch nur als Mensch, als ein Sterblicher den Befehl gegeben! So ein Befehl ist doch nicht wichtiger als die Gebote der Götter! Diese Gebote sind nicht aufgeschrieben, aber sie ändern sich nie. Sie stammen nicht von heute oder gestern, sie leben immer, keiner weiß, seit wann. Diesen Geboten wollte ich gehorchen – und nicht aus Angst vor einem Menschen schuldig werden vor den Göttern.

Wilhelm Kuchenmüller (Hrsg. u. Übers.), Antigone: Tragödie/Sophokles, Stuttgart 2004, Verse 446–450, 453–460, (Reclam) [durchges. Ausg. 2000] Vereinfachung d. Verf.

Q4 Das Dionysostheater in Athen

Foto des heutigen Zustands

Es wurde im 4. Jahrhundert v. Chr. in den Hang der Akropolis gebaut. Später gestalteten die Römer es um:
1) Marmorsitze für die Vornehmen;
2) Platz für den Chor; 3) Bühne für die Schauspieler; 4) Bühnenwand.

Q5 Schauspieler bereiten eine Aufführung vor

Vasenmalerei, um 400 v. Chr.

C: Beschreibe die dargestellten Figuren oder Figurengruppen. Welche typischen Merkmale des griechischen Theaters findest du auf dem Vasenbild?

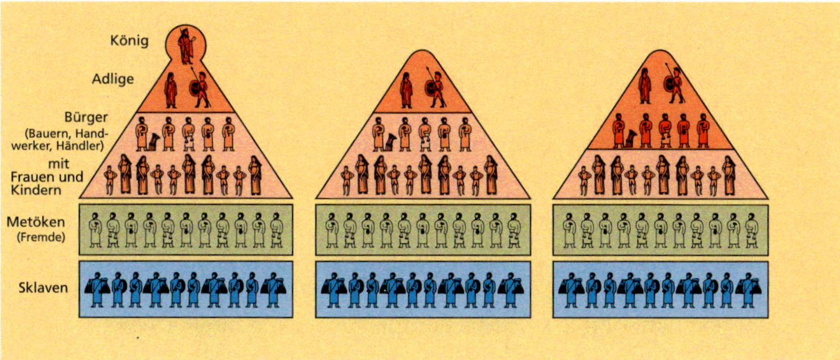

D1 Staats- und Herrschaftsformen
Das Schaubild zeigt antike Vorstellungen über die Ordnung von Staaten. Sie unterscheiden sich darin, wer jeweils regiert und wer welche Rechte hat. Rot ist die Gruppe von Personen, die jeweils die Herrschaft ausübt.

D: Beschreibe die drei Schaubilder und nenne die Unterschiede. Ordne ihnen die Begriffe Aristokratie, Demokratie, Monarchie zu.

Q6 Was ist die beste Staatsform und wer soll im Staat entscheiden?

Die Philosophen lehrten ihre Schüler auch, in Rede und Gegenrede für und gegen eine Sache zu sprechen. Der Geschichtsschreiber Herodot hat in diesem Sinn ein Gespräch persischer Adliger über Staatsformen erfunden:

Otanes setzte sich für die Herrschaft des ganzen Volkes, für die Demokratie, ein und sagte: „Auch der Edelste wird, wenn er zur Herrschaft gelangt, überheblich, aber auch neidisch auf das Gut der anderen werden. Er verlangt Schmeichelei und setzt das Recht außer Kraft. Die Herrschaft des Volkes aber bringt erstens gleiches Recht für alle. Zweitens aber tut sie nichts von all dem, was ein Alleinherrscher tut. Sie bestimmt die Regierung durch das Los, und diese Regierung ist dem Volke verantwortlich."

Ein zweiter, Megabyzos, spricht für die Herrschaft der Adligen, für die Oligarchie [eigentlich: „Herrschaft Weniger"; steht hier für Aristokratie]: „Woher sollte vom Volk Vernunft kommen? Ohne Sinn und Verstand, wie ein Strom im Frühling, stürzt es sich auf die Staatslenkung. (...) Wir sollten vielmehr einem Ausschuss von Männern des höchsten Adels die Regierung übertragen. Es ist doch klar, dass von den Edelsten auch die edelsten Entschlüsse ausgehen."

Dareios dagegen wünscht die Herrschaft eines Einzelnen, die Monarchie: „Es gibt nichts Besseres, als wenn der Beste regiert. Er wird untadelig für sein Volk sorgen und Beschlüsse gegen Feinde des Volkes werden am besten geheim gehalten werden. In der Oligarchie (...) will jeder der Erste sein und seine Meinung durchsetzen. Daher pflegt es zu heftigen Kämpfen der Adligen untereinander zu kommen. Herrscht dagegen das Volk, so kann es nicht ausbleiben, dass Schlechtigkeit und Gemeinheit sich einstellen!"

Herodot, zit. nach Hans-Wilhelm Haussig (Hrsg.), Herodot. Historien: deutsche Gesamtausgabe, übers. von August Horneffer, Stuttgart 4. Aufl. 1971, S. 80ff. (Kröner) bearb. d. Verf.

1. Erkläre, welche Entscheidung Antigone zu treffen hat. Wie begründet sie ihr Verhalten? Diskutiert in der Klasse, ob Antigone richtig gehandelt hat. Überlegt, ob es auch heute noch Entscheidungen gibt, die uns vor ein vergleichbares Problem stellen (Q3).

2. Stelle dir vor, ein griechischer Schauspieler des 5. Jahrhunderts v. Chr. besucht ein heutiges Theaterstück und redet anschließend mit der Hauptdarstellerin über das Theater. Schreibe den Dialog (VT, Q3–Q5).

3. Lege eine Tabelle an und trage in die entsprechende Spalte die Vor- und Nachteile jeweils einer Staatsform ein. Begründe dann, welche Argumente dich überzeugen (VT, Q6).

	Vorteile	Nachteile
Demokratie		
Aristokratie		
Monarchie		

4. Griechenland – die Wiege unserer Kultur. Nenne Beispiele, die diese Auffassung belegen.

8. Jh. v. Chr. 4. Jh. v. Chr.

Alexander der Große – wird die Welt griechisch?

Manchmal gibt es in der Geschichte Personen, die ihre Mitmenschen auf besondere Weise beeindrucken. Einige von ihnen behalten diese Faszination über Jahrhunderte oder gar für immer. Zu diesen Menschen gehört Alexander der Große, der ein riesiges Reich erobert und die griechische Kultur in die Welt getragen hat.

A: Finde Gründe, warum Alexander loszog, um die Welt zu erobern. Stelle diese Gründe den Folgen seiner Politik gegenüber.

Q1 Münze Alexanders des Großen
Dargestellt ist der Halbgott Herakles mit den Gesichtszügen Alexanders. Herakles war ein Sohn des Zeus. Auch Alexander betrachtete den höchsten griechischen Gott als seinen Vater und verlangte, als Gott verehrt zu werden.

Auf der Jagd nach Ruhm

Alexander war der Sohn des Königs Philipp von Makedonien. Dieser hatte die nach dem Peloponnesischen Krieg zerstrittenen griechischen Poleis besiegt und gezwungen, seine Verbündeten zu werden. Als er im Jahre 336 v. Chr. ermordet wurde, bestieg Alexander den Thron. Alexander war damals gerade 20 Jahre alt. Er war ein Krieger wie sein Vater und sein Ziel war es, unsterblichen Ruhm zu erwerben und es den Helden aus den griechischen Sagen gleichzutun. Um dies zu erreichen, griff er mit seinem Heer von etwa 35 000 Mann das Perserreich an, das sich in dieser Zeit von Ägypten bis nach Indien erstreckte. Alexander scheute keine Gefahren und war ein sehr ideenreicher Feldherr.

Weltreich und Grenzen

In drei großen Schlachten besiegte er die Heere des Perserkönigs: 334 v. Chr. am Fluss Granikos, 333 bei Issos und 331 bei Gaugamela. Kurz danach wurde er der neue Herrscher über das Persische Reich. Doch sein unstillbarer Ehrgeiz trieb ihn immer weiter voran, zu immer neuen Eroberungen, zu den äußersten Grenzen der Welt. Aber nach fast zehn Jahren Krieg, nach unmenschlichen Mühen und Gefahren auf dem fast 20 000 km langen Marsch durch weite Ebenen, Wüsten und Gebirge verweigerten die überlebenden Soldaten im Jahre 326 v. Chr. am Fluss Indus den Gehorsam. Als Herrscher des größten Reiches, das die Welt bis dahin gesehen hatte, kehrte Alexander zurück. Für einen kurzen Moment waren Griechen, Perser und viele andere Völker unter einem König vereint. Doch Alexander starb im Jahre 323 v. Chr. in Babylon an einem Fieber, noch nicht 33 Jahre alt. Sein Reich hatte nicht lange Bestand und zerfiel in mehrere kleine Staaten, die von Feldherren und Freunden Alexanders regiert und später zu selbstständigen Königreichen wurden.

Das Erbe Alexanders: der Hellenismus

Obwohl Alexanders Reich nicht von Dauer war, hat sein Eroberungszug die antike Welt verändert. Alexander selbst und die Makedonen und Griechen, die in seinem Heer mitgezogen waren, brachten die griechische Kultur in ferne Länder. Sie gründeten viele Städte, so auch Alexandria in Ägypten, und lebten dort nach Alexanders Tod gemeinsam mit den Einheimischen, mit Syrern, Ägyptern oder Persern.
Gleichberechtigt waren die Menschen unterschiedlicher Kulturen allerdings nicht: Die Könige und die Mitglieder der Oberschicht waren fast ausschließlich Griechen oder Makedonen. Trotzdem lebte man recht friedlich und tolerant zusammen, jeder durfte seine Religion frei ausüben und seine Traditionen beibehalten. Die griechische Lebensart aber galt als besonders vornehm und modern. Das Griechische wurde zur Weltsprache, die jeder Gebildete oder Händler beherrschen musste. Neben der Sprache setzten sich auch die griechische Kunst, die Wissenschaft und die Philosophie durch, daher wird die Zeit nach Alexanders Tod Hellenismus genannt.
Allerdings wurden die Griechen wiederum von den anderen Völkern beeinflusst: Viele übernahmen den Glauben an ägyptische Götter und Göttinnen. Von den Babyloniern lernte man die Astronomie, die erstaunlich genaue Berechnung der Sternenbahnen, und die Astrologie, die Deutung der Sterne.

Hellenismus
(von griech. Hellas: Griechenland)
Die drei Jahrhunderte nach dem Tod Alexanders des Großen bis zur Eroberung Ägyptens durch die Römer wird die Zeit des Hellenismus genannt (323–30 v. Chr.). In dieser Epoche prägte die griechische Kultur die Länder von Unteritalien bis nach Indien und vom Schwarzen Meer bis Ägypten.

Ein neues Bild vom Menschen

Die Griechen teilten seit langer Zeit die Menschen in Hellenen (Griechen) und Barbaren ein: Ein „Barbar" war eigentlich jemand, der nicht griechisch sprach und den man deshalb nicht verstand. Als die Griechen 490 v. Chr. von den Persern angegriffen wurden, wurden die Barbaren zu Feinden. Seitdem wurde der Begriff abwertend gebraucht, Griechen sahen nun auf Barbaren herab. Die Unterscheidung zwischen Griechen und Barbaren wurde durch das alltägliche Mit- und Nebeneinander unterschiedlicher Völker in der Zeit des Hellenismus dann in Frage gestellt. Einige griechische Gelehrte entwickelten ein neues Bild vom Menschen, in dem die Volkszugehörigkeit keine Rolle mehr spielte.

Q2 Das versunkene Alexandria
Foto 1995
Mit modernsten Methoden suchen Meeresarchäologen seit einigen Jahren an der ägyptischen Küste nach Alexandria. 3600 Stücke – viele davon tonnenschwer – hat man bis zum Jahr 2000 bereits gefunden: Statuen, Säulenteile und sogar ein antikes Schiff.

Alexandria als Zentrum der Wissenschaften

Als Treffpunkt zwischen Ost und West spielte Alexandria, die Hauptstadt des Königreiches Ägypten, eine Schlüsselrolle. Alexandria war eine reiche Weltstadt mit einer halben Million Einwohner: Ägyptern, Griechen und Juden. Berühmt war die Stadt für ihren Leuchtturm, den höchsten, der wohl jemals gebaut wurde, und für ihr Museion, ihre Hochschule. Sie hatte die größte Bibliothek der damaligen Zeit: Über 700 000 Bände hatte man gesammelt. Durch das Museion wurde Alexandria zum Zentrum für Bildung und Wissenschaft, hier forschten die besten Mediziner, Geografen, Astronomen und Mathematiker. Die Geografen rechneten bereits sehr genau den Erdumfang aus und diskutierten über die Frage, ob sich die Erde um die Sonne dreht. Eines aber ist erstaunlich: Obwohl es der Stand der Technik erlaubt hätte, wurden kaum arbeitssparende Maschinen gebaut. Wahrscheinlich gab es gar keinen Grund dafür, denn die Arbeit wurde ja von den Sklaven erledigt.
Alexandria ist buchstäblich versunken: Die alte Stadt wurde durch mehrere Erdbeben zerstört und verschwand unter Wasser, Sand und Schlick. Die griechische Kultur aber hat den Untergang dieser Stadt und der antiken Welt überlebt und schließlich auch uns in Europa tiefgreifend und bis heute geprägt.

B: Informiere dich über die „sieben Weltwunder". Erkläre, warum der „Pharos" zu ihnen gehört. Überlege, ob man den Leuchtturm nur mithilfe von Beschreibungen wirklichkeitsgetreu abbilden kann. Welche Informationen braucht man dafür?

D1 Der Leuchtturm von Pharos, Rekonstruktionszeichnung
Der Leuchtturm lag vor Alexandria und wurde zu den „sieben Weltwundern" gezählt. Er war 120 m hoch und konnte in mindestens 50 km Entfernung gesehen werden. Wahrscheinlich brachte ein Aufzug das Brennmaterial für das Leuchtfeuer nach oben. Ob es sich dabei um eine Brennflüssigkeit oder um harzgetränktes Holz handelte, ist ungewiss. Wir kennen den Leuchtturm nur aus alten Berichten; er wurde vollständig zerstört.

8. Jh. v. Chr. 4. Jh. v. Chr.

Geschichtskarten verstehen

Geschichtskarten helfen, sich in der Vergangenheit räumlich zu orientieren. Sie geben Informationen darüber, wo und wann sich historische Ereignisse und Entwicklungen abgespielt haben. Und sie zeigen die Verbreitung historischer Sachverhalte – ob Länder, Sprachen oder Religionen. Geschichtskarten stammen nicht aus der Vergangenheit, sondern aus der Gegenwart. Sie sind heutige Darstellungen historischer Verhältnisse. Damit diese leichter verständlich werden, liefern Geschichtskarten nur ausgewählte Informationen: Sie behandeln ein bestimmtes Thema und eine bestimmte Zeit und in der Darstellung lassen sie viele Einzelheiten weg. Geschichtskarten können einen bestimmten Zeitpunkt in der Vergangenheit zeigen, sie können aber auch Veränderungen abbilden, die während eines Zeitraums stattfinden.

D2 Der Feldzug Alexanders des Großen gegen das Perserreich, 334–323 v. Chr.

Auf der CD-ROM findest du eine animierte Karte zu diesem Thema.

Die Kartensprache

Welches Thema und welche Zeit eine Karte behandelt, sagt uns der Kartentitel. Der Maßstab informiert – wie bei einer geografischen Karte auch – über die in der Karte verwendeten Größenverhältnisse. Um Geschichtskarten zu verstehen, muss man ihre Zeichensprache kennen. Die so genannten Signaturen sind in der Legende erklärt. Die folgenden Arten lassen sich unterscheiden:

- ○ Punkt: Stadt, Siedlung o. Ä.
- Linie, Pfeil: Grenze, Bewegungsrichtung, Einflussrichtung
- Flächenfarbe, Schraffur: Gebietsausdehnung, Verbreitung von Herrschaft, Sprache, Religion usw.

Spezielle Symbole:

- Schlacht
- Au Handelswaren, z. B. Gold
- Kirche usw.
- Thrakien Beschriftung

Methodische Arbeitsschritte

1 Beschreiben

- Stelle fest, welches Thema die Karte behandelt.
- Bestimme den geografischen Ausschnitt der Karte.
- Benenne den Zeitpunkt oder Zeitraum, auf den sich die Karte bezieht. Stelle fest, ob die Karte einen Zustand oder eine Entwicklung zeigt.

2 Untersuchen

- Schreibe alle einzelnen Informationen auf, die du der Karte entnehmen kannst.
- Nimm gegebenenfalls dafür notwendige Berechnungen vor.

3 Deuten

- Fasse die wichtigsten Aussagen der Karte zusammen.
- Verknüpfe die Kartenaussagen mit Kenntnissen, die du schon hast.
- Überlege, auf welche Fragen die Karte keine Antwort gibt.
- Überlege, ob die Kartendarstellung unter Umständen Probleme aufwirft.

Beschreiben
Die Karte behandelt den Feldzug Alexanders gegen bzw. durch das Perserreich. Sie zeigt (in grüner Flächenfarbe) das Perserreich, das sich von Kleinasien bis an den Indus ausdehnt. Im Westen ist ein kleiner Ausschnitt Europas zu sehen. Auch dort gibt es noch ein persisches Herrschaftsgebiet. Mit roter Flächenfarbe ist Makedonien gekennzeichnet, dessen König Alexander war. Gelbe Flächenfarbe bezeichnet die mit Makedonien verbündeten griechischen Staaten. Die Karte zeigt einen Zeitraum von zwölf Jahren, von 334 bis 323 v. Chr. Dementsprechend sind einzelne Etappen des Feldzugs markiert.

Untersuchen
Alexander beginnt 334 v. Chr. seinen Feldzug von der Hauptstadt Makedoniens, Pella, aus. Gleich nach dem Übergang nach Kleinasien besiegt er die Perser zum ersten Mal in der Schlacht am Fluss Granikos. Er zieht durch Kleinasien. 333 schlägt er die Perser erneut in der Schlacht bei Issos. Er wendet sich dann südwärts nach Ägypten. 331 dringt er weiter ins Zentrum des Perserreiches vor, besiegt die Perser bei Gaugamela und erreicht dann die Residenzstädte Babylon, Susa, Persepolis und im Jahre 330 Ekbatana. Anschließend marschiert er weiter in den Osten des Reichs. 327 überquert er den Indus, kehrt dann aber um und zieht den Indus entlang nach Süden zum Arabischen Meer. Heer und Flotte bewegen sich wieder westwärts (325/324 v. Chr.). Vom Tigris aus geht es noch einmal nach Ekbatana, dann wieder zurück zum Tigris. Dort endet 323 der Heereszug. Auf seinem Zug gründet Alexander eine ganze Reihe von Städten vor allem im Osten des Perserreiches. Das Perserreich hat eine Ost-West-Ausdehnung von ca. 3 000 km (Luftlinie). Alexander und seine Truppen legen in zwölf Jahren eine Strecke von etwa 20 000 km zurück.

Deuten
Die Karte macht auf den ersten Blick den Größenunterschied zwischen Makedonien/Griechenland und dem Perserreich deutlich. Man traut Persien die Macht zu, Griechenland zu erobern, wie es das 150 Jahre zuvor versucht hatte. Umgekehrt ist dies schwer vorstellbar. Die Karte zeigt den Aufwand an Zeit und Strecke, den Alexander für seinen Heereszug benötigt. Außerdem macht sie die Vorgehensweise Alexanders deutlich: Er bewegt sich zunächst nach Ägypten, weil es abgetrennt vom Hauptteil des Reiches ist und er dort gut seinen Nachschub über See organisieren kann. Erst danach stößt er ins Kernland des Reiches mit den Residenzstädten vor. Die Marschstrecken richten sich vielfach an den Wasserwegen aus, weil dort die Fortbewegung am wenigsten beschwerlich ist (Indus, Arabisches Meer, Persischer Golf, Tigris). Insgesamt wird die Leistung erkennbar, die die Eroberung des Perserreiches bedeutete. Wie diese Eroberung im Einzelnen geschah, warum sie gelang, was Alexander auf seinem Zug jeweils vor Ort tat, wenn er keine Schlachten schlug, wie er seine Herrschaft (außer durch Städtegründungen) zu sichern versuchte, das macht die Karte nicht deutlich.

1. Stelle dir vor, du würdest das Tagebuch eines Offiziers lesen, der Alexander während der ganzen Zeit auf seinem Feldzug begleitet hat. Notiere in Stichworten, über was für Dinge er Aufzeichnungen vorgenommen haben könnte, über die du der Karte nichts entnehmen kannst.

2. Schaue dir eine geografische Karte des dargestellten Raumes an. Erläutere Schwierigkeiten für den Heereszug, die du auf dieser Karte neu feststellen kannst.

Q3 Alexander siegreich zu Pferd
Kampfszene mit Alexander auf einem Sarg aus Sidon, um 300 v. Chr.

C: Beschreibe das Bild. Was soll es wohl ausdrücken?

Q4 Alexander und Bukephalos

Der griechische Schriftsteller und Philosoph Plutarch erzählt eine Geschichte aus Alexanders Kindheit:

(Als Alexander etwa zwölf Jahre alt war, wurde seinem Vater ein besonders schönes, edles Pferd zum Kauf angeboten. Es hieß Bukephalos und sollte sehr viel Geld kosten.)

Man begab sich ins freie Feld, um das Ross zu prüfen. Allein es schien schwer zu behandeln, ja völlig unbrauchbar zu sein, indem es weder einen Reiter aufsitzen ließ noch die Stimme von irgendeinem aus Philipps Gefolge ertragen konnte, sondern sich gegen jedermann bäumte. Philipp wurde endlich unwillig und gab Befehl, das Tier fortzuführen. Da sagte Alexander, der gleichfalls zugegen war: „Ach, was für ein Pferd geht da verloren! Sie können's nur nicht reiten, weil sie zu ungeschickt sind und Angst haben!"

(Philipp war zunächst wütend über die Frechheit seines Sohnes, aber schließlich ließ er ihn versuchen, das Pferd zu reiten.)

Im nächsten Augenblick lief der Knabe zu dem Pferde hin, fasste den Zügel und kehrte es gegen die Sonne. Er tat dies ohne Zweifel, weil er bemerkt hatte, dass es durch den Schatten scheu wurde, den es vorwärtsfallen und vor seinen Augen herumtanzen sah. Sodann trabte er eine kleine Strecke nebenher und streichelte das Tier. Und als er sah, wie ihm wieder das Feuer und der Mut anschwollen, ließ er sachte den Mantel fallen, schwang sich hinauf und setzte sich fest.

(Nach einem wilden Ritt kehrte Alexander wohlbehalten zurück, das Pferd Bukephalos folgte ihm jetzt aufs Wort.)

Philipp aber vergoss, wie man erzählt, vor Freude eine helle Träne, küsste ihn, nachdem er abgestiegen war, und sagte nur: „Knabe, suche dir ein passenderes Königreich! Makedonien ist für dich zu klein!"

Plutarch, Alexander 6, zit. nach Peter Bamm, Alexander oder die Verwandlung der Welt, Zürich 1965, S. 62f., (Droemer) bearb. d. Verf.

Q5 Der Gordische Knoten

Plutarch äußerte sich darüber, wie Alexander von den Göttern kunstvoll verknotete Seile am Streitwagen des Königs Gordios löste:

Als Alexander die Stadt Gordion erobert hatte, die angeblich einst Sitz des Königs Midas war, sah er den viel beredeten Wagen und hörte die mit diesem verbundene, von den Einwohnern fest geglaubte Sage: Derjenige, der den Knoten löse, werde König der ganzen bewohnten Welt sein. Die meisten Autoren sagen nun dies: Da die Enden des Knotens nicht sichtbar, sondern mehrfach in vielfältigen Windungen ineinander verschlungen waren, habe Alexander, weil er die Verknotung nicht lösen konnte, sie mit seinem Schwert durchhauen, und dadurch seien viele Enden zum Vorschein gekommen. Der Geschichtsschreiber Aristobul dagegen sagt, die Auflösung sei ihm ganz leicht geworden dadurch, dass er den Pflock, mit dem der Jochriemen festgehalten wurde, aus der Deichsel herauszog und so das Joch von dem Wagen löste.

Plutarch, Alexander 18, nach Peter Bamm, Alexander oder die Verwandlung der Welt, Zürich 1965, S. 83. (Droemer) übers. u. bearb. d. Verfasser

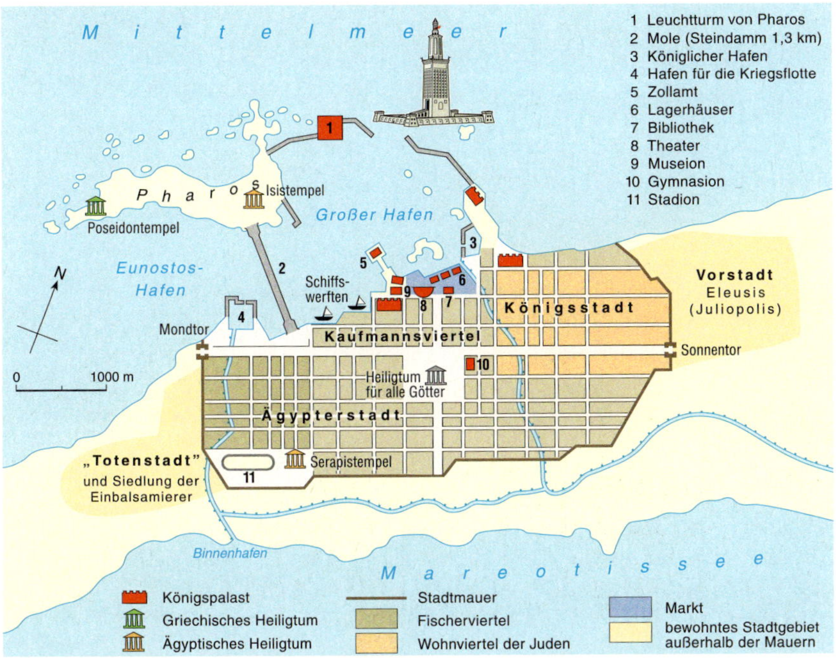

D3 Stadtplan von Alexandria

Alexandria, 331 v. Chr von Alexander gegründet, ist eine geplante Stadt, wie man am Stadtplan erkennen kann. Der große Hafen machte die Stadt zum wichtigsten Handelsplatz der damaligen Welt.

D: Überlege, was eine geplante von einer gewachsenen Stadt unterscheidet. Nenne Vor- und Nachteile beider Stadtformen.

Q6 Das Menschenbild des Geografen Eratosthenes

Der Geschichtsschreiber Strabon berichtet um Christi Geburt über Eratosthenes, der im 3. Jahrhundert v. Chr. in Alexandria lebte:

Am Ende seines Werkes hat Eratosthenes kein Wort der Billigung für jene, die die ganze Menschheit in zwei Teile, Hellenen und Barbaren, teilen, noch auch für jene anderen, die Alexander rieten, die Griechen als Freunde zu behandeln und die Barbaren als Feinde. Es sei besser, so sagte er, die Trennung nach Tüchtigkeit und Schlechtigkeit zu vollziehen; es gebe nämlich auch unter den Griechen viele Schlechte und unter den Barbaren sehr anständige Leute, wie etwa die Inder und die Arier (Perser) und auch die Römer und Karthager, die so bewundernswerte Staatswesen hätten.

Strabon, Geographie, 1,4,9. übers. d. Verf.

D4 Der Wunderaltar des Heron

Der Altar ist eine Erfindung aus der Zeit des Hellenismus. Wenn das Altarfeuer angezündet wurde, öffnete sich die Tempeltür: Eine Göttin zeigte sich. Das Brennmaterial (z. B. „heiliges" Öl) konnten die Gläubigen von den Priestern kaufen.

E: Übertrage die Zeichnung in dein Heft, versieh die einzelnen Vorgänge mit Pfeilen und beschrifte sie.

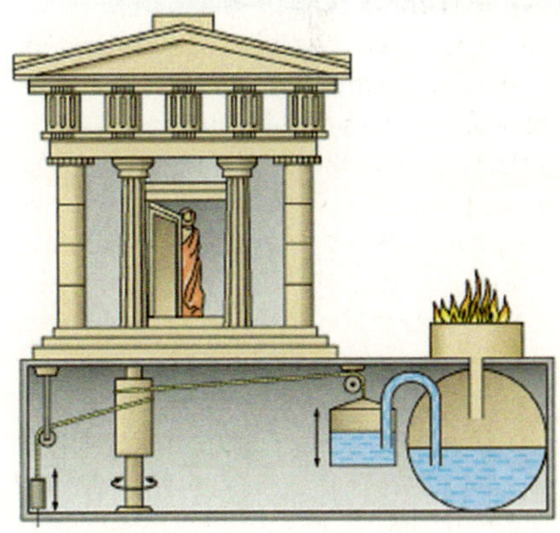

1. Hat Alexander der Große ein Weltreich erobert? Beantworte die Frage, indem du die Karte D2 mit der Karte des Eratosthenes in Kapitel 6 (S. 147) vergleichst.

2. Erkundige dich in einem Buch über griechische Sagen oder einem Lexikon, wer Herakles war und was er getan hat. Erkläre dann, warum sich Alexander als Herakles abbilden ließ (Q1).

3. Schreibe heraus, mit welchen Worten oder Wendungen der Autor Plutarch einzelne Aussagen der Gordion-Geschichte als nicht sicher oder strittig bezeichnet (Q5). Kläre dann, was das Zerhauen des Gordischen Knotens im Unterschied zu der von Aristobul geschilderten Lösung über Alexander aussagt.

4. Von außergewöhnlichen Persönlichkeiten werden oft Legenden erzählt. Das sind Geschichten, in deren Mittelpunkt wirkliche Personen stehen, die aber sehr unwahrscheinlich sind. Begründe, warum die Menschen die Geschichte von der Zähmung des Pferdes (Q4) gern geglaubt haben. Achte besonders auf das Ende.

5. Erläutere das Menschenbild des Eratosthenes und erkläre, was daran neu ist (Q6, VT, D3). Auf welchen Erfahrungen beruht seine Meinung?

8. Jh. v. Chr 4. Jh. v. Chr.

1. Erläuterung: wichtige Begriffe wiederholen (Sachkompetenz)
Schreibe die Begriffe in dein Heft und erläutere sie. Beginne z. B. so: Demokratie bedeutet „...............". Die Griechen verstanden darunter .... (usw.)

Demokratie Hellenismus Aristokratie Hoplit
Polis Orakel Kolonisation Heloten

2. Auswahlaufgabe: wichtige Ereignisse zeitlich einordnen (Sachkompetenz)
Wähle bei jedem Satz die richtige Zeitangabe aus und schreibe sie dann mit dem eingeklammerten Buchstaben und dem übrigen Satz in dein Heft. Wenn du alles richtig hast, ergeben die eingeklammerten Buchstaben in der Reihenfolge 1–6 ein dir bekanntes Wort.

1. Um 592 v. Chr. (M) – um 451 v. Chr. (S) – um 507 v. Chr. (P)
... stärkte Kleisthenes in Athen die Rechte des Volkes gegen die Adligen.
2. 730–710 v. Chr. (O) – 700–680 v. Chr. (E) – 550–530 v. Chr. (A)
... eroberte Sparta das Nachbarland Messenien.
3. 800–700 v. Chr. (N) – 750–550 v. Chr. (L) – 650–450 v. Chr. (R)
... gründeten Griechen an den Küsten des Mittelmeers und Schwarzen Meers Kolonien.
4. 490–479 v. Chr. (O) – 479–450 v. Chr. (I) – 450–430 v. Chr. (E)
... erlebte Athen unter dem Adligen Perikles seine Glanzzeit.
5. 479 v. Chr. (K) – 477 v. Chr. (I) – 451 v. Chr. (D)
... gründeten griechische Städte unter Führung Athens den Attischen Seebund.
6. 433–431 v. Chr. (K) – 343–341 v. Chr. (W) – 333–331 v. Chr. (S)
... errichtete Alexander der Große ein Weltreich.

3. Zuordnungsaufgabe: Leistungen berühmter Griechen herausfinden (Sachkompetenz)
Trage die Namen der Reihe nach in dein Heft ein und füge jedem den richtigen Text bei. Wenn du alles richtig hast, ergeben die eingeklammerten Buchstaben von 1–7 ein dir bekanntes Lösungswort.

1. Kleisthenes 2. Sokrates 3. Perikles 4. Herodot 5. Alexander der Große
6. Aristoteles 7. Thales

- schmückte die Stadt Athen mit vielen prächtigen Bauten. (a)
- untersuchte Vor- und Nachteile der verschiedenen Staatsformen. (n)
- breitete durch seine Eroberungen griechische Kultur weit nach Asien aus. (a)
- hat als Erster Naturerscheinungen mit dem Verstand bzw. mathematischen Berechnungen und nicht mit dem Wirken der Götter erklärt. (x)
- suchte durch Gespräche die Menschen zu vernünftigem Handeln zu führen. (h)
- sammelte auf seinen weiten Reisen Berichte der Menschen über ihre Vergangenheit und gilt als Vater der Geschichtsschreibung. (l)
- richtete in der Stadt Athen den Rat der 500 und das Scherbengericht ein, mit dem unliebsame Politiker auf 10 Jahre aus der Stadt verbannt wurden. (p)

4. Silbenrätsel: wichtige Begriffe wiederholen (Sachkompetenz)
Schreibe die Silben in dein Heft, damit du benutzte Silben durchstreichen kannst. Schreibe darunter der Reihe nach die Lösungswörter zu 1.–11. Unterstreiche die in Klammern bezeichneten Buchstaben der Lösungswörter. Wenn du die Buchstaben nebeneinander schreibst, erhältst du einen bekannten Begriff.

a – a – a – ben – de – don – ge – hop – ke – ken – kra – kro –lis – lis – lit – lym – me – my – ne – o – on – pan – pi – po – po – po – py – rer – richt – ru – scher – sei – thi – ti – tö

1. schwer bewaffneter griechischer Krieger (1)
2. Einrichtung in Athen, mit der man unbeliebte Politiker eine Zeitlang aus der Stadt entfernte (4)
3. Bezeichnung für einen griechischen Stadtstaat (3)
4. Austragungsort der berühmtesten Spiele (2)
5. Name für Ausländer in Athen (2)
6. griechische Kampfsportart (3)
7. Name des Orakels von Delphi (5)
8. einer der olympischen Götter (3)
9. Stadt, nach der die Palastkultur benannt ist (1)
10. als solche dienten einfache Athener auf den Schiffen (2)
11. Name des Tempelberges von Athen (9)

5. Bilder vergleichen: Olympische Spiele damals und heute beurteilen (Sachkompetenz, Methodenkompetenz, Urteilskompetenz)
- Vergleiche die beiden Abbildungen.
- Stelle dir vor, du wärst bei beiden Spielen Zuschauer gewesen. Was wäre dir gleich, ähnlich, verschieden vorgekommen?
- Sind die heutigen Olympischen Spiele eine Wiederbelebung der griechischen Kultur? Schreibe deine Meinung dazu auf.

6. In einem Gespräch argumentieren: die Gesellschaftsordung in Sparta und Athen vergleichen (Sachkompetenz, Urteilskompetenz)
- Übertrage das Schema in dein Heft.
- Fülle die leeren Kästchen mit den Begriffen Heloten, Metöken, Bürger, Periöken so aus, dass vergleichbare Personengruppen nebeneinander stehen.
- Erläutere, um wen es sich bei den Personengruppen handelte und welche Rechte und Pflichten sie in ihrer Polis hatten.
- Ein Athener versucht einen Spartaner von den Vorzügen der politischen Ordnung in Athen zu überzeugen. Gestalte ein Gespräch.

7. Einen Vortrag halten: auf Spurensuche in Griechenland gehen (Sachkompetenz, Urteilskompetenz)
Deine Eltern wollen mit dir einen Urlaub in Griechenland machen. Du sollst mit deinem Wissen über die alten Griechen bei der Vorbereitung helfen.
- Bereite für deine Eltern einen kleinen Vortrag darüber vor, wie die alten Griechen lebten und in welchen Bereichen sie besondere kulturelle Leistungen hervorgebracht haben.
- Erkläre ihnen anhand der Abbildung den Einfluss der griechischen Landschaft auf die Siedlungs- und Lebensweise in den Poleis.
- Dein Vater hat gehört, dass 1993 das 2500-jährige Jubiläum der Demokratie in Griechenland gefeiert wurde. Erläutere ihm, was es damit auf sich hatte.
- Ihr wollt drei Orte aufsuchen, die besonders im antiken Griechenland bedeutend waren. Du sollst sie auswählen und deine Auswahl begründen.

Q1 Vasenmalerei, 5. Jahrhundert v. Chr.

Q2 Plakat, 1928

Sparta	Athen
Spartiaten	
	Sklaven

Q3 Sparta, heutige Ansicht

Online-Link: 443010-0501

5 Vom Dorf zum Weltreich – Leben im Römischen Reich

Der Aufstieg und Zerfall des Römischen Reiches dauerte mehr als tausend Jahre. Es ist die Geschichte einer das gesamte Mittelmeer umspannenden Kultur, die die Menschen am Nil ebenso prägte wie jene am Rhein und in Spanien.
Rom wurde zum Vorbild vieler europäischer Herrscher und Reiche, hinterließ die unterschiedlichsten Spuren bis in die heutige Zeit.

- Wie gelang es dem kleinen Dorf am Tiber, zu einer Jahrhunderte überdauernden „Weltmacht" zu werden?
- Was prägte den Alltag der Menschen im Römischen Reich?
- Welche Spuren der römischen Zivilisation prägten Europa bis heute?

1000 v. Chr. | 800 v. Chr. | 500 v. Chr. | 300 v. Chr.

um 1000 v. Chr.
Gründung von Siedlungen am Tiber; Entstehung Roms

um 500 v. Chr.
Rom wird Republik.

3. Jahrhundert v. Ch
Rom wird stärkste Macht am Mittelm

Forum Romanum

Das Römische Reich 133 v. Chr.–117 n. Chr.

00 v. Chr. | 100 n. Chr. | 300 n. Chr. | 500 n. Chr.

1. Jahrhundert v. Chr.
Aufstieg von Caesar und Augustus

um 117 n. Chr.
Rom erreicht seine größte Ausdehnung.

476 n. Chr.
Ende von Westrom

Romanisierung: Porta Nigra in Trier, Stadttor des antiken Augusta Treverorum.

8. Jh. v. Chr. | 5. Jh. n. Chr.

Rom – eine Republik entsteht

Wir leben heute in einer Republik. Auch die Römer kannten schon eine Republik, denn sie „erfanden" sie vor ungefähr zweieinhalbtausend Jahren. Was war die römische Republik? Wie entstand sie? Wer hatte die Macht?

A: Stelle in einer Tabelle gegenüber, was die Sage über die Gründung Roms erzählt und was Historiker darüber sagen.

Q1 Romulus und Remus werden gesäugt von einer Wölfin
Münze aus dem Jahre 137 v. Chr.

Die Sage von der Gründung Roms

Der Sage nach wurde Rom im Jahr 753 v. Chr. von den Zwillingsbrüdern Romulus und Remus gegründet. Sie waren die Söhne einer Königstochter und des Kriegsgottes Mars. Der zu dieser Zeit herrschende König befürchtete, die Jungen könnten ihm einmal seine Macht streitig machen, und er ließ die Babys auf dem Fluss Tiber aussetzen. Doch eine Wölfin fand und säugte sie. Später nahmen ein Hirte und seine Frau die beiden auf und zogen sie groß. Als junge Männer gründeten sie eine Stadt. Doch es kam zum Streit, wer sie beherrschen sollte. Romulus, dem die Götter ein günstiges Zeichen gegeben hatten, baute eine Mauer um die Stadt. Doch Remus verspottete seinen Bruder, indem er diese Mauer übersprang. Daraufhin brachte Romulus seinen Bruder um und benannte die Stadt nach seinem Namen – Rom.

Wie entstand Rom wirklich?

Um das Jahr 1000 v. Chr. wanderte in das Gebiet am Tiber das Volk der Latiner ein. Auf den Hügeln in der Nähe des Flusses siedelten sie sich als Bauern, Hirten und Fischer an. Später kamen die Etrusker dazu, die tüchtige Handwerker waren. Allmählich wuchsen die Siedlungen zu einer richtigen Stadt zusammen. Die Bewohner legten die Sümpfe zwischen den Hügeln trocken. So gewannen sie Raum für einen großen öffentlichen Platz, den sie Forum Romanum nannten. Er diente den Bürgern als Versammlungsort und Handelsplatz. Bald wurden Häuser aus Stein, Tempel und sogar ein unterirdischer Abwasserkanal gebaut. Um 500 v. Chr. war Rom zu einer großen, wohlhabenden Stadt geworden.

Vom Königreich ...

Am Anfang wurde Rom von etruskischen Königen regiert. Für wichtige Entscheidungen stand ihnen ein Rat zur Seite. In diesem Rat waren Männer aus den angesehensten und reichsten Familien vertreten. Ihren Sitz im Rat vererbten sie auf ihre Söhne. So entstand mit der Zeit eine mächtige Gruppe von Adligen, die Patrizier genannt wurden. Als die sich nicht mehr von einem König beherrschen lassen wollten, vertrieben sie ihn und regierten selbst.

D1 Rom vor ca. 2700 Jahren
Die Zeichnung zeigt den Platz, an dem Rom entstand. An dem Ort gab es die erste Furt, wenn man vom Mittelmeer kam.

B: Suche auf der Zeichnung nach Hinweisen, warum sich Rom leicht zu einer wohlhabenden Stadt entwickeln konnte.

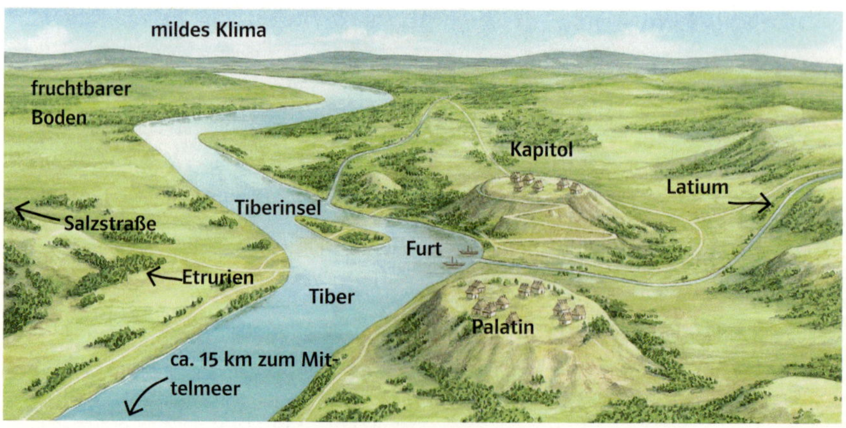

D2 Modell des frühen Rom
Nach ausgegrabenen Überresten haben Wissenschaftler dieses Modell angefertigt. Vielleicht sah Rom ungefähr so aus.

Q2 Tonurne, um 1000 v. Chr.
Solche Gefäße wurden an der Stelle gefunden, an der Romulus angeblich seine Stadt gegründet hat. Wissenschaftler nehmen an, dass so die Hütten aussahen, die dort gebaut wurden.

... zur Republik

Um die Stadt zu regieren, kamen die Oberhäupter der patrizischen Familien zusammen und berieten über alle wichtigen Entscheidungen. Ihre Versammlung nannten sie Senat, sie selbst waren die Senatoren. Mit der Zeit entwickelten die Patrizier verschiedene Ämter und bestimmte Regeln, mit denen sie Rom beherrschten. An der Spitze der Regierung, die Magistrat genannt wurde, standen zwei Konsuln. Ihnen folgten Prätoren, Ädilen und Quästoren. Ehemalige Konsuln konnten Zensoren werden. Jeder hatte ganz bestimmte Aufgaben zu erfüllen, z. B. die Staatskasse zu verwalten oder Getreide zu verteilen. Keinem Einzelnen sollte dabei zu viel Macht zukommen. Deswegen durften die Ämter immer nur für ein Jahr ausgeübt werden. Auch wurde jedes Amt von mindestens zwei Beamten ausgeübt, damit sie sich gegenseitig kontrollieren konnten. Die Bewerber für ein Amt wurden von der Volksversammlung, zu der alle freien römischen Männer gingen, gewählt. Politiker begannen ihre Karriere als Quästor und konnten es mit Glück und Tüchtigkeit bis zum Konsul bringen. Ihre neue Regierungsform bezeichneten die Römer als Republik.

C: Liste auf, welche Ämter und Regeln die Römer aufstellten, nachdem sie den König verjagt hatten. Wer hatte dadurch die Macht übernommen?

Republik
Kommt vom lateinischen res publica, das heißt die gemeinsame öffentliche Sache, die alle angeht. Das Gegenteil dazu ist die Monarchie, in der ein König regiert.

Plebejer wollen mitregieren

Die Adligen hatten alle Macht unter sich aufgeteilt. Alle Familien jedoch, die nicht zu den Patriziern gehörten, wurden von der Herrschaft ausgeschlossen. Sie durften kein Amt übernehmen, auch niemanden aus den patrizischen Familien heiraten. Diese römischen Bürger wurden Plebejer genannt, nach dem lateinischen Wort plebs, was „die Menge“ bedeutet. Unter ihnen gab es sehr wohlhabende Familien, aber auch ganz arme Menschen. Manche von ihnen waren sogar in die Abhängigkeit von Patriziern geraten, weil sie bei ihnen Schulden hatten. In diese so genannte Schuldknechtschaft konnte man schnell geraten, wenn z. B. die Geschäfte schlecht gingen, es Missernten gab oder ein Unglück ihnen den Besitz genommen hatte. Doch sie alle waren freie römische Bürger. Deswegen forderten sie auch, die gleichen Rechte wie die Patrizier zu bekommen. Ein wirksames Mittel war, den Dienst als römische Soldaten zu verweigern. Ohne sie war jedoch kein Krieg zu gewinnen. Die Patrizier mussten nachgeben und Kompromisse eingehen.

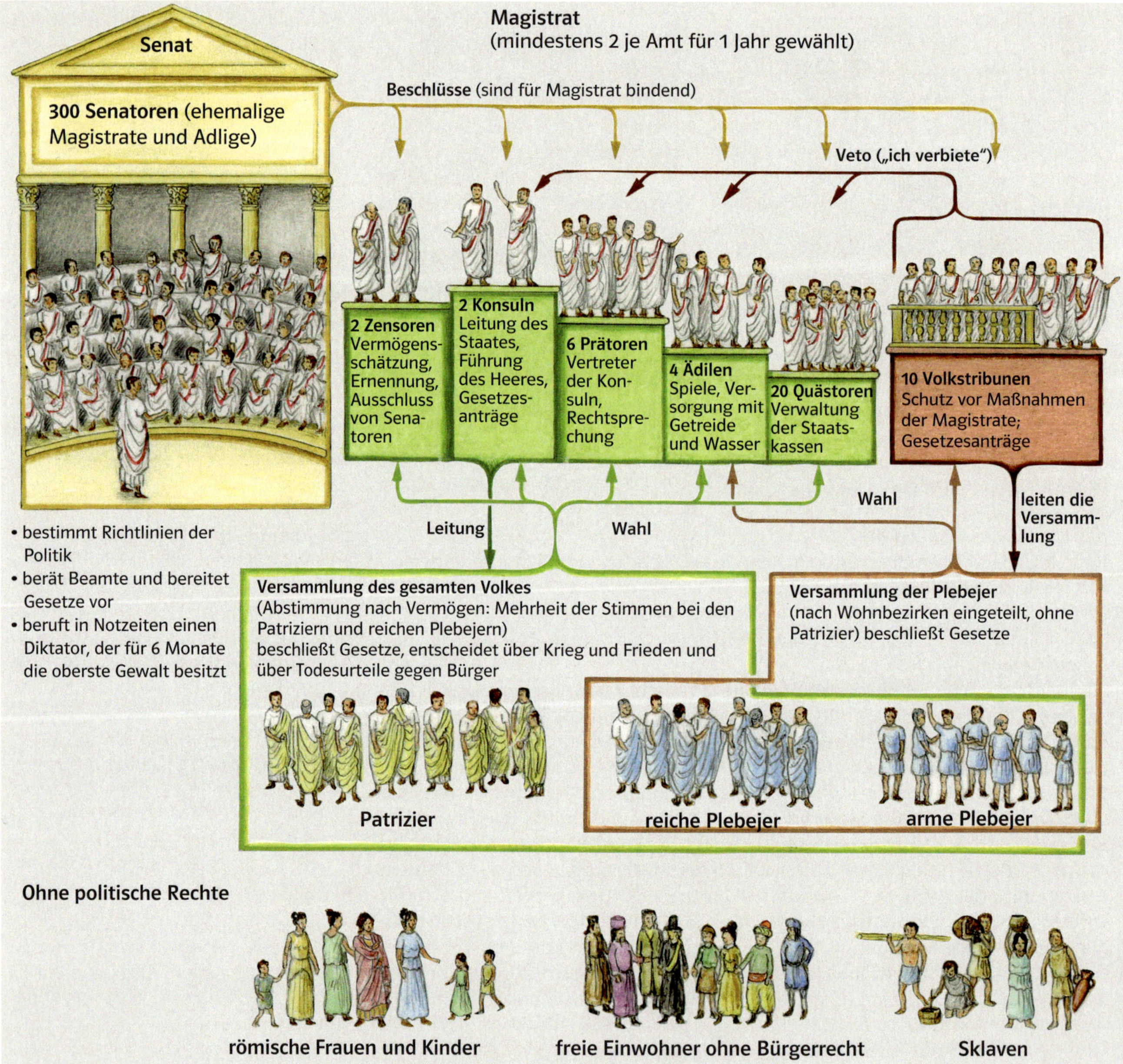

D3 Schaubild zur Verfassung nach 287 v. Chr.

Ständekämpfe
So bezeichnet man die Auseinandersetzungen zwischen den Patriziern und den Plebejern. Die Patrizier wollten für sich alleine die Macht im Staat sichern. Die Plebejer erreichten wichtige Zugeständnisse.

Erfolge für die Plebejer

Gemeinsam konnten arme und reiche Plebejer in den ungefähr 200 Jahre andauernden so genannten Ständekämpfen wichtige Zugeständnisse erreichen. So hielten die Plebejer ab 494 v. Chr. eigene Volksversammlungen ab und wählten Volkstribunen. Um 450 v. Chr. wurden erstmals die geltenden Gesetze auf zwölf Tafeln veröffentlicht und die Plebejer konnten sich darauf berufen. Später wurden Ehen zwischen Patriziern und Plebejern erlaubt und die Schuldknechtschaft wurde verboten; die Schulden wurden allerdings nicht erlassen. Die Plebejer erhielten auch das Recht, Magistrate und Konsuln zu werden und ab 287 v. Chr. konnten sie in ihren Versammlungen Gesetze beschließen.

D4 Das römische Heer der frühen Republik
Alle Bürger mit Besitz zwischen 17 und 49 Jahren konnten im Kriegsfall einberufen werden. Die Soldaten mussten sich selbst ausrüsten. Patrizier kämpften als Reiter, die ärmsten Plebejer bewaffneten sich mit Ackergeräten und Steinen.

D: Die unzufriedenen plebejischen Soldaten drohen, in den Streik zu treten, weil sie an der Macht in Rom beteiligt werden wollen. Darüber unterhalten sich die Patrizier an der Spitze der Truppe. Spielt ein solches Gespräch.

Q3 Die Anfänge der Auseinandersetzungen zwischen Plebejern und Patriziern
Der römische Geschichtsschreiber Livius lebte von 59 v. Chr. bis 17 n. Chr. Er schrieb eine Darstellung der römischen Geschichte bis in seine Zeit. So stellte er auch die Verhältnisse in Rom kurz nach der Vertreibung der Könige dar (494 v. Chr.):
Es drohte Krieg mit den Volskern und gleichzeitig war die Bürgerschaft in sich gespalten: Hass herrschte zwischen den Vätern (Senatoren) und dem Volk, besonders, weil Plebejer wegen ihrer Schulden (beim Adel) zu unfreien Knechten geworden waren. Die Plebejer empörten sich darüber, dass sie auf dem Schlachtfeld für die Freiheit und Herrschaft Roms ihr Leben auf das Spiel setzten, zu Hause aber von Mitbürgern verhaftet und unterdrückt würden. Die Freiheit des Volkes sei im Krieg sicherer als im Frieden, sie sei sicherer unter Feinden als unter Mitbürgern. Der schon schwelende Hass wuchs durch das unglaubliche Schicksal eines einzelnen Mannes zur Empörung: Ein alter Mann kam auf das Forum gestürzt, er trug unübersehbare Zeichen seines Unglücks (schmutzige Kleider, sein Körper war abgemagert, Haare und Bart lang und ungepflegt). (…) Trotz seines entstellten Äußeren erkannten ihn die Leute; es hieß, er sei Hauptmann gewesen. (…) Der alte Mann selbst zeigte Narben auf seiner Brust als Zeichen seiner ehrenhaften Kämpfe. Inzwischen hatte sich eine Menschenmenge wie bei einer Volksversammlung um ihn versammelt. Auf die Frage, warum er so heruntergekommen und entstellt sei, antwortete er, er sei Soldat im Krieg gegen die Sabiner gewesen. Weil seine Felder verwüstet worden seien, habe er die Ernte verloren, noch dazu sei sein Hof in Brand gesetzt und alles geplündert worden. Zu diesem ungünstigen Zeitpunkt sei die Steuer erhoben worden. Da habe er Schulden machen müssen. Die Zinsen hätten die Schulden erhöht. Zuerst habe er das vom Vater und Großvater geerbte Land, am Ende all sein Hab und Gut verkaufen müssen. Es sei gewesen wie bei einer (sich ausbreitenden) Seuche, von der man schließlich selbst am eigenen Leib befallen wird: Von seinem Gläubiger sei er (…) ins Arbeitshaus gesteckt und gefoltert worden. Er zeigte die noch blutenden Spuren der Schläge auf seinem übel zugerichteten Rücken.
(Danach kam es, so berichtet Livius weiter, in der ganzen Stadt zu einem Aufruhr. Von allen Seiten strömten die Menschen auf das Forum, darunter auch andere Römer, die in der Schuldknechtschaft waren und ihre Mitbürger jetzt um Hilfe baten. Beinahe wäre die Menge handgreiflich gegen die Adligen geworden. Schließlich wurde eine Senatssitzung erzwungen.)

Titus Livius, zit. nach Hans Jürgen Hillen (Hrsg.), Römische Geschichte: lateinisch und deutsch/ Titus Livius, Bd. 2, Buch 1–3, (Sammlung Tusculum), 4. Aufl. 2007, S. 23. (Wiss. Buchges.)

1. Arbeite aus der Rede des alten Mannes (Q3) heraus, warum der ehemalige Hauptmann sich verschuldet hatte und welche Folgen die Schulden für ihn mit sich brachten.

2. Stelle dir vor, du könntest als Plebejer dem Senat deine Forderungen vorbringen. Schreibe auf, was du dem Senat sagen würdest (VT, Q3).

3. Bei wem lag in Rom die Macht? Untersuche das Schaubild zur Verfassung (D3) mithilfe von Fragen: Welche Gruppen dürfen im Staat mitbestimmen, welche nicht? Wer wählt die Magistrate? Wer wird in der Regel in ein Amt gewählt, wer hat keine Chance, gewählt zu werden? Wer hat den größten Einfluss: die Volksversammlung, die Magistrate oder der Senat?

8. Jh. v. Chr. 5. Jh. n. Chr.

Die römische familia – eine normale Familie?

Eine römische famila unterschied sich in vielem von unser heutigen Familie. Wie lebte eine familia zusammen? Welche Stellung besaß die Frau, welche der Mann und wie sah das Leben römischer Kinder aus? Welche Gründe mag es für viele Unterschiede geben?

A: Vergleiche die römische familia mit einer heutigen Familie. Erstelle eine Liste mit Gemeinsamkeiten und Unterschieden.

Q1 Römer mit zwei Ahnenbildnissen
1. Jh. n. Chr., 165 cm groß, Rom, Konservatorenpalast

B: Stelle Vermutungen an, warum sich dieser Römer mit den beiden Büsten darstellen ließ.

Der pater familias

Eine römische familia war viel größer als unsere heutige Familie, sie konnte bis zu 100 Personen zählen. Das Familienoberhaupt – der pater familias – besaß Macht über alle Familienangehörigen: seine Frau, die noch nicht erwachsenen Kinder, die erwachsenen Söhne mit ihren Familien und die Sklaven. Er durfte über das gesamte Familienvermögen alleine bestimmen, er traf alle Entscheidungen und konnte sogar über Leben und Tod einzelner Familienmitglieder bestimmen.

Frauen und Mädchen

Römische Frauen hatten die Aufgabe, Kinder zu bekommen, sie zu erziehen und den Haushalt zu führen. Ärmere Frauen trugen auch durch Arbeit, z. B. als Wäscherin, zum Familieneinkommen bei. Sorgsamkeit, Fleiß, Sparsamkeit und unbedingte Treue gegenüber dem Ehemann galten in Rom als wichtige Eigenschaften von Ehefrauen.
Römische Mädchen lernten frühzeitig bei ihren Müttern, einen Haushalt zu führen. Manche Mädchen – vor allem adlige – lernten auch lesen und schreiben. Nach dem Erreichen der Geschlechtsreife wurden sie mit Männern verheiratet, die häufig deutlich älter waren als sie. Auf die Wahl ihres Partners hatten sie keinen Einfluss. Eine Heirat wurde so vereinbart, dass sie den Familien vor allem finanzielle Vorteile brachte. Mit der Heirat wechselten die Mädchen von ihrer familia in die familia ihres Mannes. In kurzer Zeit mussten sie einen anstrengenden Wechsel verkraften. In ihrer alten familia waren die Mädchen noch Kinder gewesen. In ihrer neuen familia waren sie nun Ehefrauen, bekamen früh Kinder und besaßen bald die Verantwortung für viele Personen.

Q2 Römische Kinder beim Spiel
Relief von einem Kindersarg, 2. Jh. n. Chr., 32 × 132 cm groß, Kunsthistorisches Museum Wien

Erziehung der Jungen

Um die Erziehung der Jungen kümmerten sich auch die Väter. Römische Jungen sollten lernen, im Krieg tapfer zu kämpfen, dem Vater zu gehorchen und sich der Gemeinschaft unterzuordnen. Viele Jungen lernten schon früh, die Berufe ihrer Väter auszuüben. Wer es sich leisten konnte, ließ seine Söhne bei einem Hauslehrer oder in einer Schule lesen und schreiben lernen. Adlige Jungen wurden später auch noch darin geschult, vor der Öffentlichkeit reden und argumentieren zu können. Wenn sie etwa mit 16 Jahren volljährig wurden, begleiteten sie ein Jahr lang einen Senator auf Schritt und Tritt, um von ihm zu lernen.

Sklavinnen und Sklaven

Zur römischen familia gehörten auch Sklaven. Viele Sklaven lebten und arbeiteten im Haushalt einer römischen familia. Sie hatten hier eine vergleichsweise sichere Existenz. Ihre Arbeit war zwar hart, aber viel erträglicher als z. B. in den Steinbrüchen oder auf Landgütern. Zudem bestand die Aussicht für besonders verdiente Sklaven, später einmal freigelassen zu werden.

Patrone und Klienten

Viele römische Familien waren abhängig von den adligen Herren. Diese Herren waren die Patrone, die abhängigen Menschen nannte man Klienten. Der Patron hatte gegenüber seinen Klienten eine Fürsorgepflicht: Er unterstützte sie in Notfällen, wenn Klienten ein Unrecht angetan wurde, sorgte der Patron dafür, dass der Täter vor den Richter kam, bestraft wurde und die Familie des Geschädigten eine Wiedergutmachung erhielt. Der Patron nahm sich viel Zeit für seine Klienten. Schon morgens empfing er sie, wenn sie mit ihren Nöten und Sorgen zu ihm kamen. Beim morgendlichen Empfang stand das Haus des Patrons allen offen. Die Klienten kamen bis vor das Schlafgemach. Ein Privatleben, wie wir es heute kennen, gab es für einen Patron vermutlich kaum. Die Beziehung zwischen den Familien der Klienten und der Familie des Patrons bestand häufig über mehrere Generationen.

Als Gegenleistung schuldeten die Klienten ihrem Patron Gehorsam. Sie unterstützten ihn bei Abstimmungen über Gesetze und wählten ihn in ein Amt. Sie bekannten sich zur Politik ihrer Patrone und sorgten innerhalb ihrer familia dafür, dass Gesetze eingehalten und politische Entscheidungen in die Tat umgesetzt wurden.

Q3 Römische Adlige
Mamorstatue (2,70 m hoch), 2. Hälfte des 1. Jahrhunderts

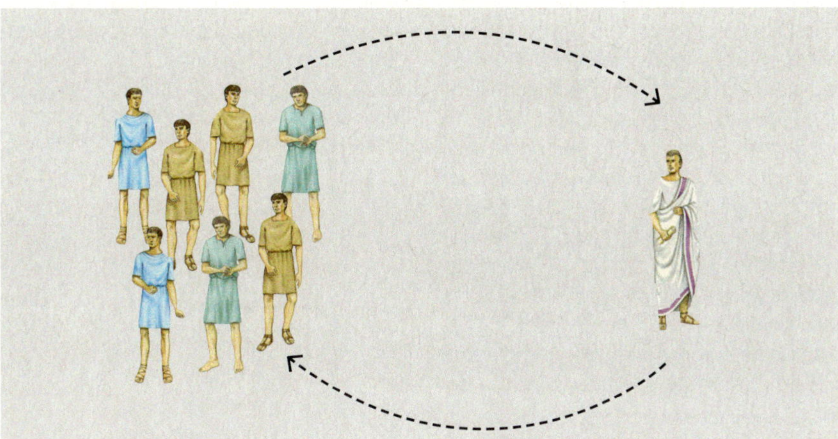

D1 Klienten und Patron

C: Erkläre das Schaubild, verwende dabei folgende Begriffe:
Wahlstimme, viel Zeit, Vertretung vor Gericht, Gehorsam, Hilfe in Notlagen.

Zeichne das Schaubild in dein Heft und schreibe die Begriffe an den jeweils richtigen Pfeil.

Q4 Grabmal eines Ehepaares, Rom, 1. Jahrhundert v. Chr. (oben)

Die Inschrift links lautet:

Lucius Aurelius Hermia, Freigelassener des Lucius, Fleischer auf dem Viminalshügel (sagt über seine Frau):

Sie, die mir im Tod vorangegangen ist mit keuschem Körper, war meine eine und einzige Frau, mit einem liebenden Sinn lebte sie treu ihrem treuen Mann; immer fröhlich, selbst in bitteren Zeiten, vernachlässigte sie nie ihre Pflichten.

Die Inschrift rechts lautet:

Aurelia Philematium, Freigelassene des Lucius (sagt über ihren Mann): Als ich lebte, wurde ich Aurelia Philematium genannt, eine Frau keusch und bescheiden, ohne Kenntnis des gewöhnlichen Volkes, treu dem Mann. Mein Mann, den ich jetzt verlasse, war ein Mitfreigelassener. Er war wahrlich mehr als ein Vater für mich. Als ich sieben Jahre alt war, nahm er mich auf seinen Schoß. Nun bin ich vierzig und in der Gewalt des Todes. Durch meine beständige Sorge ging es meinem Manne in allem gut.

Zit. nach Thomas Späth/Beate Wagner-Hasel (Hrsg.), Frauenwelten der Antike: Geschlechterordnung und weibliche Lebenspraxis, Stuttgart 2000, S. 46. (Metzler)

Q5 Bräutigam gesucht

Senator Plinius der Jüngere (um 62 – um 113 n. Chr.) schreibt einem Freund:

Du bittest mich, nach einem Gatten für die Tochter Deines Bruders Umschau zu halten (...) (Minicius Acilianuus) stammt aus Brixia [Brixen], jenem Teil unseres Italiens, der bis heute alte Sittsamkeit, Genügsamkeit und ländliche Einfachheit behalten hat und weiter bewahrt. (...) Acilianus selbst ist ein überaus regsamer, energischer und dabei doch völlig anspruchsloser Mann. Quästur, Tribunat und Prätur hat er in allen Ehren durchlaufen und es Dir somit erspart, Dich für ihn verwenden zu müssen. Er besitzt ein offenes Gesicht, stark durchblutete, tiefrote Wangen, natürliche Schönheit in seiner ganzen Erscheinung und gewissermaßen senatorischen Anstand. Das alles sind Eigenschaften, die man doch keinesfalls unbeachtet lassen sollte; die Mädchen verdienen sie als eine Art Belohnung für ihre Keuschheit. Ich weiß nicht, ob ich noch bemerken muss, dass sein Vater ein sehr vermögender Mann ist.

Plinius, Briefe (Epistulae) 1, 14, zit. nach Thomas Späth/Beate Wagner-Hasel (Hrsg.), Frauenwelten der Antike: Geschlechterordnung und weibliche Lebenspraxis, Stuttgart 2000, S. 41f.

Q6 Eine glückliche Ehe

Über seine mehr als zwanzig Jahre jüngere Gattin Calpurnia schreibt der Römer Plinius der Jüngere (um 62 – um 113 n. Chr.):

Sie hat viel Verstand, ist äußerst anspruchslos; sie liebt mich. (...) Dazu kommt ihr Interesse für Literatur, das sie nur aus Liebe zu mir gefasst hat. Sie nimmt meine Bücher zur Hand, liest sie aufmerksam, lernt sie sogar auswendig. (...) Sie vertont auch meine Lieder, einfach aus Liebe. Aus all diesen Gründen hoffe ich zuversichtlich, dass unser Einvernehmen ewig dauern und mit jedem Tag inniger sein wird.

Plinius, Briefe 4, 19, 2–5, zit. nach Thomas Späth/Beate Wagner-Hasel (Hrsg.), Frauenwelten der Antike: Geschlechterordnung und weibliche Lebenspraxis, Stuttgart 2000, S. 46. (Metzler) bearb. d. Verf.

Q7 Lebensweg eines römischen Jungen
Sarkophag, 2. Jahrhundert nach Christus

D: Beschreibe, was auf den einzelnen Bildabschnitten zu sehen ist.

Q8 Eine schwierige Ehe

In einem Brief erzählt Cicero (106–43 v. Chr.) von einem unerfreulichen Besuch auf dem Land bei seinem Bruder Quintus und seiner Schwägerin Pomponia:

Du kennst das Landgut ja. Als wir dort ankamen, sagte Quintus sehr liebenswürdig: „Pomponia, lade du die Frauen ein, ich hole die jungen Männer." Ich hatte den Eindruck, freundlicher, was Worte, Tonfall und Gebärde anging, konnte er nicht mit ihr sprechen. Sie aber antwortete so, dass ich es hören musste: „Ich bin ja selbst hier nur Gast", wahrscheinlich, weil Statius vorausgegangen war, um für den Imbiss für uns zu sorgen. Quintus sagte nur: „Da hast du es; so geht es mir alle Tage." (…) Ihre Antwort war so ungezogen, so beleidigend in Wort und Gebärde, dass auch ich ganz betroffen war. Doch ließ ich mir meine Empörung nicht anmerken. Wir gingen alle zu Tisch, ohne sie; doch ließ ihr Quintus Essen bringen, aber sie lehnte ab.

Cicero, Atticus-Briefe (Epistulae ad Atticum), 1, 5, 2; 5, 1, 3–4, zit. nach Thomas Späth/Beate Wagner-Hasel (Hrsg.), Frauenwelten der Antike: Geschlechterordnung und weibliche Lebenspraxis, Stuttgart 2000, S. 49. (Metzler)

Q9 Dank an den Vater

Der römische Dichter Horaz (65–8 v. Chr.), Sohn eines Freigelassenen, spricht über seinen Vater:

Wenn ich nur wenige Fehler habe und ansonsten ganz in Ordnung bin, wenn mir niemand mit Grund Habsucht oder schmutzigen Geiz oder schlechte Gesellschaft vorwerfen kann, wenn ich, um selbst mich zu loben, anständig und unbescholten lebe, geliebt von den Freunden, dann habe ich das alles meinem Vater zu danken. Obwohl er nur ein kleines Gut und wenig Geld besaß, wollte er mich trotzdem nicht in Flavius' Schule schicken, die von großmäuligen Söhnen von Soldaten besucht wird. Nein, er fand Mut, seinen Jungen nach Rom in die Schule zu geben, damit er alles lerne, was auch jeder Senator und Ritter seinen Kindern beibringen lässt.
(…) Ich hatte keinen Sklaven, der Vater begleitete mich daher persönlich zu den Lehrern. Wozu viele Worte? Groß sind das Lob und der Dank, die ich jetzt meinem Vater schulde. Gedankenlos wäre es, wenn ich mich meiner Herkunft schämen würde, und deshalb mag ich mich nicht wie die meisten verteidigen, welche immer wieder sagen, ihre Schuld sei es nicht, dass sie keine frei geborenen und berühmten Eltern hätten.

Uwe Walter (Übers.), Horaz, Satiren,S. 1, 6, 65–92.

1. Suche in der Inschrift des Grabmals Q4 und dem Brief des Senators Plinius Q5 beschriebene Eigenschaften, die in den Augen der Römer für eine Frau und einen Mann positiv waren.

2. Die Texte Q6 und Q8 sind aus der Sicht der Ehemänner geschrieben. Schreibe Darstellungen aus der Sicht der beiden Ehefrauen.

3. Stelle dar, welche Bedeutung der Vater für Horaz besaß (Q9).

8. Jh. v. Chr. 5. Jh. n. Chr.

Rom wird Großmacht

Von Beginn des 3. bis zum Ende des 1. Jahrhunderts v. Chr. gelang es den Römern, rund um das Mittelmeer ein Weltreich zu erobern und zu beherrschen. Warum konnten die Römer ihren Machtbereich immer weiter ausdehnen? Hatten sie ein Erfolgsrezept? Wie gewannen sie ihre Kriege?

A: Stellt euch vor, ihr seid römische Senatoren und diskutiert: „Wie werden wir in den besiegten Gebieten herrschen?" Es gibt verschiedene Möglichkeiten: Unterwerfung, Bündnisse, Selbstverwaltung. Begründet eure Vorschläge.

Bundesgenossen und Kolonien

Zu Beginn des 3. Jahrhunderts hatte Rom die Vorherrschaft über Italien erreicht. Mit den einzelnen Städten und Stämmen hatten die Römer Bündnisse geschlossen. Die Bundesgenossen mussten Rom im Kriegsfall mit Soldaten, Material oder Schiffen unterstützen. Dafür wurden sie an der Kriegsbeute beteiligt. Die Politik nach außen machten die Römer, ihre inneren Angelegenheiten regelten die Bundesgenossen selbst. Innerhalb der Städte galt weiterhin das eigene Recht der Verbündeten. Zur Sicherung der Grenzen und als Wachposten an den Küsten gründeten die Römer Kolonien, in denen römische Bürger angesiedelt wurden.

Provinzen

Ab der Mitte des 3. Jahrhunderts eroberten die Römer zum ersten Mal Gebiete außerhalb des italienischen Festlands. Die neu eroberten Gebiete wurden in Provinzen eingeteilt. Verwaltet wurden diese von römischen Beamten. Ihre Hauptaufgabe war es, die Steuern einzutreiben sowie die Ordnung und den Frieden in der Provinz sicherzustellen. Die Beamten besaßen unumschränkte Macht. Sie nutzten oft ihre Stellung aus, um sich zu bereichern, und beuteten häufig die Provinzen rücksichtslos aus. Provinzen, die mit in die Kriege der Römer hineingezogen wurden, hatten besonders zu leiden. Ihre Zugehörigkeit zum römischen Reich brachte den Provinzen jedoch Frieden und Stabilität. Die Städte in den Provinzen behielten weitgehend ihre Unabhängigkeit: Sie verwalteten sich selbst, richteten nach eigenem Recht und behielten ihre Götter. Die Beamten kamen nur mit einigen Mitarbeitern in die Provinz. Zur Verwaltung der riesigen Gebiete waren sie auf die Unterstützung der Städte angewiesen.

D1 Römisches Kriegsschiff, Rekonstruktionszeichnung
Für den Krieg mit Karthago mussten die Römer eine Flotte bauen und zur See kämpfen lernen. Die Erfindung der Enterbrücke sicherte ihnen sogar die Überlegenheit. Nun konnten sie ihre gut ausgebildeten Fußsoldaten auch zur See einsetzen. Anstatt das gegnerische Schiff zu versenken, hakten sich die Römer am feindlichen Schiff fest. Soldaten stürmten hinüber und kämpften wie zu Lande.

Online-Link: 443010-0504
Arbeitsblatt: Landmacht gegen Seemacht

D2 Das römische Herrschaftsgebiet 200 – 133 v. Chr.

B: Fertige eine Zeittafel an, in der du vermerkst, wann welche heutigen Gebiete zum römischen Herrschaftsgebiet hinzukamen.

Auf der CD-ROM findest du eine dynamische Karte, auf der du sehen kannst, wie Rom Großmacht wurde.

Krieg gegen Karthago

Bei ihren Kriegszügen stießen die Römer auf einen starken Gegner. Der mächtige Handelsstaat Karthago beherrschte große Teile der nordafrikanischen Mittelmeerküste, Teile Spaniens und Siziliens. Im Kampf um die Vorherrschaft im Mittelmeerraum führten die beiden großen Mächte drei lange Kriege gegeneinander. Im Jahr 146 v. Chr. wurde Karthago endgültig von den Römern besiegt. Die Stadt Karthago wurde vollständig vernichtet.

Ursachen für die militärischen Erfolge

Die Römer hatten immer wieder schwere Niederlagen hinnehmen müssen. Beinahe hätte der karthagische Feldherr Hannibal sogar Rom eingenommen. Doch was die Römer auszeichnete, war die Fähigkeit, aus Niederlagen zu lernen, sich der Taktik der Gegner anzupassen und nicht selten sogar die gegnerische Taktik zu übernehmen. Hinzu kam, dass die römischen Soldaten sehr diszipliniert waren und ihren Feldherren selbst nach Niederlagen nur selten davonliefen. Gehorsam, Disziplin und Durchhaltevermögen der Soldaten waren das Ergebnis eines harten Trainings und der Furcht vor brutalen Strafen, für die die römische Armee bekannt war.

C: Arbeite mithilfe des Textes (VT) und der Rekonstruktion D1 heraus, worin die militärische Überlegenheit der Römer begründet lag.

Reiche Beute

Siegreiche Feldherren hatten das Recht, im Triumphzug mit ihrem Heer, den Gefangenen und der Beute durch Rom zu ziehen. Im Jahr 168 v. Chr. feierte zum Beispiel der römische Feldherr L. Aemilius Paullus einen solchen Triumph. Er hatte Perseus, den König der Makedonier, besiegt. Angeblich wurden drei Tage lang 250 Wagen mit erbeuteten Statuen und Gemälden durch Rom geführt. Beim Triumphzug wurden 750 Gefäße, gefüllt mit Silbermünzen, den Römern gezeigt. Aemilius Paullus selbst besaß bei seinem Tod noch 360 000 Denare. Er zählte jedoch eher zu den weniger vermögenden Adligen. Zum Vergleich: Der durchschnittliche Jahresverdienst eines Soldaten betrug zur selben Zeit 108 Denare.

D3 Römische Soldaten im 3. Jh. v. Chr., Rekonstruktionszeichnung

Q1 Der Triumphwagen
Ein Becher mit der Darstellung des Wagens, wie er bei Triumphzügen von siegreichen Feldherren benutzt wurde, 1. Jahrhundert n. Chr.

Q2 „Panzer der Antike"
Statue eines Kriegselefanten aus Terrakotta, Pompeji. Unter Hannibal setzten die Karthager solche Kriegselefanten ein. Auf dem turmartigen Sitz saßen Bogenschützen.

Q3 Vom Umgang mit Gegnern
Der römische Politiker und Philosoph Cicero (106 v. Chr. bis 43 n. Chr.) schrieb in seinem Werk „Über die Pflichten":

Ein Staat muss sich besonders gewissenhaft an das Kriegsrecht halten. (...) Kriege [dürfen] unternommen werden, um im Frieden ohne Behelligung leben zu können; nach dem Siege aber muss man die am Leben erhalten, die sich keine Grausamkeit, keine unmenschliche Gesinnung im Kriege haben zuschulden kommen lassen. (...) Auch für die muss man sorgen, die man mit Waffengewalt besiegt hat; vor allem dann, wenn der Gegner die Waffen niedergelegt hat und sich unter den Schutz des Siegers gestellt hat, muss man ihn aufnehmen, auch wenn der Sturmbock schon Breschen in die feindliche Mauer geschlagen hat. In solchem Falle ließen unsere Vorfahren so sehr Gerechtigkeit walten, dass diejenigen, die im Kriege besiegte Staaten oder Völker in ihre Obhut genommen hatten, nach der Sitte der Vorfahren ihre Beschützer waren,

Cicero, Über die Pflichten 1, 34 ff. Zit. nach: Wolfgang Lautemann/Manfred Schlenke (Hg.), Geschichte in Quellen, Bd. 1, München 1965, S. 457.

Q4 Rache und Vergeltung
Der griechische Geschichtsschreiber Plutarch (ca. 46 bis 120 n. Chr.) schilderte, wie die Römer mit ihren Gegnern umgingen:

Nach dem Sieg über den König Perseus von Makedonien (...) brach [Aemilius Paullus] nach Epirus auf, dessen Bewohner Perseus unterstützt hatten und deren Städte durch Senatsbeschluss zur Plünderung freigegeben waren. Am vorherbestimmten Tage überfielen die Soldaten schlagartig alle Städte und plünderten und verheerten sie so, dass binnen einer Stunde 150 000 Menschen zu Sklaven gemacht und 70 Städte zerstört wurden.

Plutarch, Aemilius Paullus, 28–30. Zit. nach: Konrat Ziegler, Bd. 3, Zürich, München 1982, S. 191.

1. Ein römischer Soldat kehrt nach jahrelangem Feldzug gegen König Perseus auf seinen Bauernhof zurück, der in der Zwischenzeit von seiner Frau und seinem ältesten Sohn bewirtschaftet wurde. Der Soldat berichtet seiner Frau über den Triumphzug des Paullus (VT, Q1). Schreibe den Bericht auf.

2. Vergleiche die Texte Q3 und Q4. Arbeite heraus, wie sich Ansprüche und Wirklichkeit zueinander verhielten.

Kriege verändern die Gesellschaft

Durch die zahlreichen Kriege gelangten riesige Reichtümer nach Rom. Welche Folgen hatte das für die Römer? Wer waren die Gewinner? Und gab es auch Verlierer?

Großgrundbesitzer

Eine Folge der Kriege war, dass Hunderttausende von Menschen aus den eroberten Gebieten als Sklaven nach Italien gebracht wurden. Großgrundbesitzer, meistens Adlige, nutzten die Gelegenheit: Sie kauften Sklaven und setzten sie auf ihren Gütern ein. Gewinne brachten der Anbau von Oliven, Wein und die Viehwirtschaft. Hierfür brauchte man jedoch viel Land. Die Grundbesitzer pachteten deshalb im großen Stil Staatsland und errichteten Großbetriebe (Latifundien). Das Geld für die Sklaven und die Pacht hatten viele adlige Römer durch die Kriege gewonnen. Am meisten verdienten die adligen Offiziere und Kommandeure am Krieg.

Bauern

Krieg war für die Römerinnen und Römer Alltag. Männer konnten fast jedes Jahr zum Krieg eingezogen werden. Das Risiko war für die Soldaten hoch: Von denen, die einen Feldzug überlebten, kehrten nicht wenige als Krüppel zurück. Was die Soldaten aus dem Krieg an Sold und Beute mitbrachten, war für ihre Familien wie ein zweites Einkommen. Seit dem Beginn des 2. Jahrhunderts v. Chr. verschlechterte sich die Situation für die Kleinbauern: Früher bestanden die Kriege meistens in kurzen Sommerfeldzügen, jetzt kämpften die Bauern oft weit weg von Italien und fehlten manchmal Jahre auf ihren Höfen. Viele Familien gerieten in Not. Nicht wenige Bauernfamilien gaben deshalb auf und verkauften sogar ihren ererbten Landbesitz. Viele zogen nach Rom in der Hoffnung auf ein besseres Leben. Doch in der Großstadt Rom erwartete die Zuwanderer kein einfacheres Leben: wenig Wohnraum, teure Mieten, slumähnliche Wohnquartiere und kaum Arbeitsmöglichkeiten.

Armee ohne Soldaten?

Für den Dienst in der römischen Armee kamen die verarmten Bauern und die armen Stadtbewohner nicht mehr in Frage. Sie verdienten viel zu wenig, um sich eine eigene Rüstung zu leisten. Daraus folgte, dass der römischen Armee Soldaten fehlten. Mehrere Reformversuche scheiterten. Erst Ende des 2. Jahrhunderts v. Chr. gelang es dem Konsul und Feldherrn Marius, wichtige

A: Lies den Text durch und sammle die wichtigsten Informationen zu den Verlierern und Gewinnern der Kriege.

Staatsland
So bezeichneten die Römer die eroberten Gebiete in Italien, die nicht den Bundesgenossen, sondern dem römischen Staat gehörten. Dabei handelte es sich häufig um fruchtbares Ackerland, das Römer für einen günstigen Geldbetrag pachten konnten.

B: Untersuche die Abbildungen: Auf welche historischen Ereignisse spielen die Zeichner an?
Stimmen die Anspielungen mit dem Wissen überein, das du von der römischen Armee hast?

D1 Ausschnitt aus dem Asterix-Comic „Das Geschenk Cäsars", 1976

Reformschritte durchzusetzen: So wurden nun auch besitzlose Römer – Proletarier – in die römische Armee aufgenommen und ausgerüstet. Das hatte zudem militärische Vorteile: Der Heeresdienst wurde über viele Jahre ihr Beruf. Dadurch konnten sie professionell ausgebildet und trainiert werden. Marius hatte auch durchgesetzt, dass Soldaten am Ende ihrer Dienstzeit ein Stück Land in den Provinzen erhielten. Diese Aussicht motivierte sie zusätzlich.

C: Arbeite heraus, welche gesellschaftlichen Folgen die Einführung einer Berufsarmee für Rom bedeutet haben könnte. Welchen Chancen und welche Gefahren brachte diese Reform mit sich?

Folgen für die Politik

Aus militärischer Sicht waren die Reformen des Marius ein voller Erfolg. Über lange Zeit waren die römischen Soldaten von keiner anderen Armee zu schlagen. Für den römischen Staat wurden sie jedoch zur politischen Belastung: Die Soldaten fühlten sich nur ihrem Feldherren verpflichtet. Von ihm erwarteten sie Unterstützung, für ihn waren sie bereit zu kämpfen.
So begann beispielsweise im Jahr 88 v. Chr. ein mehrjähriger Bürgerkrieg, als der Konsul Sulla gegen Marius und seine Anhänger im Senat Soldaten nach Rom schickte. Sulla siegte und seine Macht wurde so groß, dass der Senat ihn zum Diktator auf Lebenszeit ernannte. 79 v. Chr. legte er das Amt nieder.

Diktator
Das ist ein Herrscher, der allein und von niemandem eingeschränkt die Macht ausübt. In Rom war das Amt ursprünglich für Notzeiten geschaffen worden und durfte höchstens sechs Monate lang ausgeübt werden.

Julius Caesar

Einer der bekanntesten römischen Politiker war Caesar. Er wurde zum Konsul für das Jahr 59 v. Chr. gewählt. Danach erhielt er eine Statthalterschaft, die es ihm ermöglichte, Gallien zu erobern. Nach jahrelangen Feldzügen hatte Caesar ein Vermögen gewonnen und besaß eine ihm treu ergebene Armee. Als es zwischen ihm und dem Senat zu Machtstreitigkeiten kam, marschierte Caesar mit seinem Heer nach Rom. In einem vierjährigen Bürgerkrieg besiegte er seine Gegner. Er bekam nun das Amt eines Diktators, zunächst nur für 10 Jahre, später auf Lebenszeit. Doch er nahm bald ein schlimmes Ende.

D2 Römischer Soldat zur Zeit des Marius, Rekonstruktionszeichnung
Alle Legionäre besaßen die gleiche Ausrüstung. Was sie zum Leben im Krieg benötigten, trugen sie bei sich. Dazu gehörten Kettenhemd, Helm, Schild sowie die Waffen: Schwert, Dolch und Wurfspeere. Jeden Abend errichteten die Legionäre ein Lager. Um es zu befestigen, brauchten sie ein Holzgestänge und Werkzeuge: Hacken, Körbe für Erdarbeiten, Rasenstecher, Äxte und angespitzte Pfosten. Außerdem trug jeder Proviant, Kochgeräte und einen Wasserkessel. Alles zusammen wog bis zu 40 kg.

D: Die römischen Soldaten wurden oft als „Maulesel des Marius" bezeichnet. Suche eine Erklärung dafür.

Q1 Zu viele Ehrungen?

Sueton schilderte Caesar in seinen Kaiserbiografien, die er im 1. Jahrhundert n. Chr. verfasste:

Caesar nahm nicht nur übertriebene Ehren an, wie die ständige Wiederwahl zum Konsul, die Diktatur (...) auf Lebenszeit, (...) den Titel „Vater des Vaterlandes" und ein Standbild neben denen der Könige. (...) Er duldete auch Ehrungen, die über das menschliche Maß hinausgingen: einen goldenen Sessel im Rathaus und im Gericht, sein Bild neben denen der Götter, die Benennung eines Monats nach seinem Namen. Auch vergab er nach eigenem Belieben Ämter. In der Öffentlichkeit sagte er immer wieder Dinge, die von seiner Unbeherrschtheit zeugten. (...) Sulla habe das politische Einmaleins nicht gekannt, als er die Diktatur niederlegte. Die Leute müssten jetzt vorsichtiger mit ihm (Caesar) sprechen und seine Worte als Gesetze betrachten.

Sueton, Caesar 76–77,1. übers. d. Verf.

D3 Gaius Julius Caesar

Caesar wurde im Jahr 100 v. Chr. geboren und stammte aus einer alten Adelsfamilie. Er durchlief eine erfolgreiche Karriere als Politiker. Im Jahr 60 v. Chr. verbündete er sich mit Crassus, dem damals reichsten Mann Roms, und Pompeius, dem erfolg- und einflussreichsten Feldherrn. Alle drei zusammen schafften es, die Politik in Rom gegen die Senatsmehrheit zu bestimmen. Als Caesar Pompeius an Macht und Ansehen zu übertreffen begann, schloss dieser sich mit der Mehrheit der Senatoren zusammen. Der Senat wollte Caesar für frühere Rechtsbrüche den Prozess machen. In dieser Situation entschied sich Caesar dafür, mit einem Heer nach Rom zu marschieren. Ein Bürgerkrieg begann. Nach dem Bürgerkrieg regierte Caesar Rom wie ein Alleinherrscher. Damit brachte er viele seiner politischen Gegner gegen sich auf. Am 15. März des Jahres 44 v. Chr. wurde Caesar Opfer einer Verschwörung, an der 60 Senatoren beteiligt waren: Zu Beginn einer Senatssitzung wurde Caesar umstellt und erdolcht.

Q3 Caesar mit Lorbeerkranz

Die Münze trägt die Umschrift CAESAR DIC[TATOR] QUART(UM) („Caesar zum vierten Mal Diktator") und wurde 44 v. Chr. noch vor Caesars Ermordung geprägt. Normalerweise durften nur die römischen Feldherren während ihres Triumphzugs einen goldenen Kranz tragen. Porträts von lebenden Personen auf Münzen waren in Rom unüblich. Sie galten als Zeichen eines Königs.

Q4 Dolche der Mörder

Nach dem Mord an Caesar prägten seine Mörder eigene Münzen: EID(IBUS) MAR(TIIS) „an den Iden des März" (Bezeichnung im römischen Kalender für den 15. März). In der Mitte ist eine Filzkappe abgebildet, wie sie Sklaven trugen, wenn sie freigelassen wurden.

Q2 Marmorbüste Caesars

33 cm hoch, wahrscheinlich zu Lebzeiten des Diktators angefertigt

1. Du bist Senator und hörst davon, dass Caesar auf Rom marschiert. Wie soll der Senat darauf reagieren? Formuliere eine Rede.

2. Eine große Gruppe von Senatoren beteiligte sich an der Ermordung Caesars. Suche mithilfe von D3, Q1, Q3 und Q4 nach Motiven für den Mord.

8. Jh. v. Chr. 5. Jh. n. Chr.

Augustus schafft eine neue Ordnung

Nach Caesars Tod kam es erneut zu Bürgerkriegen mit Hunderttausenden von Toten. Es schien fast so, als würde das Reich der Römer auseinanderbrechen. Doch am Ende gelang es, dem römischen Staat eine neue stabile Ordnung zu geben. Wie wurde das möglich?

A: Gib die Schritte zusammenfassend wieder, die Octavianus zum mächtigsten Mann im Römischen Reich machten.

Bürgerkrieg und Machtkampf nach Caesars Tod

In seinem Testament hatte Caesar seinen Großneffen und Adoptivsohn Octavianus zum Erben eingesetzt. Nach der Ermordung Caesars schloss der damals erst neunzehnjährige Octavianus mit dessen Vertrauten Marcus Antonius und Lepidus ein Bündnis (Triumvirat). Ihre Armeen besiegten gemeinsam die Gegner und Mörder Caesars. Danach kam es jedoch zum Machtkampf zwischen Octavianus und Marcus Antonius. Dreizehn Jahre führten sie Krieg gegeneinander. Octavianus siegte und war damit zum mächtigsten Feldherrn und Politiker geworden. Alle Soldaten schworen auf ihn einen Eid.

Prinzipat
(lat.: die erste Stelle)
Der Begriff bezeichnet die von Augustus errichtete Herrschaftsform. Mit dem Prinzipat sollte nach außen hin die Staatsform der Republik gewährt werden. Tatsächlich handelte es sich jedoch um eine Monarchie.

Die neue Ordnung des Prinzipats

Anders als sein Adoptivvater lehnte Octavianus die Diktatur auf Lebenszeit ab. Dafür ließ er sich das Amt des Konsuls und weitere Vollmachten übertragen, vor allem die Gewalt eines Volkstribuns und den Oberbefehl über das Heer. Im Jahr 27 v. Chr. legte Octavianus dann im Senat überraschend alle Ämter und Vollmachten nieder. Die Senatoren schienen nun die Freiheit zu besitzen, darüber zu entscheiden, wer in Zukunft die Macht besitzen sollte. Doch im Senat saßen nur noch wenige Mitglieder der alten Senatorenfamilien, dafür aber viele Anhänger des Octavianus. Hinzu kam die Angst vor einer ungewissen Zukunft und neuen Bürgerkriegen. Deshalb übertrugen die Senatoren Octavianus den Oberfehl über die Legionen, verliehen ihm den Ehrennamen Augustus (der Erhabene), die Vollmacht eines Volkstribunen und wählten ihn erneut zum Konsul. Damit hatten die Senatoren die Alleinherrschaft des Augustus für alle sichtbar anerkannt und bestätigt.

Q1 Augustus als Priester

Verwaltung der Provinzen

Von dieser festen Machtbasis aus begann Augustus mit umfassenden Veränderungen. Er setzte zwar die Eroberungspolitik Caesars fort, ordnete jedoch die römischen Provinzen neu. Denn die Einwohner des Reiches sollten es besser haben als zuvor: geschützt vor Angriffen von außen, sicherer vor Übergriffen durch römische Statthalter und Steuereinnehmer und vor allem ohne Angst vor Bürgerkriegen. Die Senatoren konnten auch weiterhin an der Herrschaft teilnehmen: Sie konnten wichtige Ämter bekleiden und Statthalter in einer Provinz sowie Kommandeure der Legionen werden. Augustus ließ viele Straßen bauen und förderte den Handel. Den Städten in den Provinzen ging es spürbar besser. Es wurden Altäre errichtet, an denen man Augustus wie einen Gott verehrte.

Gesellschaft

Unter Augustus veränderte sich auch das Aussehen Roms, denn er gab eine ungeheure Zahl an Bauvorhaben in Auftrag. Dichter priesen den Anbruch eines neuen Zeitalters. Gefördert von Augustus erlebte die römische Literatur einen Höhepunkt. Immer stand Augustus unter dem Druck, beweisen zu müssen, dass er auch verdientermaßen an der Spitze des Staates stand. Stets versuchte er sicherzustellen, dass ihn neben dem Senat und der Armee vor allem die Bürger der Hauptstadt unterstützten. Er verhielt sich ihnen gegenüber wie ein großzügiger Patron: Er stiftete Spiele, Schenkungen und öffentliche Speisungen.

Q2 Altar des Friedens
Im Jahr 9 n. Chr. ließ Augustus in Rom den Altar des Friedens errichten. An den Wänden des Altars wurden ringsherum Reliefs angebracht. Auf dem Ausschnitt eines Reliefs sitzt in der Mitte die Friedensgöttin Pax Augusta mit ihren Kindern. Die Frauen rechts und links verkörpern Land und Seewind.

B: Suche im Bild nach Zeichen für Frieden, Sicherheit und Wohlstand. Überlege, welche Wirkung wohl bei den Römern beim Anblick des Reliefs entstanden sein könnte.

Von „Caesar" zu „Kaiser"

Als junger Mann hatte Augustus den Namen Caesars weiter geführt, um sich die Unterstützung der Soldaten seines ermordeten Adoptivvaters zu sichern: Caesar Octavianus. Unter seinen Nachfolgern wurde „Caesar" (gesprochen „Kaisar") dann zum festen Bestandteil des Herrschertitels. Wie sprechen daher heute von Augustus als erstem römischen Kaiser.
Augustus vermied es, seine Herrschaft einfach zu vererben. Das wäre typisch gewesen für eine Königsfamilie. Mühevoll baute er seine Nachfolger auf. Am Ende wurde ein Außenseiter, Tiberius, neuer Princeps. Noch drei Kaiser aus der Familie des Augustus folgten. Dann setzten sich häufig Feldherren durch. Weil Augustus es vermieden hatte, eine erbliche Monarchie einzuführen, konnten erfolgreiche Feldherren einen erfolglosen Kaiser herausfordern, militärisch besiegen und selbst Kaiser werden.

1. Schlage noch einmal das Schaubild zur Verfassung auf (S. 106) und stelle eine Liste mit Vollmachten des Augustus zusammen. Überlege dann, warum Augustus 27 v. Chr. alle Vollmachten im Senat zunächst aufgab.

2. Schreibe für eine Zeitung einen kurzen Bericht darüber, warum die Römer die Alleinherrschaft des Augustus akzeptierten.

8. Jh. v. Chr. 5. Jh. n. Chr.

Ein Standbild untersuchen

Q1 Marmorstatue des Augustus aus Prima Porta, 1. Jahrhundert n. Chr.
2,04 m hoch, Vatikanisches Museum Rom. Die Statue war ursprünglich bunt bemalt. Die Farben sind jedoch im Laufe der Jahrhunderte verloren gegangen.

Noch heute findet man Standbilder, die vor ungefähr 2000 Jahren im Römischen Reich entstanden sind. Es sind oft Darstellungen von Göttern, aber genauso häufig von Feldherren und Politikern. Diese Darstellungen waren nicht für einen kurzen Zeitraum entwickelt worden, sondern sie sollten auf Dauer von den Menschen wahrgenommen werden und auf sie wirken. So ließ sich auch Augustus auf Münzen und Altären sowie in Form von Statuen darstellen, die überall im Römischen Reich ihre Verbreitung fanden. Besonders berühmt ist die Statue, die in Prima Porta gefunden wurde, einem Ort vor den Toren Roms. An ihrem Beispiel kannst du lernen, wie man ein Standbild auswerten kann, um etwas über die dargestellte Person zu erfahren.

Beschreiben

Wer das Standbild geschaffen hat, ist nicht bekannt. Über die meisten Künstler der Antike wissen wir heute nichts mehr. Wir wissen aber, dass die Marmorstatue eine Kopie ist. Das Original war ein Bronzestandbild. Die Kopie war in einer Villa der Livia, der Frau des Augustus, aufgestellt. Das Original wurde um 20 v. Chr. geschaffen, die Kopie später, irgendwann zu Beginn des 1. Jahrhunderts n. Chr.

Sicher fällt dir gleich auf, dass Augustus einerseits wie ein Soldat mit einem Brustpanzer bekleidet ist, andererseits aber mit einem vornehmen faltenreichen Gewand, wie es hochgestellte Persönlichkeiten in Rom trugen. Er ist barfuß, zu seinen Füßen sitzt eine kleine Figur auf einem Delfin. Die erhobene rechte Hand sieht so aus, als ob darin früher ein Gegenstand war, der verloren gegangen ist. Vielleicht eine Lanze?

Untersuchen

Über die Auftraggeber der Originalstatue wissen wir wenig, wahrscheinlich waren es aber Senatoren. Das überlebensgroße Standbild (Augustus war ca. 1,70 m groß) war Augustus ähnlich, wie man aus dem Vergleich mit Münzbildern weiß. Wenn du das Standbild genauer untersuchst, musst du beachten, dass die antiken Künstler in ihre Darstellungen häufig viele Informationen und Anspielungen einbezogen haben. Um sie verstehen zu können, brauchst du zusätzliches Wissen zu einzelnen dargestellten Details. Das wird besonders deutlich an dem Brustpanzer des Augustus. Manche Figuren sind heute kaum noch zu erklären. Sind es Götter oder andere Gestalten? Einig ist man sich aber über die beiden Figuren unten in der Mitte: Sie zeigen, wie ein Parther einem römischen Soldaten die Feldzeichen übergibt, die der Feldherr Crassus in Syrien 53 v. Chr. bei einem Feldzug durch eine Niederlage verloren hatte. Durch Verhandlungen und militärische Drohungen hatte Augustus 20 v. Chr. die Rückgabe der Feldzeichen erreicht.

Der auf dem Delfin reitende Liebesgott Amor zu Füßen des Augustus verweist auf Venus, die Ahnin des Geschlechts der Julier, aus dem Augustus stammte. Die nackten Füße sind ein Merkmal der Darstellung von Göttern. Doch eigentlich war es unüblich, Menschen wie Götter darzustellen. Die Körperhaltung und vor allem die Fußstellung zeigt auch, dass sich der Künstler an griechischen Vorbildern orientiert hat. Sieh dir dazu im Vergleich den Speerträger (Q3) an.

Q2 Brustpanzer der Statue
farbige Rekonstruktion

Methodische Arbeitsschritte

1 Beschreiben

- Stelle fest, welche Personen dargestellt werden: Handelt es sich um lebende Personen, um Götter oder um Figuren, die stellvertretend für ein Volk oder eine Gruppe stehen? Werden sie bei bestimmten Handlungen dargestellt?
- Informiere dich, wann und von wem das Standbild geschaffen wurde.
- An welchem Ort wurde die Darstellung gezeigt?
- Welche Einzelheiten fallen dir besonders auf?

2 Untersuchen

- Finde heraus, wer der Auftraggeber/ die Auftraggeberin war. Welche Gründe hatte er/sie für den Auftrag?
- Untersuche die Einzelheiten:
- Wie werden die Personen dargestellt?
- Welche Haltung nehmen sie ein? Wie sind Kleidung und Haare gestaltet worden?
- Wie groß ist die Darstellung im Verhältnis zum Vorbild?
- Wie werden Handlungen und Szenen dargestellt? Wer steht dabei im Mittelpunkt?
- Gibt es Einzelheiten im Bild, die symbolisch gemeint sind?

3 Deuten

- Fasse zusammen, wie das Standbild auf dich wirkt und wie es wohl auf die Menschen zur Entstehungszeit gewirkt haben muss.
- Erkläre, was die dargestellte Person oder der Auftraggeber den Betrachtern mitteilen wollten.

Deuten

Nachdem du so viele Informationen zu dem Standbild hast, kannst du herausfinden und in dein Heft schreiben, was es dir über Augustus und seine Machtausübung sagt. Du könntest zum Beispiel der Frage nachgehen, warum die Senatoren oder andere wichtige Persönlichkeiten dieses Standbild anfertigen und aufstellen ließen. Was wollten sie dem Augustus vielleicht damit zeigen?
Überlege auch, was mit den nackten Füßen der Statue ausgesagt werden sollte und warum die angebliche Abstammung des Augustus von der Venus dargestellt wurde. Ganz bestimmt wurde auch die Szene auf dem Brustpanzer mit Bedacht ausgewählt. Schreibe auf, welche Begründung es dafür geben könnte.
Das Standbild des Augustus wurde sowohl öffentlich in der Stadt aufgestellt als auch im Privathaus von Augustus' Frau. Erkläre, welche Wirkung man damit wohl erzielen wollte. Versuche dich auch in die Menschen der damaligen Zeit zu versetzen. Was werden sie beim Anblick dieser über 2 m großen Figur gedacht haben?
Zum Schluss solltest du erläutern, wie dieses Standbild auf dich wirkt und was du bei seiner Untersuchung über Augustus gelernt hast.

Q3 Speerträger um 440 v. Chr.
geschaffen vom griechischen Künstler Polyklet

1. Stelle dir vor, du hast als Römerin oder Römer einen Gast von außerhalb und du zeigst ihm das erst kürzlich in der Stadt aufgestellte Standbild des Augustus. Erkläre deinem Gast, warum du es gut gelungen oder eher nicht so gut findest.

2. Lass das Standbild des Augustus lebendig werden. Stell dich selbst auf einen Sockel und sprich zu deinen Betrachtern. Beginne ungefähr so: „Ich bin Augustus. Ihr sollt wissen, dass …"

3. Du möchtest als Senator ein Standbild für Augustus oder einen anderen römischen Herrscher in Auftrag geben. Schreibe auf eine Liste, was der Bildhauer alles beachten soll. Tipp: Ausnahmsweise dürfen auch Mädchen Senatorin werden.

8. Jh. v. Chr. | 5. Jh. n. Chr.

Rom – Hauptstadt eines Weltreiches

Rom war für viele Jahrhunderte die Hauptstadt eines Weltreiches. Hier erfährst du etwas über das Leben ihrer Einwohner: Wovon lebten die Menschen, wie wohnten sie und wie verbrachten sie ihre Freizeit? Wie wurde die Stadt versorgt?

A: Verfasse einen Werbebrief, in dem die Vorteile des Lebens in Rom herausgestellt werden.

Pracht und Vielfalt einer Weltstadt

Mit dem Beginn der Herrschaft des Kaisers Augustus wurde Rom prachtvoll ausgebaut: Es entstanden viele große Gebäude aus wertvollem Marmor. Dazu gehörten öffentliche Marktplätze, Bibliotheken, Tempel, Versammlungsräume, große Badeanlagen (Thermen) und Arenen für öffentliche Spiele. Rom wurde so für mehr als 400 Jahre zur prächtigsten und größten Stadt im Mittelmeerraum.

Wie wohnten die Menschen?

Mittlerweile lebten mehr als eine Million Menschen in der Stadt. Nur reiche Einwohner, wie Senatoren oder wohlhabende Händler, konnten sich Einzelhäuser leisten. Die meisten Menschen wohnten in großen, nicht sehr stabilen Mietshäusern (insulae), die bis zu sechs Stockwerke hoch waren. Um 350 n. Chr. gab es in Rom ungefähr 46 000 insulae – aber nur ca. 1 600 Einzelhäuser. Dabei galt: Je ärmer man war, desto höher lag die eigene Wohnung.

Wovon lebten die Menschen?

Wer kein eigenes Vermögen hatte, musste sich Arbeit suchen. So gab es viele Handwerker und Straßenhändler, aber auch Bettler in Rom. Das Überleben war nicht immer einfach, da die Konkurrenz groß war. Bis zu 320 000 römische Bürger genossen ein Vorrecht: Sie waren als Bedürftige in besonderen Listen aufgeführt. Sie erhielten vom Kaiser regelmäßig eine Getreidespende. Dieses musste von weit her, z. B. aus Nordafrika oder Ägypten, nach Rom transportiert werden. Die meisten Einwohner Roms überlebten jedoch ohne Geschenke. Nur an Festtagen konnten sie Glück haben: Manchmal spendierte der Kaiser ein öffentliches Festessen.

Q1 Pont du Gard in Südfrankreich
Über solche Aquädukte floss Frischwasser in einem oben liegenden Kanal in die Städte. Eine große Leistung war auch die Wasserleitung, die 98,7 km lang von der Eifel nach Köln führte.

D1 Modell der Stadt Rom zur Kaiserzeit
Es zeigt die Stadt um 300 n. Chr. Manches, wie z. B. das bekannte Colosseum (8), entstand erst in der Zeit nach Augustus. Wie Augustus selbst bemühten sich die späteren Kaiser, sich durch immer prächtigere Bauten zu verewigen. Aber die wichtigsten Stätten waren schon zur Zeit des Augustus da: Die „Heilige Straße" durch das Forum Romanum (1); die Palatinhügel mit den Palästen (2); der Kapitolhügel mit den Tempeln der Staatsgötter (3) – unmittelbar darunter lag das Forum des Kaisers Trajan mit Tempeln und Triumphbögen; ein vergoldeter Meilenstein zeigte die Entfernung der Fernstraßen an (5). Nahe am Tiber (4) war das Marcellustheater für Schauspiele (6). Der Circus Maximus (7) war für Wagenrennen bestimmt; in Amphitheatern wie dem späteren „Colosseum" (8) gab es Tierhetzen und Gladiatorenkämpfe; Bäderanlagen („Thermen") (9) und Wasserleitungen (10) dienten dem körperlichen Wohlbefinden.

B: Stelle dir vor, du bist Stadtführer in Rom. Bereite einen Text für eine Führung vor.

Auf der CD-ROM kannst du nicht nur die wichtigsten Gebäude im alten Rom sehen, du siehst auch, welche Überreste heute noch vorhanden sind.

Wie wurde die Stadt versorgt?

Tagsüber durften nur wenige Wagen in das Stadtinnere hineinfahren, nur Fußgänger waren erlaubt. Trotzdem war die Innenstadt überfüllt. Nachts wurde die Stadt geöffnet: Nun rollten Karren mit Nahrungsmitteln und anderen Dingen durch die engen Gassen, ganze Viehherden wurden zu den Schlachthäusern getrieben und z. B. Baumaterial wurde transportiert. Eine große Herausforderung war die Wasserversorgung. Mithilfe von Aquädukten (Wasserleitungen aus Stein) wurde frisches Wasser von weit her in die Stadt geleitet. So konnten die öffentlichen Brunnen und einige Privathäuser (auch der Kaiserpalast) versorgt werden, aber auch große Badeanlagen und öffentliche Toiletten wurden so betrieben. Wer Wasser verschmutzte, musste mit hohen Geldstrafen rechnen.
Abwässer wurden durch ein unterirdisches Kanalsystem in den Tiber geleitet. Das größte Abflussrohr war die Cloaca maxima, deren Betriebsbereitschaft ein Senator überwachte. Die Wasser- und Abwasserversorgung Roms war eine der größten Leistungen der Antike. Erst vor ca. 100 Jahren erhielten die meisten europäischen Großstädte ein vergleichbares System.

C: Zeichne eine Tabelle. Schreibe in die eine Spalte, welche Probleme sich ergeben, wenn mehr als eine Million Menschen in einer Stadt zusammenleben. Notiere in der anderen Spalte, wie die Probleme gelöst wurden.

D: Vergleiche beide Häuser miteinander. Was sagen sie über das Leben der römischen Bevölkerung aus?

D2 Römische Stadtvilla
Rekonstruktionszeichnung
1 überdachter Säulengang und Garten
2 Becken für das Regenwasser
3 Wohn- und Schlafräume
4 Läden, die vermietet wurden

Was passierte in der Freizeit?

Für die Römer, die es sich leisten konnten und die Zeit hatten, gab es ein vielfältiges Freizeitangebot. So konnte man eines der großen öffentlichen Bäder, der Thermen, besuchen und sich dort den ganzen Tag aufhalten. Eine Alternative war es, ein Theater zu besuchen oder zu Wagenrennen in den Circus Maximus zu gehen, wo es Platz für mehr als 200 000 Zuschauer gab. Ein besonderer Höhepunkt waren Schaukämpfe auf Leben und Tod. Diese Gladiatorenkämpfe fanden in besonderen Amphitheatern statt. Das größte war das Colosseum, wo bis zu 80 000 Menschen zuschauen konnten. Dort wurden auch zum Tode verurteilte Menschen wilden Tieren vorgeworfen. Das Colosseum konnte sogar mit Wasser geflutet werden, um ganze Seeschlachten nachzustellen.

Politik und Unterhaltung

Der Eintritt zu öffentlichen Spielen und Vorführungen war frei. Ursprünglich waren die Spiele zu Ehren der Götter eingeführt worden, jetzt dienten sie in erster Linie der Unterhaltung der Bevölkerung. Die Kaiser bezahlten die Spiele und ließen dazu Gladiatoren ausbilden und wilde Tiere von weit her nach Rom bringen. Sie versuchten so, auch durch die kostenlosen Getreidespenden, die Menschen für sich zu gewinnen, um ihre Herrschaft abzusichern.

Online-Link: 443010-0507
Arbeitsblatt: Handelsreisen im Römischen Reich

D3 Römisches Mietshaus
Rekonstruktionszeichnung

1 Werkstätten und Läden
2 Garküche (die Römer kochten in ihren Wohnungen nicht selbst)
3 Wohnung der ersten Etage für zahlungskräftige Mieter
4 Wohnungen für Ärmere
5 ärmliche Kammern

Q2 In Rom leben?

Der Dichter Juvenal beschreibt mit viel Übertreibung die Verhältnisse in Rom (ca. 100 n. Chr.):

Wir aber wohnen in einer Stadt, die zum großen Teil auf schwachen Stützbalken ruht, denn so verhindert der Hausverwalter den Zusammenbruch, und wenn er alte klaffende Risse übergemalt hat, lässt er uns ruhig schlafen, obwohl der Einsturz droht. Dort sollte man wohnen, wo es keine Brände gibt, wo man sich nachts nicht fürchten muss. Schon ruft ein Mieter nach Wasser, schon schleppt er sein bisschen Kram heraus, im dritten Stockwerk qualmt's schon, du ganz oben aber weißt es nicht. Denn wenn am Fuße der Treppe das Durcheinander beginnt, wird als letzter der Feuer fangen, den nur die Dachziegel vor dem Regen schützen (…). Du kannst dir außerhalb von Rom prächtig ein ganzes Haus kaufen für den Betrag, den du jetzt als Jahresmiete für ein dunkles Loch bezahlst. Da hast du ein Gärtchen, einen Brunnen (…). In Rom sterben viele, weil Schlaflosigkeit sie krank gemacht hat, denn in welcher Mietwohnung kann man schlafen? Sehr reich muss man sein, um in Rom schlafen zu können. (…)
Wagen biegen in scharfer Wendung um die Straßenecken, die Treiber schimpfen laut, wenn ihre Herde nicht weiter kann. Wenn ein Reicher jemanden besucht, so macht ihm die Menge Platz: Im Inneren seiner Sänfte kann er unterwegs lesen, schreiben oder schlafen. (…) Wenn wir uns beeilen, steht uns eine Menschenmenge im Wege, während ein dichter Haufen uns von hinten drängt.; einer stößt mich mit dem Ellenbogen, ein anderer mit einer harten Latte; mit Schlamm beschmutzt sind meine Beine, bald bekomme ich Fußtritte von allen Seiten, und der Nagel eines Soldatenstiefels bleibt mir in der Zehe stecken. (…) auf dem Karren, der dir entgegenkommt, schwankt gefährlich ein langer Fichtenstamm.
Wenn nämlich ein mit Marmorblöcken beladener Karren umkippt und seine Ladung auf die dichte Menschenmenge ergießt, was bleibt da noch vom Körper übrig? Völlig zerquetscht verschwindet die Leiche wie die verhauchte Seele. (…) Betrachte jetzt noch andere Gefahren der Nacht: Wie hoch die Häuser sind, von denen dir ein Dachziegel auf den Schädel fällt, wie oft man leckes oder gesprungenes Gefäß aus dem Fenster wirft. So viele Gefahren bedrohen dich, wie beleuchtete Fenster offenstehen, unter denen du vorbeigehst. Begnüge dich also mit der kleinen Hoffnung, dass man wenigstens nur den Inhalt des Nachttopfes auf dich auslehrt.

Juvenals Beschreibung d. Verhältnisse in Rom, zit. nach Harry C. Schnur (Hrsg. u. Übers.), Juvenal: Satiren, (2000), III, S. 126–280. (Reclam)

D4 Die Stabianer Thermen von Pompeji
Rekonstruktionszeichnung
1 Haupteingang
2 Hof zum Turnen oder Ballspielen
3 Schwimmbecken
4 Umkleideraum für Männer
5 Umkleideraum für Frauen
6 Kaltbäder mit Kaltwasserbecken für Männer bzw. Frauen
7 Warmbäder
8 Heißbäder
9 Öfen und Wasserbehälter
10 öffentliche Toiletten
11 Tretmühlen zum Heranleiten des Wassers
12 Läden

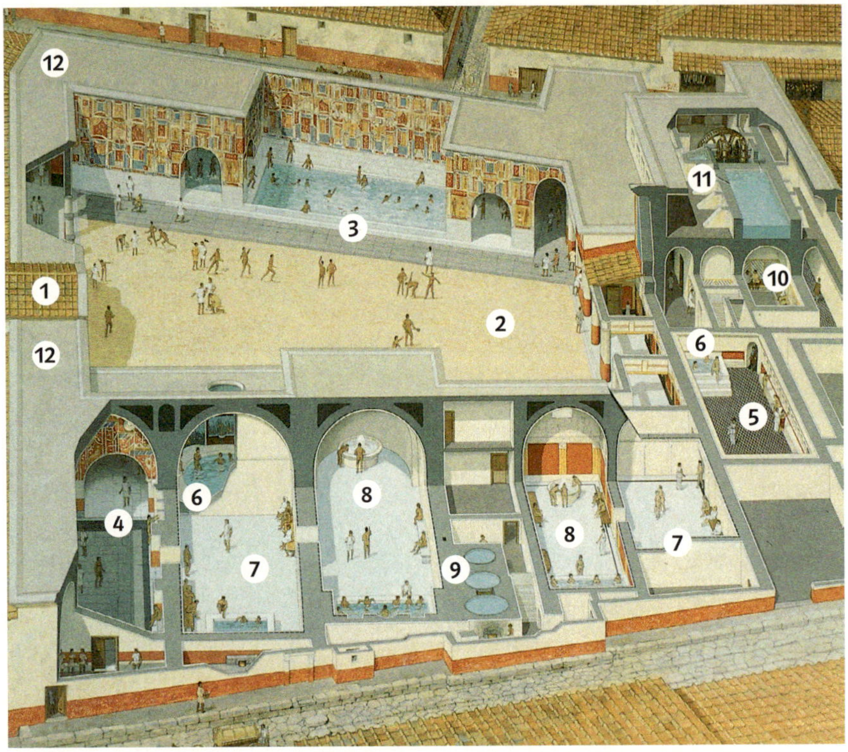

E: Zeichne ein Plakat, auf dem für den Besuch der Stabianer Thermen geworben wird.

Q3 Abwasserkanal einer Thermenanlage in Badenweiler, rund 140 m lang

Q4 Öffentliche Toilette, Überreste in Ostia, dem Hafen Roms
Unter den Sitzen und in der Rinne floss Wasser als Spülung. Um sich zu säubern, gab es einen Stock mit einem kleinen Schwämmchen, das mit Essig getränkt war. Männer und Frauen waren nicht getrennt.

F: Beschreibe die Unterschiede zu heutigen Toiletten.

Q5 Kampfszene von Gladiatoren
Fußbodenmosaik, gefunden im Saarland, ca. 230 n. Chr.

G: Beschreibe die Ausrüstung der beiden Kämpfer. Welche Aufgabe hat der dritte Mann?

Q6 Ein Mordversuch

Der Senator Plinius berichtet über ein Verbrechen (ca. 100 n. Chr.):

Eine grausame Behandlung hat Larcius Macedo von seinen Sklaven erfahren; er war ein hochmütiger und grausamer Herr (...) noch sein Vater war ein Sklave gewesen. Er badete gerade auf seinem Landgut. Plötzlich umringten ihn seine Sklaven. Einer packte ihn an der Kehle, ein anderer schlug ihm ins Gesicht, ein dritter stieß ihn heftig auf Brust und Bauch und, scheußlich zu sagen, sogar auf die Schamteile; und als sie ihn für tot hielten, warfen sie ihn auf den heißen Fußboden, um zu prüfen, ob er noch lebte. Er lag unbeweglich und ausgestreckt da und erweckte den sicheren Eindruck eines Toten, Da erst wurde er herausgetragen, so (...) als sei er von der Hitze erstickt; die treueren Sklaven nahmen ihn auf. Nun gab er zu erkennen, dass er noch lebte. Die Sklaven flohen in alle Richtungen; ein großer Teil von ihnen wurde ergriffen, die übrigen wurden gesucht. Macedo selbst wurde für wenige Tage mit Mühe ins Leben zurückgerufen und starb dann nicht ohne den Trost der Rache (...). Du siehst, wie vielen Gefahren, wie vielen Beschimpfungen wir ausgesetzt sind; und es gibt keinen Grund dafür, dass jemand sicher sein kann, weil er ein nachsichtiger und milder Herr ist, denn nicht aufgrund einer Überlegung werden Herren umgebracht, sondern aus Bosheit.

Plinius' Bericht über ein Verbrechen, zit. nach Heribert Philips (Hrsg. u. Übers.), Plinius. Sämtliche Briefe, Stuttgart 1998, III, S. 14. (Reclam)

Q7 Bronzeplakette, 3. Jh. n. Chr.
Plaketten wie diese mussten viele Sklaven ständig um den Hals tragen.
Der Text lautet: „Ich, Asellus, Sklave des Praeiectus, eines Beamten im Amt für Getreideversorgung, habe mich aus dem Bezirk innerhalb der Mauern entfernt. Halte mich fest, da ich entflohen bin. Führe mich zurück zum Tempel der Friseure."

H: Begründe, warum diese Plakette nur bei sehr ungebildeten Sklaven sinnvoll war.

1. Schreibe auf, was alles zum Betrieb einer Therme erforderlich war (Q1, D4).

2. Schreibe eine „Gegendarstellung", in der du den Text als grobe Übertreibung enttarnst (Q2).

3. Stelle dir vor, Juvenal erscheint mithilfe einer Zeitmaschine in einer heutigen Großstadt. Was würde er schreiben (Q2)?

4. Du sollst vor Gericht die Sklaven verteidigen. Was würdest du sagen? Setze dich mit dem letzten Satz des Plinius auseinander (Q6).

8. Jh. v. Chr. 5. Jh. n. Chr.

Wie organisierten die Römer ihr Reich?

Ein großes Reich zu erobern, ist eine Sache. Eine andere ist es, ein solches Reich über viele hundert Jahre zu bewahren. Wie gelang das den Römern – und welches Leben führten die Menschen in den Provinzen?

A: Finde heraus, wie die Römer mit wenig Aufwand das ganze Reich regieren konnten.

Wie regierten die Römer ihr riesiges Reich?

Zur Zeit Kaiser Trajans erreichte das Römische Reich seine größte Ausdehnung. Es war in insgesamt 41 Provinzen aufgeteilt. Hinzu kamen Italien als Kernland der Römer und Ägypten, das dem Kaiser persönlich gehörte. In den Provinzen regierten vom Kaiser eingesetzte Statthalter. Diese konnten über alle Bewohner, einschließlich aller stationierten Soldaten, befehlen und auch Entscheidungen über Leben und Tod treffen.

Oberaufsicht und Selbstbestimmung in der Provinz

Im Römischen Reich gab es mehr als 2 000 Städte. Davon waren viele erst durch die Römer gegründet worden. Jede Stadt hatte einen Stadtrat, in dem freie Bürger der jeweiligen Stadt Mitglied waren und der viele Regierungsaufgaben übernahm. Die Römer ließen die Provinzbewohner ihre Angelegenheiten weitgehend selbst bestimmen.

In die Stadträte kamen nur wohlhabende Bürger, denn die Tätigkeit war ein Ehrenamt. Oftmals bezahlten Stadträte öffentliche Bauten und andere Ausgaben aus ihrem Privatvermögen, da ihr Ansehen und ihr Ruhm so erhöht wurden. Alle freien Bewohner einer Provinz mussten Steuern an die Römer zahlen. Für Sklaven taten es deren Besitzer.

B: Schließe aus der Zeichnung, wie die Römer in den Provinzen Städte anlegten.

Auf der CD-ROM findest du genauere Angaben zu den wichtigsten Bauten.

D1 Das römische Köln im 4. Jahrhundert n. Chr. in einer Rekonstruktionszeichnung

Die größten römischen Städte auf dem Gebiet des heutigen Deutschlands waren Trier und Köln. Dort wohnten vor allem ehemalige römische Soldaten und ihre Familien, in den kleineren Städten hingegen eher die einheimische Bevölkerung.

D2 Caesars Pläne
Aus dem Asterix-Comic „Die Trabantenstadt“, 1984

C: Nach der Niederlage des Gallierfürsten Vercingetorix leistete – so der Comic – nur ein kleines gallisches Dorf Widerstand.

Welche Art von Plan, die letzten Gallier zu besiegen, stellt Caesar hier vor?

Die Städte – Zentren der römischen Zivilisation

Wie das Vorbild Rom hatten viele Städte ein Amphitheater, Thermen, Tempel und große Markthallen. Es gab eine funktionierende Verwaltung, eine gute medizinische Betreuung und jederzeit frisches Wasser, das man oft mithilfe von Aquädukten von weit her transportierte. Wir bezeichnen all diese Errungenschaften heute mit dem Wort „Zivilisation“.

Provinzbewohner und die römische Lebensart

Diese „zivilisierte“ Lebensweise wurde für viele Provinzbewohner zum Vorbild. Sie wurden „romanisiert“. Vom kühlen Nordengland bis zu den Wüsten Syriens lebten Menschen, die sich auch als Römer fühlten. Im Römischen Reich ermöglichte dies das Zusammenleben verschiedener Völker und Religionen.
Neben der römischen Lebensweise war der Erwerb des römischen Bürgerrechts ein Ziel für die Menschen in den Provinzen. Denn wurde ein freier Bewohner einer Provinz römischer Bürger, unterstand er z. B. dem besonderen Schutz durch die römische Verwaltung. Im Laufe der Zeit erwarben immer mehr Provinzbewohner das römische Bürgerrecht. Schließlich ernannte Kaiser Caracalla im Jahr 212 n. Chr. alle freien Bewohner des Römischen Reiches zu römischen Bürgern, um so die Steuereinnahmen zu erhöhen, denn ein römischer Bürger musste z. B. Erbschaftssteuern bezahlen.

Romanisierung
Dieses Wort bedeutet „römisch machen“ oder „römisch werden“. Überall, wo die Römer hinkamen, beeinflusste ihre Lebensweise, ihre Sprache und ihre Technik die einheimische Bevölkerung. Diese lernte Latein und ließ ihre Kinder nach römischem Vorbild erziehen. Die Menschen lernten so die Vorteile der römischen Herrschaft kennen.

Die Wirtschaft des Reiches

Die gewaltige Ausdehnung und die lange Stabilität des Römischen Reiches führten dazu, dass große Teile Europas zu einem Wirtschaftsraum zusammenwuchsen. Überall wurde das römische Geld angenommen, überall galt auch das römische Recht und sorgte die römische Armee für Ruhe und Ordnung. Es gab praktisch keine Handelsbeschränkungen und ein freier Bürger konnte überall im Reich Landbesitz erwerben.
Auf dem Wasserweg wurden Massengüter, wie Getreide, über lange Strecken kostengünstig transportiert. Allerdings ließ das Wetter Schiffsverkehr fast nur im Sommer zu und auch Piraten waren eine Gefahr. Zu Lande war der Warentransport schwieriger. Zwar gab es ein großes Netz gut ausgebauter Fernstraßen mit Rasthöfen. Diese dienten jedoch hauptsächlich der Nachrichtenübermittlung und militärischen Zwecken. Landtransport mithilfe von Wagen war langsam, mühselig und aufwendig. Hier lohnte es sich nur, Luxusprodukte wie Schmuck, Keramik und Glas oder seltene Lebensmittel über weite Strecken zu transportieren.

D: Schreibe ein Streitgespräch zwischen einem Anhänger des Römischen Reiches und einem Germanen, der nicht von den Römern regiert werden möchte.

Q1 Via Appia

Auf der ältesten und noch heute befahrbaren Straße konnten die Römer mit Reisewagen bis zu 120 km am Tag vorankommen.

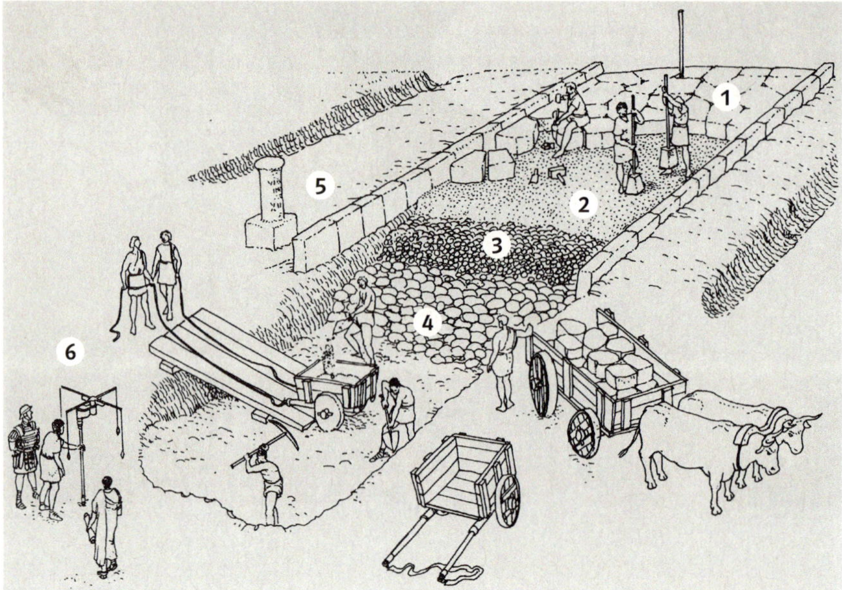

D3 Straßenbau

Rekonstruktionszeichnung

1 Pflaster
2 Schicht aus Kies und Sand
3 Schotterschicht
4 Schicht aus groben Steinen
5 Meilenstein
6 Vermessungsgerät, mit dessen Hilfe die Straße schnurgerade wurde

E: Erkläre, warum das Straßennetz für das Römische Reich von großer Bedeutung war.

Q2 Erlaubnis zu einem Bauprojekt (111 n. Chr.)

Brief des Plinius (62–113 n. Chr.), Statthalter in Bithynia, an Kaiser Trajan (98–117 n. Chr.) und die Antwort:

Die Bewohner von Prusa, o Herr, haben ein unhygienisches und altmodisches Bad. Deshalb halten sie es für wichtig, eine neue Anlage zu bauen, und ich meine, Du könntest ihnen ihren Wunsch erlauben. Geld für den Bau wird nämlich zur Verfügung stehen, zunächst die Summen, die ich von Privatleuten gerade (...) eintreibe. Ferner sind sie bereit, den Betrag, den sie gewöhnlich für Olivenölspenden an arme Bürger ausgeben, für den Bau des Bades zur Verfügung zu stellen. Zudem fordert sowohl das Ansehen der Stadt wie auch der Glanz deines Zeitalters geradezu ein solches Bauwerk.

Aus Trajans Antwort:

Wenn die Errichtung eines neuen Bades die Wirtschaftskraft der Bewohner von Prusa nicht zu sehr belastet, können wir einen solchen Wunsch erlauben. Voraussetzung dafür ist allerdings, dass in Prusa keine zusätzlichen Abgaben erhoben werden und dass es den Leuten dieser Stadt in der Zukunft nicht an notwendigem Geld für den Unterhalt des Bades fehlt und für Olivenölspenden fehlt.

C. Plinius Secundus, Briefe. 10. Buch, zit. nach Marion Giebel (Hrsg. u. Übers.), Der Briefwechsel mit Kaiser Trajan, Stuttgart 1999, Nr. 23–24. (Reclam) bearb. d. Verf.

Q3 Wie wird man reich?

Der Schriftsteller Petron (gestorben 66 n. Chr.) schrieb einen satirischen Roman mit dem Titel „Satyricon", in dem Trimalchio, ein freigelassener Sklave, der das Vermögen seines Herren geerbt hat, damit angibt, wie er sein Vermögen vergrößert hat:

Meinen Wohlstand verdanke ich meiner geschäftlichen Tüchtigkeit. (...) Mein Herr machte mich zum Miterben eines Vermögens. (...) Ich begann mit dem Handel. Um es kurz zu machen, ich baute fünf Schiffe, belud sie mit Wein (...) und schickte sie nach Rom. Alle fünf Schiffe erlitten Schiffbruch. Tatsache, kein Schwindel! An einem einzigen Tag verlor ich so ein Vermögen.
Meint ihr, ich hätte aufgegeben?
Ich baute andere, größere, bessere und glücklichere Schiffe, jeder sollte sehen, was für ein tüchtiger Kerl ich bin.
Ihr wisst, in ein größeres Schiff geht mehr Fracht. Wieder lud ich Wein, Speck, Bohnen, Parfüm und Sklaven. (...) Mit einer einzigen Fahrt verdiente ich zehn Millionen. Ich baute mir ein Haus, kaufte Sklaven und Vieh. Was immer ich anfasste, es wurde zu Gold. Bald war ich reicher als die ganze Stadt; da gab ich den ganzen Handel auf. (...) Wenn es mir noch gelingt, Ländereien in Süditalien zu erwerben, so habe ich für mein Leben ausgesorgt.

Fritz Tech (Hrsg. u. Übers.), Petronius: Satiricon, Berlin 1991, S. 142–145. (Rütten und Loening) gekürzt u. bearb. d. Verf.

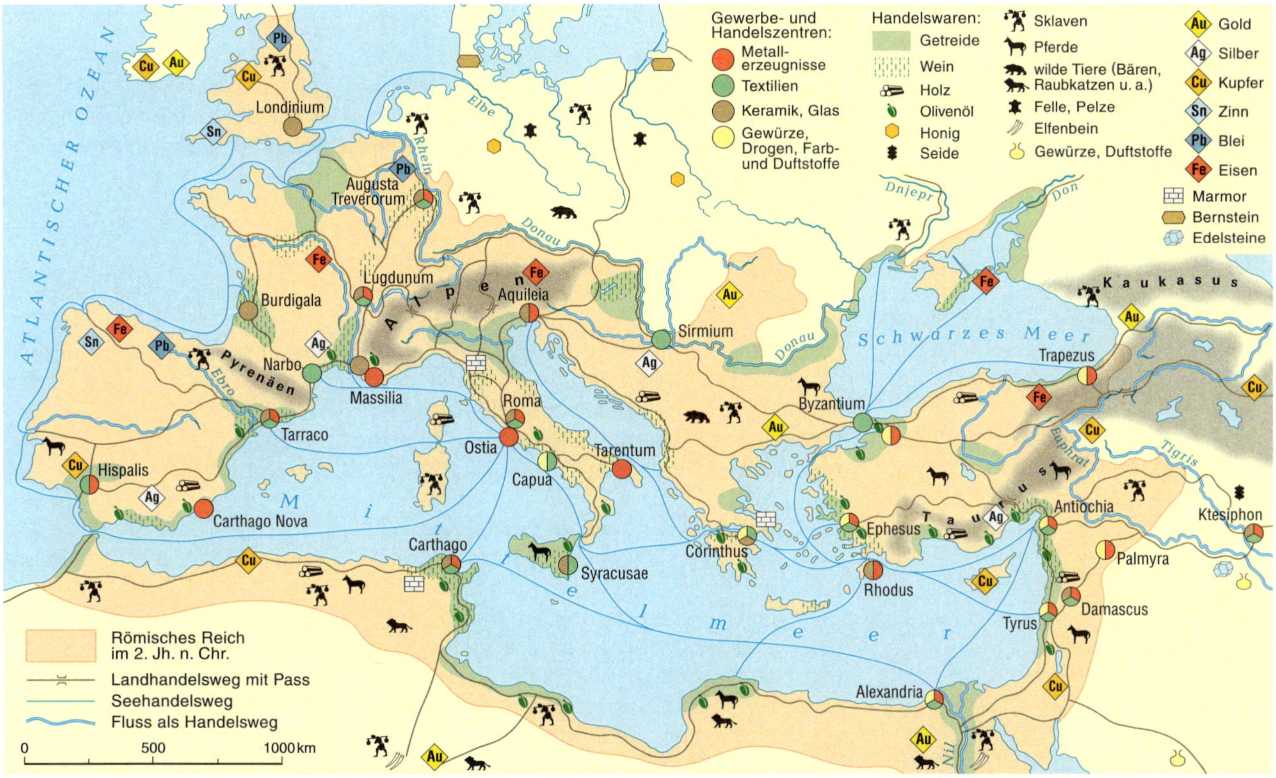

D4 Wirtschaft im Römischen Reich

F: Fertige eine Tabelle an:

Waren, die nach Rom kommen	Woher die Waren kommen	Transportweg	Verwendungszweck der Waren

Q4 Romanisierung im gerade eroberten Britannien

Der Römer Tacitus berichtet, wie der römische Feldherr Agricola die Menschen 77–83 n. Chr. behandelte:

Damit sich nämlich die zum Kriege neigenden Menschen durch Wohlleben an Ruhe und Genuss gewöhnten, half Agricola ihnen (...), Tempel, Märkte und Häuser zu bauen. Dabei lobte er die Bereitwilligen und kritisierte die Faulen: So wirkte anstelle von Zwang der Wettstreit um Ehre und Anerkennung. Britische Fürstensöhne ließ er sogar in den üblichen römischen Schulfächern unterrichten und bevorzugte kluge Britannier gegenüber fleißigen Römern, sodass die Britannier, die noch eben die römische Sprache abgelehnt hatten, nun sogar nach [Unterricht in der] kunstmäßigen Rede verlangten. Von jetzt an kam auch unsere Tracht in Ansehen, und häufig trug man die Toga. Allmählich verfiel man auch auf die Reize der Zivilisation und genoss Bäder und üppiges Essen. Und dergleichen war für die Unerfahrenen feine Bildung, während es doch ein Stück Knechtschaft war.

Bericht v. Tacitus, zit. nach Robert Feger (Hrsg.), Agricola: lateinisch und deutsch/Publius Cornelius Tacitus, übers., erl. und mit einem Nachw. v. Robert Feger, Stuttgart 1973, S. 35. (Reclam) frei bearb. d. Verf.

1. Erkläre den Zweck der Bedingungen in Q2, die Trajan stellt, wenn das neue Bad gebaut werden soll. Beschreibe, was sonst passieren könnte.

2. Woran ist am Text Q3 zu erkennen, dass Trimalchio ein Angeber ist? Warum hat Trimalchio seine Geschäftstätigkeit aufgegeben?

3. Stelle dir vor: Ein besiegter Brite lehnt die Maßnahmen Agricolas (Q4) ab. Er behauptet, dass in Zukunft kein Widerstand gegen die römischen Eroberer mehr möglich sein werde. Was hältst du davon? Begründe dein Urteil.

4. Erkläre, warum die Kaiser den Bau von Bädern, Theatern und Aquädukten unterstützten (VT, Q2).

5. Gestalte ein Streitgespräch zweier Briten: Einer ist für die Romanisierung, der andere dagegen.

6. Heute bezeichnet man den Einfluss der USA auf unser Leben (Musik, Film usw.) als Amerikanisierung. Stelle Gemeinsamkeiten und Unterschiede zur Romanisierung fest.

8. Jh. v. Chr. — 5. Jh. n. Chr.

Römer und Germanen – gute Nachbarn?

Als die Römer nach Nordwesteuropa vorstießen, gab es für mehr als 300 Jahre intensive Begegnungen mit Germanen. Oft kam es zu Kriegen, häufiger jedoch zu friedlichem Handel. Noch heute ist die römische Zeit im Süden und Westen Deutschlands gegenwärtig.

A: Finde heraus, warum nicht ganz Germanien in das Römische Reich eingegliedert wurde.

Wieso wurde nicht ganz Germanien erobert?

9 v. Chr. eroberten die Römer das gesamte germanische Gebiet bis zur Elbe und es wurde eine neue Provinz eingerichtet. 9 n. Chr. änderte sich die Lage: Der Cherusker Arminius führte einen Aufstand mehrerer germanischer Stämme an und lockte die an der Elbe stationierten drei römischen Legionen in einen Hinterhalt. Die gesamte römische Armee wurde vernichtet. Auch der Statthalter Varus starb. Augustus verzichtete daraufhin auf die Eroberung Germaniens und zog alle römischen Truppen hinter Rhein und Donau zurück.

B: Stelle dar, wie die römische Grenzsicherung zur Entstehung von Städten führte.

Die Legionen an den Grenzen des Reiches

Zum Schutz des Reiches verlegten die Römer Legionen an die Grenzen. Im Unterschied zur Zeit der römischen Republik waren die Legionen nun dauerhaft in festen Lagern stationiert. In ihnen dienten Berufssoldaten, die sich für mindestens 20 Jahre verpflichten mussten und so längere Zeit an einem Ort blieben. Nach ihrer Entlassung blieben sie dann häufig an ihrem Standort und heirateten einheimische Frauen. So bestand ein großer Teil der Bevölkerung der Garnisonsstädte, wie Köln, Trier oder Xanten, aus so genannten Veteranen.

Limes
Das Wort kommt aus der lateinischen Sprache und bedeutet gleichzeitig „Weg" und „Grenze". So wird deutlich, dass der Limes nicht nur eine trennende Grenze war, sondern auch ein verbindender Weg, der von dem einen in das andere Gebiet führte.

Der Limes – Grenzsicherung nach Germanien

Diese Grenzsicherung durch die Legionen reichte jedoch nicht aus. Die Flussgrenzen konnten zwar gut durch eine eigene Flotte überwacht werden. Aber über die Landgrenzen zwischen Rhein und Donau konnten einzelne Gruppen aus dem freien Germanien unbemerkt in das Römische Reich eindringen und dort Städte und andere Siedlungen überfallen. Daher begann Kaiser Vespasian 70 n. Chr. damit, eine neue Form der Grenzsicherung zu entwickeln. Diese wurde immer weiter ausgebaut. Die neue feste Grenze, deren Überreste noch heute an vielen Stellen zu finden sind, nannten die Römer Limes.

D1 Der Limes im Frieden, Rekonstruktionszeichnung
Neben Abschnitten mit einer Holzpalisade gab es auch welche mit einer durchgängigen festen Mauer. Meistens war es am Limes ruhig und die Legionäre kontrollierten nur die Händler und ihre Waren.

D2 Gehöft des germanischen Stammes der Cherusker aus dem 1. Jahrhundert n. Chr., Nachbau im Freilichtmuseum Oerlinghausen

Eine Zeitreise nach Germanien

Nun „reisen“ wir in die Grenzprovinz Germania Inferior (Untergermanien). Dort erwartet dich Titus Ericus Flavius. Er lebt in der Stadt, die wir heute Köln nennen. Titus ist natürlich nur eine Fantasiegestalt. Aber er könnte so um 100 n. Chr. gelebt haben: Alle Informationen, die er dir gibt, haben Historiker und Archäologen herausgefunden.

C: Stelle in einer Stichwortliste zusammen, was du von Titus Ericus Flavius über das Zusammenleben von Römern und Germanen erfährst.

Du kannst dazu die CD-ROM zu Hilfe nehmen.

Sei gegrüßt! Ich bin Titus Ericus Flavius und will dich in der Stadt Colonia Claudia Ara Agrippinensium, deren Namen ich einfach mit Colonia abkürze, begleiten. Früher waren hier nur zwei Legionen zum Grenzschutz stationiert. Dann wurde Colonia zur Hauptstadt von Untergermanien und es siedelten sich ehemalige Soldaten, Handwerker und Kaufleute an. Ich selbst bin nicht hier geboren, sondern auf der anderen Seite des Rheins, im „freien Germanien“, wie wir es hier nennen. Als kleiner Junge wurde ich mit meiner Mutter von römischen Truppen gefangen genommen. Ein römischer Händler kaufte uns als Sklaven. Als er starb, hat er mir sein Vermögen und sein Geschäft vererbt. Seitdem führe ich zusätzlich den Namen meines ehemaligen Herrn Titus Flavius und bin ein freier römischer Bürger.

Von hier aus kann ich gut nach Germanien reisen und dort Waren kaufen, die in Rom begehrt sind: Bernstein als wertvoller Schmuck, blondes Frauenhaar für Perücken und natürlich warme und dichte Felle, wie sie aus dem kalten Osten kommen. Umgekehrt sind die Germanen an den hochentwickelten Produkten aus dem Römischen Reich interessiert. Besonders Glas und Keramik, die wir hier in Colonia herstellen, sind sehr begehrt. Nun ja, die Reisen in die germanischen Wälder hinein sind nicht ganz ungefährlich. Dort gibt es keine Städte und auch keine festen Straßen – stattdessen undurchdringliche Wälder mit Wölfen und Bären und viele Sümpfe. Es besteht auch immer die Gefahr, überfallen zu werden. Aber auch im Römischen Reich gibt es viele Banditen und Räuber. Die meisten Germanen sind sehr gastfreundlich und hilfsbereit. Meine Ehefrau habe ich dort auch kennengelernt. Du siehst, das Leben als Händler lohnt sich hier am Rande der zivilisierten Welt. Und auch die Soldaten im Legionslager sind gute Kunden für mich: Ich verkaufe viel Wein und manchmal auch teure Austern, die aus Gallien oder Italien in Fässern mit Meerwasser herbeitransportiert werden.

D3 Verlauf des Limes

D: Wähle ein Kastell, ein Legionslager oder eine Stadt aus und suche zu dessen bzw. deren Geschichte nähere Informationen im Internet.

Q1 Die Germanen aus römischer Sicht

Der römische Geschichtsschreiber Tacitus verfasste 98 n. Chr. ein Buch über die Germanen:

Die äußere Erscheinung ist bei allen Germanen dieselbe: wild blickende blaue Augen, rötliches Haar und große Körper, die allerdings nur zum Angriff taugen. Für Strapazen und Mühen bringen sie nicht dieselbe Ausdauer auf, und am wenigsten ertragen sie Durst und Hitze; wohl aber sind sie gegen (…) Kälte und Hunger abgehärtet. Das Land macht mit seinen Wäldern einen schaurigen, mit seinen Sümpfen einen widerwärtigen Eindruck. (…) Getreide wächst, Obst jedoch nicht. Vieh gibt es reichlich.

Könige wählen sie nach den Vorschlägen der Adligen. Heerführer wählen sie nach der Tapferkeit. Selbst die Könige haben keine unbeschränkte oder freie Herrschergewalt, und die Heerführer erreichen mehr durch ihr Beispiel als durch Befehle: Sie werden bewundert, wenn sie in vorderster Linie kämpfen (…)

Von den Göttern verehren sie am meisten den Wotan; sie halten es für notwendig, ihm an bestimmten Tagen auch Menschenopfer darzubringen. (…)

Über wichtige Dinge entscheidet die Gesamtheit. Man versammelt sich an bestimmten Tagen, bei Neumond oder Vollmond. (…) Vor der Versammlung darf man auch Anklage erheben und die Entscheidung über Leben und Tod beantragen. Die Strafen richten sich nach der Art des Vergehens: Verräter und Überläufer hängt man an Bäumen auf; Feiglinge und Unzüchtige versenkt man in Sumpf und Morast (…).

Wenn sie keine Kriege führen, verbringen sie viel Zeit mit Jagen, mehr noch mit Nichtstun, dem Schlafen und Essen ergeben. Gerade die Tapfersten und Kriegslustigsten rühren sich nicht. Die Sorge für Haus, Hof und Feld bleibt den Frauen, den alten Leuten und den Schwachen überlassen (…).

Dass die Germanen keine Städte bewohnen, ist ausreichend bekannt, ja sie dulden nicht einmal zusammenhängende Siedlungen.

Sie wohnen einzeln und für sich, gerade dort, wo ihnen ein Ort zusagt. Ihre Dörfer legen sie nicht in unserer Weise an, sondern jeder umgibt sein Haus mit freiem Raum. (…) Nicht einmal Bruchsteine oder Ziegel sind bei ihnen im Gebrauch; zu allem verwenden sie unbehauenes Holz, ohne auf ein schönes und freundliches Aussehen zu achten. (…)

Die Germanen haben eine strenge Auffassung von der Ehe und in keinem Punkt verdienen ihre Sitten größeres Lob. Denn sie sind fast die Einzigen unter den Barbaren, die sich mit einer Gattin begnügen. Die Zahl der Kinder zu beschränken oder ein Nachgeborenes zu töten, gilt als schändlich. In jedem Hause wachsen die Kinder nackt und schmutzig zu der von uns bestaunten Größe heran. Die Mutter nährt jedes Kind an der eigenen Brust und man überlässt sie nicht den Ammen.

Aus d. Germania d. Tacitus, zit. nach Wolfgang Lautemann/Manfred Schlenke (Hrsg.), Geschichte in Quellen. Altertum: Alter Orient, Hellas, Rom, Bd. 1, bearb. v. Walter Arend, München 4. Aufl. 1989, S. 877 – 883. (Bayer. Schulbuch-Verlag) bearb. d. Verf.

D4 Römische Militärschuhe
Rekonstruktion

E: Überlege, warum diese Schuhe sehr zweckmäßig waren.

D5 Modell des römischen Legionslagers

Die Römer errichteten ihre Militärlager stets ähnlich:
In der Mitte befand sich das Gebäude des Lagerkommandanten, umgeben von den Mannschaftsunterkünften. Lager mit Steinbauten ersetzten nach und nach einfachere mit Wällen, Holzzäunen und Zelten. In allen Militärlagern herrschten Ordnung und Disziplin.

F: Erkundige dich, wo und wie heute Soldatinnen und Soldaten der Bundeswehr untergebracht sind. Welche Ähnlichkeiten lassen sich feststellen?

Erkunde mithilfe der CD-ROM das Legionslager und notiere die Funktionen der Anlagen.

D6 Römisches Flussschiff

Rekonstruktion, Museum für antike Schifffahrt Mainz
Mit den beweglichen Schiffen konnten Wachposten abgelöst und an den langen Flussgrenzen patroulliert werden. Die Flotte wurde 407 n. Chr. aufgegeben.

D7 Eine neue Forschungsmethode: das historische Experiment

Konkretes Erleben ist sehr aufschlussreich, wenn man erfahren will, wie die Legionäre mit ca. 40 Kilo Gepäck marschierten, abends Gräben aushoben und Zelte errichteten. Der Historiker Marcus Junkelmann marschierte mit sieben Legionären von Verona (Norditalien) über die Alpen nach Augsburg. Er folgte dabei genau dem Weg, den römische Legionäre 15 v. Chr. gegangen waren.

G: Sieh dir den Film auf der CD-ROM an und schreibe mindestens fünf Sätze darüber auf, was die Wissenschaftler durch ihr Experiment herausfanden.

1. Tacitus wollte seinen Zeitgenossen berichten, wie die Germanen lebten, war selbst aber nie in Germanien. Was hebt er hervor? Finde Beispiele, die zeigen, dass der Autor des Berichts Römer ist. Schreibe dazu eine Gegendarstellung aus Sicht eines Germanen (Q1).

2. Suche im Internet Informationen zur Schlacht bei Kalkriese.

8. Jh. v. Chr. 5. Jh. n. Chr.

Das Römische Reich verändert sich

Nach vielen Jahren des Friedens geriet das Römische Reich in eine schwere Krise. Es musste sich verändern oder untergehen. Wie konnte es zu dieser Krise kommen – und was taten die Römer?

A: Schreibe auf, welche Bedrohungen auf das Römische Reich wirkten und wie die Herrscher darauf reagierten.

Bedrohungen und Krisen

Mit dem Beginn des dritten Jahrhunderts n. Chr. geriet das Römische Reich in eine bedrohliche Lage. Es wurde von fast allen Seiten gleichzeitig angegriffen und musste sich verteidigen: Im Osten wollte ein neues Herrscherhaus, die Sassaniden, ein persisches Großreich errichten und dessen Grenzen bis zum Mittelmeer vorschieben. Im Norden und Westen drängten Germanen über die Flüsse. Sie hatten mittlerweile viel von den Römern gelernt und waren militärisch gefährlicher geworden.

Q1 Gruppe der vier Herrscher
um 300 n. Chr., San Marco Venedig

Soldatenkaiser herrschen

Mehr als 15 000 km Grenzen mussten die Römer verteidigen. Die vorhandenen Reiter- und Fußtruppen wurden von einem Brennpunkt zum nächsten geschickt. Das Wichtigste im Reich schien die Versorgung der Soldaten mit Essen, Kleidung, Waffen und Bezahlung zu sein. Auch die Kaiser waren nun fast immer Soldaten, die Karriere gemacht hatten. Es kam auch zu Bürgerkriegen, denn häufig kämpften ehrgeizige Offiziere, die Kaiser werden wollten, gegeneinander. In einer Zeit von nur ca. 50 Jahren gab es insgesamt mehr als 21 Kaiser. Erst 284 n. Chr. kam mit dem Soldaten Diokletian ein Herrscher an die Regierung, der es schaffte, 20 Jahre lang zu regieren und dann in den Ruhestand zu gehen.

Ein Ausweg aus der Krise?

Diokletian versuchte, die Probleme des Römischen Reiches dadurch zu lösen, dass vier Herrscher das Reich gemeinsam regierten: Zu zwei Oberkaisern gab es zwei Unterkaiser. Nachdem Diokletian abgedankt hatte, zerbrach dieses System jedoch. Jeder der vier Herrscher wollte selbst Alleinherrscher werden. So kam es erneut zu jahrelangen Bürgerkriegen. Schließlich setzte sich Konstantin, der Sohn eines Mitkaisers Diokletians, als Herrscher durch.

Noch mehr Veränderungen

Seit dem 1. Jahrhundert hatte eine neue Religion immer mehr Anhänger gefunden: das Christentum. Konstantin förderte es und Kaiser Theodosius erklärte es schließlich 391 n. Chr. zur alleinigen Staatsreligion. Die christliche Kirche nahm nun zunehmend Einfluss auf das Denken und Handeln der Menschen.

Q2 Reste der Kaiserthermen in Trier
In der Spätzeit des Römischen Reiches verlor Rom als Hauptstadt immer mehr an Bedeutung. Die Kaiser regierten von anderen Städten aus. So war Trier ca. 100 Jahre lang Regierungssitz.

Aufgrund der Grenzbedrohungen war die Armee sehr viel größer als vorher und entsprechend mussten die Menschen höhere Steuern bezahlen. Die alten, großen Provinzen wurde in viele kleine aufgeteilt und es wurden neue Beamte eingestellt, um die Steuerzahlungen zu kontrollieren. Die Freiheiten der Statthalter und der Städte wurden sehr eingeschränkt. Viele Menschen empfanden die Gesetze des Kaisers als Zwang und wurden unzufrieden.

Wie das Christentum zur römischen Staatsreligion wurde, kannst du im Kapitel „Das Christentum – eine Religion setzt sich durch" lesen.

Die Völkerwanderung beginnt

Eine neue Gefahr entstand durch die Hunnen, ein Reitervolk aus Zentralasien. In der zweiten Hälfte des 4. Jahrhunderts begannen sie, in Richtung Europa zu ziehen. Viele Menschen flohen vor ihnen. Schließlich wanderten ganze Germanenvölker nach Westen. Es gab aber auch andere Gründe, warum viele Menschen ihre Heimat verließen. Oft war die Bevölkerungszahl so angestiegen, dass nicht mehr alle Kinder ernährt werden konnten. Um sich in Sicherheit zu bringen, zogen auch die Westgoten auf das Gebiet des Römischen Reiches: Im Jahr 378 n. Chr. schlugen sie die römischen Heere vernichtend. Nun erlaubten ihnen die Römer, auf römischem Boden ein eigenes Herrschaftsgebiet zu gründen: Sie konnten nach eigenen Gesetzen leben, mussten aber Rom als Soldaten helfen. Auch andere germanische Völker durften auf römischem Gebiet siedeln.

B: Stelle den Zusammenhang zwischen Völkerwanderung und Untergang des Weströmischen Reiches dar.

Das Ende des Weströmischen Reiches

395 n. Chr. war das Römische Reich endgültig in eine West- und eine Osthälfte aufgeteilt worden. Während das Ostreich den Ansturm durch die Völkerwanderung überlebte, konnte sich das Westreich nicht behaupten.
Über die Ursachen für den Zusammenbruch streiten sich die Historiker bis heute. Ein möglicher Grund war, dass die Steuereinnahmen im Westreich geringer waren als im Ostreich und damit auch weniger Soldaten ausgerüstet und bezahlt werden konnten. Hinzu kam, dass an der Spitze der Regierung lange Jahre nur schwache Kaiser standen, die von Ratgebern abhängig waren.
Im fünften Jahrhundert n. Chr. drangen immer mehr germanische Völker in das Weströmische Reich ein, plünderten die Städte und gründeten eigene Reiche. Ein letzter Erfolg der römischen Armee war – gemeinsam mit den Germanen – ein Sieg über die Hunnen. 476 n. Chr. endete die Geschichte des Weströmischen Reiches: Ein germanischer Herrscher schickte den letzten weströmischen Kaiser Romulus Augustus in den Ruhestand.

Q3 Schatzfund
Archäologen finden gelegentlich Tongefäße, die mit Münzen gefüllt sind. Die Besitzer vergruben sie, um ihren Besitz bei Germaneneinfällen zu verstecken.

Q4 Die Mauern Roms
Im 3. Jahrhundert bauten die Römer eine neue Stadtbefestigung, die insgesamt 19 km lang war. Dennoch wurde die Stadt 410 n. Chr. von den Westgoten erobert – erstmals seit etwa 800 Jahren.

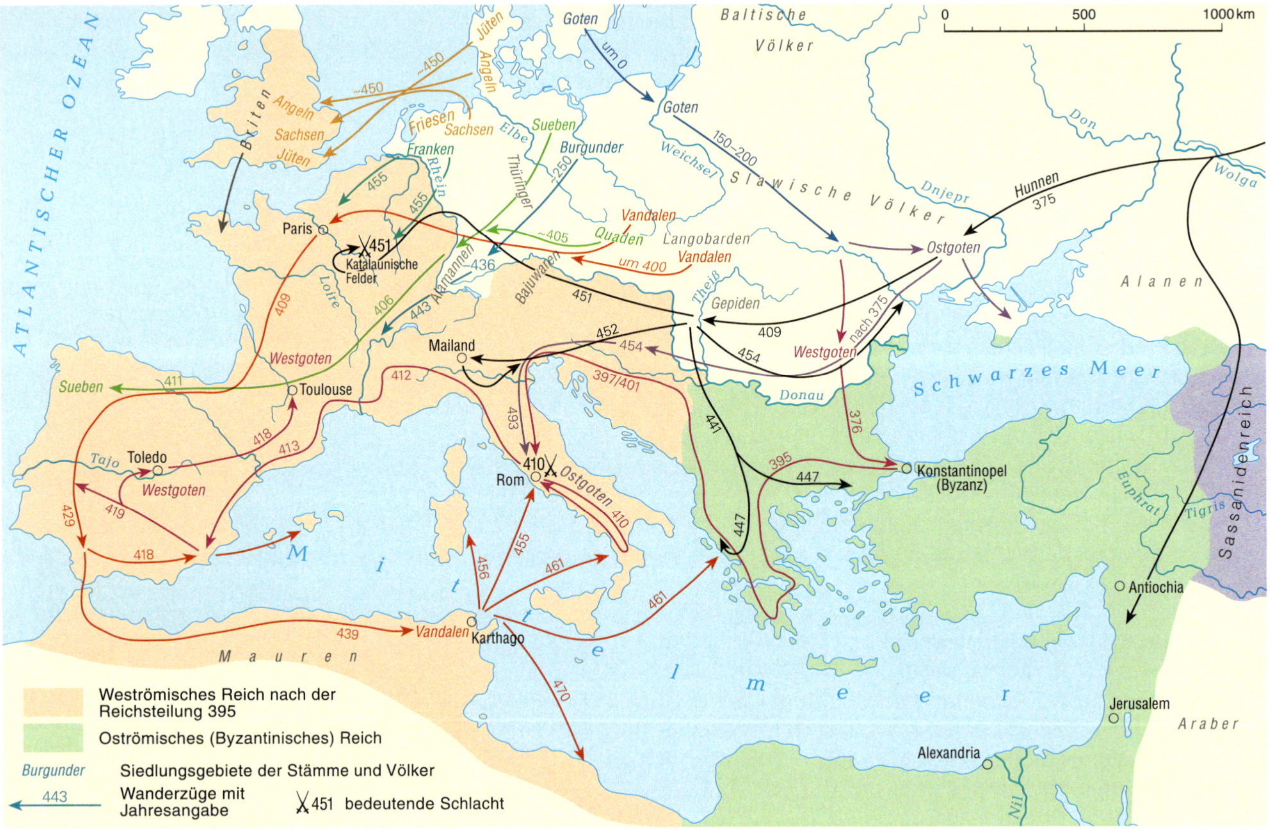

D1 Die Völkerwanderung im 4. und 5. Jahrhundert n. Chr.

C: Erstelle eine Liste der eingezeichneten germanischen Völker. Nenne in der ersten Spalte ihren Namen, in der zweiten ihren ursprünglichen Wohnort, in der dritten die Zeit der Wanderung und in der vierten die zurückgelegten Wege. Du kannst sie mithilfe des Maßstabs berechnen.

Q5 Diokletian – ein Wohltäter?

Aurelius Victor, der kein Christ war, schrieb im 4. Jahrhundert n. Chr.:

Diokletian ließ sich öffentlich wie ein Gott verehren und anrufen. (…) Doch dieser Fehler wurde aufgewogen durch seine sonstigen Vorzüge: Er zeigte sich als Vater seiner Untertanen. (…) Er nahm mehrere Männer zu Teilhabern seiner Regierung an. (…) Trotz ihrer geringen Bildung waren sie doch, dank ihrer Vertrautheit mit dem einfachen Leben auf dem Land und dem Kriegsdienst, vortreffliche Herrscher. (…) Zu Diokletian schauten alle wie zu einem Vater oder wie zu einem mächtigen Gotte auf. (…) Da die Last der Kriege immer heftiger und drückender wurde, teilten sie sich das Reich. (…) Nicht weniger Eifer wurde auf die innere Verwaltung verwandt – die Gesetzgebung war gerecht.

Vatikanische Fragmente, zit. nach Wolfgang Lautemann/Manfred Schlenke (Hrsg.), Geschichte in Quellen. Bd. 1. München 1989, S. 731f.

Q6 Allgemeines Verderben durch Kaiser Diokletian?

Laktanz lebte am Hof und erlebte die Christenverfolgung Diokletians (reg. 284–305 n. Chr.). Er wurde später selbst Christ und urteilte im Jahr 314 n. Chr.:

Diokletian verbreitete allgemeines Verderben. Zwei Eigenschaften wirkten bei ihm zusammen (…): seine Habsucht und seine Furchtsamkeit. Er teilte das gesamte Reich in vier Teile und nahm drei Mitkaiser an. Die Heere wurden vervielfältigt, jeder versuchte eine größere Zahl von Soldaten zu besitzen, als die früheren Herrscher gehabt hatten. (…) Auch die Provinzen wurden in Stücke geteilt: Viele Statthalter mit zahlreichen Unterbeamten herrschten über jedes Gebiet und fast jede Stadt. (…) Das Unglück traf durch neue Steuern alle: Die Menge der Steuerbeamten ergoss sich überall hin. (…) Es waren Bilder des Schreckens wie beim Einfall von Feinden. (…) Die Äcker wurden abgemessen, Weinstöcke und Bäume gezählt, jede Art von Haustieren verzeichnet, die Zahl der Bewohner vermerkt. (…) Es verminderte sich die Zahl der Tiere, Menschen starben weg, trotzdem mussten auch für die Verstorbenen die Steuern bezahlt werden. Kurz, umsonst konnte man nicht mehr leben und nicht einmal mehr sterben. Nur die Bettler waren noch übrig, von denen man nichts eintreiben konnte.

Lactanicus, Von den Todesarten der Verfolger, 7, 23, zit. nach Wolfgang Lautemann/Manfred Schlenke (Hrsg.), Geschichte in Quellen. Altertum: Alter Orient, Hellas, Rom, Bd. 1, bearb. v. Walter Arend, München 4. Aufl. 1989, S. 734f. (Bayer. Schulbuch-Verlag) bearb. d. Verf.

D2 Europa um 500 n. Chr.
Geschichtskarte

D: Vergleiche mit einer aktuellen Karte und schreibe in eine Tabelle, welche heutigen Staaten auf den Gebieten der Germanenreiche bzw. der Siedlungsgebiete der genannten Völker liegen.

Q7 Wie die Römer die Hunnen erlebten
Der Römer Ammianus Marcellinus schrieb um 390 n. Chr.:

Die Hunnen sind von einer hemmungslosen Wildheit. (...) Sie tragen Leinwand oder Felle aus Feldmäusen, die zusammengestückt sind. Den Kopf bedecken sie mit einer runden Mütze, die haarigen Beine mit Ziegenfellen. (...) In keiner Weise eignen sie sich zu Fußgefechten. Wie angenagelt bleiben sie auf ihren abgehärteten hässlichen Pferden. Tag und Nacht verbringen sie so auf den Pferden. Dort schlafen sie auch, über den schmalen Tierhals gebeugt. (...) Vor allem sind sie als schreckliche Gegner gefürchtet, weil sie aus der Ferne mit Wurfgeschossen (...) und aus der Nähe mit kurzen Schwertern kämpfen. (...) Ohne Gesetze und ohne eine geregelte Lebensweise zu kennen, ziehen sie wie Leute, die sich stets auf der Flucht befinden, in ihren Wohnwagen umher. Dort weben ihre Weiber ihre hässlichen Gewänder. (...) Die Hunnen kennen den Unterschied zwischen Recht und Unrecht nicht und sind unaufrichtig und zweideutig in ihren Worten.

Ammianus Marcellinus, 31, 2, 1ff., zit. nach Wolfgang Lautemann/Manfred Schlenke (Hrsg.), Geschichte in Quellen. Altertum: Alter Orient, Hellas, Rom, Bd. 1, bearb. v. Walter Arend, München 4. Aufl. 1989, S. 784f. (Bayer. Schulbuch-Verlag)

Q8 Das Ende der römischen Herrschaft
Der Geistliche und Gelehrte Hieronymus schrieb 409 n. Christi

Nur einiges will ich aus dem Elend der Gegenwart erwähnen. (...) Zahllose Völkerschaften von äußerster Wildheit haben ganz Gallien in Besitz genommen. (...) Mainz, die einst hochberühmte Stadt, ist erobert und zerstört und in der Kirche sind viele Tausende von Menschen niedergemetzelt worden. Worms ist durch lange Belagerung vernichtet. (...) Draußen vor den Toren der verwüsteten Städte wütet das Schwert, drinnen der Hunger.

Aus einem Brief d. Hieronymus an Ageruchias, Nr. 123, 16f., zit. nach Wolfgang Lautemann/Manfred Schlenke (Hrsg.), Geschichte in Quellen. Bd. 1. München 1989, S. 790.

Q9 Silbermedaillon Kaiser Konstantins aus dem Jahr 313 oder 315 n. Chr.
Am Helm befindet sich ein Zeichen der Christen.

1. Zähle auf, welche Maßnahmen Diokletians Laktanz kritisiert. Wie würde Diokletian seine Maßnahmen rechtfertigen (Q6)?

2. Stelle in einer Tabelle gegenüber, wie Diokletian in Q5 und Q6 beurteilt wird. Wie lassen sich die unterschiedlichen Bewertungen erklären?

3. Erkläre, wieso die Maßnahmen Diokletians das Römische Reich auch schwächten – obwohl sie es doch stärken sollten (Q5, Q6).

4. Schreibe eine Gegendarstellung aus der Sicht eines Hunnen (Q7).

5. Heutige Historiker behaupten, die Völkerwanderung sei eine friedliche Zuwanderung gewesen. Vergleiche diese Meinung mit dem Inhalt der Quelle (Q8). Beziehe auch Q3 und Q4 mit ein.

8. Jh. v. Chr. 5. Jh. n. Chr.

Was blieb vom Römischen Reich – und von den Römern?

A: Stelle aus den Texten und Bildern eine Übersicht zusammen: Wie lebte die römische Zivilisation in der ehemaligen Westhälfte des Römischen Reiches weiter? Wo kann man bis heute römische Spuren finden?

Das Byzantinische Reich

Für die Menschen im griechisch sprechenden Osten war das römische Kaiserreich nicht untergegangen. Obwohl sie griechisch sprachen, bezeichneten sie sich weiterhin als Römer. Ihr Reich erlebte im 6. Jahrhundert eine Blüte. Der griechische Osten des Reiches war durch die Völkerwanderung weniger betroffen gewesen. Im Inneren war die Herrschaft der oströmischen Kaiser im Ganzen stabil geblieben. Den Menschen in den vielen Städten ging es wirtschaftlich gut. Ein gut organisiertes Steuersystem sorgte dafür, dass die Kassen der Kaiser voll blieben. Kaiser Justinian eroberte sogar Teile des ehemaligen Weströmischen Reiches für eine kurze Zeit zurück.

Schrift und Verwaltung

Die Völker, die sich auf dem Gebiet des ehemaligen Weströmischen Reiches ansiedelten – so zum Beispiel die Franken –, besaßen keine Schrift und ihnen fehlte auch das Wissen, wie man ein großes Reich verwaltete oder Steuern und Zölle einzog. Sie übernahmen deshalb die alte römische Verwaltung, soweit sie noch vorhanden war. Dabei arbeiteten sie auch mit gebildeten Männern zusammen, die Verwaltungserfahrungen besaßen. Oft waren das christliche Bischöfe.
Mit der Verwaltung nach römischer Art hielt auch die römische Schrift Einzug in die neuen Staaten. So ist es kein Zufall, dass im größten Teil Europas die lateinischen Buchstaben verwendet werden. Lange Zeit wurden auch die römischen Ziffern benutzt, bis sie dann von den arabischen abgelöst wurden.

Q1 Römische Bauweise
In Europa gibt es an vielen Stellen Überreste römischer Bauten zu sehen. Später haben sich Baumeister den Stil der Römer zum Vorbild genommen, zum Beispiel Friedrich Schinkel, der 1816/1817 in Berlin die Neue Wache gebaut hat.

Sprache

Die römische Zivilisation lebte auch in der Sprache weiter. Latein blieb in Europa von der Antike über das Mittelalter bis zur frühen Neuzeit die Sprache, in der Urkunden und Briefe von Königen, Fürsten und Bischöfen geschrieben wurden. In den Kirchen hielten die Priester die Gottesdienste in lateinischer Sprache und Wissenschaftler sprachen und schrieben lateinisch. So konnten sich die Gebildeten über alle Grenzen hinweg verständigen. Und vielleicht lernst du in der Schule auch Latein.

Rechtsprechung

Das Recht genoss in der römischen Gesellschaft hohes Ansehen. Viele Rechtsgrundsätze der Römer sind später in die Rechtsprechung der europäischen Staaten aufgenommen und weiterentwickelt worden. So darf zum Beispiel damals wie heute niemand verurteilt werden, bevor seine Schuld nicht zweifelsfrei bewiesen wurde. Bei einer Gerichtsverhandlung müssen immer alle Seiten angehört werden und niemand darf für etwas bestraft werden, das zur Tatzeit nicht von einem Gesetz verboten war. Auch wer in Notwehr handelt, darf dafür nicht verurteilt werden.

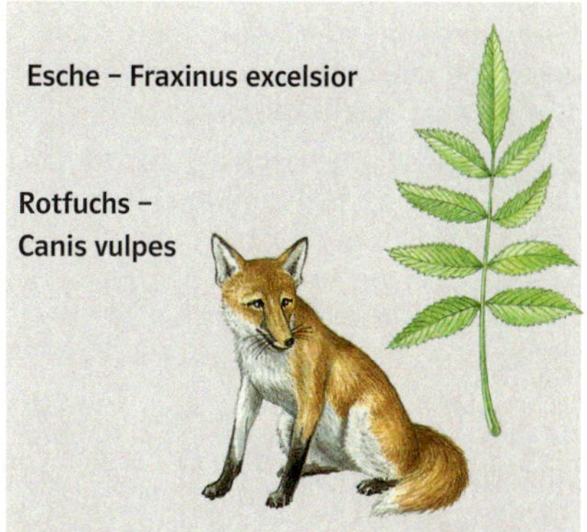

D1 Wissenschaftliche Bezeichnungen
Pflanzen, Tierarten und Körperteile haben meist einen lateinischen Namen.

Q2 Statue der Justitia
Justitia war die Göttin der Gerechtigkeit.

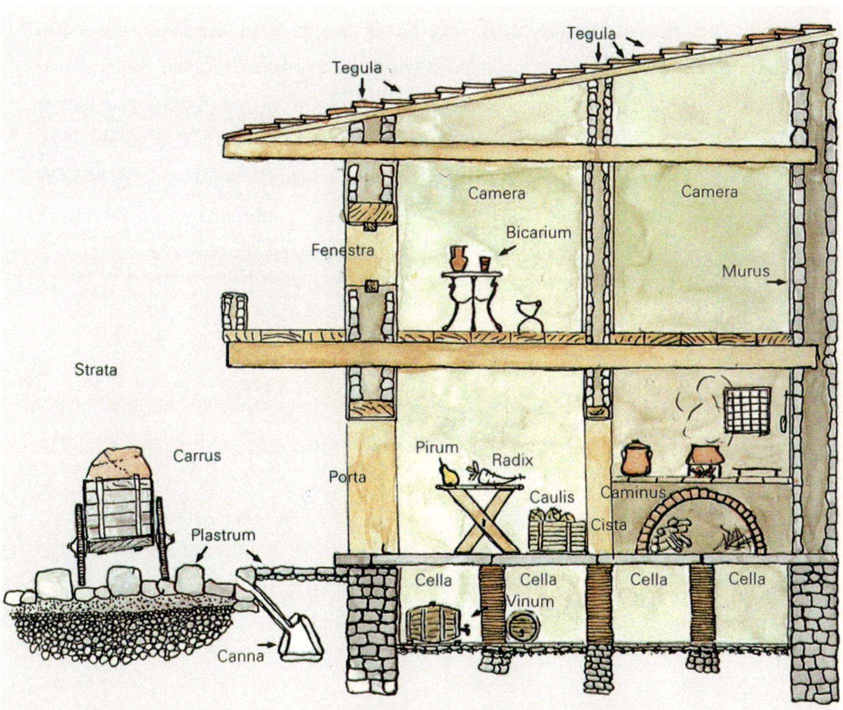

D2 Lateinische Buchstaben, römische Ziffern und Monatsnamen
begegnen uns täglich. Römische Ziffern finden wir oft auf den Zifferblättern von Uhren. Unsere Buchstaben verdanken wir sowieso vor allem den Römern.

D3 Obst- und Gemüsesorten
Viele, die bei uns wachsen, haben die Römer zu uns gebracht, zum Beispiel Wein, Pflaumen, Knoblauch, Dill und Esskastanien.

B: Ordne den lateinischen Begriffen die deutschen Bezeichnungen zu.

8. Jh. v. Chr — 5. Jh. n. Chr.

1. In einer Sage den historischen Kern erkennen: die Ursprünge Roms (Sachkompetenz, Urteilskompetenz)

Vergleiche anhand des Verfassertextes auf S.104 die Sage mit dem, was du über die Entstehung Roms gelernt hast. Schreibe auf, welche Teile der Sage auf den wirklichen Ursprung Roms verweisen.

Q1 Die Wölfin – das Wahrzeichen der Stadt Rom
Bronzestandbild, 5. Jahrhundert v. Chr., 75 cm hoch
Ursprünglich stand es in einem Tempel, vermutlich des Kriegsgottes Mars. Die Wölfin war das heilige Tier des Kriegsgottes. Die Zwillinge wurden erst 1500 n. Chr. hinzugefügt.

2. Lückentext: die Regierung des Römischen Reiches (Sachkompetenz)

Übertrage denText in dein Heft und fülle dabei die Lücken.

Als Rom noch eine sehr junge Stadt war, wurde es von einem ... regiert. Die mächtigsten Adligen, die ..., wollten aber bald selbst herrschen und jagten den ... davon. Nun trafen die ... alle wichtigen Entscheidungen. Um Rom gut regieren zu können, erfanden sie viele neue Ämter. Sie alle zusammen bildeten den ... Die Plebejer wählten ... Diese Regierungsform nannten die Römer ... In den Provinzen setzten die Römer ... ein, die vor allem die ... eintreiben mussten. Im 1. Jahrhundert n. Chr. änderte sich die römische Herrschaftsform, Augustus wurde der erste römische ...

3. Kreuzworträtsel: wichtige Namen und Begriffe finden (Sachkompetenz)

Übertrage den Text in dein Heft und fülle dabei die Lücken.

Wenn du alle Begriffe richtig eingetragen hast, erhältst du als Lösungswort einen bei den Römern beliebten Ort in Rom.

1. Mächtiger Feldherr und Konsul, der ein schlimmes Ende nahm.
2. So hießen die römischen Soldaten.
3. Sie hatten fast keine Rechte, wurden gekauft und verkauft.
4. Er war Oberhaupt einer mächtigen Familie und schützte Angehörige ärmerer Familien.
5. Versammlungsort der mächtigsten Männer der römischen Republik
6. römisches Mietshaus
7. Grenzeinrichtung des Römischen Reiches
8. So nannten die Römer ihre Wasserleitungen.
9. Nachbarn, Handelspartner und starke Gegner der Römer

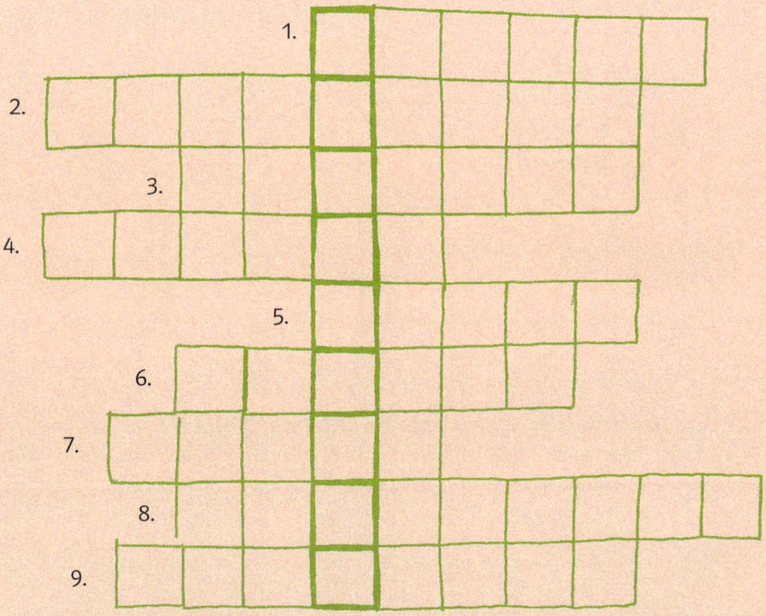

4. Quellen vergleichen: Roms Aufstieg zur Weltmacht (Methodenkompetenz, Urteilskompetenz)

Schreibe in eine Tabelle in die linke Spalte, wie König Mithridates die Politik der Römer kennzeichnet und welche Eigenschaften er den Römern zuschreibt, und in die rechte Spalte, wie der griechische Schriftsteller dies einschätzt.
Stelle Vermutungen darüber an, wie die unterschiedlichen Meinungen zustande gekommen sind.
Formuliere deine Meinung zur Politik der Römer.

Q2 Räuberische Römer?

Der römische Historiker Sallust (86–34 v. Chr.) überliefert eine Aussage von König Mithridates VI., der von den Römern besiegt worden war:

Die Römer haben ein einziges und uraltes Motiv dafür, mit allen Nationen und Völkern und Königen Krieg anzufangen: unermessliche Begierde nach Herrschaft und Reichtum. Und so begannen sie zuerst einen Krieg mit Philipp, dem Makedonenkönig, während sie, solange sie von den Karthagern bedrängt wurden, Freundschaft zu ihm vorgetäuscht hatten. (…) Oder weißt du nicht, (…) dass alles, was sie von Anfang an besitzen, nur durch Raub gewonnen ist: ihre Häuser, ihre Gattinnen, ihre Äcker, ihr Reich: zusammengelaufenes Volk in alter Zeit, das sie sind, ohne Heimat, ohne Ahnen, geschaffen zum Verderben des Erdkreises: Nichts Menschliches, nichts Göttliches hindert sie daran, Bundesgenossen und Freunde, ob nah oder fern, ob schwach oder mächtig, an sich zu ziehen und zu vernichten und alles, was ihnen noch nicht versklavt ist (…) als ihre Feinde anzusehen (…) Die Römer führten ihre Waffen gegen alle Völker, die schärfsten gegen die, deren Niederlage die meiste Waffenbeute einbringt: Durch Wagen und Täuschen und dadurch, dass sie Krieg an Krieg reihen, sind sie groß geworden. Und so werden sie alles vernichten und selbst zugrunde gehen.

Sallust, Historien 4, 69, zit. nach Wolfgang Lautemann/Manfred Schlenke (Hrsg.), Geschichte in Quellen. Altertum: Alter Orient, Hellas, Rom, Bd. 1, bearb. v. Walter Arend, München 4. Aufl. 1989, S. 505f. (Bayer. Schulbuch-Verlag)

Q3 Tapfere Römer?

Der griechische Schriftsteller Diodor (1. Jahrhundert v. Chr.):

Die Römer errichteten ihre Weltherrschaft durch die Tapferkeit ihrer Heere und brachten sie zur größten Ausdehnung durch die überaus anständige Behandlung der Unterworfenen. Und sie blieben so sehr frei von aller Grausamkeit und Rachsucht den Unterworfenen gegenüber, dass man hätte glauben können, sie kämen zu ihnen nicht wie zu Feinden, sondern gleichsam zu Männern, die sich um sie verdient gemacht hätten, und zu Freunden. Denn während die Besiegten der härtesten Bestarfung als einstige Feinde gewärtig waren, ließen sich die Sieger an Mäßigung von keinem anderen übertreffen. Den einen gaben sie Anteil am Bürgerrecht, anderen gestanden sie das gegenseitige Recht, Ehen zu schließen zu, einigen gaben sie das Recht, nach eigenen Gesetzen zu leben (…) Wahrlich, dies Übermaß an Milde war der Grund, dass Könige und freie Städte und schließlich ganze Völker aus freiem Willen sich der römischen Hegemonie (Vorherrschaft) eilends unterstellten. Als die Römer nahezu die ganze bewohnte Erde beherrschten, da begannen sie, ihre Herrschaft durch Terror und Vernichtung der ansehnlichsten Städte zu sichern.

Diodor 32, 4,4, zit. nach Wolfgang Lautemann/Manfred Schlenke (Hrsg.), Geschichte in Quellen. Altertum: Alter Orient, Hellas, Rom, Bd. 1, bearb. v. Walter Arend, München 4. Aufl. 1989, S. 456. (Bayer. Schulbuch-Verlag)

5. Ein Plakat gestalten: unsere römischen Wurzeln (Sachkompetenz, Methodenkompetenz)

Nimm einen großen Bogen Papier und schreibe als Überschrift darauf: Römische Spuren in unserem Alltag. Überlege, wo dir schon überall Überreste des römischen Lebens begegnet sind. Notiere dies auf deinem Plakat und versieh alles mit Bildern, Zeichnungen, Fotos, Comic-Texten usw.

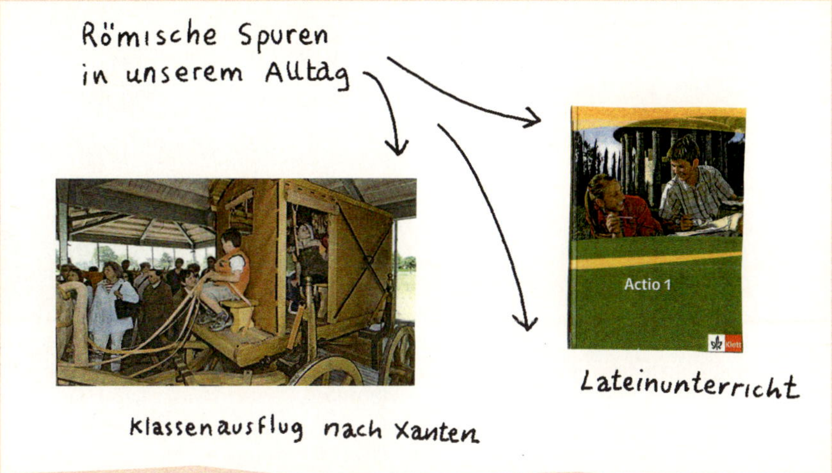

Online-Link: 443010-0601

6 Was Menschen im Altertum voneinander wussten

Griechen und Römer zogen in fremde Länder und lernten dabei andere Völker und Kulturen kennen, die häufig viel älter waren, fremde Götter verehrten und eine eigene Schrift besaßen. Auf diese Weise erweiterten Griechen und Römer ihr Wissen über die Größe und Gestalt Europas, Asiens und Afrikas.

- Welche Vorstellungen hatten die Griechen und Römer von der Welt?
- Was wussten die Griechen und Römer über andere Völker und Kulturen?
- Auf welchem Wege konnten Menschen aus verschiedenen Völkern damals etwas voneinander erfahren?

600 v. Chr. | 500 v. Chr. | 400 v. Chr.

ca. 900–700 v. Chr.
Griechen segeln ins westliche Mittelmeer bis nach Norditalien und ins Schwarze Meer und reisen in den Nahen Osten.

ab 700 v. Chr.
Griechen übernehmen von den Babyloniern und Ägyptern die Vorstellung, dass die Erde eine Scheibe und von einem Weltenfluss umgeben sei.

um 600 v. Chr.
Phönizische Seefahrer umsegeln im Auftrag des Pharaos Necho II. Afrika von Ost nach West.

vor 500 v. Chr.
Griechische Philosophen entwickeln die Vorstellung, dass die Erde eine Kugel sei, und teilen die Erde in Klimazonen ein.

um 450 v. Chr.
Herodot erweitert die Weltkarte und ordnet die Welt in drei Kontinente.

אתכם דבר

Alexander der Große im Kampf gegen den persischen König Dareios III. 333. v. Chr.
Römisches Mosaik, 4. Jahrhundert n. Chr.

300 v. Chr. — 200 v. Chr. — 100 v. Chr. — 0 — 100 n. Chr.

32–324 v. Chr.
er Eroberungszug Alexanders ffnet den Griechen den Weg ach Indien.

um 300 v. Chr.
Der Grieche Megasthenes hält sich als Gesandter des Königs Seleukos am Hofe des indischen Königs Chandragupta auf und verfasst ein Werk über Land und Leute.

Pytheas aus Massalia umrundet Britannien und erreicht Skandinavien, vielleicht sogar Island.

um 200 v. Chr.
Eratosthenes hält das erweiterte geografische Wissen in einer Weltkarte fest.

ca. 180–150 v. Chr.
Krates von Mallos baut einen hölzernen Erdglobus mit vier „Kontinenten".

59–50 v. Chr.
Caesar erobert das keltische Gebiet des heutigen Frankreich und erhält Informationen über die Germanen.

um 100 n. Chr.
Griechische Kaufleute reisen im Auftrag des Maes Titianus nach China.

2. Jh. n. Chr.
Klaudios Ptolemaios entwickelt eine neue Weltkarte, die bis in die Frühe Neuzeit Vorbild europäischer Gelehrter und Entdecker bleibt.

Der römische Kaiser Trajan empfängt Kaufleute, Relief auf dem Trajansbogen in Benevent, 2. Jahrhundert n. Chr.

προσθέντα

пирифта

今天回來他若今天

Antike Weltbilder

Griechische Kapitäne, Kaufleute und Gelehrte haben in der Antike viele ferne Länder besucht. Manche schrieben ihre Erlebnisse auf, andere gaben sie mündlich weiter. Alexander der Große und die Römer führten Kriege bis an die Grenzen der damals bekannten Welt. Welches Bild machten sich Griechen und Römer von der Welt?

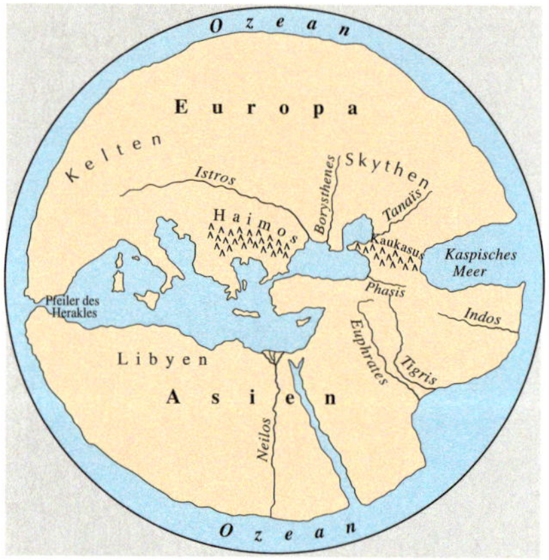

D1 **Weltkarte nach Hekataios**
Milet, um 500 v. Chr.

Gefährliches Reisen

Schon im 8. und 7. Jahrhundert v. Chr. segelten griechische Händler und Auswanderer bis nach Norditalien und in den Schwarzmeerraum. Außerdem zogen Kaufleute und Soldaten nach Ägypten, Syrien und in den Nahen Osten, um im Dienst mächtiger Könige reich zu werden. Ihr Weg war jedoch beschwerlich und gefährlich. Reisen in der Antike war etwas völlig anderes als heute: Oft musste man wochenlang auf ein Schiff warten, welches das gewünschte Ziel ansteuerte. Die Fahrt selbst war alles andere als luxuriös, stets drohten Stürme, gefährliche Riffe und Piraten. Wer über Land reiste, musste fast immer zu Fuß gehen, es gab nur wenige sichere Unterkünfte, und überall lauerten Räuber. Deshalb reiste man meist in Gruppen und benutzte Reisewege, die sich bewährt hatten. Ob man das Ziel erreichte, war jedoch stets ungewiss.

Erste Karten der Welt

Dennoch nahmen Menschen diese Gefahren auf sich. Wenn sie nach Griechenland zurückkehrten, brachten sie viele Ideen mit: So dürften die Griechen wohl im Osten die Vorstellung kennen gelernt haben, die Welt sei eine Scheibe und werde von einem Weltenstrom (griech. okeanos) umflossen. Ab 600 v. Chr. versuchten Gelehrte in der Hafenstadt Milet in Kleinasien, die Welt immer ausführlicher zu beschreiben und Karten von ihr zu zeichnen. Diese Karten waren jedoch nicht wie heutige Landkarten für Reisende bestimmt, die einen günstigen Weg suchten. Anders als Chinesen, Babylonier und Ägypter wollten die Griechen auch nicht ausdrücken, dass sie über die Welt herrschten. Es ging ihnen vielmehr darum, die bekannte Welt gleichmäßig einzuteilen und zu erklären. Mit diesen Karten begann eine Wissenschaft, die Geografie.

A: Erkläre, mit welchem Ziel die Griechen Karten anfertigten. Überlege, warum die griechischen Gelehrten andere Ziele dabei verfolgten als z. B. die Ägypter.

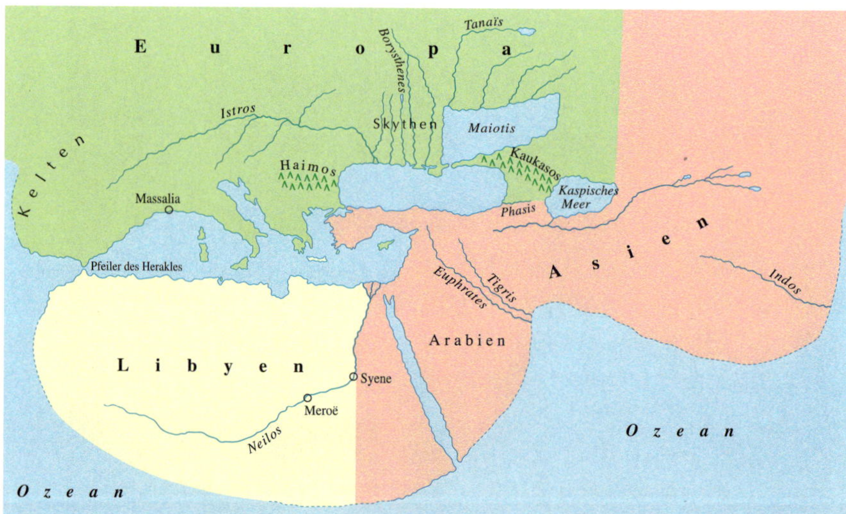

D2 **Weltkarte nach Herodot**
um 450 v. Chr.

Online-Link: 443010-0602
Infoblatt: Klaudios Ptolemäus

6. Jh. v. Chr. — 2. Jh. n. Chr.

Die Erde als Kugel

Geradezu sensationell war eine Idee, die griechische Philosophen um 500 v. Chr. in Süditalien entwickelten: Sie glaubten, dass die Erde eine Kugel sei. Viele Gelehrte bestätigten diese Annahme durch genaue Beobachtungen der Natur; und ab dem 4. Jahrhundert v. Chr. gab es kaum noch einen Gebildeten, der an der Kugelgestalt der Erde zweifelte.
Etwa zur gleichen Zeit lernten die Griechen im Westen und im Osten neue Länder kennen: Kapitäne aus Karthago und Massalia segelten in den Atlantik und entdeckten dort unbekannte Inseln und Küstenzonen. Im Osten konnten griechische Händler und Gelehrte ungehindert bis an die Grenzen Indiens reisen, nachdem das Perserreich im 6. Jahrhundert v. Chr. alle Gebiete des Nahen und Mittleren Ostens unter seiner Herrschaft vereint hatte. In dieser Zeit begann man wohl auch, die Welt in drei Kontinente aufzuteilen.

B: Liste auf, durch welche Reisen und Kriegszüge sich das Weltbild der Griechen erweiterte. Ziehe dabei die Karte auf der Auftaktdoppelseite hinzu.

Kontinent
(dt.: Erdteil)
Geschlossene Landmasse mit vorgelagerten Inseln, die von einem Ozean umschlossen wird.

Wissenschaftler in Alexandria erklären die Welt

Als Alexander der Große ab 334 v. Chr. das Perserreich eroberte und seine Nachfolger Königreiche in Ägypten und in Vorderasien errichteten, schickten sie Diplomaten zu fremden Herrschern, die dort Land und Leute studieren konnten. Gelehrte in Alexandria, dem Zentrum der Wissenschaften, nutzten ihre Informationen, um die größer gewordene Welt zu erklären: Eratosthenes (276–194 v. Chr.) berechnete den Gesamtumfang der Erde, wobei er den wirklichen Wert nur um ca. 10 % verfehlte. Ferner teilte er seine Weltkarte in Klimazonen auf und fügte mehrere Breitenkreise ein. Wenige Jahrzehnte später baute man Erdgloben aus Holz, die sogar unbekannte Kontinente zeigten.
Die römischen Eroberungen und der aufblühende Handel der römischen Kaiserzeit erweiterten noch einmal das antike Weltbild: So erzählte man sich von dem Volk der Serer (Chinesen) im fernen Osten und erreichte im Westen die Küsten Skandinaviens. Klaudios Ptolemaios (100–175 n. Chr.) beschrieb in seinem Werk „Einführung in die Geografie" eine Welt, die von den Serern bis zu den Kanarischen Inseln reichte und über 8 000 Ortsbestimmungen (nach geografischer Breite und Länge) enthielt. An seiner Weltkarte, die die Erdkugel mithilfe eines Gitternetzes aus Breiten- und Längenkreisen auf eine Fläche übertrug, orientierten sich sogar noch spätere Entdecker wie Kolumbus.

Breitenkreis
(auch Parallelkreis)
Kreis auf der Erdoberfläche, der in Ost-West-Richtung parallel zum Äquator verläuft.

Längenkreis
(auch Meridian)
Halbkreis auf der Erdoberfläche, der senkrecht auf dem Äquator steht und von Pol zu Pol reicht.

Lies noch einmal im Kapitel „Alexander der Große" ab S. 94 nach.

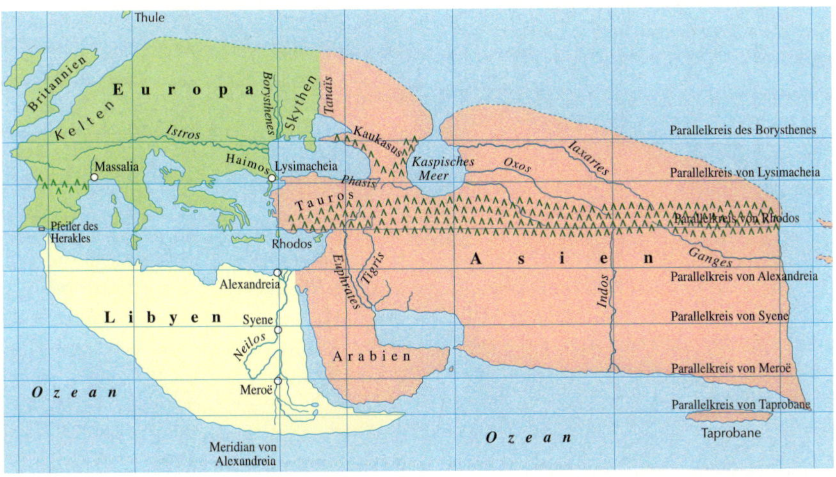

D3 Weltkarte nach Eratosthenes
Alexandria, um 200 v. Chr.

Q1 Eine Expedition

Der griechische Historiker Herodot (484–430 v. Chr.) über die Einteilung der Welt:

Ich wundere mich, dass man drei Erdteile unterscheidet: Libyen (= Afrika), Asien und Europa. Ihre Größe ist doch verschieden. Europa ist so lang wie die beiden anderen zusammengenommen, und an Breite können sie sich offenbar noch weniger mit Europa messen. Libyen ist ja doch rings vom Meer umflossen, abgesehen von der Stelle, wo es mit Asien zusammenstößt. Der König Necho von Ägypten ist, soviel wir wissen, der Erste gewesen, der den Beweis dafür geliefert hat. (Er) schickte (...) Phönizier mit einer Flotte aus und gab ihnen den Auftrag, den Rückweg durch die Säulen des Herakles zu nehmen und also durch das mittelländische Meer nach Ägypten zurückzukehren. So fuhren denn die Phönizier durch das Rote Meer nach Süden fort. Als der Herbst kam, gingen sie an Land, bebauten das Feld, an welcher Stelle sie sich nun gerade befanden, und warteten die Ernte ab. Hatten sie geerntet, so fuhren sie weiter. So trieben sie es zwei Jahre lang, und im dritten Jahr bogen sie bei den Säulen des Herakles ins nördliche Meer ein und gelangten nach Ägypten. Sie erzählten – was ich aber nicht glaube, vielleicht erscheint es anderen aber glaublich –, dass sie während der Umschiffung die Sonne auf einmal zur Rechten gehabt hätten. So wurde zum ersten Mal bewiesen, dass Libyen ganz vom Meer umgeben ist.

Herodot über d. Einteilung d. Welt, zit. nach Hans-Wilhelm Haussig, Herodot. Historien. Deutsche Gesamtausgabe, übers. v. August Horneffer, Stuttgart 1971, IV, 42, S. 267. (Kröner) bearb. d. Verf.

Q2 Die Erde als Kugel

Aristoteles (384–322 v. Chr.) nennt Argumente für die Kugelgestalt der Erde:

Also ist sie (die Erde) überhaupt kugelförmig (...).
Denn (wenn die Erde nicht rund wäre, hätten) die Ausschnitte bei den Mondfinsternissen (...) nicht diese Form. Bei den monatlichen Formveränderungen nimmt er (der Mond) alle möglichen Teilungen an (er wird gerade abgeschnitten, konvex und konkav), bei den Finsternissen aber ist die begrenzende Linie immer konvex; also wenn die Finsternis durch das Dazwischentreten der Erde geschieht, so muss der Umkreis der Erde Ursache dieser Figur sein, wenn er eben kugelförmig ist. (...) Manche Sterne sind in Ägypten und Kyrene sichtbar, in den nördlichen Gegenden aber nicht und jene Sterne, die im Norden dauernd sichtbar sind, haben in jenen südlicheren Gegenden einen Untergang. Hieraus ist nicht nur klar, dass die Erde rund ist, sondern auch, dass sie nicht besonders groß ist. Denn sonst würde eine so geringe Ortsveränderung sich nicht so rasch bemerkbar machen. Darum scheint es, dass die Hypothese nicht allzu unwahrscheinlich ist, die die Säulen des Herakles mit derjenigen um Indien in Verbindung bringt und dort ein einziges Meer annimmt.

Aristoteles, Abschnitt 297a–297b zit. nach Karl Hoenn (Hrsg.), Aristoteles. Vom Himmel. Von der Seele. Von der Dichtkunst, eingeleitet u. übers. v. Olof Gigon, Zürich/München 2. Aufl. 1983, S. 136 f. (Dt. Taschenbuch Verlag) bearb. d. Verf.

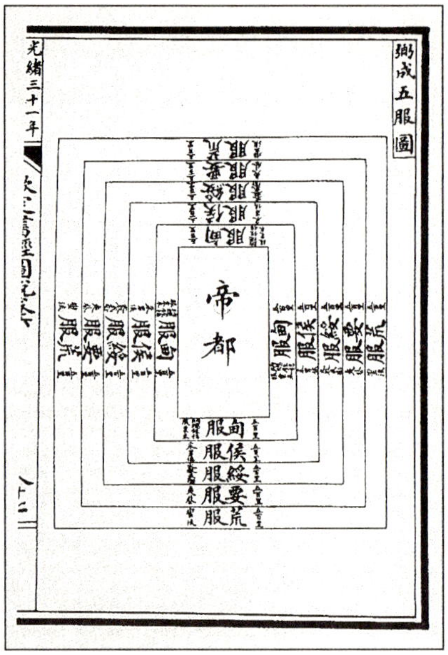

Q3 Chinesische Weltkarte

Dies ist die älteste erhaltene chinesische „Weltkarte". Sie stammt aus dem 7. oder 6. Jahrhundert v. Chr. und ist dem Werk „Höhepunkte der Geschichte" entnommen. Im Zentrum zeigt sie die Hauptstadt des Fürsten aus dem Geschlecht der Zhou aus dem 6. Jahrhundert v. Chr. Die fünf Rechtecke stellen von innen nach außen dar: (1) die königlichen Güter, (2) die Güter der Prinzen, (3) die befriedete Zone, (4) die Zone der verbündeten Barbaren und (5) die Zone der Wildheit.

C: Überlege, was der Zeichner mit der Karte darstellen wollte und was sich anhand dieser Karte über das Selbstverständnis der Chinesen und ihr Verhältnis zu Fremden sagen lässt.

1. Gib die Argumentation des Aristoteles (Q2) mit eigenen Worten wieder. Erläutere seine Aussagen bezüglich des Meeres zwischen Indien und den Säulen des Herakles mithilfe der Karten D1 bis D3.

2. Schon in der Antike hatte man die Idee, von Spanien westwärts nach Indien zu fahren; im 1. Jahrhundert n. Chr. bemaß Seneca die Fahrtdauer auf wenige Tage. Erläutere den letzten Satz mithilfe der Karten D1 bis D3.

3. Vergleiche Q1 mit D1 und D2 und erkläre, was Herodot kritisiert. Wie glaubwürdig ist die Umsegelung Afrikas? Lege dar, welche Fakten, die Herodot nennt (Q1), dafür und welche dagegen sprechen.

4. Kläre mihilfe deines Geografie- oder Physiklehrers, welches Phänomen Herodot (Q1) beschreibt, wenn er sagt, dass die Phönizier während der Umsegelung Afrikas einmal die Sonne zur Rechten gehabt hätten.

5. Vergleiche den Aufbau der chinesischen Weltkarte mit dem Aufbau der Karte des Hekataios (D1). Welche Unterschiede und Gemeinsamkeiten erkennst du?

6. Vergleiche die Karten D1 bis D3 und die Karte des Ptolemaios. Beschreibe, in welche Richtung sich die Karten verändern und wie diese Veränderung zu erklären ist. Benutze dazu auch den Verfassertext.

Griechen und Römer treffen auf fremde Kulturen

Auf ihren Reisen knüpften Griechen und Römer Kontakte zu fremden Völkern von Nordafrika und dem Nahen Osten bis nach Indien; Seefahrer fuhren in die Nord- und Ostsee und entdeckten vielleicht sogar Island. Was wussten Griechen und Römer über andere Kulturen und welches Bild machten sie sich von fremden Völkern?

Griechen interessieren sich für fremde Völker

Odysseus war das Vorbild für viele Seefahrer der griechischen Frühzeit: Wie er wollten sie reich und berühmt werden und waren neugierig auf fremde Länder und ihre Menschen. Sie nannten alle Nichtgriechen „Barbaren", weil sie kein oder nur ein holpriges Griechisch sprachen. Als Fremde in den vorderasiatischen Reichen standen die Griechen ihrerseits nicht im besten Ansehen; sie galten als unzivilisiert, als raue Gesellen, Räuber und Störenfriede.
Tatsächlich konnten die Griechen von den östlichen Kulturen im Bereich der Literatur, Kunst und Architektur vieles lernen. Deswegen besuchten griechische Forscher und Gelehrte immer wieder die Reiche des Nahen Ostens. Einer von ihnen war Herodot aus Halikarnassos in Kleinasien. Er hat in seinem Werk über die Kriege der Griechen gegen die Perser lange Kapitel über die Völker eingeflochten, auf die er während seiner Reisen traf. Besonders wichtig erschienen ihm Sitten, Religion und Lebensweise der Fremden. Er versuchte, das Besondere jedes Volkes zu verstehen und verschiedene Völker miteinander zu vergleichen. Deswegen gilt Herodot nicht nur als „Vater der Geschichtsschreibung", sondern auch als Begründer der Ethnografie („Völkerbeschreibung").

A: In jedem der drei Abschnitte wird eine Art, wie Griechen über Fremde sprachen und schrieben, vorgestellt. Beschreibe diese drei verschiedenen Arten, über Fremde zu sprechen.

S. 76/77

Reisen ins Wunderland Indien

Die Griechen bewunderten das ferne Indien wegen seiner alten Kultur und seines Reichtums. Nach dem Feldzug Alexanders des Großen (334–323 v. Chr.) konnten griechische Händler und Diplomaten leichter dorthin reisen. Im Jahr 300 zog der Grieche Megasthenes als Gesandter des Königs Seleukos an den Hof des indischen Herrschers Chandragupta Maurya (322–293 v. Chr.) in Pataliputra (Patna am Ganges). Er lebte dort über zehn Jahre und schrieb in dieser Zeit ein berühmtes Buch über Land und Leute, das noch heute als wichtige Quelle über das alte Indien gilt. Doch nur einzelne Griechen und Römer hatten Indien selbst gesehen. Viele, die das Land nur vom Hörensagen kannten, vermuteten dort seltsame Wundergeschöpfe und tierisch-menschliche Mischwesen. Ähnliches wurde über den Nordwesten Europas, über den wenig bekannt war, fabuliert. Dort lebte angeblich ein rätselhaftes Volk, die Hyperboreer, friedlich und in vollkommenem Glück.

Q1 Römische Goldmünze
Die Goldmünze, die den römischen Kaiser Hadrian (117–138 n. Chr.) zeigt, wurde in Indien gefunden. Zahlreiche Münzfunde in Indien belegen den Handel zwischen dem Römischen Reich und Indien.

Feindliche Barbaren müssen besiegt werden

Wenn die Griechen mit anderen Völkern Krieg führten wie gegen die Perser im 5. Jahrhundert, dichteten sie den „Barbaren" ungünstige Eigenschaften an und machten sie schlecht. So respektierten sie zwar die Perser wegen der Leistungen ihrer großen Könige, hielten sie aber insgesamt für verweichlicht. Sie behaupteten, dass sie Freiheit nicht kennen, sondern blind ihrem König gehorchen. Der Philosoph Aristoteles glaubte sogar, dass alle östlichen Barbaren „Sklaven von Natur" seien und deshalb von den Griechen unterworfen werden müssten. Ähnliches sagten die Römer über die westeuropäischen Völker: Sie wären wild, aggressiv und unberechenbar und müssten deshalb besiegt und zivilisiert werden.

Q2 Seleukos I.
Römische Kopie einer griechischen Büste aus dem 2. Jahrhundert v. Chr. Seleukos I. war ein Offizier Alexanders des Großen und herrschte nach dessen Tod als König über den östlichen Teil des Alexanderreiches (305–281 v. Chr.). Im Jahr 305 v. Chr. überschritt er den Indus und griff den indischen König Chandragupta an. Er unterlag jedoch und musste Gebiete an ihn abtreten. Anschließend schickte er Megasthenes als Gesandten an den Hof Chandraguptas.

Q3 Indische Elefanten
Relief auf einem Tor des buddhistischen Heiligtums Sanchi in Indien, 1. Jahrhundert v. Chr.
Alexander der Große war fasziniert von den Elefanten, die seine östlichen Gegner als Kriegswaffe einsetzten. Er erbeutet zahlreiche Tiere und baute eine Elefantentruppe auf, die allerdings nie zum Einsatz kam. Auch Seleukos I. erhielt 301 v. Chr. nach seiner Niederlage gegen Chandragupta 500 Kriegselefanten als Gegenleistung für die indischen Gebiete, die er an Chandragupta abtrat.

Q4 Die indische Sozialordnung aus griechischer Sicht
Der griechische Gesandte Megasthenes lebte 300–290 v. Chr. am Hofe des Mauryakönigs Chandragupta in Pataliputra (Patna am Ganges). Aus seinem Buch über Indien:

Das ganze Volk der Inder ist in sieben Berufsgruppen eingeteilt. Die ersten sind die Weisen. Die zweite Gruppe ist die der Bauern. Sie brauchen keinen Kriegsdienst zu leisten, sondern gehen ungestört ihrer Arbeit nach und kümmern sich nicht um den Staat oder öffentliche Dinge. Das ganze Land gehört dem König; die Bauern bestellen es für den vierten Teil des Ertrages. Die dritte Klasse bilden die Hirten und Jäger. Sie allein dürfen jagen, Herden halten und Zugtiere verkaufen oder verleihen. Nach den Jägern und Hirten kommen als vierte Gruppe die Künstler, Händler und Handwerker. Die meisten von ihnen müssen Abgaben zahlen; nur Waffenschmiede und Schiffszimmerleute bekommen vom König Lohn. Für diesen allein arbeiten sie. Die fünfte Gruppe ist die der Krieger. Sie brauchen in Friedenszeiten nicht zu arbeiten und werden aus dem königlichen Schatz versorgt. Die sechste Gruppe ist die der Aufseher. Sie haben die Aufgabe, alles zu beobachten und es dem König heimlich zu melden. Die siebte Gruppe bilden die Ratgeber des Königs. Sie besetzen die obersten Ämter, Richterstellen und Verwaltungsposten des Staates.

Strabon, Geographika 15, 1, 39–41, zit. nach Klaus E. Müller, Geschichte der antiken Ethnologie, Hamburg 1997, S. 228. (Rowohlt-Taschenbuch-Verlag); Albert Forbiger (Hrsg. u. Übers.), Strabon, Geographika, Wiesbaden 2005, S. 996–1001 (Marix) bearb. d. Verf.

Q5 Die indische Sozialordnung aus indischer Sicht
Kautalya, ein Minister des Chandragupta, verfasste um 300 v. Chr. ein Staatshandbuch, das Arthasastra. Im Abschnitt über die Landwirtschaft schreibt er:

Der Oberaufseher soll das Bauernland in vier Teile einteilen und die Gesamtzahl der Dörfer in beste, mittlere und geringste einteilen. Außerdem soll er die Gesamtheit der Dörfer festlegen und dazu die Häuser nach einem Verzeichnis, das die Steuerzahler und Nichtsteuerzahler angibt. Die Bauern müssen den dritten oder vierten Teil ihres Ertrages als Steuern abgeben. Als bäuerliche Familienväter verkleidete Spione sollen in den Dörfern leben und die Gesamtheit der Felder, Häuser und Familien genau kennen. Händler mit Kaufmannswaren, die aus Gold, Silber, Diamanten, Edelsteinen, Perlen, Korallen oder Pferden bestehen, zahlen eine Steuer, welche dem zehnten Teil ihrer Waren entspricht; ebenso die Kleinhändler und Zimmerleute. Agenten des Königs sollen öffentlich so tun, als ob sie sehr viel Steuern zahlen. Die Fußsoldaten und die Krieger zu Pferd, zu Wagen und zu Elefant sollen draußen vor der Stadt ihre Übungen abhalten. Der König soll sie ständig aufmerksam beobachten und prüfen, ob sie geschickt und kriegstüchtig sind. Wenn er zu einem Kriegszug aufbricht, soll er das Heer gut ausrüsten.

Arthashastra, Buch 2, Kap. 35, Buch 5, Kap. 2, zit. nach Johann Jakob Meyer (Hrsg. u. Übers.), Das altindische Buch vom Welt- und Staatsleben. Das Arthasastra des Kautilya, Graz 1977, S. 226ff.; 372ff. (mit Auslassungen). (Akad. Dr.- u. Verl.-Anst.) [Nachdr. v. 1926] bearb. d. Verf./ unter Hinzuziehung der englischen Übersetzung bei http://www.mssu.edu/projectsouthasis7history/primarydocs/Arthashastra/BookV.htm

Q6 Von Natur aus sklavisch

Der griechische Philosoph Aristoteles (384–322 v. Chr.) vergleicht Asiaten, Europäer und Griechen:

Die Barbaren sind einerseits von Natur aus in ihrer Wesensart sklavischer als die Griechen; andererseits sind die Bewohner Asiens sklavischer als die Bewohner Europas, deshalb ertragen sie die Herrschaft der Herren ohne Widerwillen (...). Die Völker in den kalten Gegenden und in Europa sind mutig, aber im Denken und in der Kunst weniger begabt (...). Die Völker in Asien sind dagegen denkerisch begabt und künstlerische Seelen, aber mutlos. Daher bleiben sie von anderen beherrscht und in Sklaverei. Doch das Volk der Griechen hat Anteil an beiden Eigenschaften. Denn es ist sowohl mutig als auch denkerisch begabt. Daher bleibt es frei, hat die beste Staatsverwaltung und ist in der Lage, über alle zu herrschen.

Aristoteles, Buch 3, Kap. 14, 1285a 19–20, 7. Buch, 7, 1327b, zit. nach Franz Ferdinand Schwarz (Hrsg. u. Übers.), Politik. Schriften zur Staatstheorie, Stuttgart 1989, S. 189, 336. (Reclam)

Q7 Klima und Charakter

In seiner Schrift „Von der Umwelt" beschreibt der griechische Arzt Hippokrates (ca. 460–370 v. Chr.) Unterschiede zwischen Asiaten und Griechen:

An dem Mangel an Mut und Tapferkeit der Asiaten sind vor allem die Jahreszeiten schuld. Sie bringen keinen großen Wechsel von Wärme und Kälte mit sich, sondern sind einander ganz ähnlich. Deshalb gibt es keine starken Erschütterungen des Denkens und keine empfindliche Veränderung des Körpers, wodurch sonst der Charakter des Menschen ein trotziges und mutiges Wesen annimmt im Gegensatz zu Menschen, die immer in denselben Zuständen leben. Aus solchen Ursachen scheinen mir die Asiaten nicht wehrhaft zu sein. Ein zweiter Grund ist die Verfassung. Denn der größte Teil Asiens wird von Königen regiert. Wo aber die Menschen nicht Herr über sich selbst sind und nicht selber ihre Gesetze bestimmen, sondern von Herren geknechtet werden, da sorgen sie sich nicht darum, wie sie sich in den Waffen üben.

Auszug aus d. Schrift „Von der Umwelt" v. Hippokrates, Kap. 12–20 zit. nach Walter Rüegg, Antike Geisteswelt. Natur und Geist, Bd. 1., Hanau 1986, S. 247. (Dausien) gekürzt v. Verf.

Q8 Monster und Fabelwesen

Abbildungen aus dem Liber Chronicarum des Hartmann Schedel, 1493

B: Vergleiche die Darstellung der Fabelwesen mit Q9. Wie wirken die bildlichen Darstellungen auf dich?

Q9 „Wunderbare Begebenheiten"

Plinius d. Ä. (23–79 n. Chr.) in seiner Naturgeschichte über das Land der Inder und Äthiopier:

Namentlich ist Indien und das Land der Äthiopier voll von wunderbaren Begebenheiten. In Indien leben die größten Tiere (...). Die Fruchtbarkeit des Bodens, das milde Klima und der Überfluss an Wasser wirken so bedeutend, dass, wenn man es glauben will, ganze Reiterabteilungen sich unter einem einzigen Feigenbaum verbergen könnten (...). Ihre Philosophen schauen vom frühen Morgen bis zum Abend unverwandten Blicks die Sonne an (...). Auf vielen Bergen aber soll ein Stamm von Menschen wohnen, welche Hundsköpfe haben, sich in Felle wilder Tiere hüllen, deren Stimme ein Bellen ist (...) und die von der Jagd und Vogelfang leben. Auch soll eine Art Menschen unter dem Namen Monocoler (Einäugige) existieren, welche nur ein Bein haben, aber eine außerordentliche Gewandtheit im Springen besitzen; sie sollen auch Sciapoden (Schattenfüßler) heißen, weil sie bei großer Hitze rückwärts auf der Erde liegen und sich durch den Schatten des Fußes schützen; sie sollen nicht weit von den Troglodyten (Höhlenbewohner) entfernt wohnen und wieder westlich von diesen andere, die keinen Kopf und die Augen auf den Schultern hätten, leben.

Plinius über d. Land d. Inder und Äthiopier, zit. nach Michael Bischoff, Historia naturalis: e. Ausw. aus d. „Naturgeschichte"/ Plinius der Ältere, übers. v. Georg C. Wittstein, Nördlingen 1987, S. 105f. (Greno) bearb. d. Verf.

1. Fasse mit eigenen Worten zusammen, wie Megasthenes (Q4) die indische Gesellschaft beschreibt. Vergleiche mit Q5: Welche dieser Gruppen tauchen auch in Q5 auf? Wo findest du Übereinstimmungen und wo zusätz liche Informationen?

2. Erkläre mithilfe der Texte Q4 und Q5, wie der König das Land und die Bevölkerung kontrollierte.

3. Überlege, was den Griechen Megasthenes an dem indischen Königreich besonders beeindruckt oder befremdet haben könnte (Q4).

4. Nenne die Völkergruppen und ihre Eigenschaften, die Aristoteles in seinem Text unterscheidet (Q6). Vergleiche mit Q7. Welche Ansichten teilen die Autoren? Wo unterscheiden sie sich?

5. Nimm kritisch Stellung zu den Aussagen der Griechen (Q6, Q7) und verfasse eine Gegenschrift aus der Sicht eines Asiaten.

1. Quiz: wichtige Informationen erkennen (Sachkompetenz)

• Aus welcher Gegend haben die Griechen ihre ältesten Vorstellungen über die Welt bekommen?
- aus dem fernen Westen
- aus Afrika
- aus dem Osten
- aus Rom

• Wo wurde zum ersten Mal die Idee von der Kugelgestalt der Erde entwickelt?
- in Griechenland
- in Süditalien
- in Karthago
- in Ägypten

• Warum nannten die Griechen in der Frühzeit fremde Völker Barbaren?
- weil sie schlechtes Griechisch sprachen
- weil sie eine andere Hautfarbe hatten
- weil sie andere Götter verehrten
- weil sie angeblich nicht so mutig waren wie die Griechen

• Wie hat der indische König sein Land nach Aussage der antiken Quellen kontrolliert?
- durch Soldaten
- durch Spione
- durch Priester
- durch Reisen

• Wann hat Megasthenes am Hofe des indischen Königs gelebt?
- 400–390 v. Chr.
- 100–120 n. Chr.
- 300–290 v. Chr.
- 500–490 v. Chr.

• In welches Meer ist Pytheas aus Marseille vom Mittelmeer aus gesegelt?
- Nord- und Ostsee
- Indischer Ozean
- Rotes Meer
- Schwarzes Meer

2. Eine Karte untersuchen: die Weltkarte nach Klaudios Ptolemaios, 2. Jahrhundert n. Chr. (Sachkompetenz, Methodenkompetenz)

• Beschreibe die Karte und untersuche, worin sie sich von der Karte des Eratosthenes unterscheidet. Erkläre, durch welche Ereignisse Ptolemaios noch mehr über die Welt wusste als Eratosthenes.

• Fasse dann die Entwicklung des Weltbildes von Hekataios bis Ptolemaios zusammen.

• Vergleiche die Karte des Ptolemaios mit einer heutigen Weltkarte und nenne einige wesentliche Gemeinsamkeiten und Unterschiede.

6. Jh. v. Chr   2. Jh. n. Chr.

3. Eine Sprechblase ausfüllen: Megasthenes in Indien (Urteilskompetenz)
Der indische Comic „Megasthenes" von 1987 erzählt vom Aufenthalt des griechischen Gesandten am Hof des indischen Königs Chandragupta.

Schreibe die Gedanken auf, die Megasthenes bei der Abreise aus Indien durch den Kopf gegangen sein könnten. Dabei kannst du dich davon anregen lassen, wie Griechen und Römer über fremde Völker gedacht und geschrieben haben.

Online-Link: 443010-0701

7 Das Christentum – eine Religion setzt sich durch

Wenn man sich die Ausbreitung und den Aufstieg des Christentums vor Augen hält, muss man sich schon wundern. Es begann mit der Hinrichtung seines Begründers. Seine Anhänger wurden jahrhundertelang immer wieder verfolgt. Dennoch gewann es immer mehr Anhänger und setzte sich schließlich im Römischen Reich durch.

- Wie kam es, dass die Christen trotz Verfolgung durchhielten und sich ihre Zahl sogar vergrößerte?
- Weshalb wurde das Christentum Staatsreligion im Römischen Reich und welche Folgen hatte das?

300

um 33
Jesus von Nazareth, von seinen Anhängern später „Christus" („Gesalbter" Gottes) genannt, wird in Jerusalem am Kreuz hingerichtet.

Anfang 4. Jahrhundert
Im Römischen Reich entstehen zahlreiche Christengemeinden trotz zeitweiliger Verfolgungen durch den römischen Staat.

306–337
Kaiser Konstantin macht das Christentu zur bevorzugten Religion im Römischen Reich.

311/313
Die römischen Kaiser beenden die Christenverfolgungen. Christen dürfen fortan frei ihre Religion ausüben.

Spottzeichnung auf den gekreuzigten Christus (mit Eselskopf) und die Christen (Text: „Alexamenos betet seinen Gott an") an einer Hauswand in Rom, um 200 n. Chr.

Christus, dargestellt als ein über seine Feinde triumphierender römischer Kaiser. Er trägt das Kreuz als siegbringende Waffe auf der Schulter und verkündet: „Ich bin der Weg, die Wahrheit und das Leben", Ravenna, bischöfliche Kapelle, 4./5. Jahrhundert.

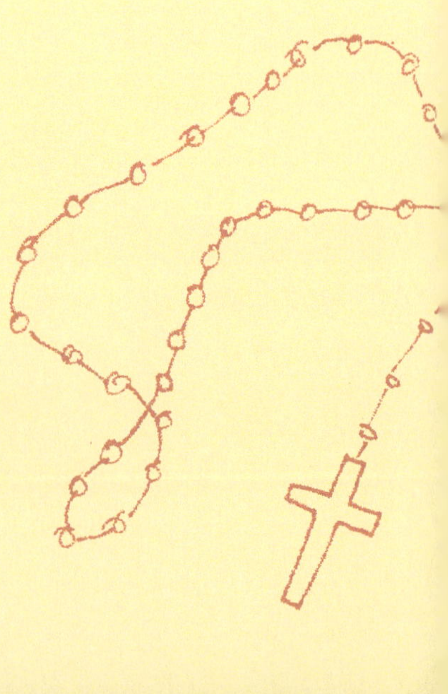

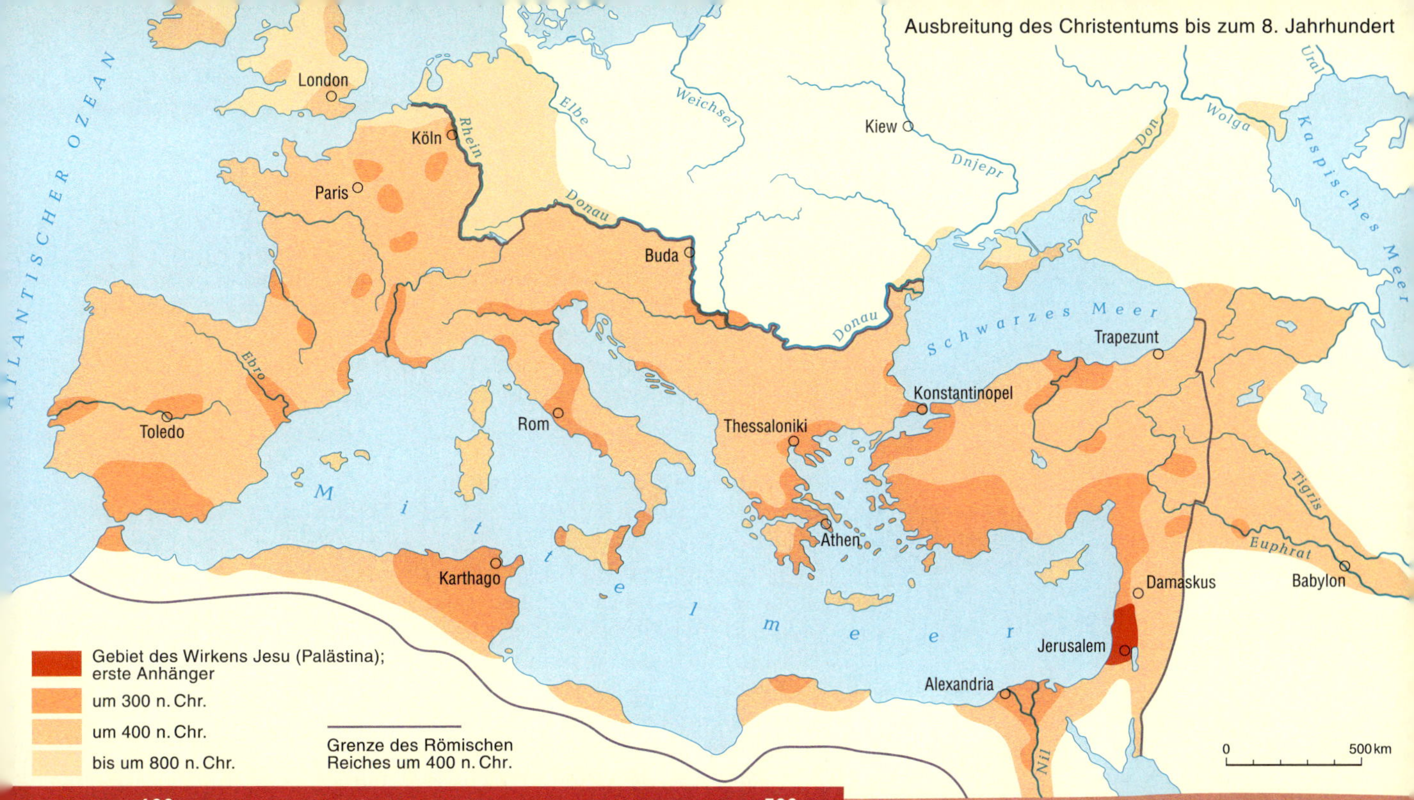

400 — 500

379–395
Kaiser Theodosius macht das katholische Christentum zur römischen Staatsreligion.

um 400
Der Bischof von Rom erlangt unter dem Titel „Papst" eine Vorrangstellung unter den Bischöfen des Westreiches.

476
Ende des Weströmischen Reiches

492–496
Im Streit um den Vorrang zwischen Papst und Kaiser entsteht die „Zwei-Gewalten-Lehre".

Ende 5. Jahrhundert
Der Frankenkönig Chlodwig wird katholischer Christ und das katholische Christentum fränkische Staatsreligion.

Herrscher im Zeichen des Kreuzes, christlicher römischer Kaiser, Bronzeabbild (5 Meter hoch) in Barletta (Süditalien), ca. 5/6. Jahrhundert

Petersplatz mit dem Petersdom in Rom, heutige Ansicht

Christen im Römischen Reich

Fast 300 Jahre dauerte es, bis der römische Staat den Christen erlaubte, ihre Religion auszuüben. So lange lebten sie in Unsicherheit, wurden zeitweise verfolgt, misshandelt, sogar getötet. Und dennoch breitete sich das Christentum im Römischen Reich immer weiter aus. Was verlieh den Christen nur diese Stärke? Und was veranlasste den römischen Staat endlich zum Nachgeben?

A: Schreibe folgenden Satzanfang in dein Heft: „Die Lehre des Jesus von Nazareth begeisterte viele Menschen, weil …" Vervollständige den Satz, nachdem du den Text gelesen hast.

Jesus von Nazareth und die „Frohe Botschaft"

Angefangen hatte alles mit dem Juden Jesus aus Nazareth in Palästina, das damals Teil des Römerreiches war. Der Sohn eines Zimmermanns glaubte wie alle Juden an nur einen Gott. Wichtiger als das Einhalten äußerlicher Religionsgebote, wie z. B. Speiseregeln oder die Beschneidung, war für ihn aber etwas anderes: Er meinte, dass sich der Glaube an Gott zu allererst in der Liebe zum Nächsten und in der Sorge um die Schwachen und Hilfsbedürftigen zeige. Denn für Gott seien alle Menschen gleich wichtig, egal ob arm oder reich, ob alt oder jung, ob mächtig oder unterdrückt.
Mit etwa 30 Jahren begann er, im Land umherzuziehen und seine Lehre zu verkündigen. Damit brachte er die Herrschenden und Reichen gegen sich auf. Als die Schar seiner Anhänger immer größer wurde, beschlossen mächtige jüdische Priester, ihn zu beseitigen. Sie klagten ihn beim römischen Statthalter Pilatus an, ein Gotteslästerer und Aufrührer zu sein. Pilatus ließ Jesus schließlich kreuzigen. Doch bald nach der Hinrichtung verkündeten die Anhänger Jesu, er sei von den Toten auferstanden. Das sei der Beweis dafür, dass er der „Christus" sei, den Gott geschickt habe, um die Menschen zu erlösen. Und für alle gelte jetzt die „Frohe Botschaft": Wer an diesen Jesus Christus und seine Lehre glaubt, der wird auferstehen wie er und mit ihm im Himmel ewig leben.

Christus, Christen, Christentum
Juden glauben, dass Gott jemanden zur Erde schicken wird, der ein Reich schaffen wird, in dem es friedlich und gerecht zugeht. Dieser von Gott gesandte Erlöser der Menschen wurde „der Gesalbte" genannt, weil Priester und Könige in alten Zeiten als Zeichen ihrer Würde gesalbt wurden. Das griechische Wort für „Gesalbter" ist „Christus". Deswegen wurden Jesus' Anhänger Christen genannt und ihre Religion Christentum.

Q1 Christus und die Ehebrecherin, Ölgemälde von Lorenzo Lotto, um 1530, 124 × 156 cm, Louvre, Paris
Der Maler hat eine Geschichte aus der Bibel dargestellt: Eines Tages brachte man eine Ehebrecherin zu Jesus und fragte ihn, was seiner Meinung nach mit ihr geschehen sollte. Nach den damals geltenden Gesetzen wurden Ehebrecherinnen zu Tode gesteinigt. Jesus war in einer schwierigen Situation. Sollte er die Frau ihrem Schicksal überlassen oder sollte er dazu aufrufen, das Gesetz zu missachten? Jesus soll geantwortet haben: „Wer ohne Sünde ist, der werfe den ersten Stein auf sie." Daraufhin habe sich niemand mehr getraut, die Frau zu steinigen.

B: Schau die Personen genau an. Was werden sie zu Jesus gesagt oder über ihn gedacht haben? Diese Geschichte aus der Bibel haben noch viele andere Künstler gemalt. Nenne mögliche Gründe dafür.

Ausbreitung im Römischen Reich

Ihre ersten Anhänger fanden Jesus und seine Vertrauten unter den Juden Palästinas. Von dort aus verbreiteten christliche Missionare die „Frohe Botschaft" im ganzen Römischen Reich. Dort glaubten die Menschen meist noch an viele Götter. Sie waren daher für die Christen „Heiden". Einer der erfolgreichsten Heidenmissionare wurde der Apostel (Bote, Gesandter) Paulus. Um 100 n. Chr. gab es vor allem in den östlichen Provinzen des Römischen Reiches schon viele Christengemeinden. Und es wurden immer mehr. Nicht nur die neue Lehre zog die Menschen an. Gegenseitige Hilfe in den Gemeinden und zwischen den Gemeinden war selbstverständlich, denn im gemeinsamen Glauben waren alle gleich. Und das Ganze war hervorragend organisiert. Bischöfe leiteten die Gemeinden, unterstützt von Priestern. Diakone kümmerten sich um bedürftige Gemeindemitglieder. Wer Mitglied einer Christengemeinde war, stand auch in schlimmen Situationen im Leben nicht mehr allein da.

C: Ein Römer und eine Römerin überlegen, ob sie einer christlichen Gemeinde beitreten sollen. Er zögert, sie will ihn überreden. Gestalte das Gespräch nach. Lies dazu die Texte zu Ausbreitung und Verfolgung der christlichen Religion.

Missionar
Das Wort kommt aus dem Lateinischen und heißt Gesandter. Missionare und Missionarinnen sind Männer und Frauen, die in andere Länder gehen und dort für ihre religiösen Gemeinschaften werben. Oft leisten sie auch soziale Arbeit, wie z. B. den Bau von Krankenstationen oder Schulen.

Verfolgungen durch den römischen Staat

Christen hielten sich von öffentlichen Veranstaltungen wie Zirkusspielen oder Götterfeiern fern. Stattdessen trafen sie sich heimlich zu gemeinsamen Mahlzeiten und Gesprächen. Das machte sie aber auch verdächtig, etwas Unerlaubtes zu tun. Gefährlich wurde es für sie, als um 100 n. Chr. die Kaiser verlangten, als Götter verehrt zu werden. Wer das nicht tat, musste mit schlimmen Strafen, ja mit dem Tod rechnen. Für Christen aber war es eine Todsünde, einen Menschen anzubeten. Aus Furcht vor Strafe fielen manche vom Glauben ab. Viele blieben jedoch standhaft. Sie waren überzeugt, dass Jesus ihr Leiden belohnen würde. Manchmal begeisterte ihr Mut selbst Heiden so sehr, dass auch sie Christen wurden. So breitete sich das Christentum trotz Verfolgungen weiter aus.

Die Wende

Im Jahr 311 beendete Kaiser Galerius die Verfolgung der Christen und erlaubte ihnen, ihre Religion öffentlich auszuüben. Die eigentliche Wende kam unter Kaiser Konstantin. Er besiegte 312 mit dem Zeichen des Christengottes auf den Schilden seiner Soldaten seinen Rivalen Maxentius. Konstantin war überzeugt, den Sieg dem Christengott zu verdanken. Dessen Segen wollte er sich und seiner Herrschaft auch künftig sichern. Von nun an bevorzugte er das Christentum vor allen anderen Religionsgemeinschaften. Er gab Bischöfen hohe Ämter, ließ Kirchen bauen, machte den Sonntag zum Feiertag. Damit hatte sich das Christentum im Römischen Reich endlich behauptet.

D: Verfasse eine kurze Rede für Kaiser Konstantin, in der er begründet, wie er mit den Christen umgehen möchte.

Q2 Christus als guter Hirte
Wandmalerei in einer römischen Katakombe, 3. Jh. n. Chr. Katakomben sind unterirdische Räume. Zur Zeit der Christenverfolgung dienten sie als Begegnungsstätten, Versteck und Begräbnisorte.

E: In der christlichen Kunst wird Jesus häufig als Hirte dargestellt. Suche nach Erklärungen dafür, warum diese Darstellung so beliebt war.

Q3 Christliches Gemeindeleben

Aus dem Brief des Heiligen Jakobus an die christlichen Gemeinden, ca. 60/90 n. Chr.:

Reine und unbefleckte Frömmigkeit bei Gott und dem Vater heißt: Waisen und Witwen in ihrer Not besuchen und sich rein von dieser Welt halten. Brüder, macht gemäß dem Glauben an unseren Herrn Jesus Christus keinen Unterschied, was das Ansehen von Personen angeht. Wenn nämlich in eure Gemeinde ein Mann mit einem goldenen Ring und feiner Kleidung kommt, ein Armer aber in schmutzigem Gewand, und ihr bemüht euch um den gut gekleideten und (nicht um den armen Mann), verurteilt ihr euch damit nicht selbst? Hört, geliebte Brüder! Gott hat in dieser Welt die Armen auserwählt, weil sie reich sind im Glauben. Sie erben das Reich, das er denen versprochen hat, die ihn lieben! (...)
Wenn ihr aber das königliche Gebot erfüllt, wie es in der Schrift steht: „Liebe deinen Nächsten wie dich selbst", dann handelt ihr gut.

Brief d. Heiligen Jakobus an christliche Gemeinden, zit. nach Robert Weber, Biblia Sacra iuxta vulgatam versionem, Bd. 2, Stuttgart 1969, S. 860. (Württemberg. Bibelanst.) übers. d. Verf.

Q4 Fürsorge in den Gemeinden

Aus einer Schrift des Christen Tertullian an römische Beamte aus dem Jahr 197 n. Chr.:

Auch wenn es eine Art Kasse gibt, so wird sie nicht mit Beitrittsgeldern gefüllt, so als wäre Religion käuflich. An einem bestimmten Tag im Monat gibt jeder eine bescheidene Summe, wenn er will und falls er überhaupt will oder kann. Denn niemand wird gezwungen, sondern man gibt freiwillig. Das sind sozusagen die Ersparnisse für fromme Dienste. Denn davon wird nichts für Schmausereien, Sauf- oder Fressgelage ausgegeben, sondern für Speisung und Begräbnis Armer, für Jungen und Mädchen, die kein Geld und keine Eltern mehr haben, für altersschwache Diener, ebenso für Schiffbrüchige und für die, die wegen ihrer Zugehörigkeit zur Gemeinde (Christi) in Bergwerken oder auf Inseln oder in Gefängnissen sind und die daher Fürsorge auf Grund ihres Bekenntnisses verdienen. (...)
Denn für uns, die wir ein Herz und eine Seele sind, gibt es keinen Zweifel an der Gemeinsamkeit unseres Vermögens. Alles gehört allen gemeinsam.

Tertullian, Apologeticum, Kap. 39, zit. nach Carl Becker (Hrsg. u. Übers.), Tertullian, Apologeticum. Verteidigung des Christentums, München 1984, S. 182ff. (Kösel) übers. d. Verf.

Q5 Die Pest in Alexandria

Aus einem Bericht des Bischofs Dionysos über seine Gemeinde aus dem Jahr 259 n. Chr.:

Die meisten unserer Brüder schonten aus großer Nächstenliebe die eigene Person nicht und hielten fest aneinander. Furchtlos besuchten sie die Kranken, bedienten sie sorgfältig, pflegten sie um Christi willen und schieden freudigst zugleich mit ihnen aus dem Leben. (...) Ja, viele starben selbst, nachdem sie anderen durch ihre Pflege die Gesundheit wieder verschafft und deren Tod gleichsam auf sich verpflanzt hatten. (...) Auf diese Weise starben die Edelsten unserer Brüder, einige Priester, Diakone und hochgefeierte Laien. (...) Bei den Heiden fand das gerade Gegenteil statt. Sie stießen diejenigen, welche zu erkranken begannen, von sich, flohen von den (nächsten Anverwandten) hinweg, warfen die Halbtoten auf die Straße hin und ließen die Toten unbestattet liegen.

Eusebius, Kirchengeschichte VII, Kap. 22, zit. nach Adolf v. Harnack, Die Mission und Ausbreitung des Christentums in den ersten drei Jahrhunderten, Wiesbaden ca. 1986, S. 196. (VMA-Verlag) [Nachdr. d. Ausg. v. 1924]

Q6 Christus lehrt die Apostel

Wandmalerei aus dem 3./4. Jh. n. Chr. in einer Katakombe in Rom

F: Erläutere, was dieses Bild über das Ansehen und die Vorbildwirkung der Apostel in den frühen christlichen Gemeinden verrät.

Q7 Konzil von Nicaea (heute Iznik in der Türkei) mit Konstantin dem Großen
Fresko (Wandbild) von Cesare Nebbia, um 1600, Rom, Vatikanischer Palast. Kaiser Konstantin (vorn) wird mit den Bischöfen auf dem von ihm 325 n. Chr. einberufenen Konzil [Bischofsversammlung] dargestellt. Dort forderte er, die Bischöfe auf, eine für das ganze Römische Reich gültige christliche Lehre zu schaffen.

G: Wie ist das Verhältnis zwischen Konstantin und der christlichen Kirche dargestellt? Stelle Vermutungen darüber an, was der Maler über 1000 Jahre nach dem Konzil aussagen wollte.

Q8 Eine neue Religionspolitik

Die römischen Kaiser Konstantin und Licinius teilten 313 n. Chr. ihren Provinzstatthaltern mit:

Wir kamen überein, unter den Dingen, die für viele Menschen nützlich sind, vor allem die Verehrung des göttlichen Wesens zu regeln. Wir wollten daher den Christen und allen anderen Reichsbewohnern die Erlaubnis geben, die Religion auszuüben, die jeder wollte, damit das göttliche Wesen im Himmel (zu welcher Religion es auch gehören mag) uns und allen unseren Untertanen wohlgesinnt und geneigt sein möchte. (…) Deshalb (…) beschlossen wir, restlos alle Anordnungen, die wir früher für das Christentum erlassen haben, aufzuheben. Sie sind völlig falsch und passen nicht zu unserer Milde. Jetzt soll jeder, der die christliche Religion ausüben will, das frei und einfach ohne jede Beunruhigung oder Belästigung tun können (…) Dieselbe (…) freie Religionsausübung ist allen anderen (Reichsbewohnern) um des Friedens in unserer Zeit eingeräumt worden, sodass jetzt jeder die freie Erlaubnis hat, das zu verehren, was er will.

Schreiben v. Konstantin u. Licinius an ihre Provinzstatthalter, zit. nach Gerhard Crone (Hrsg.), Eine Auswahl aus der Epitome, De ira Dei und De mortibus persecutorum: Text/Lactantius., Kap. 48, Paderborn o.J., S. 87f. (Schöningh) übers. u. bearb. d. Verf.

Q9 „Keiner belästige den anderen"

Nachdem Konstantin Licinius besiegt hatte und allein herrschte, verkündete er 324 n. Chr. den Bewohnern des Reiches:

Dich nun, Großer Gott, rufe ich an. (…) Ich wünsche mir zum gemeinsamen Wohl des Erdkreises und aller Menschen, dass dein Volk Frieden habe (…). Zusammen mit den Gläubigen sollen auch die Irrenden sich freuen (…). Denn die (…) Gemeinschaft ist stark genug, auch [sie] zu bessern und auf den richtigen Weg zu führen. Keiner belästige den anderen. Jeder soll haben, was seine Seele haben will. (…) Diejenigen aber, die vernünftig denken, sollen (…) bei deinen heiligen Gesetzen bleiben. Die sich selbst diesen Gesetzen entziehen, sollen – weil sie es wollen – ihre Lügentempel behalten.

Eusebius, Vita Constantini, II, Kap. 55/56, zit. nach Susanne Hausmann, Alte Kirche, Bd. 2, Neukirchen-Vluyn 2001, S. 213. (Neukirchner)

1. Erläutere, worin die Anziehungskraft und Stärke des Christentums bestand (VT, Q3–Q5).

2. Vergleiche Q8 mit Q9. Welche Veränderungen in Konstantins Haltung gegenüber Christen und Nichtchristen stellst du fest?

3. Gestaltet ein Gespräch zwischen römischen Bürgerinnen und Bürgern unterschiedlichen Glaubens, die sich 324 n. Chr. über Konstantin unterhalten.

4. Suche Begründungen dafür, warum der römische Staat die Christenverfolgungen einstellte und die neue Religion zuließ.

Die Religion der Mächtigen

Christliche Feste, Bräuche, Würdenträger, Gebäude usw. begegnen uns überall in unserem Alltagsleben, wo wir uns auch in Deutschland oder in Europa befinden. Wie ist es zu dem beherrschenden Einfluss gekommen, den christliche Lebensformen bis in unsere Gegenwart ausüben? Die entscheidenden Anfänge dafür liegen weit zurück.

D1 Feste und Bräuche heute: Lampionumzug zum Martinstag in Troisdorf (links), Brautpaar vor dem Traualtar (rechts)

A: Beschreibe, wie Kaiser Theodosius bei der Erhebung des Christentums zur Staatsreligion vorging.

Das Christentum wird römische Staatsreligion

Kaiser Konstantin hatte das Christentum gefördert. Doch er zwang niemanden, Christ zu werden, der das nicht wollte. Das änderte sich unter Kaiser Theodosius I. Sein Ziel war es, das ganze Römische Reich durch einen gemeinsamen christlichen Glauben zu einen. Von Anfang an ließ er keinen Zweifel daran, dass er und nicht die christlichen Bischöfe dabei den Ton angaben. 380 befahl er, dass fortan für alle Christen die Lehre allgemein verbindlich sei, die von den Bischöfen von Rom und Alexandria verkündet wurde. Jeder, der etwas anderes lehre, sei ein Irrlehrer und unwürdig für ein geistliches Amt. Erst 381 ließ er seinen Befehl nachträglich durch ein Konzil der Bischöfe des Reichs bestätigen. Aber es gab auch immer noch die heidnischen Religionen. Gegen sie ging der Kaiser ab 391/392 vor. Er verbot im gesamten Reichsgebiet den Besuch von heidnischen Tempeln und jede Art von Götterverehrung. Selbst die Olympischen Spiele wurden abgeschafft. Wer gegen die Gesetze verstieß, galt als

B: Im Gefolge des Kaisers sind weltliche und geistliche Große dargestellt, der Erzbischof und Provinzstatthalter Maximianus ist mit Namen gekennzeichnet. Unterscheide diese Personen auf dem Bild. Was sagt die Darstellung über das Verhältnis Staat – Christentum aus?

Auf der CD-ROM findest du noch mehr Informationen und ein Arbeitsblatt.

Q1 Der oströmische Kaiser Justinian I., der 527–565 herrschte
Mosaik in der Kirche San Vitale, Ravenna, um 547 n. Chr.

4. Jh. n. Chr. 5. Jh. n. Chr.

Majestätsverbrecher und musste mit schwersten Strafen rechnen. Damit war das katholische Christentum Staatsreligion im Römischen Reich geworden.

katholisch, katholisches Christentum
Das Wort kommt aus dem Griechischen und bedeutet „allgemein gültig". In der Frühzeit der christlichen Religion wollte man damit ausdrücken, dass alle Christen das Gleiche glaubten und sich alle nach dieser Lehre zu richten hatten.

Papst und Kaiser – Rivalen der Macht

Fast gleichzeitig damit kam es zu einer Veränderung in der katholischen Kirche: Die Bischöfe der Christengemeinde von Rom behaupteten, über den anderen Bischöfen des Reiches zu stehen. Sie begründeten ihren Anspruch damit, dass der Apostel Petrus Gründer und erster Bischof der römischen Gemeinde gewesen sei. Diesen Petrus habe Jesus selbst zu seinem Nachfolger gemacht und ihm die Leitung seiner Kirche anvertraut. Da die römischen Bischöfe Nachfolger des Petrus seien, komme ihnen auch die Leitung der Kirche zu. Viele Bischöfe im Ostteil des Römischen Reiches lehnten das ab. Dagegen erkannten die Bischöfe im Westteil gegen Ende des 4. Jahrhunderts den Vorrang des römischen Bischofs an. Dieser nannte sich nun „Papst". Und Rom wurde Zentrum der katholischen Kirche.

Noch im 5. Jh. entstand aus der neuen Machtstellung der Päpste eine weitere Streitfrage: Wer hatte im Römerreich mit seiner christlichen Staatskirche den höheren Rang – das Haupt der Kirche oder das des Staates, Papst oder Kaiser? Vorerst begnügten sich die Päpste damit, als gleichberechtigt anerkannt zu werden. Was aber, wenn sie mehr sein wollten? Musste es da nicht zum Konflikt kommen?

C: Finde heraus, wie die Bischöfe von Rom immer mächtiger wurden und gegen wen sich ihre Machtansprüche richteten.

Das Frankenreich wird katholisch

Im 5. Jh. eroberten Germanenstämme den Westteil des Römischen Reiches. Der weströmische Kaiser wurde abgesetzt. Germanenfürsten übernahmen die Herrschaft. Für die katholische Kirche war der Machtwechsel kritisch. Denn die Germanen waren teils Heiden, teils bekannten sie sich zu einer Christenlehre, die für Katholiken eine Irrlehre war. Für die katholische Kirche des Westens und ihre Bischöfe war es daher ein Glücksfall, dass sich 498 der Herrscher des mächtigsten Germanenvolkes, der Frankenkönig Chlodwig, katholisch taufen ließ. Das katholische Christentum wurde damit fränkische Staatsreligion. Und mit der fränkischen Herrschaft, die sich im 8. Jh. auf den größten Teil West- und Mitteleuropas erstreckte, breitete sich dort auch das katholische Christentum aus. Dafür sorgten zahlreiche Missionare. Sie verkündeten die katholische Christenlehre im gemeinsamen Auftrag der Päpste und der fränkischen Herrscher. Denn beide Machthaber profitierten davon. Die Päpste konnten im Schutz der stärksten Militärmacht Europas ihren Einfluss immer weiter ausdehnen. Den Frankenherrschern gefiel es, dass ihren Untertanen verkündet wurde, Gehorsam gegen Gott zeige sich zuallererst im Gehorsam gegen die katholischen Herrscher.

D: Erläutere, warum die katholische Taufe Chlodwigs ein Glücksfall für Papst und Kirche war.

Q2 Aus dem Leben des Heiligen Bonifatius
Buchmalerei, 11. Jahrhundert
Bonifatius wurde um 672 in England geboren. Er zog auf das europäische Festland, um vor allem bei den heidnischen Germanen zwischen Rhein und Elbe zu missionieren. 754 wurde er von heidnischen Friesen ermordet.

E: Beschreibe die beiden dargestellten Szenen.
Nutze dazu auch die CD-ROM.

Q3 Jesus Christus übergibt Apostel Petrus die Schlüssel des Himmelreiches

Mosaik aus der Kirche S. Appollinare Nuovo in Ravenna, 6. Jahrhundert

F: Erkläre, warum dieses Mosaik nicht nur eine Begebenheit aus dem Leben des Apostels Petrus darstellen soll, sondern auch eine politische Aussage hat.

Q4 Über den Vorrang des Bischofs von Rom

Aus einem Beschluss der Bischöfe Italiens, gerichtet an die Bischöfe im Ostteil des Römischen Reiches, 382 n. Chr.:

Die römische Kirche wurde den anderen Kirchen nicht durch Beschlüsse von Bischofsversammlungen vorgezogen, sondern sie hat ihren Vorrang durch das biblische Wort unseres Herrn Jesus: „Du bist Petrus der Fels und auf diesen Felsen will ich meine Kirche bauen (…). Dir will ich die Schlüssel des Himmelreiches geben. Und was du auf Erden binden wirst, wird auch im Himmel gebunden sein. Und was du auf Erden lösen wirst, wird auch im Himmel gelöst sein." Dazu kommt noch die Anwesenheit des heiligsten Apostels Paulus in Rom, der hier an ein und demselben Tage mit Petrus unter Kaiser Nero einen ruhmvollen Märtyrertod gefunden hat. Sie beide haben die heilige römische Kirche durch ihre Anwesenheit und ihren verehrungswürdigen Märtyrertod allen Städten der ganzen Welt vorgezogen. Also ist der oberste Sitz des Apostels Petrus die römische Kirche.

Beschluss der Bischöfe Italiens, zit. nach Peter v. Sivers (Hrsg.), Respublica Christiana: Politisches Denken des orthodoxen Christentums im Mittelalter; sacerdotium ac imperium; John of Salisbury, Thomas von Aquin, Wilhelm von Ockham, Konzilstheoretiker, München 1969, S. 26f. (List) bearb. d. Verf.

Q5 Die zwei höchsten Gewalten

Papst Gelasius schrieb im 5. Jh. an den römischen Kaiser Anastasios:

Zwei Gewalten sind es, durch die an oberster Stelle diese Welt regiert wird: die geheiligte Autorität der römischen Bischöfe und die kaiserliche Macht. (…) Von diesen beiden Gewalten ist die priesterliche Last die schwerere, weil die Priester vor Gottes Gericht auch für die Könige der Menschen verantwortlich sind. (…) Wohl überragt Ihr als Kaiser alle anderen Menschen an Würde, aber Ihr beugt fromm den Nacken vor den Priestern und Bischöfen, von denen Ihr die Mittel für Euer Seelenheil erwartet. In diesen Dingen seid Ihr von den Priestern abhängig, und Ihr dürft sie daher nicht Eurem Willen unterjochen wollen. Wenn Priester und Bischöfe willig anerkennen, dass Euch die kaiserliche Herrschaft auf Erden von Gott übertragen worden ist, und sie daher Euren Gesetzen gehorsam sind, wie freudig muss man dann denen gehorchen, die zur Spendung der göttlichen Sakramente eingesetzt sind. Und wenn das schon gegenüber Priestern und Bischöfen gilt, um wie viel mehr muss man dann dem Papst gehorchen, den Gott über alle Bischöfe gesetzt hat.

Zit. nach Peter v. Sivers (Hrsg.), Respublica Christiana: politisches Denken des orthodoxen Christentums im Mittelalter. München 1969, S. 35ff. (List)

Q6 Eine Schlacht und die Folgen

Über die Bekehrung des Frankenkönigs Chlodwig in der Schlacht gegen die Alemannen im Jahr 496 berichtet der Bischof Gregor von Tours um 590:

Die beiden Heere gerieten heftig aneinander, und Chlodwigs Heer drohte zu unterliegen. Als Chlodwig das sah, blickte er zum Himmel und rief tränenüberströmt: „Jesus Christus, (…) den man Sohn des lebendigen Gottes nennt! Man sagt, dass du den Bedrängten Hilfe und Sieg schenkst. Dich flehe ich an. Wenn du mir den Sieg über diese Feinde schenkst und wenn ich sehe, dass du so stark bist, wie deine Anhänger es behaupten, dann glaube ich an dich und lasse mich taufen. Ich habe nämlich meine Götter angerufen, aber ich sehe, sie helfen mir nicht. (…) Deshalb rufe ich nun dich an. Ich werde an dich glauben, nur müsstest du mich vor meinen Feinden erretten." Kaum hatte er das gesagt, als die Alemannen zu fliehen begannen (…). [Chlodwig hielt sein Versprechen und wurde 498 katholisch getauft.]

Bericht des Bischhofs Gregor v. Tours, zit. nach Bruno Krusch/Wilhelmus Levison (Hrsg.), Libri Historiarum X, Scriptores rerum Merovingicarum, Bd. 1,(Monumenta Germaniae Historica) Hannover 1951, c. 30, S. 75f. (Hahn) übers. d. Verf.

Q7 Chlodwigs Taufe
Bischof Remigius von Reims tauft Chlodwig, französische Buchmalerei, aus der Großen Chronik des Frankenreiches, 14. Jh. Eine Chronik ist eine Geschichtsdarstellung in zeitlicher Reihenfolge.

G: Verfasse zu diesem Bild einen eigenen Text für die Chronik.

Q8 Glückwünsche zur katholischen Taufe

Aus dem Brief eines katholischen Bischofs an den Frankenkönig Chlodwig, 499/500:

Die göttliche Vorsehung hat [in Euch] in unserer Zeit den Richtigen gefunden. Durch Eure Wahl entscheidet Ihr für uns alle: So ist Euer [katholischer] Glaube unser [aller] Sieg. (…) Griechenland [das Oströmische Reich] kann sich über unseren katholischen Fürsten freuen, aber es besitzt die Gnadengabe [des katholischen Glaubens] [nun] nicht mehr allein. Er erleuchtet auch hier die Erde, und durch (…) [Euch] erstrahlt auch dem Abendland sein Licht.(…) Was ist über die glorreichste Feier Eurer Taufe zu sagen? (…) Möge sie dafür sorgen (…), blühendster der Könige, (…) dass künftig die Stärke Eurer Waffen noch kräftiger ist (…). Eines aber hätten wir gerne noch mehr: Wenn Gott schon Euer ganzes Volk durch Euch zu dem seinen machen wird, dann solltet Ihr auch den benachbarten Völkern (…) die Samen des [katholischen] Glaubens ausstreuen.

Avitus v. Vienne, Ep. 46, zit. nach Reinhold Kaiser, Die Franken. Roms Erben und Wegbereiter Europas?, Idstein 1997, S. 87ff. (Schulz-Kirchner) übers. u. bearb. d. Verf.

Q9 Ein auserwähltes Volk?

Wie sich die Franken selber sehen sollten, beschrieb das Vorwort ihres Gesetzbuches 763 n. Chr so:

Das berühmte Volk der Franken [ist] von Gott selbst erschaffen (…), zum katholischen Glauben bekehrt und frei von Irrlehre. Während es noch heidnisch war, suchte es auf Eingebung Gottes nach dem Schlüssel der Weisheit (…). Dann aber empfing durch die Gnade Gottes Chlodwig, der gewaltige und herrliche Frankenkönig, als Erster die katholische Taufe (…). Heil sei Christus, der die Franken liebt. (…) Das drückendste Joch der Römer schüttelten die Franken kämpfend von ihrem Nacken ab, und nach dem [Empfang] der Taufe schmückten sie die von ihnen gefundenen Leichen der Märtyrer (…), die von den Römern (…) [gemordet worden waren].

Lex salica, D. u. E., zit. nach Pierre Riché, Die Karolinger: Eine Familie formt Europa, München 3. Aufl. 1991, S. 110f. (Dt. Taschenbuch Verlag) bearb. d. Verf.

1. Stelle heraus, womit die Bischöfe Italiens den Vorrang des Bischofs von Rom begründen (VT, Q3, Q4).

2. Entscheide und begründe: Geht es bei dem Anspruch der römischen Bischöfe um eine religiöse oder politische Frage?

3. Stelle die Aussagen gegenüber, mit denen Gelasius die Rollen von Papst und Kaiser in der göttlichen Weltordnung beschreibt. Lege dar, in welcher Rangordnung geistliche und weltliche Gewalt nach Gelasius zueinander stehen (Q5).

4. Beschreibe, wie es zur Bekehrung Chlodwigs kommt. Nimm Stellung: Kann man bei Chlodwigs Auffassung vom Christengott und Christentum wirklich von Bekehrung sprechen (Q6)?

5. Zeige auf, welche Bedeutung der Bischof der katholischen Taufe Chlodwigs beimisst. Nimm Stellung: Geht es dem Bischof mehr um Religion oder Machtpolitik (Q8)?

6. Beschreibe, wie die Franken ihr Verhältnis zum Christentum sehen sollten. Sage deine Meinung dazu (Q9).

Symbole erschließen

Symbole
(griech.: symbolon, d. h. Kennzeichen) sind bildhafte Zeichen, die eine bestimmte Bedeutung haben. Als Symbole werden Darstellungen von Menschen, Tieren, Gegenständen, geometrischen Figuren, Buchstaben, aber auch Zahlen oder Farben verwendet.

Im Alltag sind wir von Symbolen umgeben, die etwas kennzeichnen, uns auf etwas aufmerksam machen, etwas verbieten, uns vor Gefahren warnen usw. So bedeutet z. B. ein springender Hirsch auf einem Verkehrsschild: „Achtung, fahren Sie vorsichtig! An dieser Stelle könnten plötzlich Wildtiere die Fahrbahn überqueren." Symbole verraten also viel darüber, was Menschen wichtig ist, welche Gewohnheiten sie haben, wie sie denken oder auch woran sie glauben. Deswegen sind sie genau wie Texte oder Bilder historische Quellen. Die Bedeutung alter Symbole war den damaligen Menschen geläufig, für uns heute ist sie oft kaum noch verständlich. Wir müssen sie daher entschlüsseln.
Das alles trifft auch auf christliche Symbole zu. Sie gehören zu den ältesten Symbolen unserer Lebenswelt. Sie begegnen uns an und in Kirchen, auf Gemälden, an Denkmälern oder an anderen Orten christlicher Religionsausübung. Seitdem Herrscher und Staaten christlich geworden sind, finden wir sie auch als staatliche Symbole. Was bedeutet das? Was können uns diese Symbole über die Herrschaft in der damaligen Zeit erzählen? Am Beispiel einer Münze aus der Regierungszeit Konstantins des Großen kannst du lernen, ein Symbol zu entschlüsseln.

Q1 Münze Kaiser Konstantins des Großen, 327/328

Untersuchen
Das Christusmonogramm benutzten die Christen seit dem 2. Jahrhundert, um sich untereinander erkennen zu geben. Es ist hier fest mit der kaiserlichen Fahne verbunden. Das heißt, Kaiser Konstantin bekennt sich zum Christentum.
Die Schlange ist in der christlichen Vorstellung das Symbol des Bösen. Denn nach christlichem Glauben trägt sie die Schuld daran, dass die Menschen von Gott aus dem Paradies vertrieben wurden. So steht es in der Bibel.
Die Schlange krümmt sich am Boden unter der kaiserlichen Fahne mit dem Christuszeichen. Das kann nur heißen, dass die Schlange und damit das Böse besiegt ist. Darauf deutet auch die Inschrift hin.

Deuten
Die Inschrift und die Symbole auf der Münze von 327/328 zeigen, dass sich das Christentum im 4. Jahrhundert im Römischen Reich durchgesetzt hatte. Das Christuszeichen wird sogar auf kaiserlichen Münzen angebracht. Kaiser Konstantin baut bei seiner Herrschaftsausübung fest auf die christliche Religion. Als christlicher Kaiser überwindet er alles Böse. Das heißt, er sieht sich als Werkzeug Gottes, auf dem alle Hoffnungen der Menschen im Reich beruhen.

Beschreiben
Das Münzbild besteht aus verschiedenen Symbolen und einer Inschrift. Ganz oben siehst du das **Namenszeichen Christi.**

Darunter ist die **kaiserliche Fahne** abgebildet.

Die Fahne steht auf einer **Schlange.**

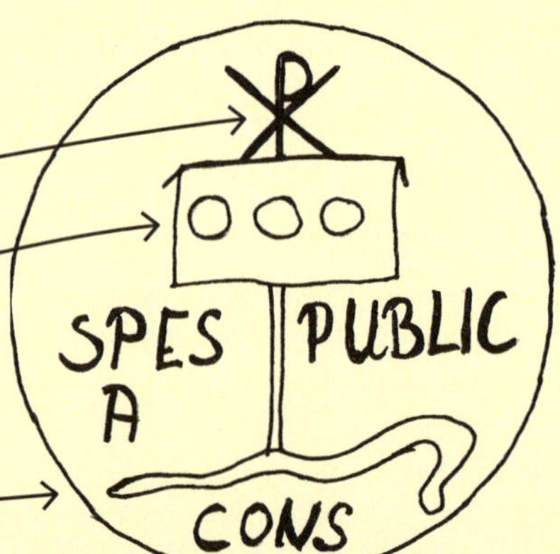

Die Inschrift **SPES PUBLIC A CONS** (Cons steht für Konstantin) heißt: Die allgemeine Hoffnung ruht auf Konstantin.

4. Jh. n. Chr.

5. Jh. n. Chr.

Methodische Arbeitsschritte

1 Beschreiben

- Beschreibe, welche Personen, Tiere, Gegenstände, Zeichen usw. dargestellt sind.
- Entscheide, welche Teile des Dargestellten wirkliche Dinge abbilden und welche symbolische Bedeutung haben.
- Stelle fest, in welchem Zusammenhang das Symbol/die Symbole verwendet werden (z.B. auf Münzen, Gebrauchsgegenständen, Flaggen, Denkmälern usw.).

2 Untersuchen

Finde heraus, was das Symbol oder die Symbole bedeuten. Beachte dabei, dass Symbole in unterschiedlichen Zeiten und Zusammenhängen Verschiedenes bedeuten können.

Wenn du die Bedeutung eines Symbols nicht erschließen kannst, schlage unter dem entsprechenden Stichwort (z.B. „Heiligenschein") in einem Lexikon für Symbole nach. Du kannst auch im Internet recherchieren.

3 Deuten

Ordne die Bedeutung der Symbole in den Gesamtzusammenhang ein und fasse zusammen, was damit ausgesagt wird. Was bedeutete die symbolische Darstellung für die Menschen der damaligen Zeit? Was kann man daraus z.B. über das Denken der Menschen, über religiöse Vorstellungen, über Herrschaftsverhältnisse oder über politische Ziele erfahren?

Q2 Christusmonogramm (Namenszeichen Christi)
Die griechischen Buchstaben X (Chi) und P (Rho) sind die Anfangsbuchstaben des Namens Christus. Die Buchstaben A (Alpha) und ω (Omega) sind Anfangs- und Endbuchstabe des griechischen Alphabets. Das Symbol bedeutet also, Christus ist Anfang und Ende von allem.

Q3 Das Wasserwunder
Ausschnitt aus einer Deckenmalerei in einer Katakombe in Rom, 3. Jahrhundert
Moses schlägt auf Befehl Gottes Wasser aus einem Felsen, um damit die Israeliten in der Wüste vor dem Verdursten zu retten. Es ist das Symbol dafür, dass sich der Mensch in seiner Todesnot auf Hilfe und Rettung durch Gott verlassen kann. Dieses Symbol wurde häufig in der christlichen Kunst verwendet.

Erledigt in Gruppen kleine Forschungsaufgaben und wendet dabei die Arbeitsschritte zur Erschließung von Symbolen an:

a) Untersucht die Symbole an/in einer benachbarten Kirche.
b) Erkundet wichtige islamische Symbole (z.B. Halbmond).
c) Erforscht die Verwendung von christlichen/islamischen Symbolen in Staatswappen/-flaggen von heute.

1. Quiz: zur Durchsetzung des Christentums im Römischen Reich und Frankenreich (Sachkompetenz)
Wähle die richtige Antwort aus und schreibe den eingeklammerten Buchstaben in dein Heft. Formuliere zu dem Lösungswort zwei bis drei Sätze.

Das wichtigste Ereignis für die Entstehung des Christentums war
- die Geburt Christi (E)
- die Kreuzigung Christi (L)
- die Auferstehung Christi (K)

Die „Frohe Botschaft" versprach den Christgläubigen
- ein langes Leben auf Erden (U)
- ewiges Leben im Himmel (O)
- Hilfe in den Christengemeinden (R)

Der erfolgreichste Heidenmissionar war
- der Apostel Paulus (N)
- der Apostel Petrus (S)
- der heilige Bonifatius (I)

Ein wichtiger Grund für die Anziehungskraft der christlichen Gemeinden war, dass ihre Mitglieder
- Zirkusspiele besuchten (H)
- sich an geheimen Orten trafen (T)
- gegenseitige Hilfe als selbstverständlich betrachteten (S)

Die Kaiser Konstantin und Licinius vereinbarten 313 n. Chr.,
- die heidnischen Religionen zu verbieten (B)
- nur noch das Christentum im Römischen Reich zuzulassen (D)
- allen Bewohnern des Reiches die Wahl der Religion freizustellen (T)

Kaiser Theodosius machte das Christentum zur Staatsreligion im Römischen Reich, indem er 391/392
- die Mitsprache der Bischöfe ausschaltete (S)
- alle heidnischen Kulte verbot (A)
- eine allgemein verbindliche (katholische) Christenlehre einführte (T)

Die Päpste in Rom begründeten ihren Vorrang vor allen anderen kirchlichen Würdenträgern damit,
- Nachfolger von Petrus zu sein (N)
- in der früheren Hauptstadt des Reiches zu residieren (R)
- von den Bischöfen gewählt zu sein (V)

In seiner Zwei-Gewalten-Lehre ging es Papst Gelasius vor allem um das Machtverhältnis zwischen
- Papst und Bischöfen (N)
- Papst und Kaiser (T)
- Kaiser und Bischöfen (O)

Chlodwig war der erste Frankenkönig,
- der Christ wurde (H)
- der das Heidentum bekämpfte (G)
- der katholisch wurde (I)

Die Franken verstanden sich als
- Nachfolger der Römer (E)
- auserwähltes Volk Christi (N)
- Bewahrer des germanischen Götterglaubens (T)

2. Ein Bild auswerten: der christliche Glaube im Denken der Menschen (Methodenkompetenz, Urteilskompetenz)
Erläutere einer Gruppe von Museumsbesuchern die Bedeutung der Bilder. Nimm dabei die methodischen Arbeitsschritte zur Auswertung von Bildern zu Hilfe.
Beantworte besonders folgende Fragen:
- Welche Szenen sind auf den drei Bildtafeln dargestellt?
- Welche Bedeutung haben die dargestellten Ereignisse für gläubige Christen?

Q1 Auferstehungsaltar, auf den Seitenflügeln eine Märtyrerszene und die Himmelfahrt Christi, Gemälde von Hans Memling, 1485/90, Louvre, Paris

4. Jh. n. Chr

5. Jh. n. Chr.

Q2 Der gute Hirte, Ausschnitt aus einer Deckenmalerei in einer Katakombe in Rom, frühes 3. Jahrhundert

3. Ein Symbol entschlüsseln: der gute Hirte als christliches Symbol (Methodenkompetenz)
Auf den ersten Blick ist ein Mann mit einem Schaf dargestellt. Doch für Christen hat dieses Bild eine tiefe Bedeutung. Entschlüssele diese Bedeutung mithilfe der methodischen Arbeitsschritte, die du auf der Doppelseite Methodentraining (S. 164/165) gelernt hast. Erläutere, warum dieses Bild an eine ganz zentrale Stelle in einer Katakombe gemalt wurde.

4. Einen historischen Fachbegriff untersuchen: „Konstantinische Wende" (Sachkompetenz, Urteilskompetenz)
Heutige Geschichtswissenschaftler bezeichnen die Politik Konstantins gegenüber dem Christentum und den Christen mit dem Begriff „Konstantinische Wende".
- Übertrage die folgende Tabelle in dein Heft und fülle die rechte Spalte aus.
- Erläutere dann den Begriff durch Vergleich der beiden Spalten.

Die Lage der Christen

vor Konstantin	unter Konstantin
Das Christentum war verboten	
Kultausübung war nur heimlich in Katakomben möglich	
Christ sein war gefährlich	
Bischöfe wurden verfolgt	
Es gab keine öffentlichen christlichen Festtage	

5. Unterschiedliche Perspektiven einnehmen: für seinen Glauben einstehen (Urteilskompetenz)
Eine wahre Begebenheit: 203 n. Chr. wurde die junge Christin Perpetua in Karthago eingekerkert. Sie weigerte sich, dem Kaiser zu opfern. Lieber wollte sie für Christus zur Märtyrerin werden. Andere Christen bestärkten sie darin. Aber ihre heidnischen Eltern flehten sie an, zu opfern, damit sie mit ihnen und ihrem kleinen Sohn weiterleben konnte. Gib deine Meinung dazu wieder:
- Sollte Perpetua auf ihre Eltern hören und opfern? Warum/warum nicht?
- Sollte Perpetua Christus treu bleiben und Märtyrerin werden? Warum/warum nicht?

Tatsächlich entschied sich Perpetua 203 für Christus und das Martyrium. Wie denkst du über sie?

6. Unterschiedliche Perspektiven einnehmen: das Christentum als Religion der Mächtigen (Urteilskompetenz)
Gestaltet ein Gespräch nach:
Aelius und Clemens, zwei einfache christliche Bürger aus Rom, unterhalten sich ca. 325 n. Chr. darüber, warum jetzt unter Konstantin so viele Heiden aus der Schicht der Vornehmen und Reichen Christen werden und manche von ihnen sogar einen Posten als Bischof anstreben. Clemens zweifelt daran, dass sie das wegen der Frohen Botschaft tun und sich für die guten alten Regeln der Christengemeinden interessieren, wo alle gleich und hilfsbereit waren. Aelius sucht ihn zu beschwichtigen.

7. Ein Expertengespräch führen: Religion und Herrschaft (Urteilskompetenz)
Diskutiert das Thema „Hat der Einfluss der Mächtigen das Christentum verändert?" Dafür bereiten vier Gruppen je eine Stellungnahme zu einer der folgenden Behauptungen vor: „Den Herrschern diente das Christentum nur zum Machtgewinn", „Den Päpsten ging es mehr um Macht als um Glauben", „Ohne Konstantin und Theodosius hätte sich das Christentum im Römerreich nicht durchgesetzt", „Chlodwig und die Franken legten den Grundstein für die christliche Kultur in Europa". Die Experten der Gruppen stellen ihre Antworten vor, diskutieren sie und stellen sich abschließend den von der Klasse vorgetragenen Meinungen dazu.

8. Eine Karte auswerfen: die Ausbreitung des christlichen Glaubens (Methodenkompetenz)
Auf der CD-ROM findest du eine dynamische Karte und ein Arbeitsblatt zu diesem Thema. Ordne auf der Zeitleiste der Jahreszahlen die passenden Ergebnisse zu und schreibe zu jedem Datum eine kurze Erläuterung.

Online-Link: 443010-0801

8 Herrschaft im mittelalterlichen Europa

Der fränkische König Karl wurde im Jahr 800 in Rom vom Papst zum Kaiser gekrönt und war damit der mächtigste Herrscher in Europa. Doch das Frankenreich zerfiel bald darauf. Schon um 1000 bildeten sich neue Königreiche in Europa, aus denen sich später Nationalstaaten wie England und Frankreich entwickelten, die heute noch bestehen.

- Wie kam es, dass ein Frankenkönig Kaiser wurde, und warum wurde später immer der deutsche König Kaiser?
- Warum krönte der Papst den Kaiser und wie war sein Verhältnis zum Kaiser?
- Wie regierten die Könige und welche Macht hatten die Fürsten?

700 | 800 | 900 | 1000

476 Der letzte weströmische Kaiser wird abgesetzt.

481–511 Der Merowinger Chlodwig I. regiert Gallien.

754 Der Frankenkönig Pippin wird von Papst Stephan II. gesalbt.

800 Karl der Große wird vom Papst zum Kaiser gekrönt.

936 Der Sachsenherzog Otto I. wird König des Ostfränkischen Reiches.

962 Otto I. wird vom Papst zum Kaiser gekrönt.

Der König vergibt Lehen an einen Bischof und einen weltlichen Fürsten.
Wolfenbütteler Sachsenspiegel, 14. Jahrhundert

Kaiser und Papst auf einem Thron
Heidelberger Sachsenspiegel, 14. Jahrhundert

1100 — 1200 — 1300 — 1400

1066
Die Normannen unter Herzog Wilhelm besiegen den englischen König Harold bei Hastings.

1075–1077
Investiturstreit

1122
Mit dem Wormser Konkordat endet der Investiturstreit zwischen Kaiser und Papst.

1152–1190
Der Staufer Friedrich I. Barbarossa regiert als König und Kaiser.

1215
Der englische König Johann, der Hochadel und die Stadt London schließen einen Herrschaftsvertrag – die Magna Carta Libertatum.

1339–1451
Im Hundertjährigen Krieg gegen Frankreich verliert England seinen Festlandsbesitz.

1356
Die Goldene Bulle gibt den Kurfürsten die Macht der Königswahl.

Der König kniet vor seinem Fürsten.
Malerei in der Sächsischen Weltchronik, vor 1290

Ein neuer Kaiser wird gekrönt

Im Jahr 476 n. Chr. wurde der letzte weströmische Kaiser abgesetzt. Auf dem Gebiet des Weströmischen Reiches herrschten nun germanische Stämme. Wie kam es, dass einer ihrer Führer im Jahr 800 Kaiser werden konnte?

Über die Rivalität zwischen Kaiser und Papst kannst du noch einmal im Kapitel „Die Religion der Mächtigen" auf S. 162 nachlesen.

Der Kaiser und Papst

Nach dem Untergang des Weströmischen Reiches war der ranghöchste Herrscher in Europa der oströmische Kaiser. Er hielt sich für den rechtmäßigen Nachfolger der römischen Kaiser und beanspruchte auch die Hoheit in den westlichen Teilen des ehemaligen Reiches. Kaiser Justinian z. B. sah sich als Stellvertreter Christi auf Erden und Oberhaupt der Christen. Er setzte Bischöfe ein, die für ihn das Reich verwalteten.
Der Papst in Rom erkannte die Rolle des byzantinischen Kaisers an und ließ sich seine Wahl von ihm bestätigen. Doch beanspruchte er als Nachfolger des Apostels Petrus auch eine Führungsrolle in Europa. Andererseits war der Papst auf militärischen Schutz eines mächtigen Herrschers vor herandrängenden Arabern und germanischen Stämmen angewiesen.

A: Stelle in Stichworten einander gegenüber, wodurch sich der König nach alter germanischer und nach christlicher Ansicht auszeichnet.

Die Merowinger gründen das Frankenreich

Im ehemaligen Weströmischen Reich herrschten die germanischen Völker, die den Untergang Roms herbeigeführt hatten. In Gallien gab es mehrere fränkische Stämme, die jeweils von einem König angeführt wurden. Einem dieser Stammeskönige, dem Merowinger Chlodwig, gelang es, die anderen fränkischen Stämme zu unterwerfen. So entstand das Frankenreich. Als erfolgreicher Heerführer wurde Chlodwig von allen Franken als König anerkannt. In ihren Augen bekam ein rechtmäßiger Stammeskönig von den germanischen Göttern besondere Kräfte, das „Königsheil", verliehen, die ihm zum Sieg verhalfen. Äußere Kennzeichen des Königsheils waren neben Vollbart und langen Haaren ein Zepter und das Herrscherschwert.

Königsheil
Mit dem Begriff wird die germanische Vorstellung bezeichnet, dass der König über besondere übermenschliche Kräfte verfügte, die sich vor allem im Kampf zeigten. Auch im Mittelalter war der Glaube an das Königsheil noch lebendig.

Der Aufstieg der Hausmeier

Unter den Nachfolgern Chlodwigs schwand die tatsächliche Macht der Merowinger. Entscheidungen trafen zunehmend ihre obersten Hofverwalter, die Hausmeier. Als die Araber von Nordafrika aus die Iberische Halbinsel besetzten

D1 Herrschaftsbereiche auf dem Gebiet des früheren Römischen Reiches im 8. Jahrhundert

B: Beschreibe die Ausdehnung der drei Machtbereiche. Nenne mithilfe eines Atlasses die jeweils in ihnen liegenden heutigen Staaten.

Q1 Karl wird zum Kaiser gekrönt
Malerei in der Gothaer Weltchronik, um 1270

Q2 Münze Karls des Großen, um 800
Die Umschrift lautet:
„KAROLUS IMP(erator) AUG(ustus)".

C: Beschreibe, wie Karl auf dieser Münze dargestellt wird. Was sagt das über Karls Herrschaftsanspruch aus?

und die Pyrenäen überschritten, schlugen die Franken sie 732 unter dem Hausmeier Karl Martell zurück.

Der Papst als Königsmacher

Karls Sohn Pippin setzte schließlich den schwachen Merowingerkönig Childerich ab, ließ ihn kahl scheren und als Gefangenen in ein Kloster stecken. So nahm er ihm symbolisch das Königsheil und ernannte sich selbst zum König. Um sich die Gefolgschaft der fränkischen Adligen zu sichern, suchte er die Bestätigung durch die christliche Kirche. Der Papst unterstützte ihn und daraufhin wählten die Adligen Pippin 751 zum König. Drei Jahre später salbte der Papst ihn sowie seine Söhne und legte fest, dass nur Pippins Nachkommen Könige werden durften. Als Gegenleistung musste sich Pippin zum Schutz von Kirche und Papst verpflichten. So entstand ein neues Königsgeschlecht. Durch die Salbung ging, so glaubte man, die Kraft von Gott auf den König über, er wurde also „von Gott gekrönt". Diese Begründung von Herrschaft nennt man Gottesgnadentum.

Gottesgnadentum
Der Begriff leitet sich von dem Zusatz „von Gottes Gnaden" (lat.: dei gratia) her, den christliche Herrscher an ihre Titel hängten. Damit wollten sie zeigen, dass sie ihre Macht direkt von Gott hatten. Die Karolinger begründeten so als Erste ihre Herrschaft. Das stärkte sie in ihrem Amt. Denn wer sich gegen sie auflehnte, lehnte sich damit auch gegen Gott auf.

Der Frankenkönig Karl wird Kaiser

Das Bündnis zwischen Papst und König hatte auch nach Pippins Tod Bestand: Als Papst Leo III. 799 bei Auseinandersetzungen mit römischen Adeligen angegriffen wurde, floh er zu Pippins Sohn, König Karl. In der sächsischen Pfalz Paderborn traf er ihn und bat ihn um Hilfe. Karl brach mit seinem Gefolge im August 800 nach Italien auf. In Rom empfing ihn der Papst zwölf Meilen vor der Stadt, wie es früher bei römischen Kaisern Sitte gewesen war. Karl half dem Papst in den folgenden Monaten, die Ordnung in Rom wiederherzustellen. Als Höhepunkt des Aufenthaltes krönte ihn der Papst beim Besuch der Weihnachtsmesse zum Kaiser.

Die Sachsenkriege

In zahlreichen Eroberungszügen dehnte Karl sein Reich aus. Im Nordosten stieß er dabei auf die Sachsen, die erbitterten Widerstand leisteten. Unterlegene Sachsen zwang Karl zur Taufe, indem er ihnen mit dem Tod drohte. Für eigene Niederlagen nahm er grausame Rache. So ließ er 782 Tausende Sachsen bei Verden an der Aller hinrichten. Nach jahrzehntelangen Kämpfen brach Karl den Widerstand der Sachsen endgültig.

Das Siedlungsgebiet der Sachsen findest du auf der Karte S. 177.

Q3 Petrus übergibt Papst Leo und Karl dem Großen die Herrschaftszeichen

Mosaik im Thronsaal des Lateran, um 800

Petrus gibt Leo das Pallium (eine besondere Stola), das Amtszeichen des Bischofs, und Karl das Banner der Stadt Rom. Vermutlich hat Papst Leo III. das Mosaik kurz vor oder nach seiner Reise nach Paderborn für den päpstlichen Palast in Rom anfertigen lassen. Die lateinische Unterschrift lautet übersetzt: „Heiliger Petrus, gib Papst Leo Leben und König Karl Sieg."

D: Finde heraus, wen die Figuren darstellen. Erläutere, woran man das erkennt und was die symbolischen Gegenstände und die Gesten bedeuten. Schließe daraus, wie Leo III. seine und Karls Rolle sah.

Q4 Krönungsbericht aus Rom

Bericht aus einer Lebensbeschreibung Papst Leos III. (795–816), von dem Karl der Große vermutlich eine Kopie erhielt:

Am Tage der Geburt unseres Herrn Jesu Christi waren alle in der schon genannten Basilika des heiligen Apostels Petrus wiederum versammelt. Und da krönte ihn (Karl) der ehrwürdige und segenspendende Vorsteher (d. i. der Papst) eigenhändig mit der kostbarsten Krone. Darauf riefen alle gläubigen und getreuen Römer, die den Schutz und die Liebe sahen, die er (Karl) der römischen Kirche und ihrem Vertreter gewährte, einmütig mit lauter Stimme auf Gottes Geheiß und des heiligen Petrus, des Himmelreiches Schlüsselträger, Eingebung aus: Karl, dem frömmsten Erhabenen, von Gott gekrönten großen und den Frieden schützenden Kaiser, langes Leben und Sieg. (…) Vor der heiligen Grabstätte des seligen Petrus ist das, unter Anrufung vieler Heiliger, dreimal ausgerufen worden, und von allen ist er als Kaiser der Römer eingesetzt worden.

Liber Pontificalis, Vita Leos III., zit. nach Wolfgang Lautemann/Manfred Schlenke (Hrsg.), Geschichte in Quellen. Mittelalter: Reich und Kirche, Bd. 2, München 4. Aufl. 1996, S. 70. (Bayer. Schulbuch-Verlag)

Q5 Krönungsbericht aus Byzanz

Der byzantinische Geschichtsschreiber Theophanes (765–817) schrieb in seiner Chronik:

Im selben Jahre erhoben sich in Rom die Verwandten des seligen Papstes Hadrian, die das Volk auf ihre Seite gebracht hatten, gegen Papst Leon, und nachdem sie ihn gefangen genommen hatten, ließen sie ihn blenden. Sie vermochten aber nicht sein Augenlicht zum Erlöschen zu bringen, da die Leute, die ihn blenden sollten, menschlich mit ihm verfuhren und ihn schonten. Er floh zum Frankenkönig Karl, der grausame Rache an den Feinden des Papstes nahm und ihn wieder auf seinem Thron einsetzte. Seit jener Zeit steht Rom unter der Macht der Franken. Als Belohnung dafür krönte der Papst ihn am 25. Dezember der 9. Indiktio (= im Jahre 800) zum römischen Kaiser in der Kirche des heiligen Apostels Petrus, nachdem er ihn von Kopf bis zu den Füßen gesalbt und ihm das kaiserliche Gewand angelegt und die Krone aufgesetzt hatte.

Chronik d. Theophanes zum Jahre 6289, zit. nach Wolfgang Lautemann/Manfred Schlenke (Hrsg.), Geschichte in Quellen. Mittelalter: Reich und Kirche, Bd. 2, München 4. Aufl. 1996, S. 71.

Q7 Schwert und Kreuz in Sachsen
Buchmalereien, Frankreich, 14. Jahrhundert

Q6 Krönungsbericht aus Aachen
Einhard war Vertrauter und Berater Karls und schrieb eine Biografie über Karl den Großen, 835:
So hoch er (Karl) sie (die Stadt Rom) auch ehrte, so kam er während der siebenundvierzig Jahre seiner Regierung doch nur viermal dorthin, um sein Gelübde zu erfüllen und zu beten. Seine letzte Reise hatte nicht darin allein ihren Grund, sondern sie wurde auch dadurch veranlasst, dass Papst Leo durch die vielen Misshandlungen, die er von Seiten der Römer erlitten hatte, indem sie ihm nämlich die Augen ausrissen und die Zunge abschnitten, sich genötigt sah, den König um Schutz anzuflehen. Er kam also nach Rom und brauchte daselbst den ganzen Winter, um die Kirche aus der überaus großen Zerrüttung, in die sie verfallen war, zu reißen. Damals war es, dass er die Ernennung zum Kaiser und Augustus empfing; das war ihm zuerst so zuwider, dass er versicherte, er würde an jenem Tage, obgleich es ein hohes Fest war, die Kirche nicht betreten haben, wenn er des Papstes Absicht hätte vorherwissen können. Den Hass der römischen (oströmischen, byzantinischen) Kaiser, die ihm die Annahme des Kaisertitels sehr verübelten, trug er mit großer Gelassenheit, und mit der Hochsinnigkeit, in der er ohne alle Frage weit über ihnen stand, wusste er ihren Trotz zu besiegen, indem er häufig durch Gesandtschaften mit ihnen verkehrte und sie in seinen Briefen als Brüder anredete.

Einhardi, Vita Karoli Magni, Kap. 27, 28, 30, zit. nach Wolfgang Lautemann/Manfred Schlenke (Hrsg.), Geschichte in Quellen. Mittelalter: Reich und Kirche, Bd. 2, München 4. Aufl. 1996, S. 71. (Bayer. Schulbuch-Verlag)

Q8 Ein wildes Volk?
Karls Berater Einhard berichtet 835 über die Sachsenkriege:
Nach Beendigung dieses Krieges wurde der sächsische, der nur unterbrochen schien, wieder aufgenommen, der langwierigste, grausamste und für das Frankenvolk anstrengendste, den es je geführt hat. Denn die Sachsen, die wie fast alle Völker auf dem Boden Germaniens wild von Natur, dem Götzendienst ergeben und gegen unsere Religion feindselig waren, hielten es nicht für unehrenhaft, göttliches und menschliches Recht zu schänden und zu übertreten. Dazu kamen noch besondere Umstände, die jeden Tag eine Störung des Friedens verursachen konnten: Die Grenze zwischen uns und den Sachsen verlief fast überall in der Ebene, mit Ausnahme weniger Stellen, wo größere Waldungen oder Bergrücken das beiderseitige Gebiet klar trennen; hier nahm denn Totschlag, Raub und Brandstiftung auf beiden Seiten kein Ende.
Das erbitterte die Franken so, dass sie nicht mehr bloß Gleiches mit Gleichem heimgeben, sondern offen Kriege mit ihnen führen wollten.

Einhardi, Vita Karoli Magni, zit. nach Reinhold Rau (Hrsg.), Quellen zur karolingischen Reichsgeschichte, Bd. 1, Darmstadt 1955, S. 173ff. (Wiss. Buchges.)

1. Vergleiche die Quellen zur Kaiserkrönung Karls in Rom. Trage zunächst aus den Texten zusammen, was Weihnachten 800 in Rom geschehen ist. Benenne dabei die Widersprüche zwischen den drei Darstellungen. Beschreibe, wie jeder einzelne Verfasser über das Ereignis berichtet, indem du ihre Wortwahl untersuchst. Vergleiche danach die drei Berichte und erläutere die Sichtweisen der Verfasser (Q4–Q6).

2. Beschreibe, wie Karl die Sachsen unterwarf. Erläutere, wie Einhard die Kriege sieht (VT, Q8).

3. Nach Karl dem Großen ist der Aachener Karlspreis benannt, der Politikern verliehen wird, die sich für Europa eingesetzt haben. Überlege, warum Karl als Vorbild gewählt wurde, und sage, was du davon hältst.

Wie lebt und regiert der König?

Das Frankenreich reichte um 800 von der Nordsee bis zum Mittelmeer, vom Atlantik bis an die Elbe. 1150 km mussten reitende Boten zwischen Aachen und Rom überwinden. 1500 km hatten sie zwischen den spanischen und sächsischen Grenzprovinzen zurückzulegen. Wie konnte der König ein solches Reich regieren?

Der König braucht Helfer

Ein so großes Reich konnte niemand alleine regieren. Der König vergab daher Ämter an Grafen, Bischöfe und Äbte, die ihm als Heerführer, Berater oder Gesandte zur Seite standen. Diese stammten meist aus Adelsfamilien und sollten für den König Steuern einziehen, Recht sprechen und Männer zum Wehrdienst verpflichten. Ihr Einfluss wurde aber manchmal für den König gefährlich. Um Aufstände zu vermeiden, ließ Karl der Große daher bedrohte Grenzgebiete von besonders treuen Markgrafen verteidigen. Diese ließ er wiederum von Königsboten kontrollieren.

Wenn du wissen willst, wie Karl der Große als „Reisekönig" sein Reich regierte, schau auf der CD-ROM nach.

A: Verbinde die einzelnen Stationen, um die Reisen nachzuvollziehen.

Der Hof unterwegs – das Reisekönigtum

So oft wie möglich musste sich der König selbst zeigen. Wenn er nicht auf Kriegszug war, schlichtete er unterwegs Streit zwischen Adligen, hielt Gericht, warb um Hilfe und stellte seine königliche Macht zur Schau. Mit seinem großen Gefolge bildete der „Reisekönig" die bewegliche Schaltzentrale des Reiches. Er übernachtete bei Bischöfen, in Abteien oder in den Pfalzen. Nach der Kaiserkrönung reiste Karl weniger, sondern ließ seine Aachener Pfalz zum ständigen Regierungssitz ausbauen. Dichter bezeichneten den neuen Palast wegen seiner herausragenden Architektur als „zweites Rom". Im Gegensatz zu den meist schlichten Holzhäusern der früheren Königshöfe besaß er steinerne Kuppeln. Die Pfalzkapelle, das damals höchste Gebäude nördlich der Alpen, war ein doppelstöckiges Achteck, was als Zeichen für kaiserliche Vollkommenheit galt.

Pfalz
Seit dem Frühmittelalter entstanden Stützpunkte für den herumreisenden König. Diese (Königs-)Pfalzen waren meist große befestigte Gutshöfe, die ihn und sein Gefolge versorgten. Häufig befanden sie sich auf Königsgut, also auf Land, das der Königsfamilie gehörte, und lagen etwa eine Tagesreise zu Pferd auseinander.

Ämter und Aufgaben am Hof

Der Hof umfasste neben der königlichen Familie weltliche und geistliche Gefolgsleute, denen der König wichtige Ämter übertrug: Der Marschall war für den Stall, die Rüstkammer und die Reiseplanung zuständig, der Truchsess sorgte für die Verpflegung, der Mundschenk für die Getränke, und der Kämmerer kümmerte sich um Hofhaltung und königlichen Schatz. Vertraute setzte der König auch als Heerführer, Königsboten oder Beisitzer im Hofgericht ein.

B: Erstelle eine Tabelle: Schreibe in eine Spalte die Hofämter und in die andere, welche Aufgaben damit verbunden waren.

D1 Modell der Aachener Pfalz
Rekonstruktion
Heute steht nur noch die Kapelle (1). Das angrenzende Gebäude (2) erhielt den Namen „Lateran", wie der päpstliche Palast in Rom. Dort konnte der Papst bei Besuchen wohnen. In der großen Königshalle (3) hielt der Kaiser Gericht und empfing Gesandte.

C: Zeige die einzelnen Elemente auf, aus denen die Aachener Kaiserpfalz bestand.

Q1 Blick in die Aachener Pfalzkapelle
Im ersten Stock steht der Thron des Kaisers.

D: Erläutere die Bauweise der Pfalzkapelle. Erkläre, wie sich die Stellung Karls des Großen in dem Kirchenraum zeigt.

Q2 Reitender König
Diese Bronzestatue gilt als Abbild Karls des Großen, (24 cm hoch), 9. Jahrhundert.

Unter Oberaufsicht des Erzkanzlers, meist ein schreibkundiger Geistlicher, verwaltete die Kanzlei die Königsgüter und schrieb die Urkunden. Die Geistlichen der Hofkapelle waren für den Gottesdienst verantwortlich und galten als wichtigste Ratgeber des Herrschers. Aus ihrem Kreis ernannte er häufig Bischöfe und Äbte. In den Annalen, einem Jahrbuch, hielten sie alle wichtigen Ereignisse schriftlich fest.

Der König vergibt Lehen

Da sich der König die Treue seiner Gefolgsleute sichern musste, versprach er ihnen Schutz und gab ihnen ein Lehen, d. h. er lieh ihnen Land und die darauf lebenden Leute. Dafür waren sie ihm, dem Lehnsherrn, als Lehnsleute oder Kronvasallen zu militärischem Beistand und hilfreichem Rat verpflichtet. So entstand nach und nach das Lehnswesen.
Auch Frauen konnten später ein Lehen annehmen, wenn sie einen männlichen Vertreter einsetzten, der ihre Lehnspflichten erfüllte. Die Kronvasallen verliehen auch Land weiter. Zu Beginn des 9. Jahrhunderts hatte der König etwa 2000–4000 Kronvasallen, die jeweils mit etwa 30 Hufen (Hufe: bäuerlicher Hof mit ca. 10 ha Land) ausgestattet waren und insgesamt 30–40 000 Untervasallen hatten. Die Untervasallen waren aber nur ihren direkten Lehnsherren zur Treue verpflichtet und konnten später sogar von verschiedenen Lehnsherren gleichzeitig Lehen annehmen.
Das Lehen wurde bei Tod oder Treuebruch eines Lehnspartners eingezogen und wieder neu verliehen. Mächtige Vasallen konnten auch ihr Lehen militärisch verteidigen, wenn der Lehnsherr es einziehen wollte. Die Könige machten zunehmend Zugeständnisse an die Kronvasallen, wenn sie auf sie angewiesen waren. 1232 verfügte schließlich Kaiser Friedrich II., dass Kronlehen erblich wurden.

E: Stelle in einer Zeichnung mit Beschriftung dar, wie das Lehnswesen funktioniert.

Q3 Wie funktioniert das Lehnswesen?
Sachsenspiegel, 13. Jahrhundert

Die Verbindung zwischen Lehnsherrn und Vasall wurde in einem feierlichen Akt hergestellt.
Nach dem Handgang oder der Huldigung, bei der sich der Vasall symbolisch unterwarf, schworen sich beide gegenseitig Treue und der Lehnsherr übergab einen Gegenstand, häufig eine Fahne oder einen Schlüssel, der für das Lehen stand.

F: Ordne die Handlungen den Bildern zu.

a. Vasallen huldigen dem Lehnsherrn.
b. Ein Vasall gibt Ratschläge.
c. Abt und Äbtissin vergeben ein Lehen.
d. Eine Kirche wird als Lehen vergeben.
e. Ein Vasall legt den Lehnseid ab.
f. Eine Burg wird als Lehen vergeben.

Tipp: Hier siehst du, welche Bedeutung einzelne Gesten hatten.

Handgang = sich in jemandes Hände begeben
Die Hände werden ineinandergelegt.

Huldigung = jemandem die Ehre erweisen, ihn als Herren anerkennen
Die Knie werden gebeugt.

einen Eid ablegen
Die Schwurhand wird erhoben.

einen Ratschlag erteilen
Der Zeigefinger wird gestreckt.

Q4 Aufruf zur Heeresversammlung
Ein Befehl Karls des Großen an Abt Fulrad von Altaich (Bayern), 804:

Wir teilen dir mit, dass wir in diesem Jahr den großen Reichstag nach Ostsachsen zusammengerufen haben, und zwar nach Staßfurt an der Bode. Deshalb befehlen wir dir, am 17. Juni mit allen deinen wohlbewaffneten und ausgerüsteten Leuten an dem genannten Platze dich einzustellen. (…) Jeder Berittene soll Schild, Lanze, Schwert und Hirschfänger haben, dazu Bogen, Köcher mit Pfeilen, und eure Packwagen sollen Vorräte aller Art mitführen, Spitzhacken, Äxte, Bohrer, Beile, Spaten, eiserne Grabscheite und alle anderen Werkzeuge, die man bei einem Feldzug braucht. Die Lebensmittel müssen vom Reichstage an gerechnet drei Monate reichen, Waffen und Bekleidung ein halbes Jahr.

MG Kap. reg. Franc. I., Nr. 75, S. 168, zit. nach Wolfgang Lautemann/Manfred Schlenke (Hrsg.), Geschichte in Quellen. Mittelalter: Reich und Kirche, Bd. 2, München 4. Aufl. 1996, S. 76f.

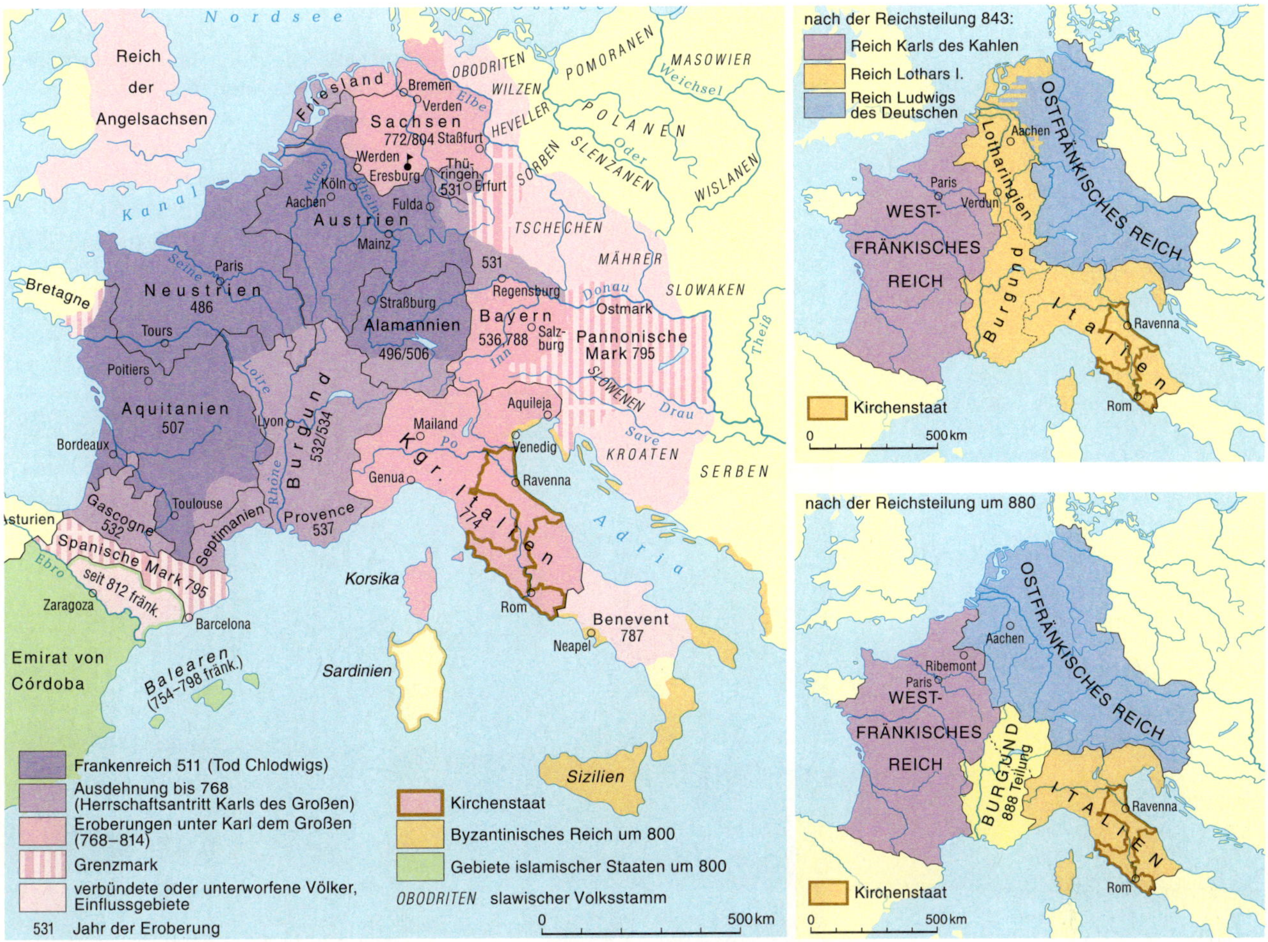

D2 Das Frankenreich von den Eroberungen Karls des Großen bis zu den Reichsteilungen

G: Beschreibe, wie sich das fränkische Reich während der Regierungszeit Karls des Großen veränderte. Überlege mithilfe der Informationen im Verfassertext und einer physischen Karte, welche Bedeutung das für die Hofhaltung und die Verwaltung des Reiches hatte.

1. Erläutere das Verhältnis zwischen Abt Fulrad und Kaiser Karl (Q4). Ziehe dazu auch die Informationen über das Lehnswesen heran. Beschreibe, welche Pflichten der Abt dem Befehl nach erfüllen musste.

2. Erläutere anhand der Karte die besondere Situation der Marken und des Kirchenstaates. Beschreibe dann die Veränderungen unter den Nachfolgern Karls bis 880 (D2).

3. Vermerke in einer Liste alle Maßnahmen, die Karl der Große ergriff, um seine Macht zu festigen und auszubauen. Schätze ein, inwieweit ihm das gelungen ist (VT, Q3, Q4, D2).

Bilder untersuchen

Bilder sind eine wichtige Gruppe von historischen Quellen. In diesem Buch findest du die unterschiedlichsten Gattungen: Vasenmalereien, Buchmalereien, Plakate oder Fotografien. Bilder können uns Aufschlüsse über das Aussehen von Personen, Geräten oder Gebäuden aus vergangenen Zeiten geben. Wir können aus ihnen etwas über alltägliche Handlungen – zum Beispiel in der Landwirtschaft – erfahren. Bilder können uns aber auch zeigen, welche Vorstellungen von menschlichen Zusammenleben, von Herrschaft oder von Religion Menschen früher hatten. Wie alle Quellen muss man Bilder genau untersuchen, um ihre Aussage verstehen zu können. Das hier abgedruckte Bild ist eine mittelalterliche Buchmalerei.

Mittelalterliche Buchmalerei

Die mittelalterliche Buchmalerei stellt ihre Gegenstände nicht so dar, wie sie in Wirklichkeit aussehen. Die Bilder sind nicht perspektivisch: die Größen- und Raumverhältnisse „stimmen nicht". Wer wichtiger ist, wird größer dargestellt; das nennt man Bedeutungsperspektive. Die Darstellung gibt nicht das tatsächliche Aussehen der Personen wieder: Alle Gesichter sehen fast gleich aus. Es geht nicht um die Einzelperson, sondern um den Stand, zu dem sie gehört. Die Gestik hat eine besondere Bedeutung, die Hände sind oft vergrößert dargestellt. Die Figuren sind flächig gemalt, ohne Licht und Schatten.

Umgebung und Hintergrund der Bilder sind nur angedeutet und stark vereinfacht. Ein Rundbogen oder ein Dach steht für ein Haus oder eine Burg, wenige Bäume bezeichnen eine ganze Landschaft. Auch die Farben entsprechen nicht der Natur. Die Bilder stellen nicht etwas Besonderes und Einmaliges dar, sondern etwas Typisches, was immer gilt und immer wieder vorkommt.

Perspektive: Blickwinkel

Zentralperspektive: Eine Szene wird so dargestellt, dass sie auf einem zweidimensionalen Bild dreidimensional erscheint; das Bild erweckt den Eindruck von räumlicher Tiefe.

Aufsicht: Ein Bild ist so gemalt (oder gezeichnet oder fotografiert), dass der Blick des Betrachters von oben auf die Darstellung fällt; Figuren und Gegenstände wirken klein.

Untersicht: Ein Bild ist so gemalt (oder gezeichnet oder fotografiert), dass der Blick des Betrachters von unten auf die Darstellung fällt; Figuren und Gegenstände wirken groß.

Q1 Evangeliar Ottos III.
Ein Evangeliar war eine für den Gottesdienst bestimmte Prachthandschrift. Dieses Evangeliar ist 998 im Kloster Reichenau (am Bodensee) entstanden. Insgesamt enthält das Evangeliar 45 Bilder. Dieses Kloster war berühmt für seine Buchmalereien. Weil es zur Regierungszeit von Kaiser Otto III. (Kaiser von 996–1002) entstanden ist, bezeichnen die Historiker die Handschrift als „Evangeliar Ottos III."

8. Jh. n. Chr. 15. Jh. n. Chr.

Methodische Arbeitsschritte

1 Beschreiben
- Beschreibe deinen ersten Eindruck von dem Bild.
- Stelle fest, was darauf besonders ins Auge fällt.
- Nenne Einzelheiten, die du auf dem Bild siehst.

2 Untersuchen
- Benenne das Thema des Bildes.
- Finde heraus, welche einzelnen Personen, historischen Ereignisse, Gegenstände dargestellt sind. (Hierfür benötigst du oft Zusatzinformationen.)
- Analysiere die verwendeten Darstellungsmittel:
- Bildaufbau (Bildteile; Vorder-, Mittel-, Hintergrund; besondere Anordnung)
- Perspektive (Zentral- oder Bedeutungsperspektive; Auf- oder Untersicht)
- Figurendarstellung (Körperhaltung; Blickrichtung; Mimik; Gestik)
- Größenverhältnisse
- Licht- und Farbwirkungen

3 Deuten
- Formuliere die Gesamtaussage des Bildes.
- Erkläre, welche für die Zeit typischen Sichtweisen, Vorstellungen oder Haltungen das Bild deutlich werden lässt.

Beschreiben
Im Mittelpunkt des Bildes befindet sich eine große sitzende Gestalt. Sie trägt eine Krone. In der linken Hand hält sie eine Kugel mit einem Kreuz, in der rechten einen Stab. Zu ihren beiden Seiten stehen jeweils zwei Männer, die zu ihr hinblicken. Die (vom Betrachter des Bildes aus gesehen) rechts stehenden tragen Waffen (Schwert, Lanze, Schild), die links stehenden Bücher. Jeweils die vordere Gestalt hat graues oder weißes Haar, die dahinter dunkleres. Die vordere rechte Figur trägt ein knielanges Gewand und einen Umhang (wie auch die Hauptfigur), die anderen tragen lange Gewänder. Im Hintergrund der Szene ist ein Dach zu sehen. Es ruht auf zwei verzierten Säulen. An ihnen ist ein Vorhang befestigt.

Untersuchen
Das Bild zeigt den Kaiser. Er sitzt auf einem Thron und ist mit den Zeichen seiner Herrschaftsmacht versehen: Krone, Szepter und Globus. Die beiden Figuren (vom Betrachter aus gesehen) rechts neben ihm sind an ihren Waffen als Krieger, als (alte und junge) Vertreter des Adels zu erkennen. Die beiden Figuren auf der linken Seite sind (alte und junge) Vertreter der hohen Geistlichkeit, erkennbar an den Büchern (es sind Bibeln) in ihren Händen, an ihrer Tonsur (die Geistlichen trugen damals eine künstliche „Glatze") und an ihrer Kutte. Sie tragen ein schmales, mit Kreuzen besticktes Band auf ihrem Gewand. Dieses so genannte Pallium war ein Zeichen für die höchsten Geistlichen, die Erzbischöfe.
Obwohl der Kaiser sitzt, ist er größer als die anderen Personen. Die Größe, in der er dargestellt ist, gibt seine besondere Bedeutung wieder (Bedeutungsperspektive). Außerdem befindet er sich in der Mitte des Bildes. Er blickt geradeaus, die anderen Figuren sind ihm zugewandt und blicken ihn an. Der vordere Bischof hat seine Hand auf die Seitenlehne des Throns gelegt; der vordere Adelige hebt seine Hand bittend zum Kaiser hin: Beide suchen die Nähe zum Herrscher. Selbst wenn der Kaiser seine Herrschaftszeichen nicht tragen würde: Wer das Bild anschaut, erkennt sofort, dass er die wichtigste Person ist.
Dach, Säulen und Vorhang stellen keine wirkliche Architektur dar. Sie sollen einen Palast andeuten.

Deuten
Diese Malerei ist ein Huldigungsbild. Es soll den Kaiser in seiner ganzen Macht zeigen. Adel und Geistlichkeit verehren ihn. Obgleich das Bild in der Herrschaftszeit Ottos III. entstanden ist, geht es nicht darum, ihn selber als Herrscher darzustellen. Vielmehr soll die Bedeutung des Kaisers an sich gezeigt werden: Diese Herrschaft gilt immer, losgelöst von bestimmten Personen und von einer bestimmten Zeit; genauso wenig ist ja auch ein bestimmter Ort zu sehen. Dieses Bild zeigt uns also die Vorstellung von Kaiserherrschaft, die um 1000 galt.

Das deutsche Reich entsteht

Das Frankenreich wurde nach Karls Tod mehrfach geteilt. Die bedeutendsten Nachfolgestaaten waren das Westfränkische Reich, Kern des späteren Frankreich, und das Ostfränkische Reich, das zum „deutschen" Reich wurde. Ein Gründungsjahr des „deutschen" Reiches gibt es nicht, und selbst der Name wurde damals nicht verwendet. Warum war das so?

Q1 Reichskrone
10. Jahrhundert, Kulturhistorisches Museum Wien
Die seitlichen Goldplatten ergeben ein Achteck. Das Emaillebild zeigt den zwischen zwei Engeln thronenden Christus mit der Inschrift „Durch mich regieren die Könige". Auf den anderen Platten sind die alttestamentarischen Könige David und Salomon abgebildet. Über Salomon steht: „Fürchte Gott und meide das Unrecht".

A: Erläutere die jeweilige Rolle der Kaiserinnen Adelheid und Theophanu.

Der Herzog von Sachsen wird König des Ostfränkischen Reiches

Karl der Große hatte 806 festgelegt, dass es nur einen fränkisch-römischen Kaiser geben dürfe, die fränkische Königswürde aber teilbar sei. Daher teilten Karls Nachfahren das Großreich bis 880 in immer neue Teilreiche auf. Als das Karolingergeschlecht ausstarb, wählten die Herzöge 919 Heinrich, den Herzog von Sachsen, zum neuen König des Ostfränkischen Reiches. Seine Kriegserfolge gegen die einfallenden Ungarn ließen das Ansehen seiner Familie so sehr wachsen, dass 936 Vertreter aller Stämme – Sachsen, Friesen, Thüringer, Franken, Schwaben (Alemannen), Bayern und Lothringer – Heinrichs Sohn Otto I. zu seinem Nachfolger wählten.

Otto I. erneuert das Kaisertum

Zu Beginn seiner Herrschaft war die Stellung Ottos I. durch zahlreiche Aufstände gefährdet, die die Herzöge gegen ihn anstifteten. Um seine königliche Herrschaft zu stärken, besetzte der König die Bischofssitze mit treuen Männern aus einflussreichen Familien. Er brauchte nicht zu befürchten, dass die ehelosen Geistlichen Ämter und verliehene Kirchengüter nach ihrem Tod weitervererbten. Ein Sieg über die Ungarn auf dem Lechfeld bei Augsburg 955 stärkte Ottos Stellung dann auch gegenüber den Herzögen. Schließlich krönte der Papst ihn 962 in Rom zum Kaiser – wie einst Karl den Großen. Seit dieser Erneuerung des Kaisertums erhielt immer der jeweilige Herrscher des Ostfränkischen Reiches die Kaiserkrone.

Zwei mächtige Kaiserinnen

Otto I. konnte seinen Herrschaftsanspruch in den Königreichen Italien und Burgund festigen, als er die 20-jährige Adelheid heiratete. Denn sie war eine burgundische Prinzessin und die Witwe des früheren italischen Königs. Zwei ihrer vier Kinder überlebten, so auch der Thronfolger Otto II. Damit hatte diese Ehe nach damaligem Verständnis schon zwei wichtige Funktionen erfüllt: nämlich Söhne zu gebären und Thronansprüche zu festigen. Da für Ottos I. Sohn nur eine ranggleiche christliche Kaisertochter als Ehefrau in Frage kam, wurde Otto II. 16-jährig mit der vier Jahre jüngeren Prinzessin Theophanu von Byzanz verheiratet. Bei der Trauung 972 in Rom wurde auch sie, wie zuvor Adelheid, zur Kaiserin gekrönt und in ihrer Heiratsurkunde als „Mitkaiserin" angesprochen. Nach dem frühen Tod ihres Mannes übernahm Theophanu 983 sogar die Regentschaft für ihren dreijährigen Sohn Otto III. und sicherte ihm so die Herrschaft.

Vom Ostfränkischen zum „deutschen" Reich

Im Gegensatz zu den Karolingern übergaben die ottonischen Könige ihr Reich dem jeweils ältesten Sohn als Thronfolger. Dadurch blieb es als politische Einheit bestehen. Im frühen 11. Jahrhundert wurde es erstmals als „deutsches" Reich bezeichnet. Das Wort „theodisca" (d. h. deutsch) bezog sich dabei aber zunächst nur auf die gemeinsame germanische Volkssprache. Viele Bewohner betrachteten sich nämlich noch eher als Franken, Bayern oder welchem Stamm sie auch angehörten. Die Herrscher nannten sich auch deswegen nicht deutsche Könige, weil sie als Kaiser den Anspruch hatten, über viele Königreiche und Völker zu herrschen. Ihr Reich wurde als „Heiliges Römisches Reich" bezeichnet.

Heiliges Römisches Reich
Diese Bezeichnung kommt im 13. Jahrhundert auf, erst ab dem 14. Jahrhundert wird daran der Zusatz „Deutscher Nation" gehängt. Seit dem 11. Jahrhundert umfasst es das Ostfränkische Königreich, d. h. die deutschen Gebiete, die später auch deutsches Königreich genannt werden, das Königreich Italien und das Königreich Burgund (bis zum 15. Jahrhundert). Das Heilige Römische Reich bestand bis 1806.

D1 Das Reich zur Zeit Ottos des Großen (936–973)

B: Vergleiche das Reich der Ottonen mit dem der Karolinger: Welche Gebiete umfassten die jeweiligen Reiche? Welche heutigen Staaten liegen auf dem Gebiet des ottonischen Reiches?

Q2 Otto I. wird zum König erhoben

Der Bericht des Chronisten Widukind von Corvey (925–973):

Als (…) Heinrich gestorben war, wählte das ganze Volk der Franken und Sachsen seinen Sohn Otto, der schon von seinem Vater zum König bestimmt worden war, zum Fürsten. Als Ort der allgemeinen Wahl wurde Aachen festgesetzt. (…) Dort versammelten sich die Herzöge und die hohen Vasallen mit den anderen Vornehmen in der Säulenhalle der Basilika Karls des Großen und führten ihren neuen Herrscher zu einem dort errichteten Thron. Sie reichten ihm die Hände und versprachen ihm Treue und gelobten ihm Beistand gegen alle seine Feinde, und so machten sie ihn nach ihrer Sitte zum König. Währenddessen erwartete der (Erzbischof von Mainz) mit dem gesamten Klerus und dem Volke im Inneren der Basilika den Einzug des neuen Königs. Als dieser eintrat, ging ihm der Erzbischof entgegen, berührte mit seiner Linken die Rechte des Königs, während er in seiner eigenen Rechten den Krummstab trug. (…) Nun wandte er sich dem Volk, das ringsumher stand, (…) zu: „Sehet her!“, rief er, „hier zeige ich euch den von Gott erwählten und von König Heinrich bestimmten, jetzt von allen Fürsten gekürten König Otto; wenn euch die Wahl recht ist, dann hebt die rechte Hand zum Himmel empor!“ Darauf rief die ganze Menge dem neuen Herrscher mit erhobener Hand und gewaltigem Getöse Heil. Dann schritt der Erzbischof mit dem König (…) hinter den Altar, auf dem die königlichen Insignien gelagert waren (…). Er (…) nahm das Schwert (…), wandte sich zum König und sprach: „Empfange dieses Schwert, mit dem du alle Feinde Christi austreiben sollst, die Heiden und die schlechten Christen, da dir durch Gottes Willen alle Macht im gesamten Reich der Franken gehört, damit allen Christen der Friede gewiss sei.“ Dann bekleidete er ihn mit dem spangengeschmückten Mantel. (…) Schließlich ergriff er Zepter und Stab. (…) Dann wurde der König durch die Erzbischöfe (von Mainz und Köln) mit dem heiligen Öle gesalbt und mit der goldenen Krone gekrönt, und (…) zum Thron geleitet.

Widukind II, Kap. 1, 2, zit. nach Wolfgang /Manfred Schlenke (Hrsg.), Geschichte in Quellen. Mittelalter: Reich und Kirche, Bd. 2, München 4. Aufl. 1996, S. 146f. (Bayer. Schulbuch-Verlag) bearb. d. Verf.

1. Markiere die einzelnen Schritte der Krönung Ottos und finde eine Überschrift für jeden Abschnitt (Q2). Wer ist an der Zeremonie beteiligt? Welche symbolische Aussage haben die einzelnen Handlungen jeweils?

2. Beschreibe, wie in der Reichskrone der Herrschaftsanspruch des ottonischen Kaisertums begründet wird. Erläutere, wie sich dies auch Tradition in der Krönungszeremonie widerspiegelte (VT, Q1, Q2).

Urkunden auswerten

Sicher hast du mal nach einem Wettkampf eine Urkunde als Beweis für deine Leistungen erhalten. Etwas zu beweisen war auch der Zweck mittelalterlicher Urkunden. Sie geben Auskunft über wichtige Handlungen, Rechte, Beschlüsse oder Besitzveränderungen, die wahrheitsgetreu überliefert werden sollten. Viele Fakten können in diesem Geschichtsbuch nur erwähnt werden, weil Historiker viele Urkunden gelesen, miteinander verglichen und daraus ihre Schlüsse gezogen haben. Damit eine Urkunde gültig war, mussten ihre Verfasser – wie in formellen Briefen – bestimmte Formen einhalten und sie beglaubigen. Wenn du diese Formen kennst, kannst du Urkunden besser verstehen.

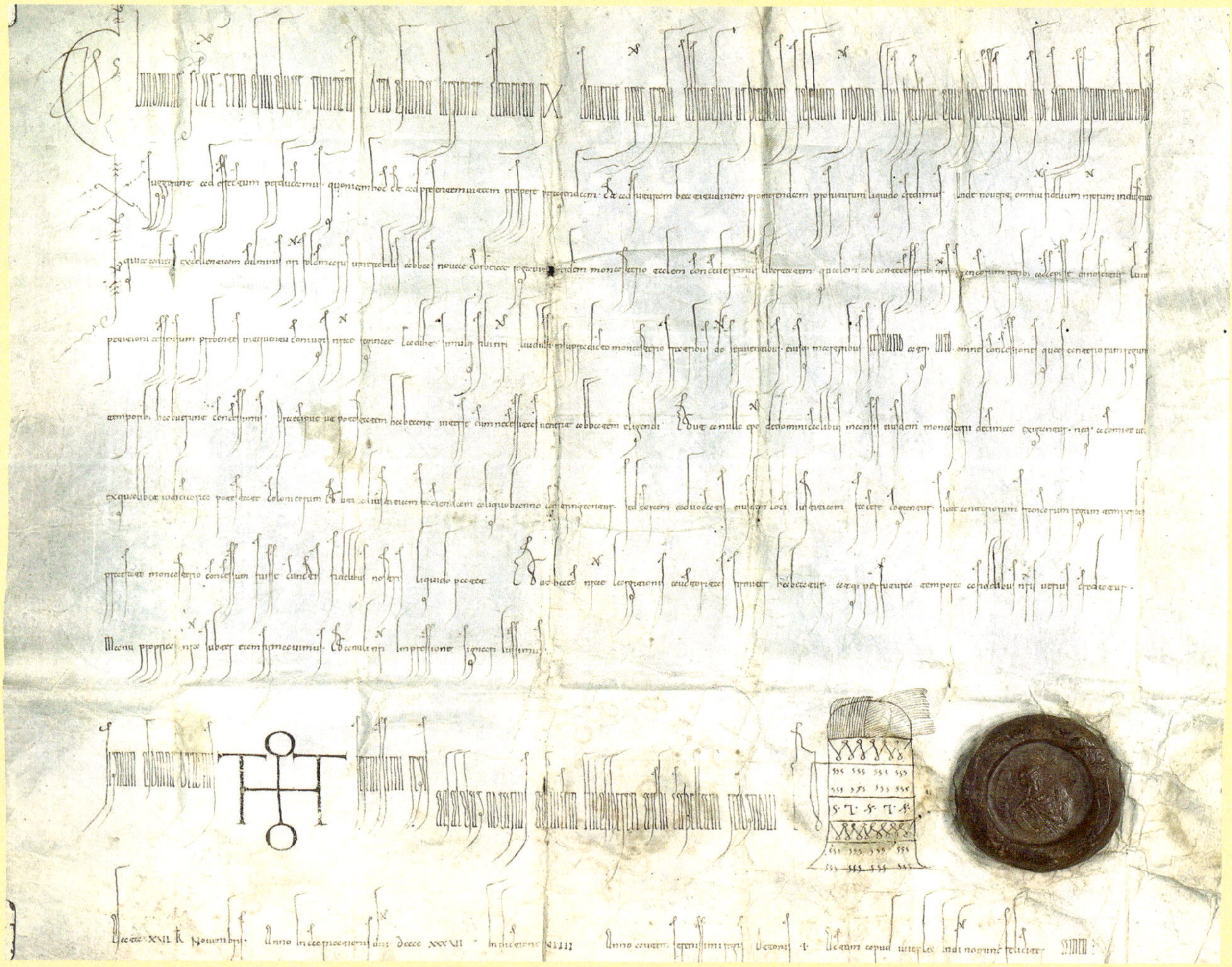

Q1 Urkunde Ottos I. für Kloster Corvey
Diese Urkunde wird im nordrhein-westfälischen Staatsarchiv in Münster verwahrt. Sie wurde in Latein verfasst, rechts eine deutsche Übersetzung (Q2).

Aufbau einer Urkunde
Die meisten mittelalterlichen Urkunden sind in drei Teile gegliedert:
- In der Einleitung findest du meist die Anrufung Gottes, den Aussteller und den Adressaten.
- Eine allgemeine Begründung der Rechtshandlung leitet über zum Hauptteil, der in der Regel aus der Vorgeschichte, der Rechtshandlung selber und den Strafandrohungen bei Zuwiderhandlung besteht.
- Der Schlussteil umfasst die Ankündigung des Siegels, die Unterschriftszeile mit dem Monogramm, die Beglaubigung durch den Notar oder Zeugen, das Beglaubigungszeichen, das Datum und den Schlusswunsch.

8. Jh. n. Chr.
15. Jh. n. Chr.

Methodische Arbeitsschritte

1 Beschreiben

- Sieh dir zunächst die Abbildung der lateinischen Originalurkunde (Faksimile) an und halte fest, was du erkennst.
- Lies dir die deutsche Übersetzung durch und fasse den Inhalt des Textes zusammen.
- Vergleiche die Übersetzung mit dem Faksimile.
- Suche in der deutschen Übersetzung die einzelnen Bestandteile einer Urkunde und markiere sie.
- Gliedere die Urkunde in die drei Hauptteile. Versuche, im Faksimile zu erkennen, wie der Schreiber die Gliederung gestaltet hat.

2 Untersuchen

- Untersuche das Schriftbild auf Zeichen, Wörter oder Namen, die größer geschrieben sind als die übrige Schrift.
- Stelle dann die Informationen zusammen, die du der deutschen Übersetzung entnehmen kannst: über den Aussteller der Urkunde und den Schreiber, über den Adressaten und die ihm verliehenen Rechte und über die praktischen Umstände der Rechtshandlung.
- Überlege, mit welcher Absicht und unter welchen Umständen die Urkunde ausgestellt wurde und welche Wirkung sie hatte.

3 Deuten

- Versuche nun, die Urkunde in den historischen Zusammenhang einzuordnen und ihre Bedeutung zu erschließen. Frage dich z.B.:
- Welche Informationen aus den vorhergehenden Kapiteln werden durch diese Urkunde gestützt?
- Erwähnt die Urkunde einen für dich neuen Aspekt?

Q2 Urkunde Ottos I. für Kloster Corvey

Im Namen der heiligen und unteilbaren Dreieinigkeit. Otto, durch Gottes Gnade König. Es ist die Aufgabe unserer königlichen Hoheit, dass wir die Bitten unserer Getreuen erfüllen, vor allem die, die sie um des Nutzens der ihnen anvertrauten Kirchen willen vorbringen, und wir glauben fest, dass dies nützlich ist wie zur Blüte unseres irdischen Lebens als auch zum Erwerb des ewigen Heiles. Darum möge der Diensteifer aller unserer Getreuen zur Kenntnis nehmen, dass Folkmar, der ehrwürdige Abt von Corvey, sich unserer Erhabenheit genaht hat mit der Bitte, wir möchten seinem Kloster dieselben Freiheiten zugestehen, die es von unseren Vorgängern, den Frankenkönigen, empfangen hat, wie allgemein bekannt ist. Seiner Bitte haben wir entsprochen und haben den Brüdern, die in dem genannten Kloster Gott und seinen Märtyrern Stephanus und Vitus dienen, alle Vorrechte erneuert, die sie zur Zeit unserer königlichen Vorgänger gehabt haben, und wir waren eines Sinnes dabei mit unserer Gemahlin, der Königin Edith, und unserem Sohne Liudolf. Vor allem sollen sie das Recht haben, eintretendenfalls aus ihren Reihen einen Abt zu wählen, und kein Bischof darf von den Diensthöfen dieses Klosters den Zehnten einziehen, und ihre Hörigen und Liten (Halbfreie) sollen weder vom Grafen noch von irgendeiner anderen rechtsprechenden Gewalt unter irgendeinem Vorwande zur Rechenschaft gezogen werden, sondern sie sollen vor den Vögten des Ortes selbst Recht sprechen, wie es zur Zeit der alten Frankenkönige diesem Kloster nach sicherer Kenntnis aller unserer Getreuen gestattet gewesen ist. Und auf dass die Autorität dieser unserer Konzession (Zugeständnis) unangefochten gelte und auch in Zukunft bei unseren Getreuen Glauben finde, haben wir sie durch unsere eigenhändige Namensunterschrift bekräftigt und haben befohlen, sie durch Beidrücken unseres Siegelringes zu bestätigen. Zeichen des allergnädigsten Herrn Königs Otto. Ich, Notar Adaldag, habe in Vertretung des Erzkapellans Hildibert gegengezeichnet. Gegeben am 17. Oktober im Jahre der Fleischwerdung des Herrn 936, (…) im ersten Jahre des allergnädigsten Königs Otto. Geschehen zu Werla, in Gottes Namen. Amen.

MG DDO I. Nr. 3, zit. nach Wolfgang Lautemann/Manfred Schlenke (Hrsg.), Geschichte in Quellen. Mittelalter: Reich und Kirche, Bd. 2, München 4. Aufl. 1996, S. 150f. (Bayer. Schulbuch-Verlag)

Auf der CD-ROM findest du ein größeres Abbild der Urkunde und weitere Informationen zum Text.

1. Schreibe die Textstellen heraus, in denen auf Gott Bezug genommen wird. Begründe, warum dies gemacht wurde.
2. Schreibe dir wichtig erscheinende Teile des deutschen Urkundentextes in Schönschrift ab und gestalte das Blatt als Urkunde.

Kampf um die Macht – Kaiser und Papst

Der deutsche König und Kaiser war seit Karl dem Großen der Schutzherr des Papstes. Doch seit dem 11. Jahrhundert forderten kirchliche Reformer die Freiheit der Kirche von weltlichen Einflüssen. So kam es zum Machtkampf zwischen Papst und Kaiser, der die mittelalterliche Weltordnung erschütterte.

Verbindung von weltlicher und geistlicher Gewalt

Als oberstem Lehnsherrn unterstanden dem König auch die Bischöfe. Im Ritual der so genannten Investitur (lat. Einkleidung, Einsetzung) übergab er ihnen ihr Amt. Obwohl das kirchliche Recht vorsah, dass Bischöfe von den Geistlichen und vom Volk sowie Äbte von der Klostergemeinschaft gewählt werden sollten, traf doch der König meist die Entscheidung. Die Kirche erkannte diese aber an, da der König als Gesalbter des Herrn einen geistlichen Rang hatte.
Doch nicht nur der König, sondern auch andere weltliche Machthaber regierten in die Kirche hinein. Da die Bischöfe oft aus Adelsfamilien stammten, erhielten diese zunehmenden Einfluss auf die Kirche. Häufig kauften diese Familien kirchliche Ämter und gaben sie in der Familie weiter. Damit wurden im frühen 11. Jahrhundert viele Bistümer und Klöster von adligen Familien abhängig.

Reformer wollen die „Freiheit der Kirche"

Innerhalb der Kirche entstand im 11. Jahrhundert eine Reformbewegung, die vom Benediktinerkloster Cluny im französischen Burgund ausging. Die Reformer mahnten, dass sich Geistliche stärker am einfachen Leben Jesu und der Apostel orientieren sollten. Bischöfe und Äbte sollten bescheiden leben und nicht, wie üblich, weltlichem Prunk verfallen. Zu einer enthaltsamen Lebensführung sollte auch die Ehelosigkeit (Zölibat) gehören.
Außerdem glaubten sie, dass Geistliche Gott näher seien als die Laien, die normalen Gläubigen ohne kirchliches Amt. Deshalb forderten sie die „Freiheit der Kirche" vom Einfluss weltlicher Mächte. Viele Reformer waren gegen die Investitur durch Laien und verurteilten die Käuflichkeit geistlicher Ämter. Die Reformbewegung erreichte, dass 1059 die Papstwahl neu geregelt wurde: Päpste sollten nur von den höchsten geistlichen Würdenträgern, den Kardinälen, gewählt werden. Dem Kaiser blieb die Aufgabe, die Wahl zu bestätigen und den Gewählten formell in sein Amt einzusetzen.

A: Erkläre, was die Reformer mit „Freiheit der Kirche" gemeint haben.

Laie
(von griech. „laós", d.h. Volk)
Laien sind alle gläubigen Christen, die kein geistliches Amt ausüben. Die Geistlichen verwendeten den Begriff abwertend.

Q1 Die Investitur eines Bischofs
Otto II. (Kaiser 973–983) setzt Bischof Adalbert von Prag in sein Amt ein. Domtür von Gniezno (dt. Gnesen), 12. Jahrhundert.

B: Beschreibe, welche Personen du auf dem Bild siehst und woran du sie erkennst. Benenne die dargestellten Symbole und erläutere sie jeweils in einem Satz.

Die Macht des Königs gerät ins Wanken

Als es 1075 in Mailand zu Unruhen zwischen Reformbefürwortern und -gegnern kam, mischte sich Kaiser Heinrich IV. ein. Gegen den Willen des amtierenden Papstes Gregor VII., eines kämpferischen Reformers, setzte er einen neuen Bischof ein. Es kam zum so genannten Investiturstreit: Der Papst drohte dem König mit dem Bann, dem Ausschluss aus der Kirche. Um das zu verhindern, erklärte Heinrich den Papst für abgesetzt, konnte dies allerdings nicht vollstrecken. Daraufhin bannte Gregor ihn, untersagte ihm die Regierung und löste seine Untertanen vom Lehnseid. Noch nie zuvor hatte ein Papst einen solchen Schritt gewagt. Nicht nur Heinrichs Herrschaft, sondern auch die mittelalterliche Weltordnung war in Frage gestellt, denn nach mittelalterlichem Verständnis sollte auch der König den Willen Gottes auf Erden umsetzen. Von einem Gebannten konnte jedoch niemand mehr Befehle empfangen. Die Fürsten drohten Heinrich: Sollte er sich nicht vom Bann lösen, würden sie einen Nachfolger wählen.

Bann
Durch ihn wurden Gläubige zeitweilig von den kirchlichen Sakramenten und Ämtern ausgeschlossen. In besonders harten Fällen konnten die Päpste jemanden für immer aus der Gemeinschaft der Kirche ausschließen (sog. Exkommunikation).

Buße in Canossa

In dieser Situation konnte sich der König nur noch dem Papst unterwerfen. Nach mühsamer Alpenüberquerung traf er diesen im Januar 1077 auf der Burg Canossa in Norditalien. Barfüßig und im Büßergewand musste er sich vor dem Burgtor zeigen, das schrieb die Kirche Sündern vor. Gregor VII. löste daraufhin den Bann. Somit war Heinrich offiziell wieder in sein Amt eingesetzt, wollte aber weiterhin die Oberhoheit des Papstes nicht anerkennen: Einige Jahre später eroberte er mit einem Heer Rom. Gregor VII. floh und starb 1085 in der Verbannung. Daraufhin ließ Heinrich einen neuen Papst wählen und sich von diesem zum Kaiser krönen.

C: Erläutere, was der Investiturstreit für Kaiser und Papst bedeutete.

Das Wormser Konkordat

Die Kirchenreform und die damit verbundene Neuregelung der Macht zwischen weltlichem und geistlichem Stand ließen sich aber nicht aufhalten: Kaiser Heinrich V. und Papst Calixt II. schlossen 1122 im Wormser Konkordat einen Kompromiss: Ein Bischof hatte demnach als geistliche Aufgabe die Sakramente zu spenden und als weltliche den Kirchenbesitz zu verwalten. Der König durfte einem Bischof nur noch das Zepter als Zeichen weltlicher Macht überreichen. Die Investitur in das geistliche Amt, u. a. durch die Überreichung des Hirtenstabes, sollte ein Geistlicher durchführen. So konnte der König zwar noch Einfluss auf die Besetzung von Bistümern nehmen, doch wurde ihm nun der Rang eines Laien zugesprochen.

D: Begründe, warum die Historiker das Wormser Konkordat als Kompromiss bezeichnen.

Q2 Kaiser Heinrich IV. kniet vor Mathilde von Tuszien (Toscana), der Markgräfin von Canossa
Zusammen mit seinem Taufpaten, Abt Hugo von Cluny, bittet Heinrich Mathilde um Fürsprache bei Papst Gregor VII. Miniatur in der Vita Mathildis, 1115.

Q3 Absetzung des Papstes
König Heinrich IV. fordert in einem Brief an Papst Gregor VII., 1076:

Heinrich, nicht nur durch Anmaßung, sondern durch Gottes gerechte Einsetzung König, an Hildebrand, nicht mehr den Papst, sondern den falschen Mönch. (…) Unser Herr Jesus Christus hat uns zum Königtum, dich aber nicht zur geistlichen Herrschaft berufen. (…) Mich, der ich zum Königtum gesalbt worden bin, hast du angetastet, mich, von dem die Überlieferung der heiligen Väter sagt, dass ich nur von Gott gerichtet werden darf (…). So steige du denn, der du (…) durch das Urteil aller unserer Bischöfe und unser eigenes verdammt bist, herab, verlasse den apostolischen Stuhl, den du dir angemaßt hast.

Brief Heinrichs IV., zit. nach Rudolf Buchner (Hrsg.), Quellen zur Geschichte Kaiser Heinrichs IV., Briefe Heinrichs Nr.12, (Ausgewählte Quellen zur deutschen Geschichte des Mittelalters), übers. v. Franz-Josef Schmale/Irene Schmale Ott, Berlin 1968, S. 64ff. (Wiss. Buchges.)

Q4 Bann des Königs
Papst Gregor VII. in einem Gebet an den heiligen Petrus, 1076:

Heiliger Petrus, du Fürst der Apostel, wir flehen dich an, neige uns gnädig dein Ohr und höre mich, deinen Knecht, an. (…) Es gefiel und gefällt dir, dass das dir anvertraute christliche Volk mir gehorche, weil ich dein Stellvertreter bin. (…) Ich untersage dem König Heinrich (…), der sich gegen deine Kirche in unerhörtem Hochmut erhoben hat, die Herrschaft über das ganze Reich (…), löse alle Christen vom Band des Eides, den sie ihm geschworen haben. (…) Ich verbiete, dass ihm irgendjemand wie seinem König dient. (…) Und weil er sich weigerte, wie ein Christ zu gehorchen, (…) belege ich ihn mit dem Kirchenbann.

Papst Gregor VII., zit. nach Erich Caspar (Hrsg.), Das Register Gregors VII., Bd. III 10a (Monumenta Germaniae Historica: [Epistolae]; 2) Berlin 1920, S. 270f. (Weidmann)

Q5 Christus mit Papst und Kaiser
Buchmalerei, 13. Jahrhundert

E: Beschreibe, welche Gegenstände Papst und Kaiser von Christus erhalten und wofür sie stehen.

D1 Die Folgen des Investiturstreits
Der Historiker Michael Borgolte, 2002:

Als der Papst den König selbst abgesetzt und exkommuniziert (aus der Kirche ausgeschlossen) hatte und Heinrich in Canossa wie ein bußfertiger Laie die Wiederaufnahme in die Kirchengemeinschaft begehrte und erlangte, wurde die Weltordnung in den Augen der Zeitgenossen in Frage gestellt. Auch nach dem Urteil der modernen Historiker ereignete sich bei der „kirchengeschichtlichen Wende" ein revolutionärer Umbruch, nämlich der Umsturz der Hierarchieverhältnisse. (…) An die Spitze der Kirche trat der Papst selbst, während der König und Kaiser seine religiöse Legitimation (Berechtigung) fortan gegen (päpstliche) Kritik behaupten musste. (…) Dem Papst gelang es, die „deutsche Kirche" (…) zum Gehorsam zu zwingen und vom König teilweise abzuwenden.

Michael Borgolte, Europa entdeckt seine Vielfalt 1050–1250, Stuttgart 2002, S. 72. (Ulmer)

1. Erkläre, wie die weltlichen Herrscher im 11. Jahrhundert ihre Stellung und ihre Aufgaben auffassten (VT, Q1, Q3, Q5).

2. Erläutere, welche Position Gregor VII. als Papst beanspruchte (Q4).

3. Erkläre, worin der revolutionäre Umbruch des Investiturstreits bestand (D1).

4. Suche nach Verbindungen zwischen Politik und Kirche heute. Welche Rolle spielt die Kirche in der Öffentlichkeit?

5. Schreibe zu Q2 eine Geschichte.

Online-Link: 443010-0802
Arbeitsblatt: Die sieben Kurfürsten

8. Jh. n. Chr.
15. Jh. n. Chr.

Kampf um die Macht – König und Fürsten

Die Macht der deutschen Könige beruhte auf ihrem guten Verhältnis zu den Fürsten. Als oberste Lehnsherren konnten die Könige von ihnen „Rat und Tat" einfordern. Doch je stärker die Macht der Fürsten wuchs, desto weniger konnte der König sich auf sie verlassen.

Friedrich I. und Heinrich – miteinander

Friedrich I. „Barbarossa" („Rotbart") aus dem Geschlecht der Staufer wollte als deutscher König seine Macht gegenüber den Fürsten stärken. Er erhob Herrschaftsanspruch auf die oberitalienischen Städte und strebte die Kaiserwürde an. Dafür benötigte er die Hilfe seines mächtigen Vetters Heinrich, des Herzogs von Sachsen, aus der Familie der Welfen. Da Staufer und Welfen seit langem verfeindet waren, verlieh Friedrich ihm 1154 als Versöhnungsangebot königliche Rechte und gab ihm das Herzogtum Bayern als Lehen. Heinrich, genannt „der Löwe", unterstützte daraufhin die Politik des Königs, der schließlich 1155 vom Papst zum Kaiser gekrönt wurde.

Konflikt zwischen König und Herzog

Als Doppelherzog von Sachsen und Bayern bekleidete Heinrich unter den Fürsten nun eine herausragende Stellung. Er gründete Städte wie München, Lübeck und Schwerin und erweiterte sein Herrschaftsgebiet im Osten durch Kriege gegen slawische Stämme. Seine Burg Dankwarderode in Braunschweig war die erste nicht königliche Residenz auf deutschem Boden. Als Friedrich I. ihn 1176 für einen neuen Kriegszug um Unterstützung bat, forderte er als Gegengabe die reiche Harzstadt Goslar als Lehen. Friedrich lehnte ab – und daraufhin verweigerte Heinrich ihm die Hilfe. Als sächsische Adlige Heinrich später verklagten und er nicht vor Gericht erschien, ließ der Kaiser die Reichsacht über ihn verhängen: Der Herzog verlor damit alle Reichslehen und war nun recht- und schutzlos, sodass jedermann ihn straffrei hätte töten dürfen. Der Kaiser hatte den mächtigen Herzog zwar in seine Schranken verwiesen, benötigte dafür aber die Unterstützung der Fürsten. Wären sie auf Heinrichs Seite gewesen, hätte er ihn nicht verurteilen können.

Residenz
Als Residenz (lat. residere: sich niederlassen, wohnen) bezeichnet man den festen Wohnsitz eines weltlichen oder kirchlichen Adligen. Zunächst wohnten diese in noch befestigten Burgen, später in immer prunkvolleren Palästen oder Schlössern.

Reichsacht
Der König bzw. Kaiser konnte über Personen, die sich etwas zu Schulden hatten kommen lassen, die Reichsacht (althochdt. ahta: Verfolgung) verhängen. Damit war der Geächtete im gesamten Reichsgebiet aus der Gesellschaft ausgeschlossen und galt als „vogelfrei".

Q1 Thronpfennig Heinrichs des Löwen
Die Umschrift auf dem Thronpfennig von 1156 bezeichnet den Abgebildeten als Herzog Heinrich den Löwen.

Q2 Goldsiegel Friedrich Barbarossas
Das Siegel von 1154 gehört zu einer Urkunde, die Friedrich Barbarossa für Herzog Heinrich den Löwen ausstellte. Die Umschrift lautet: „Friedrich von Gottes Gnaden römischer Kaiser".

A: Überlege, welche Bedeutung die Darstellungen auf diesen Münzen haben mögen.
Was will Heinrich mit dem „Thronpfennig" aussagen?
Was will der Kaiser mit dem Siegel aussagen?

D1 Die Herrschaftsgebiete der mächtigsten Fürstenfamilien im Reich, 1356

B: Untersuche, was die Karte über die Machtverteilung im Heiligen Römischen Reich aussagt. Welche Probleme könnten sich daraus für die Herrschaftsausübung eines Königs ergeben?

Eine dynamische Karte auf der CD-ROM zeigt, wie sich das deutsche Reich im Laufe der Jahrhunderte veränderte.

C: Erläutere, wie sich seit Friedrich II. das Verhältnis zwischen König und Adel veränderte.

Hausmacht
Der Begriff bezeichnet den erblichen Landbesitz einer Adelsfamilie. Daran hingen Steuern und Abgaben sowie die Heerfolge ihrer Vasallen. Die Familien versuchten daher, ihre Hausmacht stetig zu erweitern.

Von Stammesherzögen zu Landesherren

Während der Herrschaftszeit Friedrichs II., des Enkels Barbarossas, wurde die schwache Stellung des Königtums noch deutlicher. Er hatte u.a. von seiner Mutter die Königswürde Siziliens und Neapels geerbt, wo er immer wieder für den Erhalt seiner Macht kämpfen musste. Damit ihn die deutschen Fürsten unterstützten, bewilligte er ihnen königliche Herrschaftsrechte. Die Fürsten fühlten sich zunehmend als Landesherren. Sie wollten ihre durch Heiraten oder Erbschaften erworbenen, oftmals verstreut liegenden Stammesherzogtümer in möglichst zusammenhängende Gebiete umwandeln. Weil die Fürsten unabhängiger wurden, konnten die Könige ihre Macht nur noch auf die eigene Landesherrschaft, die „Hausmacht“, und nicht mehr auf das gesamte Reich gründen.

Die Fürsten regieren das Reich mit

Gewählt wurden die Könige normalerweise von allen Fürsten. Als Folge der Machtverschiebungen beanspruchte jedoch eine kleine Fürstengruppe das Recht der Königswahl für sich. 1356 erließ Kaiser Karl IV. schließlich mit der „Goldenen Bulle“ eine Regelung, wonach sieben Kurfürsten (von mhd. „küren“ = wählen) wahlberechtigt waren. Aus den Hoftagen, zu denen die Könige in unregelmäßigen Abständen alle Großen des Reiches zur Beratung luden, wurden nun feste Reichstage. Die Kurfürsten, Fürsten und später auch die Freien Reichsstädte hatten dort Sitz und Stimme für ihre Herrschaftsgebiete und besaßen das Recht, in Angelegenheiten des Reiches mitzuwirken. Damit war der König nur noch ein Herrscher unter vielen im Heiligen Römischen Reich.

Q3 Kaiser Karl IV. und die sieben Kurfürsten
Buchmalerei, Augsburg, 1370

D: Schreibe in eine Tabelle, welche kirchlichen und welche weltlichen Kurfürsten den König wählten. Suche ihre Herrschaftsgebiete in der Karte D1 auf.

Q4 „Gesetz zugunsten der Fürsten"

Aus dem Gesetz Friedrichs II. von 1232:

1. (…) so gestehen auch wir ihnen für immer zu, dass keine neue Burg oder Stadt auf geistlichem Gebiet (…) von uns oder einem anderen (Fürsten) errichtet werden darf.

2. Neue Märkte sollen alte in keiner Weise stören. (…)

6. Ein jeder Fürst habe freien Gebrauch seiner Freiheiten, Gerichtsbefugnisse, Grafschaften und Zehnten, nach den Gewohnheitsrechten seines Landes. (…)

8. Ohne Zustimmung des Landesherren darf niemand die Gerichtsstätte verlegen. (…)

17. Im Lande eines Fürsten wollen wir keine neue Münze schlagen lassen, durch welche die Münze des Fürsten im Werte gemindert werden könnte. (…)

Zit. nach Wolfgang Lautemann/Manfred Schlenke (Hrsg.), Geschichte in Quellen, Bd. 2, München 4. Aufl. 1996, S. 568f.

Q5 Die Kurfürsten wählen den König

Aus der „Goldenen Bulle" von 1356:

Nachdem die Kurfürsten (…) in die Stadt Frankfurt eingezogen sind, sollen sie (…) einen gerechten, redlichen und tüchtigen Mann zum römischen König und künftigen Kaiser wählen (…) können. Und sie werden (…) folgenden Eid leisten: „Ich schwöre, dass ich gemäß der Treue, zu der ich gegen Gott und das Heilige Römische Reich verpflichtet bin, nach all meinem Verstand und meiner Einsicht mit Gottes Beistand der Christenheit ein weltliches Oberhaupt wählen will, das hierzu geeignet ist, und dass ich meine Stimme abgeben werde ohne alle Verabredung, Entgelt oder Versprechen." Wenn nun die Kurfürsten den Eid geleistet haben, sollen sie zur Wahl schreiten und Frankfurt nicht eher verlassen, bevor die Mehrzahl von ihnen der Welt oder Christenheit ein weltliches Oberhaupt gewählt hat, nämlich einen römischen König und künftigen Kaiser. Nachdem sie oder die Mehrzahl von ihnen gewählt haben, muss eine solche Wahl gleich geachtet und gehalten werden, wie wenn sie von ihnen allen ohne Gegenstimme einhellig vollzogen worden wäre. Der Gewählte soll sofort nach der Wahl (…) den Kurfürsten (…) samt und sonders alle ihre Privilegien, Urkunden, Rechte, Freiheiten, Verleihungen, alten Gewohnheiten und auch Würden (…) ohne Verzug und Widerspruch (…) bestätigen.

Auszug aus d. „Goldenen Bulle" Kaiser Karls IV., 1356, zit. nach Wolfgang Lautemann/Manfred Schlenke (Hrsg.), Geschichte in Quellen. Mittelalter: Reich und Kirche, Bd. 2, München 4. Aufl. 1996, S. 774f. (Bayer. Schulbuch-Verlag)

1. Stelle die Rechte zusammen, die Friedrich II. den Fürsten einräumte (Q4).

2. Beschreibe den Vorgang der Königswahl. Vergleiche ihn mit der Art und Weise, wie die Ottonen Könige wurden (Q5).

König und Adel in England und Frankreich

London und Paris sind heute die politischen, wirtschaftlichen und kulturellen Zentren Englands und Frankreichs. Im Gegensatz zum deutschen Reich gelang es den Herrschern dieser Länder, im Laufe des Mittelalters ihre Staaten zu einen. Wie schafften es der englische und der französische König, sich gegen den Adel durchzusetzen und eine zentrale Verwaltung aufzubauen?

A: Erläutere, wie Wilhelm die Untervasallen an sich band und erkläre den Unterschied zum Lehnswesen im deutschen Reich.

Die Normannen erobern England

Im 9. Jahrhundert setzten sich Wikinger an der französischen Kanalküste fest. Sie waren mit ihren Drachenbooten von Skandinavien zu Beutezügen nach Westeuropa aufgebrochen. Die „Nordmänner" erkannten die französische Oberherrschaft an, dafür erhielten sie vom König das Gebiet um die Seinemündung, die heutige Normandie, als Lehen. Nach und nach übernahmen die Normannen Sprache, Kultur und den christlichen Glauben ihrer „Gastgeber". Als sich jenseits des Ärmelkanals, in England, Adelsfamilien um die Thronfolge stritten, nutzten sie dies, um dort militärisch einzugreifen. Nach dem Sieg über den angelsächsischen König Harold zog der Normannenherzog Wilhelm, der „Eroberer", den Grundbesitz des einheimischen Adels ein und gab ihn seinen eigenen Landsleuten als Lehen. Er selbst behielt als neuer englischer König etwa ein Fünftel des Landes für sich. Als oberster Lehnsherr ließ er auch Untervasallen den Treueid auf sich leisten, sodass sich Kron- und Untervasallen nicht mehr gegen den König verbünden konnten.

B: Erkläre die Bedeutung von „Domesday Book" und „common law".

Mächtige Könige im normannischen England

Wilhelm teilte das Land in Grafschaften ein, die durch königliche Sheriffs verwaltet wurden. Der Stadt London bestätigte er ihre Selbstverwaltung. In einer Art Grundbuch, dem Domesday Book, ließ er allen Besitz, u. a. Land und Vieh, nach seinem Steuerwert erfassen. Mit einer zentralen Behörde, dem Schatzamt, hatten die Sheriffs ihre Steuereinnahmen genau abzurechnen. England war damit der erste Staat in Europa mit einer zentralen Verwaltung.

Durch Erbschaften und Heiraten nahmen seine Nachfolger im 12. Jahrhundert Nord- und Westfrankreich in Besitz. Sie wurden schließlich mächtiger als ihr Lehnsherr, der französische König. Mithilfe ihrer gut funktionierenden Verwaltung festigten die englischen Könige zugleich ihre Macht im Inneren und drängten den Einfluss des Adels zurück. Anders als auf dem Kontinent, wo die Fürsten über eigene Gerichtshöfe verfügten, schufen die Könige ein einheitlich geltendes Recht, das „common law".

C: Beschreibe die auf diesem Ausschnitt dargestellte Szene.

Q1 Teppich von Bayeux

Der Ausschnitt des über 70 Meter langen und 0,5 Meter hohen Stickteppichs aus dem 11. Jahrhundert zeigt den Sieg der Normannen in der Schlacht von Hastings im Jahr 1066. Der Begleittext zu diesem Ausschnitt lautet: „Hier ist König Harold getötet worden. Und die Engländer ergriffen die Flucht."

Die Magna Carta und das Parlament

Als aber der schwache König Johann „Ohneland" große Teile des französischen Festlandsbesitzes wieder verlor, wandten sich die englischen Barone und das reiche London gegen ihn. Sie trotzten ihm 1215 den „Großen Freiheitsbrief", die Magna Carta Libertatum, ab. In 63 Artikeln sind darin die Rechte des Königs, des Adels sowie der Bürger formuliert.
Seit dem Ende des 13. Jahrhunderts wirkten bei den Versammlungen des Königs mit dem Adelsrat auch der niedere Adel und das Londoner Stadtbürgertum mit. Ein gewählter Sprecher trug ihre Ansichten dem König und dem Adelsrat vor. Allerdings entschied der König, der den Vorsitz hatte, ob der Rat, der bald Parlament genannt wurde, überhaupt einberufen wurde.

Parlament
(franz. parler: sprechen)
Ursprünglich die Versammlung der Stände (hoher Adel, Klerus und später Vertreter der Städte), die den König berieten. Das englische Parlament erhielt das Recht, bei Gesetzen mitzuwirken. Im Laufe der Zeit wurde in vielen Staaten ein Parlament nach englischem Vorbild eingeführt.

Frankreichs Könige gewinnen an Macht

Wie sah die Situation im Gebiet des heutigen Frankreich aus? Es war aus den Teilungen des Karolingerreiches hervorgegangen. Das Königshaus der Kapetinger besaß anfangs nur ein kleines Kronland, die „Île de France" um Paris, den Rest beherrschten mächtige Vasallen. Die Könige vergaben aber beim Aussterben der Herrschergeschlechter die Lehen nicht wieder neu, sondern gliederten sie nach und nach in ihr Kronland ein und erweiterten es so. Philipp II. eroberte 1214 die englischen Besitzungen im Norden Frankreichs zurück. Andere Territorien gelangten durch Kriegszüge, Erbschaft, Heirat, Kauf oder Schenkung in seine Hand. Er schuf ein königliches Hofgericht für das ganze Land und baute eine zentrale Verwaltung mit bezahlten Beamten auf, die in neuen Verwaltungsbezirken Abgaben und Zölle kontrollierten.

Ein Bauernmädchen rettet Frankreich

Als der letzte französische König aus der Familie der Kapetinger ohne Erben starb, erhob auch der englische König Eduard III. Erbansprüche. In den folgenden blutigen Kämpfen zwischen England und Frankreich, dem Hundertjährigen Krieg (1337–1453), geriet das französische Königtum an den Rand des Untergangs. 1420 fiel ganz Nordfrankreich an die Engländer und der englische König Heinrich V. bestieg den französischen Thron.
Den französischen Widerstand gegen die englische Herrschaft führte Jeanne d'Arc an, ein Bauernmädchen aus Lothringen. Sie berief sich dabei auf göttliche Stimmen. Mit einem Heer befreite sie das belagerte Orléans. Die zunächst begeisterten Landsleute ließen Johanna jedoch im Stich, als sie gefangen genommen wurde. Die Engländer verurteilten Johanna von Orléans mithilfe französischer Geistlicher als „Ketzerin" und verbrannten sie. England verlor jedoch zunehmend seine militärische Überlegenheit in Frankreich. 1451 musste sich das englische Heer aus Frankreich zurückziehen.

Ketzer
Als Ketzer wurden die Christen bezeichnet, die nach Auffassung der katholischen Kirche vom richtigen Glauben abwichen. Sie wurden meist erbarmungslos verfolgt und getötet.

Q2 Johanna von Orléans
französische Buchmalerei, 1430

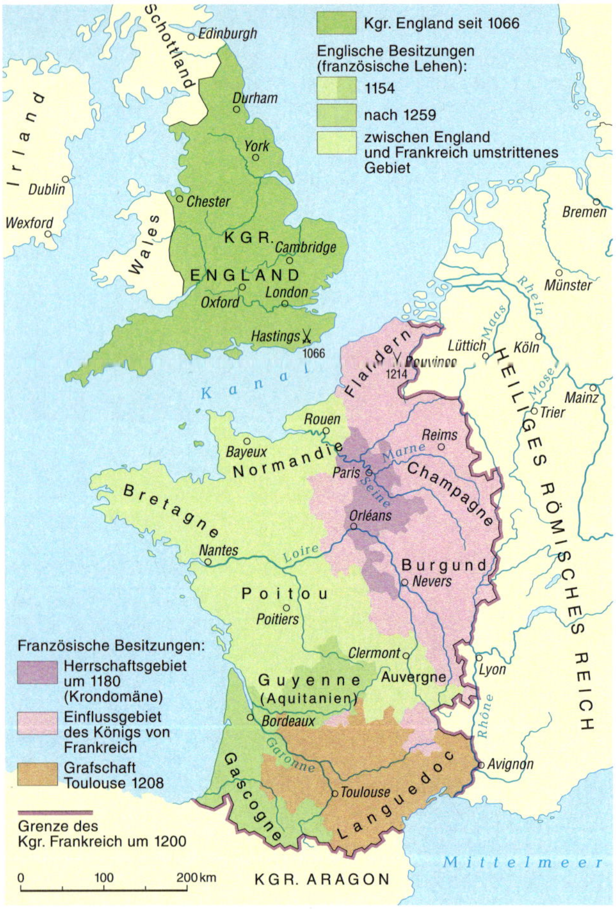

D1 England und Frankreich, links: 11.–13. Jahrhundert, rechts: 14./15. Jahrhundert

D: Vergleiche die Karten und erläutere die Konflikte zwischen England und Frankreich. Beschreibe zunächst den Zustand am Ende des 13. Jahrhunderts. Untersuche dann, was sich bis ins 15. Jahrhundert veränderte (Gebiete, Grenzverläufe, wichtige Orte).

Das Volk – Leidtragender der Konflikte

Der Krieg und seine Folgen stürzten das Volk in beiden Ländern in Not. Missernten, Hungersnöte und Teuerungen ließen die Menschen verelenden. Pestepidemien rafften bis zu einem Drittel der Bevölkerung hinweg. Hohe Abgaben und Kriegssteuern oder Erhöhungen der Kopfsteuern (direkte Steuern, die für die Anzahl der Familienmitglieder abgeführt werden mussten) führten zu Bauern- und Bürgeraufständen gegen König und Adel. Dennoch hatte der Hundertjährige Krieg auf beiden Seiten ein Zusammengehörigkeitsgefühl geweckt. Man begriff sich jeweils als ein eigenständiges Volk von Engländern bzw. Franzosen.

E: Erläutere, wie die Könige in England und Frankreich versuchten, ihre Stellung zu stärken.

Königtum oder Adel – wer setzt sich durch?

Der Ausbau der Länder zu geeinten Staaten verlief danach auf beiden Seiten ähnlich. In England setzte Heinrich VII. die Macht des Königs gegenüber dem hohen Adel durch, in Frankreich gelang es Ludwig XI., die Macht am Königshof zu bündeln. In beiden Ländern wurden Verwaltungsämter vorzugsweise an den niederen Adel und Bürger vergeben. Auch förderten die Könige Handel und Gewerbe in den Städten. Steuereinnahmen und Zölle machten sie finanziell unabhängig vom Adel. Beide Herrscher erschwerten es den Fürsten, eigene Truppen zu halten, sodass lokale Adelsfehden aufhörten. Besonders den Landbewohnern galt daher ein starker König als Garant für Recht, Ordnung und Sicherheit.

Q3 Der englische König Eduard I. (1272–1307) im Parlament
englische Buchmalerei um 1524

Q4 Aus der Magna Carta Libertatum
Der englische König Johann vergab 1215 folgende Rechte:

1. In erster Linie haben wir Gott zugestanden und durch diese unsere vorliegende Urkunde bestätigt, für uns und unsere Erben auf ewige Zeiten, dass die englische Kirche frei sei und ihre Rechte unversehrt und ihre Freiheiten unverletzt haben soll; (...) Wir haben auch allen freien Männern unseres Königreiches, für uns und unsere Erben auf ewige Zeiten, alle nachstehenden Freiheiten zu festem und dauerndem Besitz bewilligt, ihnen und ihren Erben von unserer und unsrer Erben Seite. (...)

12. Es soll kein Schildgeld [Eine Art Steuer, mit der sich Vasallen vom Militärdienst befreien konnten] oder Hilfsgeld in unserem Königreiche ohne Genehmigung durch den Gemeinen Rat des Königreiches (Versammlung aller Barone) auferlegt werden. (...)

13. Die Stadt London soll alle ihre alten Privilegien und freien Gewohnheiten sowohl zu Lande als auch zu Wasser behalten. Außerdem wollen wir und gestehen zu, dass alle anderen Städte, Flecken, Höfe und Häfen alle ihre Privilegien behalten. (...)

39. Kein freier Mann soll verhaftet oder eingekerkert oder um seinen Besitz gebracht oder geächtet oder verbannt oder sonst in irgendeiner Weise ruiniert werden, und wir werden nicht gegen ihn vorgehen oder gegen ihn vorgehen lassen, es sei denn aufgrund eines gesetzlichen Urteils von Standesgenossen oder gemäß dem Gesetze des Landes.

40. Wir werden niemandem Recht oder Gerechtigkeit verkaufen oder verweigern oder verzögern. (...)

Zit. nach Gottfried Guggenbühl (Hrsg.), Quellen zur Geschichte des Mittelalters, Bd.2, Zürich 1972, S. 231. (Schulthess)

1. Beschreibe die Sitzordnung im Parlamentssaal (Q3). Versuche, folgende Personengruppen zu erkennen: Adel, geistliche Würdenträger, Stadtvertreter. Vergleiche dieses Bild mit dem Foto des heutigen britischen Parlaments (S. 195).

2. Untersuche die Auszüge aus der Magna Carta auf die gegebenen Rechte hin (Q4). Welche Personengruppen und Einrichtungen werden genannt? Was wird ihnen zugesichert? Wie ordnet sich der König ein? Erläutere, wie sich das Gesetz auf die englische Gesellschaft und das Herrschaftssystem ausgewirkt hat.

3. Vergleiche die Machtausübung des Königs und des Adels in England und Frankreich mit den Machtverhältnissen im Heiligen Römischen Reich Deutscher Nation (VT, S. 186: VT, S. 187: Q3–Q5).

1. Zusammenhänge herstellen: Begriffe zuordnen (Sachkompetenz)

Überlege dir, welche zwei Begriffe oder Namen jeweils inhaltlich zusammengehören. Erkläre dann in wenigen Sätzen ihren Zusammenhang.

- König Johann
- Goldene Bulle
- Friedrich Barbarossa
- Merowinger
- Karl der Große
- Kurfürsten
- Frankreich
- Kaiser
- Ostfränkisches Reich
- König Harold
- Investiturstreit
- Hundertjähriger Krieg
- Pippin
- Heinrich der Löwe
- Wormser Konkordat
- Normannen
- Otto I.
- Magna Carta Libertatum

2. Zusammenhänge herstellen: eine Quelle einordnen (Sachkompetenz, Methodenkompetenz)

Ordne diese Quelle in die Zusammenhänge dieses Kapitels ein und erläutere sie.

Q1 Brief Karls des Großen an Papst Leo III., 796

Eure apostolische Heiligkeit soll durch ihre Gebete die göttliche Gnade herbeirufen, die römische Kirche soll durch uns beschützt werden. Unsere Aufgabe ist es, die heilige Kirche Christi gegen den Einfall der Heiden von außen zu verteidigen und sie im Innern durch die Förderung des katholischen Glaubens zu befestigen. Eure Aufgabe ist es, heiliger Vater, zu beten, damit durch Eure Vermittlung um Gottes Hilfe das Christenvolk über die Glaubensfeinde den Sieg erringe.

Akuin, Briefe Nr. 93, MG Ep. 4, zit. nach Heinz-Dieter Schmid (Hrsg.), Fragen an die Geschichte. Geschichtliches Arbeitsbuch für Sekundarstufe 1, Bd. 1, Frankfurt am Main 1974, S. 137 ff. (Hirschgraben-Verlag) bearb. d. Verf.

3. Lückentext: das Lehnswesen (Sachkompetenz)

Dieser Text ist unvollständig. Schreibe den Text in dein Heft und setze die entsprechenden Fachbegriffe in die passenden Lücken ein.

Die Verbindung zwischen ______________ und ______________ wurde in einem feierlichen Akt, der Lehensübergabe, hergestellt. Im ______________ unterwarf sich der Vasall symbolisch, beide Beteiligten schworen sich dann gegenseitig ______________ und der Lehnsherr übergab einen symbolischen Gegenstand, häufig ______________ oder ______________, der für das Lehen stand. Als Lehen konnten ______________, ______________, ______________, aber auch ______________ verliehen werden. Ein Vasall musste sich im ______________ seinem Lehnsherrn gegenüber zu ______________ verpflichten. Die Vasallen des Königs nannte man ______________. Diese Form der gesellschaftlichen Ordnung wird ______________ genannt. Auch Frauen konnten ein Lehen annehmen, wenn ______________ ihre Lehenspflichten erfüllte. Die Kronvasallen verliehen von ihrem Lehen und dem eigenen Besitz Land weiter. Die ______________ waren aber nur ihnen zur Treue verpflichtet und konnten später sogar von verschiedenen Lehnsherren gleichzeitig ein Lehen annehmen. Das Lehen wurde bei ______________ eines Lehnspartners wieder neu verliehen.

8. Jh. n. Chr. 15. Jh. n. Chr.

4. Eine Führung vorbereiten: das britische Parlament (Sachkompetenz, Urteilskompetenz)

Auf diesem Foto siehst du das Unterhaus als Teil des britischen Parlaments. In ihm tagen heute die Abgeordneten Großbritanniens und beraten und verabschieden die Gesetze des Landes. Stelle dir vor, du hättest den Auftrag bekommen, Besuchergruppen die mittelalterliche Vorgeschichte dieser Einrichtung zu erklären. Halte schriftlich fest, was du den Besuchern erzählen würdest.

5. Einen Dialog schreiben: der Kniefall des Königs (Sachkompetenz, Urteilskompetenz)

Nachdem du das Kapitel gelesen hast, kannst du nun den merkwürdigen Kniefall erklären: Warum kniet der König vor seinem Fürsten?
Denke dir für die Szene einen möglichen Dialog aus, in den du deine Kenntnisse einfließen lässt.

Q2 Das englische Unterhaus
heutiges Foto

Q3 König Barbarossa kniet vor Herzog Heinrich dem Löwen
Buchmalerei aus der Sächsischen Weltchronik, um 1290

Online-Link: 443010-0901

9 Lebensformen in der mittelalterlichen Ständegesellschaft

Das Mittelalter dauerte ungefähr tausend Jahre und die meisten Menschen lebten auf dem Land: in Dörfern, in Burgen, in Klöstern. Ihr Leben war sicher oftmals schwer, aber auch bunt und vielfältig. Dennoch schien alles wohlgeordnet zu sein in dieser Gesellschaft, die man als Ständegesellschaft bezeichnet. Ob sie das wirklich war, erfährst du in dieser Themeneinheit.
Am Ende wirst du auf folgende Fragen antworten können:

- Was ist eine Ständegesellschaft?
- Wie sah das Leben der Bauern aus?
- Wie lebten Mönche und Nonnen in den Klöstern?
- Was waren die Ritter und ihre Burgen wirklich?

800 | 900 | 1000

um 530
Der Benediktinerorden entsteht.

um 800
Die Grundherrschaft wird ausgebaut.

800
Kaiserkrönung Karls des Großen

10. und 11. Jahrhundert
Durch Burgenbau wird die Herrschaft über Land und Leute gefestigt.

11. Jahrhundert
Die Grundherrschaft wird durch Rodungen ausgeweitet.

Ein Minnesänger tanzt mit zwei Damen. Buchmalerei aus der Manessischen Liederhandschrift, 14. Jahrhundert

Ritter im Zweikampf, Buchmalerei aus einer italienischen Bibel, 1260

Landschaft Mitteleuropas 900–1300

- waldfreies Gebiet um 900, zum Teil Siedlungsfläche
- Wald um 900, gerodet von 900–1300 als Siedlungsfläche
- erhaltener Wald um 1300

um 900, bis 1300 wenig verändert:
- Heideflächen
- Moor

- ● Stadt, römische Gründung
- ○ Siedlung um 900 (Handelsplatz, Bischofssitz, Kloster, Burg); späteres Stadtrecht
- ● Stadt, Gründung nach 900

0 100 200 km

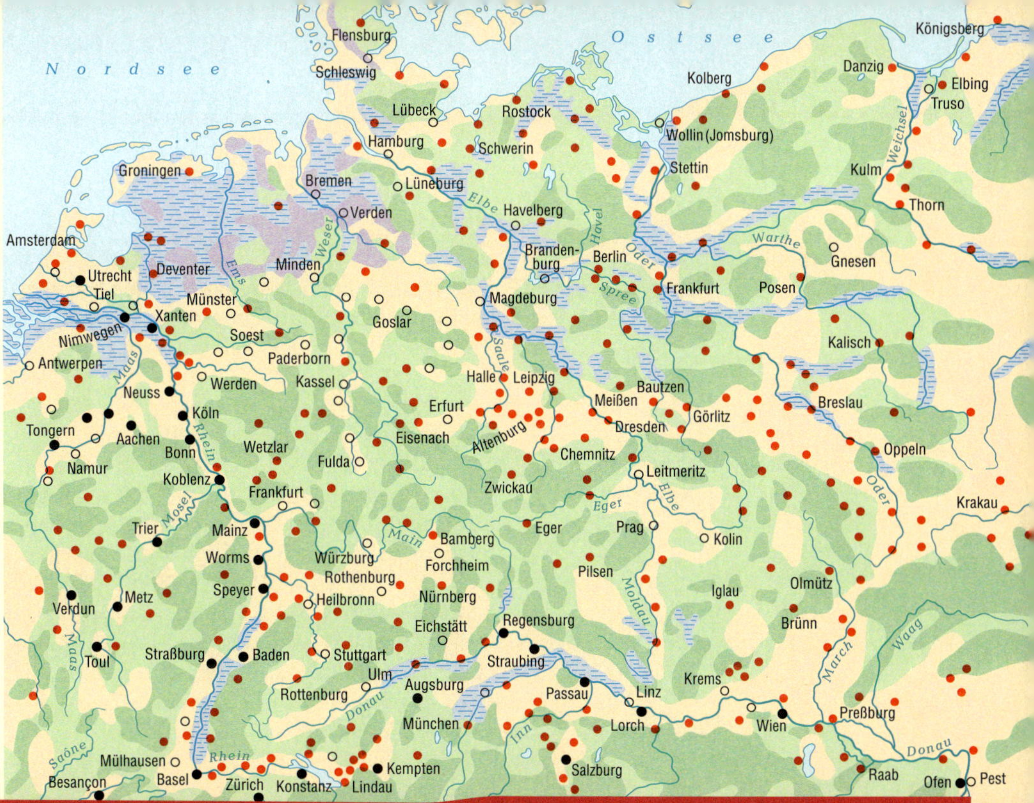

1100 — 1200 — 1300 — 1400 — 1500

um 1100
Der Zisterzienserorden entsteht.

12. und 13. Jahrhundert
Durch technische Neuerungen in der Landwirtschaft werden die Erträge erhöht.
Das Rittertum wird zum kulturellen Vorbild.

14. und 15. Jahrhundert
Feuerwaffen und Söldnerheere lassen die Ritter überflüssig werden.

1075–1077 Investiturstreit

Betender Mönch, aus dem Stifterbuch des Barfüßerordens, 1424

Zwei Bauern pflügen mit einem Räderpflug den Acker. 14. Jahrhundert

Herr oder Knecht?

Für die Menschen im Mittelalter schien es ganz selbstverständlich zu sein: Die einen waren Herren, die anderen Knechte. Wie erklärten sie sich das? Und wie äußerte es sich zum Beispiel im Leben der Bauern?

A: Schreibe einen Eintrag für ein Schülerlexikon: Was ist eine Ständegesellschaft?

Das Mittelalter – eine Ständegesellschaft?

Im Mittelalter unterschied man zwischen Freien und Unfreien, Herrschenden und Beherrschten. Allein die Geburt entschied darüber, zu welcher Gruppe (Stand) man gehörte: Kinder von Adligen waren auch adlig, während Kinder von Unfreien ebenfalls unfrei waren. Seit dem 11. Jahrhundert sprach die Kirche davon, dass Gott die Menschen in drei Stände aufgeteilt habe: Zum ersten Stand gehörten alle Geistlichen (Klerus), zum zweiten Stand der Adel, den dritten Stand bildeten die Bauern; später kamen dazu noch die Städtebürger. Zu keinem Stand gehörten Arme, Tagelöhner und Juden. Frauen kamen in der Ständeordnung nicht vor – sie waren nicht ausgeschlossen, blieben aber unerwähnt.

Klerus
Als Klerus bezeichnet man die Gesamtheit aller Personen, die eine kirchliche Weihe erhalten haben und im Dienst der Kirche stehen.

Adel
Das Wort kommt vom althochdeutschen „adal“, d.h. Geschlecht, Abstammung. Adlige verfügten im Mittelalter wegen ihrer Abstammung oder ihres Grundbesitzes über besondere Rechte: Sie waren Herren über Land und Leute, Verwalter für den König und sprachen Recht. Vom Hochmittelalter an unterschied man zwischen dem höheren Adel (Herzöge und Grafen) und dem niederen Adel, zu dem ab dem 13. Jahrhundert auch die Ritter gehörten.

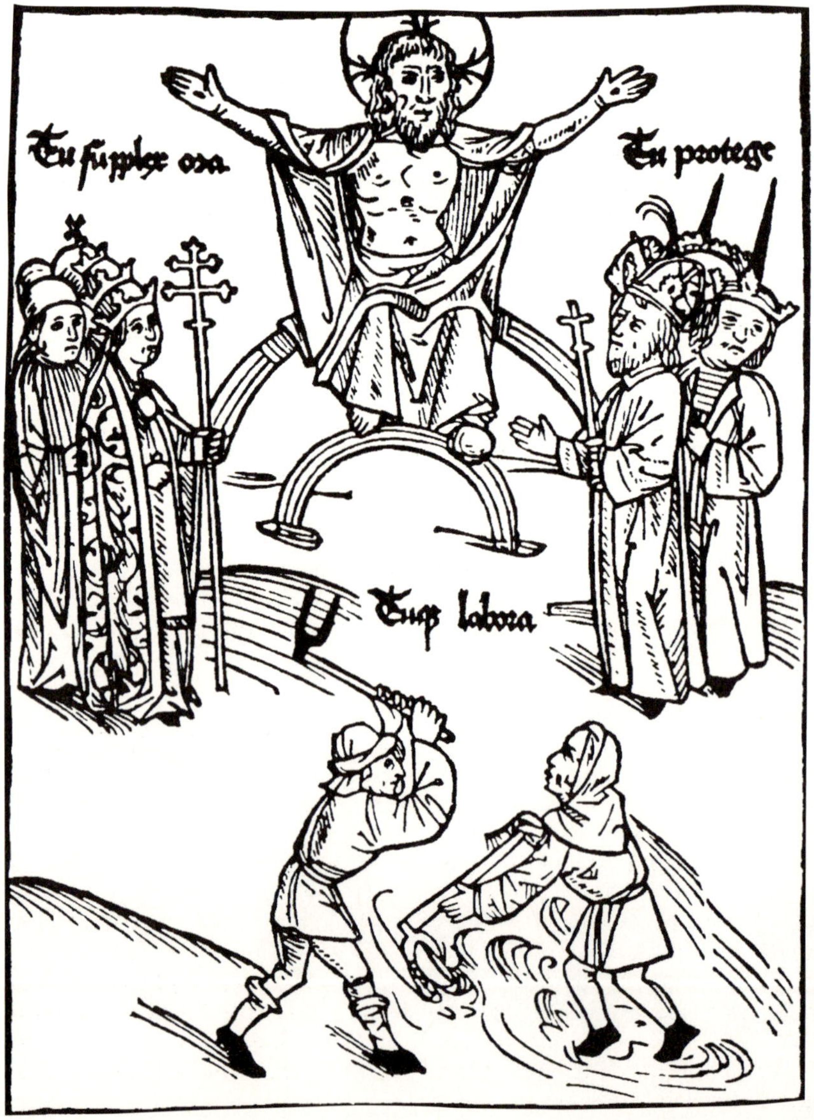

Q1 „Du bete demütig! Du schütze! Und du arbeite!“
Holzschnitt von Jacob Meydenbach, 1492

B: Ordne die dargestellten Personengruppen dem jeweiligen Stand zu und erläutere, welche Pflichten ihnen zugeschrieben wurden. Erkläre auch, weshalb der Künstler die Figur in der Mitte in dieser Pose dargestellt hat.

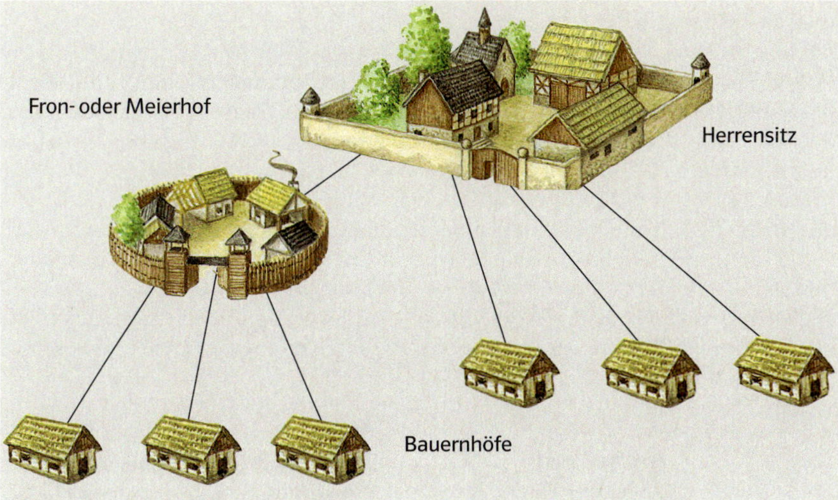

D1 **Der Aufbau einer Grundherrschaft**

C: Zeichne die im Bild dargestellten Bestandteile in dein Heft. Setze die folgenden Begriffe an die richtige Stelle und versieh sie mit Pfeilen.

leistet Abgaben
übergibt Land
bietet Schutz
spricht Recht
leistet Frondienste

Nimm den Verfassertext auf dieser Seite zu Hilfe.

Die Grundherrschaft prägt die Gesellschaft

Anders als heute lebten und arbeiteten im Mittelalter die meisten Menschen auf dem Land. Als freie Bauern waren sie verpflichtet, dem König Heeresdienst zu leisten. Doch die Ausrüstung war teuer, die Kriegszüge waren lang und fanden häufig während der Erntezeit statt. So gaben ab dem 8. Jahrhundert immer mehr Bauern – freiwillig oder notgedrungen – ihre Freiheit auf: Sie übergaben einem Grundherrn ihr Land und unterstellten sich mit ihren Familien seinem Schutz. Grundherr konnte ein Adliger sein – dazu zählten auch die Bischöfe – oder ein Kloster. Der größte Grundherr allerdings war der König. Dieser Grundherr teilte den Bauern einen voll ausgestatteten Hof zu und überließ ihnen ein Stück Land zur Nutzung. Als Gegenleistung verlangte er Abgaben und Frondienste (mittelhochdeutsch „fro" heißt Herr). Zu festen Terminen mussten diese hörigen Bauern einen Teil ihrer Erträge, z. B. Getreide oder Jungvieh, an den Grundherrn abliefern. Neben diesen Abgaben mussten die Bäuerinnen und Bauern zum Frondienst auf den Herrenhof und dort die Felder bestellen, das Vieh hüten, Holz zum Bauen und Heizen schlagen, Straßen und Brücken bauen. Der Frondienst dauerte etwa drei bis sechs Wochen im Jahr – diese Zeit fehlte den Bauern, um für den eigenen Bedarf zu arbeiten.
Dieses System der Grundherrschaft prägte das Zusammenleben in der Gesellschaft während des gesamten Mittelalters und noch bis ins 19. Jahrhundert hinein.

Freie
Ein „Freier" konnte hinziehen, wohin er wollte, und über seinen Hof und seine Felder frei verfügen. Freie durften nicht ohne Grund verhaftet und vor Gericht nicht zu Körperstrafen (z. B. Prügel) verurteilt werden.

D: Liste die Gründe dafür auf, warum freie Bauern in die Grundherrschaft eintraten.

Leben auf dem Herrenhof

Die Grundbesitzer lebten auf ihren Herrenhöfen. Zum Herrenhof gehörten Back- und Brauhäuser, eine Scheune, Küchen und Mühlen. Leibeigene Mägde und Knechte bewirtschafteten das dazu gehörende Land. Schmiede, Schuster, Gerber oder Sattler stellten Werkzeuge und Waffen für den Grundherrn her. Weberinnen, Spinnerinnen und Schneider sorgten für die Kleidung. Das unfreie Hofgesinde musste arbeiten, wie es ihr Grundherr wollte, Abgaben zahlten sie jedoch nicht. Je nach Größe der Grundherrschaft unterstanden einem Grundherrn ein paar Dutzend Menschen oder – bei einem Herzog oder dem König – einige tausend Personen, die über weite Gebiete verstreut lebten. Große Grundherrschaften verfügten zusätzlich über Fronhöfe. Dort sammelte der Meier, der Verwalter des Grundherrn, die Abgaben der Bauern ein. Mit der Zeit waren die Herrenhöfe selbst meist nur noch Herrschaftssitz ohne direkt angeschlossenen Landbau.

E: Manche Historikerinnen und Historiker bezeichnen die Grundherrschaft auch als „Herrschaft über Land und Leute". Begründe, warum.

F: Stelle anhand des Bildes eine Liste über Abgaben und Leistungen zusammen, die die hörigen Bauern erbringen mussten.

Grundherren regeln das Leben

Bei Streitigkeiten zwischen den hörigen Bauern oder bei Verbrechen traf der Grundherr als Richter Entscheidungen. Zu Hochzeiten der Töchter und Söhne der Bauern konnte er seine Zustimmung verweigern. Den Hof zu verkaufen, war den Bauern verboten und sie durften das Land ohne Einwilligung des Grundherrn nicht verlassen. Der Grundbesitzer konnte sie sogar als „Zubehör" zusammen mit seinem Land verkaufen, verschenken oder vererben.

Oft war der Grundherr auch Kirchenherr. Die meisten Kirchen in den Dörfern gehörten ihm. Er setzte die Pfarrer ein und konnte in kirchlichen Angelegenheiten entscheiden. Jeder – auch die freien Bauern – mussten den zehnten Teil ihrer Einkünfte (Getreide, Wein, Eier, Fleisch usw.) an die Kirche abgeben. Davon wurden die Pfarrer bezahlt. Einen Teil dieses Kirchenzehnts behielt jedoch der Grundherr für sich.

Q2 Abgaben an den Grundherrn

Im „Sachsenspiegel" wurden um 1230 Rechtsbräuche aus ganz verschiedenen Gebieten aufgezeichnet und mit Illustrationen versehen.

Q3 Fronende Bauern und ein Meier
Buchmalerei, 14. Jahrhundert

G: Überlege, wie die abgebildeten Personen über ihre Situation denken. Formuliere für jede einen Sprechblasentext.

Q4 Knechte und Herren

Bischof Burchard von Worms schrieb um 1000:

Der gerechte Gott hat das Leben der Menschen folgendermaßen unterschieden gemacht: Die einen machte er zu Knechten, die anderen zu Herren. Damit soll die Möglichkeit der Knechte, Böses zu tun, durch die Macht der Herren eingeschränkt werden.

Zit. nach Jacques-Paul Migne (Hrsg.), Patrologiae cursus completes. Series Latina 140, Sp. 908, Turnhout 1983.

Q5 Warum soll man Dienste leisten?

Aus dem „Schwabenspiegel", 1280:

Man kann mit der Hl. Schrift beweisen, dass niemand des andern eigen sein soll. Gott hat den Menschen nach seinem Ebenbild gebildet und von der Hölle erlöst. Als man das früheste Recht setzte, waren alle freie Leute. Wir sollen den Herren darum Dienst tun, dass sie uns beschützen. Und wenn sie die Lande nicht schirmen, ist ihnen niemand einen Dienst schuldig.

Zit. nach Günther Franz (Hrsg.), Bauernschaft und Bauernstand : 1500–1970. Limburg/Lahn 1975.

Q6 Inventar des Fronhofes Staffelsee

Im 9. Jahrhundert wurde es für den Grundherren, den Bischof von Augsburg, aufgeschrieben. In seiner Grundherrschaft gab es weitere acht Fronhöfe:

Zu dem Fronhof gehören 740 Tagwerk (altes deutsches Feldmaß, 1 Tagwerk = ca. 3400 m²) Ackerland und Wiesen mit einem Ertrag von 610 Wagenladungen Heu (…), eine Tuchmacherei, in der 24 Frauen arbeiten. Es gibt auch eine Mühle, die jährlich zwölf Scheffel (Mehl) abgibt (ein Scheffel: etwa 8,7 l). Zu diesem Hof gehören 23 besetzte freie Hufen (Bauernwirtschaften): Sechs von ihnen geben jährlich jeweils 14 Scheffel Getreide, vier Ferkel, Leinen in bestimmtem Gewicht, zwei Hühner, zehn Eier (…) (Ihre Inhaber) leisten fünf Wochen Frondienst jährlich, pflügen drei Tagwerk, mähen eine Wagenladung Heu auf der Herrenwiese und führen sie (in die Scheune) ein. (…) Es gibt dort 19 besetzte unfreie Hufen. (Jeder ihrer Inhaber) gibt jährlich ein Ferkel, fünf Hühner, zehn Eier, zieht vier Schweine des Grundherren auf, pflügt ein halbes Tagwerk; er leistet drei Tage Frondienst in der Woche, macht Transportdienst und stellt ein Pferd. Seine Ehefrau gibt ein Hemd und ein Wolltuch, braut Malz und bäckt Brot. (…)
Insgesamt hat das Bistum Augsburg 1006 (mit Bauern) besetzte und 35 nicht bebaute freie Hufen, 421 besetzte und 45 nicht bebaute unfreie Hufen.

Zit. nach Gregor Heinrich Pertz, Supplementa tomi I. Constitutiones regum Germaniae. Nr. 128 (Monumenta Germaniae Historica: [Leges]; 2), Stuttgart 1993.

1. Vergleiche die Texte Q4 und Q5 mit dem Bild Q1. Wie wird die Einteilung in Stände jeweils begründet? Welche Haltung nehmen der Künstler bzw. die Autoren zur Ständegesellschaft ein?

2. Versetze dich in die Lage eines Knechts und antworte Bischof Burchard von Worms (Q4).

3. Stelle dir vor, es hätte im Mittelalter keine hörigen Bauern gegeben. Wie hätte das Leben der Adligen und Bauern ausgesehen (VT, Q6)?

4. Entwerft ein Rollenspiel: Die Tochter und der Sohn zweier abhängiger Bauern wollen heiraten und bitten den Grundherrn um Erlaubnis. Überlegt euch gute Argumente, um den Herrn zu einer Zustimmung zu bewegen. Wie wird er entscheiden?

5. Rechne aus, welche Abgaben der Fronhof Staffelsee jährlich einsammelte und wie groß die landwirtschaftliche Fläche war, die dem Fronhof gehörte. Wie vielen Fußballfeldern entspricht diese Fläche ungefähr? Ein Fußballfeld hat eine durchschnittliche Größe von 7350 m².

Alltag im mittelalterlichen Dorf

Die Menschen kannten keine Jahreszahlen und wussten nicht das Datum ihrer Geburt. Für sie bestand die Zeit aus Tag und Nacht und den verschiedenen Jahreszeiten. Auf dem Land verlief die Zeit wie ein immerwährender Kreislauf zwischen Aussaat und Ernte.

A: Erstelle eine Tabelle mit drei Spalten, in die du die Aufgaben und Tätigkeiten der Männer, Frauen und Kinder einträgst.

Wie wohnten die Bauern?

In einem Bauernhaus um das Jahr 1000 gab es fast immer nur einen einzigen Raum zum Wohnen, Arbeiten und Schlafen. Der Rauch der offenen Feuerstelle drückte sich durch die Ritzen des strohgedeckten Daches. Die Wände bestanden aus Flechtwerk, das mit Lehm beworfen war, der Fußboden aus gestampftem Lehm. Als Fenster dienten Luken, die im Winter zum Schutz vor Kälte notdürftig mit Stroh verstopft wurden. Die Möbel beschränkten sich auf Tisch, Bänke und Kisten. Betten waren noch unbekannt, man schlief auf Strohsäcken. Oft lebte auch das Vieh unter demselben Dach – so wärmte man sich im Winter gegenseitig.

Familie und Ehe

Zum „Haus" des Bauern zählte nicht nur das Gebäude. Dazu gehörten auch Frau und Kinder, häufig unverheiratete Verwandte, Knechte und Mägde – selten auch noch die eigenen Eltern. Der Hausherr hatte alle zu beschützen. Er allein teilte ihnen zu, was sie zum Leben brauchten, und vertrat sie vor Gericht. Für seinen Schutz mussten ihm die anderen Gehorsam leisten.

B: Benenne Gebäude, die du erkennen kannst, und ihre Funktionen.

Mithilfe der CD-ROM kannst du das Ergebnis überprüfen.

D1 Ein Dorf um 1100
Rekonstruktionszeichnung, 1991

800 n. Chr. 1500 n. Chr.

Q1 Ländliche Arbeiten, französische Buchmalereien, um 1500

C: Erläutere die einzelnen Tätigkeiten genau.

Wollten zwei heiraten, dann mussten die männlichen Verwandten von Braut und Bräutigam einverstanden sein. Die dachten jedoch ausschließlich daran, wie man den zum Überleben notwendigen Besitz durch die neue Ehe erhalten und vermehren konnte. Liebe spielte oft eine untergeordnete Rolle. Unfreie brauchten außerdem die Eheerlaubnis ihres Grundherrn.

Mühselige Landarbeit

Schwer war damals die Arbeit des Bauern mit den dürftigen Geräten. Vor der Aussaat wurde zuerst der Boden gepflügt. Der übliche Hakenpflug riss die Erde nur auf und musste daher mehrmals kreuzweise über den Acker geführt werden. Ochsen zogen den Pflug, der an der Stirn des Tieres befestigt war und so die Kraft auf das Rückgrat des Tieres übertrug. Dem Pflügen folgte das Eggen, um die Erde zu zerkrümeln. Gesät wurde mit der Hand. Die Getreidesorten glichen eher Gräsern und wuchsen oft mannshoch. Lange noch schnitt man das reife Getreide mit der Sichel, um möglichst wenig Körner zu verlieren. Das war wichtig, denn die Ernte betrug nur etwa das Dreifache der Aussaat. Heute ist es zwanzigmal so viel. Die Erträge schwankten sehr, und die Abgaben wirkten gerade in schlechteren Jahren erdrückend.

Alltag der Frauen

Viele Jahre ihres Lebens waren die Frauen entweder schwanger oder sie stillten; allein schon deshalb beschränkte sich ihre Tätigkeit oft auf den Hofbereich. Da gab es viel zu tun: Sie kümmerten sich um Hühner, Gänse und Enten, um das Melken, Buttern und die Käseherstellung. Spinnen, Weben und Nähen gehörte ebenso zu ihren Aufgaben wie Brot backen oder das Überwachen der Vorräte, damit die Familie bis zur nächsten Ernte genug zu essen hatte. Zusammen mit den Männern wurde geschlachtet, eingepökelt und gewurstet. Wenn es möglich war, arbeiteten die Frauen auch auf den Feldern mit.

Eine kurze Kindheit

Die Kinder wurden von früh an mit einfachen und leichten Tätigkeiten an der gemeinsamen Arbeit beteiligt. Sie sammelten Feuerholz, gruben im Garten, halfen beim Kochen und hüteten die Gänse, Ziegen und Schweine. So erlebten Mädchen und Jungen eine Art Lehrzeit und wuchsen Tag für Tag mehr in die Welt der Erwachsenen hinein. Bilder in Handschriften zeigen aber auch spielende Kinder, und Archäologen haben Reste von Spielzeug gefunden.

Alltägliche Bedrohung

Über Regenstürme und Frost, Trockenheit und Naturkatastrophen berichten die Chroniken sehr genau; denn häufig genug waren Hungersnöte und Mangelkrankheiten die Folge. Wen Hungersnöte und Krankheiten verschonten, der konnte in den Kriegen der Herren ums Leben kommen oder dem Räuberunwesen zum Opfer fallen. Die Menschen wurden im Durchschnitt nur etwa dreißig Jahre alt; ungefähr die Hälfte aller Kinder starben früh. Alte Leute waren selten, man achtete sie daher wegen ihrer Lebenserfahrung.

D: Nenne die Anlässe, zu denen die Bauern im Mittelalter feierten, und vergleiche sie mit Festen, die heute in deiner Gegend gefeiert werden.

Feste und Feiern

Hochzeiten, Taufen, Besuche hoher Gäste im Dorf und zahlreiche kirchliche Feiertage durchzogen den Alltag des mittelalterlichen Menschen. Wenn die Bauern dem Grundherrn die Abgaben brachten, gab es oft ein fröhliches Festessen, bei dem gleich wieder ein Teil gemeinsam verzehrt wurde. Solches Feiern stärkte das Zusammengehörigkeitsgefühl und ließ die Menschen die Mühen des Alltags wieder leichter ertragen.

Woher wissen wir etwas über die Bauern?

Die meisten Bauern konnten weder lesen noch schreiben. Was wir von ihnen wissen, haben wir oft aus den Abgabeverzeichnissen der Grundherren.
Über das alltägliche Leben erfahren wir am meisten durch Grabungsfunde der Archäologen. Neben dem Trachtenschmuck der Frauen und der Ausrüstung der Männer sind als Grabbeigaben häufig Gegenstände der häuslichen Ausstattung erhalten.
Auch Essensreste, die sich in Abfallgruben unter Luftabschluss erhalten haben, enthalten Informationen: An ihnen können Wissenschaftler Art und Menge der Kulturpflanzen ermitteln; oder sie ordnen die gefundenen Knochen den Haus- oder Wildtieren zu.

E: Benenne die Tätigkeiten der Bäuerinnen.

Q2 Bäuerinnen bei der Arbeit
Fresko im Castello del Buonconsiglio, Trient, 15. Jahrhundert

Q3 Feiertagschristus
Teil eines Freskos in der Kirche in Saak/Kärnten, 1465

F: Erstelle eine Liste, für welche Arbeiten die abgebildeten Werkzeuge stehen.

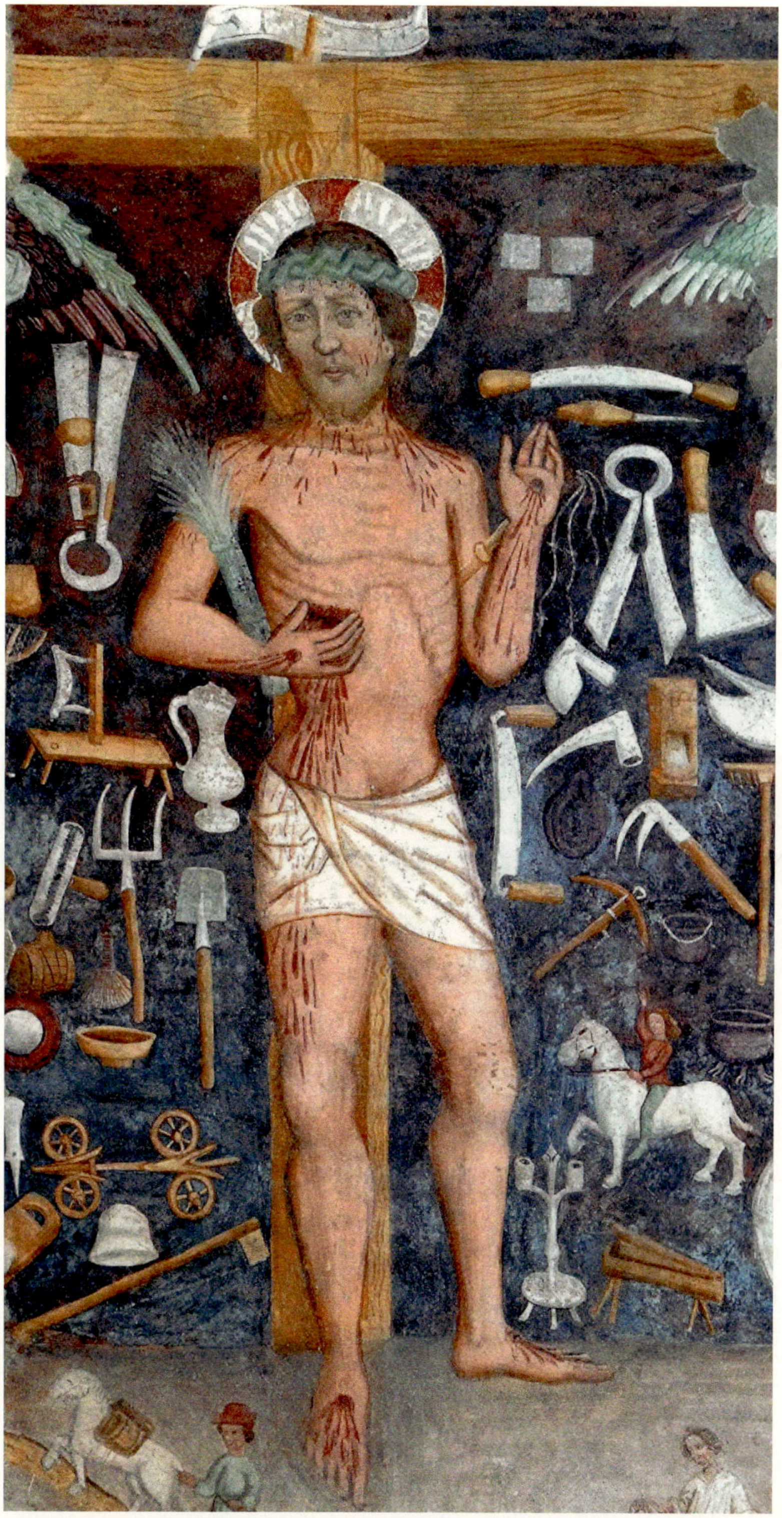

Q4 Arbeiten am Sonntag

Ein Gesetz Karls des Großen von 789 verbot folgende Arbeiten an Sonntagen:

(…) dass die Männer weder Feldarbeiten verrichten, noch im Weinberg sich beschäftigen, noch auf den Feldern pflügen, mähen oder Holz schneiden, oder einen Zaun errichten, noch in den Wäldern roden oder Bäume fällen, oder im Felsgestein arbeiten, noch in Gerichtsversammlungen zusammenkommen, noch die Jagd ausüben dürfen. Und nur in drei Fällen darf man am Sonntag Transporte durchführen, nämlich im Kriegsfalle, oder für die Herbeischaffungen von Lebensmitteln, oder, wenn es sehr nötig sein sollte, für die Bestattung eines Toten. Ebenso sollen die Frauen nicht weben, Kleider weder auftrennen noch nähen oder Strickereien anfertigen. Auch haben sie keine Erlaubnis, Wolle zu rupfen, Flachs zu schlagen, Kleidungsstücke öffentlich zu waschen und Hammel zu scheren, damit (…) die Ruhe des Sonntags gewahrt werde.

Gesetz Karl d. Großen, zit. nach Karl Brunner/Gerhard Jaritz, Landherr. Bauer. Ackerknecht, Wien u. a. 1985, S. 75f. (Böhlau)

1. Stelle alle Tätigkeiten zusammen, deren Ausübung an Sonn- und Feiertagen verboten war (Q3, Q4).

2. Vergleiche Q4 mit heutigen Diskussionen zur Arbeit am Sonntag.

Projekt: Wie mittelalterliche Bäuerinnen und Bauern gekocht und gegessen haben, kannst du selbst ausprobieren. Rezepte findest du auf der Internetseite des Klett Verlags.

Das Leben auf dem Land ändert sich

Die Bevölkerung wuchs zuerst langsam, stieg aber im Hochmittelalter spürbar an. Weil nun viel mehr Menschen ernährt werden mussten, sahen sich die Bauern gezwungen, die Ernteerträge zu steigern.

Mehr Land für mehr Menschen

Wegen der mangelhaften Düngung erschöpften sich die Böden schnell, deshalb konnten die Äcker nur wenige Jahre genutzt werden. Um neue Anbauflächen zu erschließen, rodeten die Bauern den Wald. Erst brannten sie ihn nur in der unmittelbaren Nähe der Gehöfte nieder und nahmen ihn unter den Pflug. Später erschlossen sie von den Tälern aus die Wälder der Mittelgebirge. Siedlungsnamen auf -rode, -roth, -reuth oder -brand deuten noch heute auf diesen Ursprung hin.

A: Nenne Ortsnamen in deiner Gegend, die auf mittelalterliche Rodungen hinweisen.

Not macht erfinderisch

Außerdem setzten sich neue Methoden und Geräte in der Landwirtschaft durch: die Dreifelderwirtschaft; das Kummet, ein gepolsterter Zugkragen für Pferde; der schollenbrechende Pflug, der die abgetrennten Erdschollen umwendete; das Hufeisen; die Düngung mit Mist.

B: Stelle in einer Tabelle die Neuerungen der Landwirtschaft im Laufe des Mittelalters zusammen und erkläre, wie sie das Leben und Arbeiten auf dem Land veränderten.

Vorher	Nachher
Hakenpflug, ritzt den Boden nur	Räderpflug, wendet die Schollen
…	…

Das Dorf wird zur Gemeinde

Diese Veränderungen wirkten sich auch auf das Zusammenleben in den ländlichen Gemeinden aus: Die Dörfer wuchsen und verwalteten sich selbst. Mindestens einmal im Jahr tagte die Gemeindeversammlung, häufig unter freiem Himmel bei der Gerichtslinde. Dort setzten die Bauern gemeinsam die Anbauordnung fest, verpflichteten sich gegenseitig auf das Dorfrecht und wählten ihre Beauftragten. Den Mittelpunkt des Ortes bildete die Kirche, oft als steinerne Wehrkirche, die bei Überfällen Schutz bot.

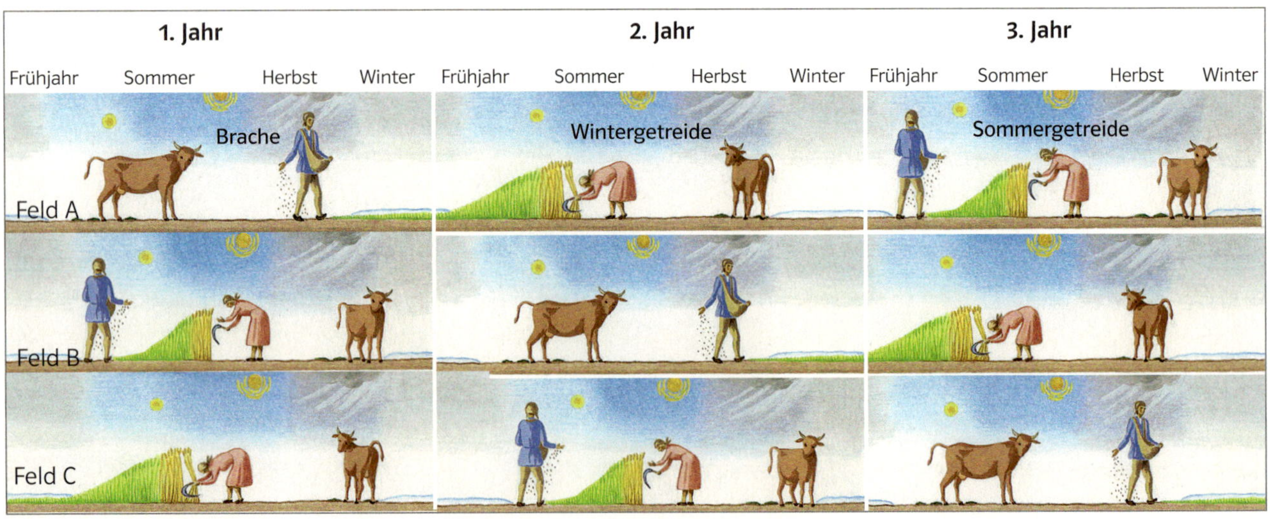

D1 Dreifelderwirtschaft
Auf einem Stück Land wird im Rhythmus von drei Jahren der Anbau abgewechselt: Wintergetreide (Dinkel und Roggen werden im Herbst gesät), Sommergetreide (Hafer, Weizen oder Gerste werden im Frühjahr gesät und im Spätsommer geerntet), Brache, damit sich der Boden erholt. Das Vieh weidet auf dem brachliegenden Abschnitt und düngt so zusätzlich den Boden.

C: Du triffst auf einen Bauern aus einem Dorf mit traditioneller Anbauweise. Überzeuge ihn von den Vorteilen der Dreifelderwirtschaft.

Online-Link: 443010-0903
Arbeitsblatt: Die Arbeit der Bauern im Mittelalter

800 n. Chr. — 1500 n. Chr.

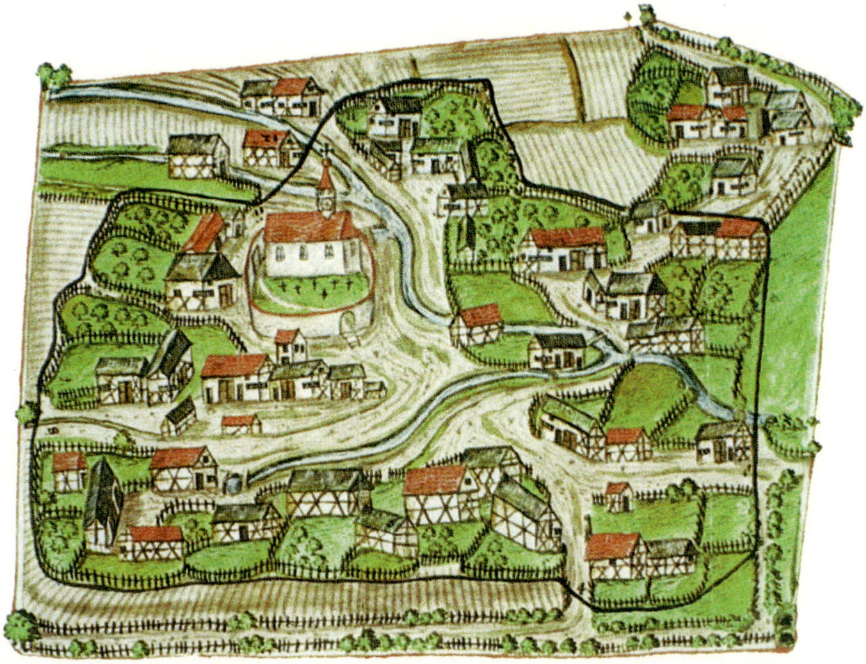

Q1 Heudorf bei Messkirch
Oberschwaben, 1576
Die meisten Dörfer waren zu unregelmäßigen Haufendörfern herangewachsen und durch einen geflochtenen Zaun (Etter) geschützt, damit das Vieh nicht hinaus und die Wölfe und Luchse nicht hinein konnten. Jede Beschädigung des Zauns galt als Bruch des Friedens und wurde streng bestraft. Die Häuser hatten seit dem Spätmittelalter Fundamente aus Stein und waren als Brandschutz schon häufig mit Ziegeln gedeckt.

D: Vergleiche das Bild dieses Dorfes mit dem auf S. 202. Was hat sich verändert?

Die Grundherrschaft verändert sich

Seit dem 12. Jahrhundert waren die Bürger in den neu entstehenden Städten auf den Überschuss der Landwirtschaft angewiesen, um sich ernähren zu können. Die Bauern verkauften nun ihre Erzeugnisse dort auf dem Markt. Bei gutem Wirtschaften und Glück mit dem Wetter konnte ein Bauer am Ende des Mittelalters durchaus wohlhabend werden.

Auch die Grundherren waren immer mehr auf die Erzeugnisse der Bauern angewiesen. Deswegen lockerten sie allmählich die Grundherrschaft. Die Abgabenhöhe verringerte sich und es gab keine gewaltsamen Vertreibungen von den Höfen mehr. Rechtlich waren die Bauern zwar weiterhin an ihr Land gebunden, doch konnten sie in die Stadt ausweichen oder in Rodungsgebiete fortziehen.

E: Wäge ab, welche Vor- und Nachteile die Veränderungen für Grundherren brachten.

Mehr darüber erfährst du auf S. 220 im Kapitel „Städte verändern das Leben".

D2 Kummet
Früher wurden nur Leinen am Kopf der Zugtiere befestigt. Mit dem Kummet wird die Kraft besser übertragen.

D3 Dreschflegel
Vor dieser Erfindung wurden die Körner aus den Ähren getreten.

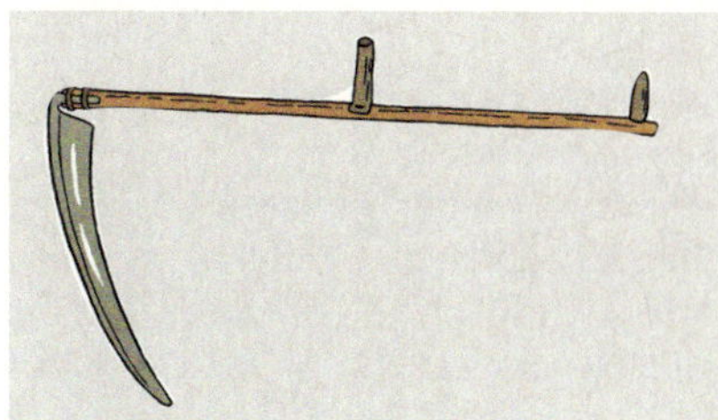

D4 Sense
Die Heumahd ging damit viel schneller. Für die Getreideernte wurde aber weiterhin die Sichel verwendet.

1. Erläutere mithilfe des VT und der Karte auf der Orientierungsseite, wie sich die Veränderungen auf den Dörfern auf die Landschaft auswirkten.

2. Vergleiche Heudorf (Q1) mit dem Dorf um 1100 auf S. 202.

3. Erkunde, welche neuen Methoden in der Landwirtschaft der Gegenwart erprobt werden und welche Probleme dabei auftreten.

Einen Grundriss auswerten

Bevor Architekten ein Gebäude errichten, zeichnen sie einen Grundriss. Dort werden alle Bestandteile des zukünftigen Bauwerkes eingetragen. So bekommt man schon vor dem Bau eine genaue Vorstellung davon, wie das Haus, die Kirche, die Schule einmal aussehen wird. Grundrisse werden auch für Garten- oder Parkanlagen erstellt oder für große Gelände, auf denen verschiedene Gebäude errichtet werden sollen. Viele Bauwerke und Anlagen aus früheren Zeiten sind nicht mehr erhalten oder wurden im Laufe der Zeit umgebaut. Um herauszufinden, wie sie ursprünglich ausgesehen haben und wie sie genutzt wurden, sind Grundrisse eine wichtige Quelle. Am Beispiel eines Klosterplanes kannst du lernen, wie man einem Grundriss Informationen entnehmen kann.

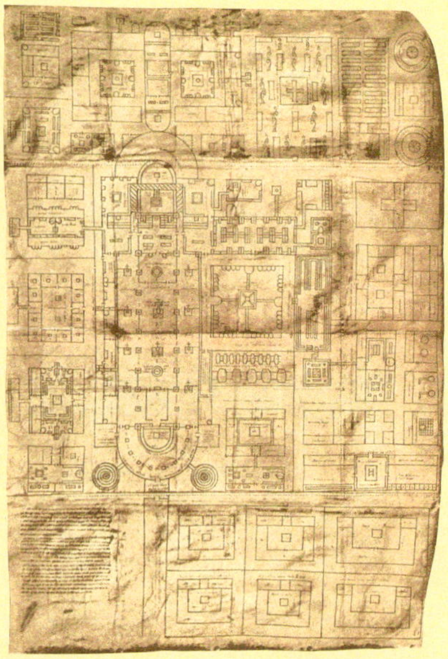

Q1 Grundriss des Klosters Sankt Gallen
Der Plan wurde um 820 entworfen. Er gibt allerdings keine tatsächlichen Verhältnisse wieder, sondern diente als Musterbauplan für Klöster. Die gesamte Anlage ist 145 × 205 Meter groß. Der Originalplan hat eine Größe von 112 × 77 cm. Er wird heute in der Stiftsbibliothek in Sankt Gallen (Schweiz) aufbewahrt.

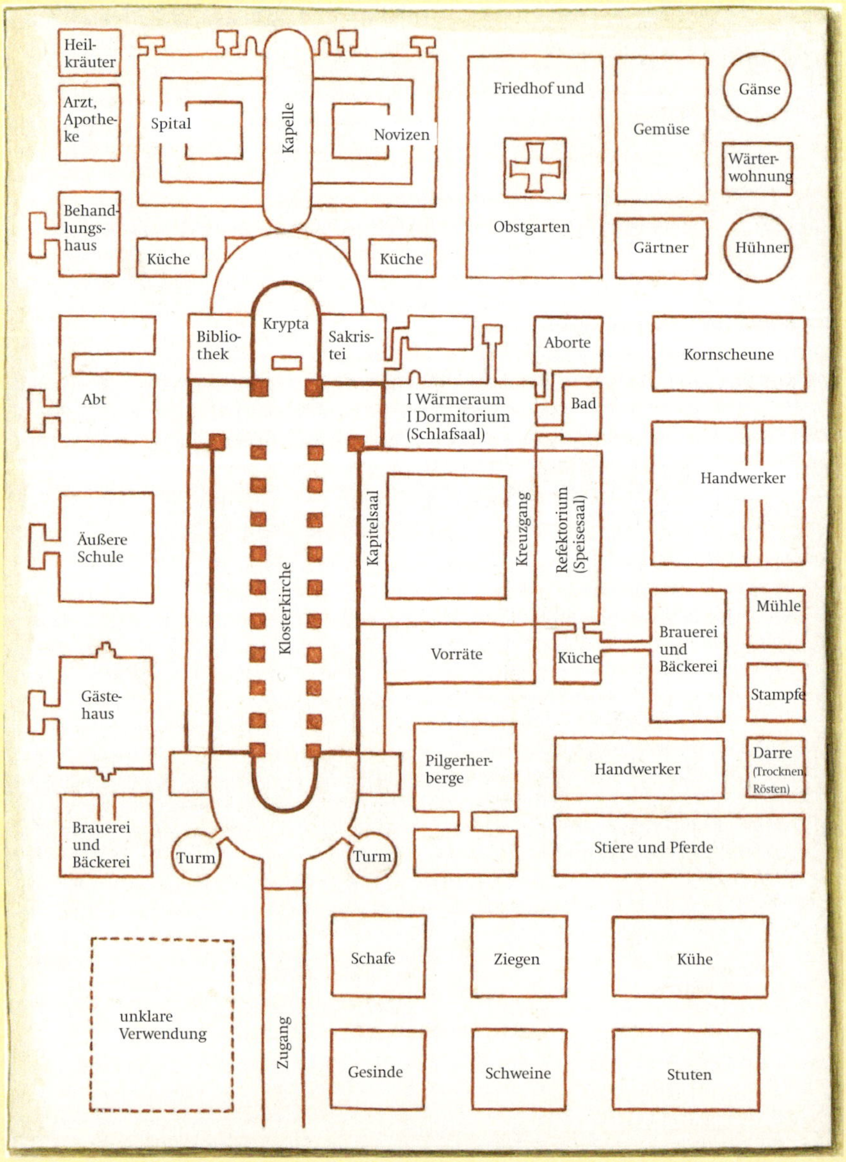

D1 Nachzeichnung des Klosterplanes aus heutiger Zeit

800 n. Chr. 1500 n. Chr.

Methodische Arbeitsschritte

1 Beschreiben

- Stelle fest, was auf dem Grundriss dargestellt ist. Handelt es sich um ein einzelnes Gebäude oder eine große Anlage mit verschiedenen Teilen?
- Informiere dich, aus welcher Zeit der Grundriss stammt und wer ihn angefertigt hat. Handelt es sich um ein Original oder eine Nachzeichnung?
- Erläutere, wie die Einzelteile dargestellt sind: z. B. Mauern, Eingänge, Türen, Fenster, verschiedene Stockwerke, Türme usw.

2 Untersuchen

- Benenne die verschiedenen Bestandteile, die du erkennst. Welche Teile erscheinen dir besonders wichtig? Unterscheide z. B. Haupt- und Nebengebäude, Wege. Beschreibe die Lage der einzelnen Bestandteile zueinander.
- Untersuche, welche Auskünfte der Grundriss über die Größe der Anlage oder die Abmessungen einzelner Teile gibt.
- Finde heraus, welche Funktionen die einzelnen Bestandteile hatten.

3 Deuten

- Fasse zusammen, was der Grundriss über Arbeits- und Lebensgewohnheiten der Menschen aussagt, die das Gebäude oder die Anlage nutzten.
- Erkläre, welche Bedeutung die Anlage für die Menschen in der damaligen Zeit hatte.

Beschreiben

Um den Originalgrundriss (Q1) auszuwerten, benötigt man spezielle Kenntnisse. Deswegen wurde er für dich so nachgezeichnet, dass du ihn gut erkennen und auswerten kannst. Auf den ersten Blick wirst du sehen, dass es sich nicht um ein Einzelgebäude, sondern um eine größere Klosteranlage handelt. Die Entstehungszeit des Planes, seine Größe, den Entstehungszweck sowie die Größe der tatsächlich errichteten Klosteranlage in Sankt Gallen kannst du der Bildunterschrift zu Q1 entnehmen. Das solltest du zuallererst in dein Heft schreiben.

Sicher fällt dir auf, dass Einzelheiten wie Fenster und Türen, Treppen usw. auf dem Grundriss schwer erkennbar sind. An einigen Stellen sind jedoch Bestandteile besonders hervorgehoben, so z. B. die tragenden Säulen der Klosterkirche. Notiere, was dir sonst noch auffällt.

Untersuchen

Wenn du die einzelnen Gebäude und Gebäudeteile genauer untersuchst, kannst du leicht feststellen, dass sie sehr unterschiedlichen Funktionen dienten. So gab es nicht nur einen Schlafsaal für die Mönche, sondern auch eine Herberge für vorüberziehende Pilger und ein Haus, in dem Gäste untergebracht werden konnten, die vielleicht länger blieben. Du kannst in einer Tabelle auflisten, welche Gebäude vorgesehen waren und welchem Zweck sie dienten.

Untersuche auch, wie die einzelnen Gebäude auf dem Gelände angeordnet sind. Begründe zum Beispiel, warum wohl die Werkstätten der Handwerker weit entfernt von der Bibliothek und dem Spital lagen. Welche Gebäude oder Gebäudeteile liegen hingegen eng beieinander oder sind durch Gänge miteinander verbunden?

Deuten

Um deutlich zu machen, welche Hauptaufgaben die Nonnen und Mönche einer solchen Klosteranlage zu erfüllen hatten, kannst du den Grundriss kopieren, in dein Heft kleben und die Gebäude mit verschiedenen Farben ausmalen: rot für religiöse Gebäude, gelb für wissenschaftliche Einrichtungen, grün für Einrichtungen, in denen Menschen geholfen wurde, blau für Wirtschaftsgebäude. Stelle fest, welche weiß bleiben. Anschließend kannst du zusammenfassend erläutern, welche Arbeiten in Klöstern verrichtet wurden.

Schreibe abschließend in einigen Sätzen auf, wie dies alles auf die Menschen der damaligen Zeit wirken musste. Bedenke dabei, dass es für sie beispielsweise nicht selbstverständlich war, einen Arzt aufzusuchen oder in eine Bibliothek zu gehen.

1. Klöster werden oft als „Welt im Kleinen" bezeichnet. Begründe anhand der Informationen, die du dem Grundriss entnommen hast, ob das berechtigt ist.

2. Stelle dir vor, du bist der Abt des Klosters Sankt Gallen. Eines Tages kommt der Bischof aus dem fernen Aachen zu Gast. Du willst ihm dein Kloster zeigen. Spiele die Besichtigung anhand des Klosterplanes nach.

3. Skizziert in Gruppenarbeit einen Plan eurer Schule. Jede Gruppe sollte dabei ein Stockwerk übernehmen. Achtet darauf, dass alle wichtigen Funktionen beachtet werden.

Im Dienste Gottes und der Menschen – das Kloster

Heute wirken die Kutte eines Mönchs oder der Schleier einer Nonne fremd und sonderbar, wenn wir sie auf der Straße sehen. Im Mittelalter waren die Männer- und Frauenorden die wichtigste Form des religiösen Lebens und nahmen großen Einfluss auf die Gesellschaft.

A: Schreibe einen Eintrag für ein Schülerlexikon zum Stichwort Kloster.

Ein Kloster – was ist das?

Um 530 gründete Benedikt von Nursia in Süditalien ein Kloster. Er und seine Anhänger wollten ungestört von anderen Menschen mit ihrem ganzen Leben Gott dienen. Nach diesem Vorbild entstanden überall in Europa Klöster. Das Leben im Kloster galt als die beste Möglichkeit, Gott gnädig zu stimmen. Aus diesem Grund wurden Klöster auch häufig in abgeschiedenen, noch wenig erschlossenen waldreichen Gebieten gegründet. Mönche machten die Einöde, den Wald oder Sümpfe urbar. Roden war ein gottgefälliges Werk, denn es galt zugleich als Kampf gegen eine von dämonischen Mächten erfüllte Umwelt. Könige, Herzöge oder Grafen schenkten den Klöstern Land; nach ihrem Tode mussten die Mönche für deren Seelenheil beten.

„Bete und arbeite"

Das Leben im Kloster war durch strenge Regeln des jeweiligen Ordens geprägt. Die Mitglieder des Benediktinerordens zum Beispiel versprachen bei ihrem Eintritt ins Kloster, für immer in der Gemeinschaft des Ordens zu bleiben. Sie legten ein Gelübde ab und verpflichteten sich, arm und keusch (sexuell enthaltsam) zu leben sowie Gehorsam gegenüber Gott und den Oberen im Kloster zu leisten. „Bete und arbeite" – lateinisch heißt das „ora et labora" –, nach diesem Motto lebten die Benediktiner.

Wer ging ins Kloster?

Nicht allein aus religiösen Gründen traten Menschen ins Kloster ein. Manche Mädchen und Jungen wurden von ihren Eltern schon mit etwa sieben Jahren

Q1 Eintritt ins Kloster
Der lateinische Text lautet übersetzt: „Florus übergibt seinen Sohn. Es kommt zu einer Zusage (des Abtes). Er (Florus) übergibt Ländereien." Biblioteca Apostolica Vaticana

B: Schreibe aus der Sicht des Florus über das dargestellte Ereignis. Beginne so: „Heute habe ich meinen Sohn ins Kloster gebracht …"

Q2 Zisterziensermönche
Buchmalerei, 12. Jahrhundert
Nachdem viele Klöster sehr reich geworden waren, besannen sich Mönche und Nonnen auf die alten Klosterregeln und gründeten im 11. Jahrhundert den Zisterzienserorden.

C: Beschreibe, woran du erkennen kannst, dass sich die Mönche an die Regel „ora et labora" halten wollten.

in die Obhut eines Klosters gegeben, um sie zu versorgen. Das betraf zum Beispiel die jüngsten Kinder großer Adelsfamilien, die kaum noch etwas erben konnten. Dadurch wurden viele Klöster zu Adelsklöstern und dienten den Adligen als Alterssicherung.

Wie wurde man Mönch?

Der Eintritt ins Kloster begann mit einer Messe. Die Eltern brachten den Jungen zum Altar, umwickelten seine rechte Hand mit dem Altartuch und küssten sie zum Abschied. Der Priestermönch nahm die Hand des Kindes und machte über seinem Kopf das Kreuzzeichen. Nun übergab er den Jungen dem Abt, der den Kopf mit Weihwasser besprengte und das Haar weitgehend kahl schor. Anschließend wurde er feierlich entkleidet und schlüpfte in ein einfaches Untergewand, über das er die schwarze, knielange Kutte anzog – er war ein Novize geworden. Nachdem er einige Zeit im Kloster war und auf das Leben dort vorbereitet worden war, legte er sein Gelübde als Mönch ab. Ein Mönch besaß kein privates Eigentum, er wurde aus dem Klosterbesitz mit allem Notwendigen versorgt; sein Leben sollte maßvoll, aber keineswegs armselig sein.

Wer führte ein Kloster?

An der Spitze eines Klosters stand der Abt im Rang eines Bischofs, der von den Mönchen auf Lebenszeit gewählt wurde. Alle waren dem Abt zu Gehorsam verpflichtet, nicht nur die Mönche, sondern auch die abhängigen Bauern, die zum Kloster gehörten. Auch Frauen konnten als Äbtissinen an der Spitze eines Klosters stehen – eine der bedeutendsten war Hildegard von Bingen.
Klöster hatten keine Krieger und durften auch nicht Recht sprechen. Deshalb bestellten sie einen Adligen zum Klostervogt, der das Kloster beschützte und dadurch deutlich an Macht und Ansehen gewann.

Q3 Ein Novize hat sein Gelübde abgelegt, Buchmalerei, 13. Jahrhundert

D: Versetze dich in die Lage des jungen Mönchs und schreibe deiner Familie einen Brief, in dem du deine Gedanken und Gefühle mitteilst. Beginne so: „Heute habe ich mein Gelübde abgelegt …"

E: Entwirf ein Kreisdiagramm mit dem Tageslauf in einem Kloster!

Auf der CD-ROM findest du ein vorbereitetes Arbeitsblatt.

Tages- und Jahreslauf
Der Tag begann kurz nach Mitternacht mit Gesängen und Gebeten in der Klosterkirche; es folgten Gebete in der Morgendämmerung und während des Tages in etwa dreistündigem Abstand. Die erste Mahlzeit gab es um 14 Uhr; im Winter war es das einzige Essen des Tages. Verzehrt wurden Fisch, Gemüse und Eier; Fleisch erhielten nur die Kranken. Bei Tisch schwiegen alle und hörten einer Lesung zu; daher verständigten sich die Mönche mit Zeichen. Ein besseres Essen gab es an hohen Feiertagen und Gedächtnistagen für Wohltäter des Klosters; solche Tage machten freilich oft ein Drittel des Jahres aus. Rund fünf Stunden verbrachten die Mönche Tag für Tag im gemeinsamen Gottesdienst; weitere vier Stunden galten dem eigenen Beten und dem Lesen religiöser Texte. Mindestens drei Stunden sollte körperlich gearbeitet werden; Müßiggang galt als Feind der Seele. Das Kirchenjahr mit seinen Buß- und Festzeiten bestimmte den Jahreslauf im Kloster.

Q4 Klösterlicher Fischereibetrieb
Buchmalerei
Viele Klöster hatten eine eigene Fischzucht.

Kunst und Wissenschaft
Klöster waren die einzigen Einrichtungen, die sich mit Kunst, Wissenschaft und Bildung beschäftigten – die Mönche waren die Gelehrten der Zeit. Eine der beeindruckendsten Leistungen der Mönche war das Schreiben. Sie kopierten in der Schreibstube, dem Scriptorium, mit Gänsefedern Handschriften auf Pergament und verzierten kunstvoll Anfangsbuchstaben oder Seitenränder. Ohne diese Abschriften wären viele Werke des Altertums verloren gegangen. Die Klosterbibliotheken sammelten in oft prachtvoll illustrierten Handschriften das gesamte Wissen ihrer Zeit. Die Mönche verfassten auch neue wissenschaftliche Werke.

Q5 Benediktinerabtei in Italien, 10. bis 12. Jahrhundert

Q6 Schreiber im Kloster

Der römische Staatsmann Cassiodor gründete ein Kloster und ließ dort antike Schriften kopieren, 6. Jahrhundert:

Denn indem sie die Heilige Schrift aufmerksam lesen, unterweisen sie sich selbst zum Heil und indem sie die Gebote Gottes abschreiben, verbreiten sie sie weit und breit. Glückliche Absicht, lobenswerter Fleiß, mit der Hand allein den Menschen zu predigen, den Mund mit den Fingern zu öffnen, den Sterblichen das Heil schweigend zu vermitteln und gegen die bösen Versuchungen des Teufels mit Feder und Tinte zu kämpfen.

Zit. nach Elisabeth Vavra (Hrsg.), Die Suche nach dem verlorenen Paradies. Europäische Kultur im Spiegel der Klöster. Niederösterreichische Landesausstellung 2000 (Katalog des Niederösterreichischen Landesmuseums, Neue Folge, 428) St. Pölten 2000, S. 68.

Q8 Klosterschule
Mittelalterliche Buchmalerei

F: Vergleiche Lehrer, Schüler, Einrichtung der Klosterschule mit deinem Schulalltag.

Q7 Regeln für das Klosterleben

Aus der Klosterregel des Benedikt von Nursia, 6. Jahrhundert:

4. Das sind die Werkzeuge der guten Werke: Den Leib züchtigen, der Sinneslust nicht nachgeben, das Fasten lieben! Arme erquicken, Nackte bekleiden, Kranke besuchen, Tote begraben, in der Trübsal zu Hilfe eilen, Trauernde trösten! (…)

5. Gehorsam ohne Zögern ist der vorzüglichste Grad der Demut. Wer den Oberen gehorcht, gehorcht Gott. (…)

48. Müßiggang ist ein Feind der Seele. Deshalb müssen sich die Brüder zu bestimmten Zeiten der Handarbeit und zu bestimmten Zeiten wiederum der Lesung göttlicher Dinge widmen.

66. Wenn möglich, soll das Kloster so angelegt sein, dass alles Notwendige, das heißt Wasser, Mühle, Garten und Werkstätten (…) sich innerhalb der Klostermauern befinden.

Zit. nach Georg Holzherr (Hrsg.), Die Benediktsregel: eine Anleitung zu christlichem Leben. Zürich 2. überarb. Aufl. 1982.

Q9 Hildegard von Bingen (1098–1179)
Buchmalerei, 12. Jahrhundert
Hildegard von Bingen wurde mit acht Jahren einer Nonne anvertraut; mit 15 Jahren trat sie dem Benediktinerorden bei. Zwischen 1147 und 1150 gründete sie das Kloster Rupertsberg bei Bingen am Rhein. Schon als Kind hatte sie Visionen (göttliche Eingebungen über Ereignisse der Zukunft), die sie später aufschrieb, wie im Bild rechts zu sehen ist. Hildegard verfasste historische Abhandlungen, geistliche Lieder und naturheilkundliche Bücher.

1. Erläutere, welche Bedeutung dem Lesen und Schreiben der Bibel zugeschrieben wird (Q6).

2. Zähle auf, wie die Klostergemeinschaften den Mitmenschen dienten (VT, Q6, Q7) und stelle dar, wer heute diese Aufgaben übernimmt.

3. Erkläre, was mit den einzelnen Regeln erreicht werden sollte (Q7).

Ritter und Burgen

Woran denkst du, wenn du heute das Wort „Ritter“ hörst? An in eiserne Rüstungen gekleidete Krieger, die sich in Turnieren mit Pferd und Lanze gegenüber stehen? Denkst du an Kämpfe gegen Drachen und Riesen oder an König Artus und die Ritter seiner Tafelrunde? Sicher denkst du auch an eine Ritterburg.

A: Notiere die verschiedenen Funktionen einer Burg in dein Heft.

Wie entstanden die Burgen?

Allein im deutschsprachigen Raum gab es im Mittelalter ca. 19 000 Burgen. Anfangs dienten die Herrenhöfe der Adligen den Menschen in der Umgebung als Fluchtburgen, wenn sie in Gefahr waren. Sie wurden mit Erdwällen oder Holzpalisaden geschutzt. Ab dem späten 11. Jahrhundert wurden richtige Burgen mit dauerhaften und vor allem feuerfesten Steinmauern gebaut. Damit sie vor Feinden geschützt war, musste die Burg an einem Platz stehen, der von Natur aus schwer zugänglich war: auf einem Berggipfel oder auf einer kleinen Insel in einem See oder Fluss. Die meisten Burgen lagen so, dass man von ihnen aus einen Handelsweg, einen Fluss oder ein Tal überblicken und beherrschen konnte. Die Bauern der Umgebung ernährten den Burgherrn und erwarteten dafür seinen Schutz und Unterhalt.

Das Leben auf einer Burg

Viele Burgen blieben klein, aber auf einer großen Burg lebten in Friedenszeiten in lärmendem Gedränge oft über hundert Menschen: außer der Adelsfamilie Knechte und Mägde, das Küchenpersonal und die Kammerfrauen im Dienste der Burgherrin. In Kriegszeiten suchten Bauernfamilien mit ihrem Vieh Schutz auf der Burg. Bei einer Belagerung kam es darauf an, dass die Lebensmittel und besonders das Wasser für Monate reichten. Deshalb haben viele Burgen große Speicher, Stallungen und einen tiefen Brunnen.
Der höchste und mächtigste Turm der Burg, der Bergfried, war anfangs oftmals das einzige Steingebäude. Nur der Wohnraum der Frauen, die Kemenate – in diesem Begriff steckt das Wort „Kamin“ – und die Küche konnten geheizt werden, daher litten die Bewohner vor allem im Winter unter Kälte und Feuchtigkeit. Später wurden großzügigere und bequemere Rittersäle im Palasgebäude errichtet.

B: Vergleiche das Modell der Motte mit der Marksburg. Erkläre, worauf bei der Anlage von Burgen Wert gelegt werden musste.

D1 Modell einer Motte
Diese Frühform einer Burg bestand aus einer Vorburg und dem Wehrturm auf einem 5 bis 10 Meter hohen Erdhügel.

800 n. Chr. | 1500 n. Chr.

1 äußeres Tor mit Zugbrücke, Graben
2 Wehrtürme
3 Burgmauern mit Wehrgang und Schießscharten, dahinter Zwinger
4 inneres Tor
5 Burgvogt-Turm
6 Herrenhaus (Palas)
7 oberstes Tor
8 Kapellenturm
9 Bergfried mit Verlies
10 Saalbau mit Rittersaal und Kemenate, darunter Küche
11 Brunnen und Zisterne

Q1 Die Marksburg bei Braubach am Rhein aus dem 12. Jahrhundert ist die einzige unzerstörte Höhenburg am Mittelrhein. Aber sie wurde im 19. Jahrhundert umgebaut.

Der Ritter – vom Dienstmann zum Adligen

Von den Burgen aus beherrschten oft unfreie Dienstmannen (Ministeriale) das Land, die der König oder Fürst aus seiner Grundherrschaft ausgesucht hatte. Sie dienten ihm hauptberuflich als Reiterkrieger. Der adlige Herr gab ihnen ein Gut mit Bauern, das sie zu verwalten hatten. Von den Abgaben der Bauern ernährten sie sich und bezahlten ihre teure Ausrüstung. Seit dem 12. Jahrhundert nannten sie sich Ritter. Nach und nach fühlten sie sich als etwas Besseres als die Bauern, von denen sie lebten. Vielen gelang es, sich aus der Abhängigkeit ihres Herrn zu befreien. Manche bauten sogar eigene Burgen.

Ritterliche Leitlinien

Die Ritter sollten ihrem Herrn treu dienen und hatten im Kampf tapfer zu sein. Die Kirche ermahnte sie, Krieg nur zur Verteidigung des christlichen Glaubens zu führen. Ein Ritter sollte die Schwachen beschützen. Aber die Wirklichkeit sah oft ganz anders aus: Gewalttätige Ritter verwüsteten Ortschaften, steckten Burgen in Brand oder plünderten Klöster aus. Zum Rittersein gehörte auch der Minnedienst – das Streben um die Gunst einer adligen Dame. Minnedichter und Minnesänger sorgten auf den Burgen für willkommene Abwechslung.

Minne, Minnedienst
Das ist die mittelalterliche Bezeichnung für Liebe. Beim Minnedienst ging es aber nicht um die Erfüllung von Liebe, sondern nur um das wirkungsvolle Werben um die Dame.

Ausrüstung und Ritterspiele

In Friedenszeiten hielten die Ritter ihre Kampfkraft durch Jagden und Turniere aufrecht. Das Turnier war ein Spiel mit dem Leben. Obgleich man mit stumpfen Waffen kämpfte, gab es doch nicht selten Schwerverletzte oder gar Todesfälle. Turniere waren große Ereignisse: öffentliches Kampfspiel und zugleich höfisches Fest, eine günstige Gelegenheit, um sich zu zeigen und zu bewähren. Die Anwesenheit der edlen Damen spornte die Teilnehmer an.

Aus Jungen werden Ritter

Die Erziehung zum Ritter begann mit dem siebenten Lebensjahr. Der Junge kam auf die Burg eines angesehenen Ritters und wurde dort zuerst in die Obhut der Frauen gegeben. Man nannte ihn einen Pagen. Auf der Burg lernte er Manieren, Reiten, Fechten, aber auch Singen, Tanzen, Schachspielen. Vom vierzehnten Lebensjahr an diente der Junge dem Burgherrn als Knappe, trug ihm das Schwert und den Schild, begleitete ihn in den Krieg, auf die Jagd und zum Turnier und bediente ihn bei Tisch. Hatte er sich bewährt, wurde er später in den Ritterstand aufgenommen.

C: Vergleiche die Erziehung von Knappen und Edelfräulein mit der Erziehung heute: Welche Fertigkeiten findest du heute noch wichtig, was hältst du für überholt?

Mädchen am Hof

Die adligen Mädchen lernten Schreiben, Lesen, Dichten, Singen, Handarbeiten und das Lautenspiel; auf den Burgen anderer adliger Familien erwarben sie die höfischen Sitten. Sie verfügten oft über mehr Wissen als ein Ritter. Häufig kannten sie sich auch in der Heilkunst aus. Sie wurden in die Organisation des Hauswesens eingeführt, was bei der hohen Anzahl der Bewohner einer Burg eine Kunst war. Bei Abwesenheit des Burgherrn kümmerten sie sich um die Verwaltung und die Abgaben der Bauern. Verheiratet wurden die Mädchen oft schon mit dreizehn Jahren.

D: Noch heute berichten Zeitungen und Fernsehen über das Leben von Adligen. Warum tun sie das wohl?

Was wird aus den Rittern?

Im späten Mittelalter waren Ritter auf dem Pferd im Krieg oft unterlegen, weil die Gegner mit gut trainierten Berufssoldaten antraten und Feuerwaffen benutzten. Das Leben auf der Burg war nicht mehr attraktiv, weil überall Städte entstanden. Mancher Ritter schlug sich nun als Raubritter durch, indem er Kaufmannszüge überfiel oder plündernd durch die Gegend zog. Bald gab es keine Ritter mehr – aber einige ihrer Lebensideale haben die Jahrhunderte überdauert. Das kann man daran sehen, dass wir noch heute Begriffe wie „höflich“ oder „ritterlich“ verwenden.

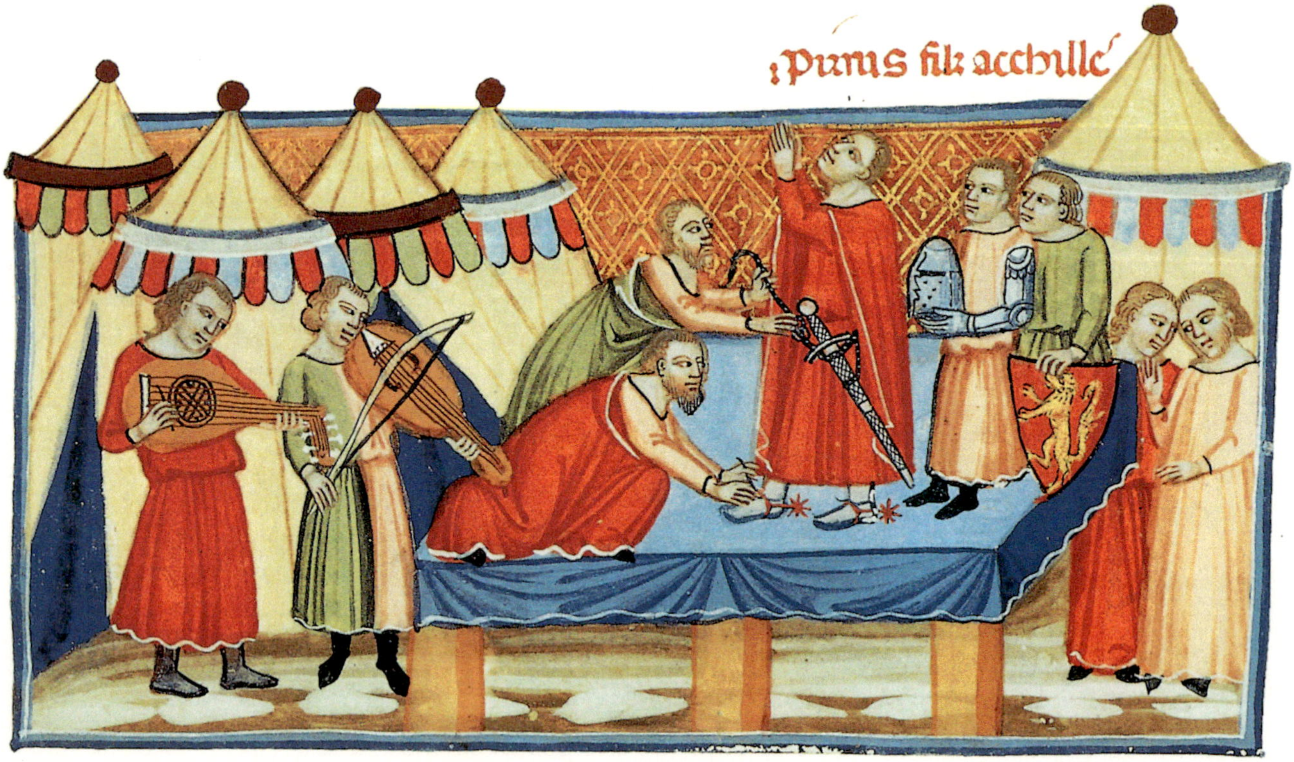

E: Stelle dir vor, du bist bei der Schwertleite dabei gewesen. Zu Hause berichtest du über dein Erlebnis. Schreibe mindestens sechs Sätze darüber in dein Heft.

Q2 Schwertleite, Buchmalerei
Knappen wurden in einer feierlichen Zeremonie in den Ritterstand erhoben. Dabei wurde auch ein Schwertsegen gesprochen: „Wir bitten Dich, Herr, erhöre unsere Bitten und segne mit der Hand Deiner Majestät dieses Schwert, mit welchem sich Dein Diener zu umgürten wünscht. Segne es, damit es Verteidigung und Schutz für Kirchen, Witwen, Waisen und alle, die Gott dienen, gegen das Wüten der Heiden sein könne. Allen, die ihnen nachstellen, möge es Furcht, Angst und Schrecken einflößen.“

800 n. Chr. 1500 n. Chr.

Q3 Ein Ritter erweist einer adligen Dame den Minnedienst
Buchmalereien aus der Manesseschen Liederhandschrift, um 1300 (Q3–Q5)

Q4 Der Ritter Walter von Klingen besiegt seinen Gegner im Turnier

Q5 Der Markgraf von Brandenburg und eine Frau beim Schachspiel

F: Beschreibe die Szenen auf den Bildern: Erkläre, was alles zu einem ritterlichen Leben gehörte.

Q6 Benimmregeln auf der Burg

Aus „Des Tanhusers Hofzucht", um 1250:

Wenn ihr euch zum Essen setzt, so sollt ihr sprechen: „Segne es uns Jesus Christus!" Gedenket Gott zu allen Zeiten und vergesst beim Essen nicht die Armen und Waisen.

Kein edler Mann soll aus dem Schöpflöffel trinken noch aus Schüsseln. Auch soll sich niemand während des Essens über die Schüsseln legen und dabei schnaufen und schmatzen.

Gar mancher beißt von seinem Brotstück ab und taucht es dann wieder nach bäurischer Sitte in die Schüssel, ja mancher legt den Knochen, den er benagt hat, wieder in die Schüssel. (…)

Niemand esse, wenn er den Mund noch voll hat; mancher bläst auch in den Trank, doch sollte man solchen Mangels an Zucht frei sein. (…) Ehe man trinkt, wische man den Mund ab, damit nicht Fett an den Trank komme. (…) Man stochere nicht mit den Messern in den Zähnen herum und schiebe nicht die Speise mit den Fingern auf den Löffel. (…) Man rede nicht mit vollem Mund, esse nicht so gierig, dass man sich in die Finger beißt. Vor dem Essen aber wasche jeder seine Hände.

Des Tanhusers Hofzucht, zit. nach Moriz Haupt, Des Tanhusers Hofzucht in: Zeitschrift für deutsches Altertum 6 (1848), S. 489ff..

Q7 Ritterleben auf der Burg

Aus einer Beschreibung des Ritters Ulrich von Hutten, 1518:

Die uns ernähren, sind bettelarme Bauern, denen wir unsere Äcker, Weinberge, Wiesen und Wälder verpachten. Der einkommende Ertrag ist, gemessen an der aufgewandten Mühe, geringfügig. (…) Die Burg selbst, ob sie auf dem Berg oder in der Ebene liegt, ist nicht als angenehmer Aufenthalt, sondern als Festung gebaut. Sie ist von Mauern und Gräben umgeben, innen ist sie eng und durch Stallungen für Vieh und Pferde zusammengedrängt. Daneben liegen dunkle Kammern, vollgepfropft mit Geschützen, Pech, Schwefel und sonstigem Zubehör für Waffen und Kriegsgerät. Überall stinkt es nach Schießpulver; und dann die Hunde und ihr Dreck. (…) Wenn aber einmal ein schlechtes Ertragsjahr kommt, wie in dieser mageren Gegend meistens, dann haben wir fürchterliche Not und Armut.

Lateinischer Brief d. Ritters Ulrich v. Hutten v. 25.10.1518, zit. nach Arno Borst, Lebensformen im Mittelalter, Berlin 1997, S. 180f. (Ullstein)

1. Ermittle die Aufgaben eines Ritters (VT, Q2).

2. Überlege, warum Regeln für das Ritterleben aufgestellt wurden. Was lässt sich daraus auf die damaligen Verhaltensweisen schließen (VT, Q6)?

3. Stelle Q6 und Q7 einander gegenüber. Erkläre, warum die Beschreibungen so unterschiedlich ausfallen. Ziehe dazu auch den VT heran.

1. Ein Quiz: die Stände (Sachkompetenz)

Wer war im frühen Mittelalter zum Kriegsdienst verpflichtet?

a) die Sklaven
b) die Freien
c) die Zinsbauern

Warum wurden viele Bauern unfrei?

a) weil ihnen dann die Grafen Geld schenkten
b) weil sie eine Schlacht gegen die Römer verloren
c) weil sie dann vom Kriegsdienst befreit wurden

Wie entstand das Rittertum?

a) fremde Ritter eroberten das Land
b) einzelne Männer wurden bestimmt, Kriegs- und Verwaltungsaufgaben zu übernehmen
c) die Bauern veranstalteten Turniere, und der Sieger durfte Ritter werden

Was ist ein Lehen?

a) ein Stück Land, das einem Ritter zur Verwaltung und Nutzung übertragen wurde
b) die jährlichen Ablieferungen der Bauern
c) Einnahme eines Ritters durch Weg- und Brückenzölle

Was schuldeten die unfreien Bauern ihren Herren?

a) alle geschossenen Wildtiere
b) Kriegsdienst
c) den Zehnten und Frondienste

Was sind die Gründe für den Niedergang des Rittertums?

a) Verarmung durch Fehden und Aufkommen der Pulverwaffen
b) Krankheiten und Seuchen
c) Überlegenheit der Bauern

2. Wörter zuordnen: Leben im Kloster (Sachkompetenz)

In der Zeit der ersten Klöster sind viele lateinischen Bezeichnungen als so genannte Lehnwörter ins Deutsche übertragen worden.

Ordne die deutschen Wörter den lateinischen zu.

- claustrum
- monachus
- missa
- clocca
- altare
- crux
- biblia
- organum
- capella
- capellanus
- schola
- domus
- angelus
- diabolus

- Altar
- Bibel
- Dom
- Engel
- Glocke
- Kapelle
- Kaplan
- Kloster
- Kreuz
- Messe
- Mönch
- Orgel
- Schule
- Teufel

3. Sprachliche Wendungen erklären: Leben der Ritter (Sachkompetenz)

Unsere heutige Sprache verwendet noch immer zahlreiche Ausdrücke, die aus den Turnieren der Ritterzeit stammen. Erkläre ihre damalige und ihre heutige Bedeutung. Fallen dir noch mehr solche Wendungen ein?

- einen in die Schranken weisen
- jemanden in Harnisch bringen
- sich aufs hohe Ross setzen
- einen aus dem Sattel heben
- für jemanden eine Lanze brechen
- jemanden im Stich lassen
- etwas aus dem Stegreif machen
- mit offenem Visier kämpfen
- etwas im Schilde führen
- einem die Spitze bieten
- jemanden anspornen
- gut beschlagen sein
- die Tafel aufheben

4. Ein Bild zusammensetzen: die Ständegesellschaft (Methodenkompetenz, Urteilskompetenz)

Auf den Bildern sind die mittelalterlichen Stände dargestellt. Kopiere die Bilder, schneide sie aus und und sortiere sie entsprechend ihrer gesellschaftlichen Stellung. Klebe sie übereinander in dein Heft. Beschrifte die einzelnen Bildteile:

Welcher Stand ist dargestellt?
Auf welche Weise ist er dargestellt?
Welche Rechte und Pflichten hatte er?

Q1 Ausschnitte aus einer französischen Buchmalerei, 14. Jahrhundert

800 n. Chr. 1500 n. Chr.

5. Ein Bild auswerten: das Leben der Bauern (Methodenkompetenz, Urteilskompetenz)

Schreibe zu diesem Bild einen Text aus der Sicht eines Bauern, in dem du einem Ritter erklärst, was du als Bauer oder Bäuerin alles zu tun hast.

Q2 Landwirtschaftliche Tätigkeiten
französische Buchmalerei, um 1475, British Library London

6. Eine Textquelle auswerten: Ritterleben (Methodenkompetenz, Urteilskompetenz)

Werte die Quelle mithilfe der methodischen Arbeitsschritte aus.

Gestaltet danach ein Gespräch zwischen einem Bauern oder einer Bäuerin und einem Ritter, in dem jeder zeigen will, wie nützlich seine Fähigkeiten sind.

Q3 Was ein Ritter können muss

Aus dem Ritterspiegel des Johannes Rothe, um 1415:

Zu einem vollkommenen Manne gehört, dass er gut reiten, schnell auf- und absitzen, gut traben, rennen und wenden kann und mit Verstand von der Erde etwas aufnehmen. Zum Zweiten muss er schwimmen, im Wasser tauchen und sich vom Rücken auf den Bauch und vom Bauch auf den Rücken drehen können. Zum Dritten muss er mit Armbrust, Büchse und Bogen schießen können: davon hat er bei Fürsten und Herzögen wohl Nutzen. Zum Vierten muss er auf Leitern klettern können, wenn es nötig ist, wie etwa im Kriege, auch an Stangen und Seilen. Zum Fünften muss er wohl turnieren können, streiten und stechen und recht und redlich tjostieren (Tjost = ritterlicher Zweikampf mit Lanze und Schild). Zum Sechsten muss er zu Abwehr und Angriff ringen können, auch weit springen und mit der Linken ebenso gut fechten wie mit der Rechten. Zum Siebenten muss er bei Tische aufwarten können, tanzen und hofieren, auch Schach zu spielen verstehen und alles, was ihm zur Zierde gereicht.

Ritterspiegel d. Johannes Rothe, zit. nach Johannes Bühler, Fürsten und Ritter: nach zeitgenössischen Quellen, Leipzig 1928, S. 284. (Insel-Verlag)

Online-Link: 443010-1001

10 Städte verändern das Leben

Das Mittelalter war auch eine Zeit der Stadtgründungen. Im Vergleich zu heute waren die Städte zwar klein und meist nur von einigen hundert oder tausend Menschen bewohnt, doch es gingen viele Neuerungen von ihnen aus. Rathäuser, Bürgerhäuser, Stadttore und Kirchen, die aus dieser Zeit erhalten geblieben sind, zeigen uns das bis heute. Doch wodurch zeichnete sich das Leben in den Städten damals aus?

- Was gehörte zu einer mittelalterlichen Stadt?
- Welche Bevölkerungsgruppen lebten in der Stadt?
- Welche Rechte und Pflichten hatten sie?
- Wie wurde eine Stadt regiert und verwaltet?
- Welche Rolle spielten Städtebünde?

1100

1096 Judenverfolgungen in den Städten am Rhein

1120 Freiburg im Breisgau wird vom Herzog von Zähringen gegründet.

Ende 12. Jahrhund Erste Sta räte werc gebildet.

Stadtansicht von Köln, 1493

Stadtgründungen:
- in römischer Zeit
- vor 1150
- nach 1150

Grenze des heutigen Deutschland

0 50 100 150 200 250 km

00 — 1300 — 1400

frühes 13. Jahrhundert
Der Baustil der Gotik löst von Frankreich ausgehend zunehmend den romanischen Stil ab.

1288
Sieg der Bürger von Köln über den Erzbischof, ihren Stadtherren

1358
Die Hanse ist als Kaufmannsbund bezeugt.

spätes 14. Jahrhundert
Die Handwerksmeister der Zünfte verlangen die Aufnahme in die Stadträte.

Verkaufsstand in einer Markthalle, Frankreich, 15. Jahrhundert

Zünfte werden an der Stadtherrschaft beteiligt. Vertreter der Augsburger Handwerkerzünfte betreten die Ratsstube, 1368.

„Burger und Baur scheydet nichts dann die Maur?"

Jeder weiß, wie Städte aussehen. Schließlich lebt heute die Mehrzahl der Deutschen in einer Stadt. Im Mittelalter aber war es nur eine Minderheit von vielleicht zehn Prozent. Welche Unterschiede bestanden damals zwischen Stadt und Land? Begleiten wir Conrad, als er aus seinem Dorf in die Stadt kommt. Conrad ist eine erfundene Gestalt, seine Erlebnisse hätten sich aber in nahezu jeder spätmittelalterlichen Stadt so zutragen können.

Q1 Lüneburg um 1447
Gemälde von Hans Bornemann. Die Darstellung ist Teil des Altarbildes der Lüneburger Nikolaikirche.

A: Liste die wichtigsten Merkmale einer mittelalterlichen Stadt auf.

Stadt
Der Begriff leitet sich von althochdeutsch stat = Ort, Stelle ab. Die Ummauerung bot Schutz, weshalb ursprünglich auch für Städte der Begriff „Burg" benutzt wurde. Das Leben wurde durch ein eigenes Stadtrecht geregelt. Kennzeichen von Städten sind allgemein eine gewisse Größe (heute setzt man dazu viel mehr Menschen an als im Mittelalter), eine hohe Dichte der Bebauung und eine besondere Bedeutung von Handel, Kultur (samt Religion) sowie Verwaltung.

Markt
Ursprünglich versteht man darunter den Ort, an dem Waren angeboten und verkauft werden. Namen wie „Alter Markt" oder „Salzmarkt" erinnern daran. Heute versteht man darunter in übertragenem Sinne auch alle Gelegenheiten, bei denen ein Angebot auf Nachfrage trifft und somit ein Preis gebildet wird.

Mauern und Türme
Bisher kannte Conrad nur sein Dorf und dessen nächste Umgebung, jetzt nähert er sich erstmals der Stadt. Bereits von Weitem erkennt er ihre Kirchtürme und beim Näherkommen erscheint sie ihm wie eine große Burg, die von Mauern mit hohen Türmen und einem breiten Graben umgeben ist. Über eine Zugbrücke gelangt er an das Stadttor. Nachdem er mit dem Wachposten gesprochen hat, darf er die Stadt betreten. Am Stadtrand sieht er Gärten, frei herumlaufende Tiere und niedrige, eingeschossige Holzhäuser. Das erinnert ihn sehr an sein Dorf. Die Menschen machen einen ärmlichen Eindruck. Wo sind denn nur die prachtvollen Fassaden, von denen er gehört hat?

Viele Gassen, hohe Bürgerhäuser
Je mehr sich Conrad dem Stadtzentrum nähert, desto enger werden die Gassen und nun tauchen auch erste mehrgeschossige Fachwerkhäuser auf. Schmiede arbeiten in den Werkstätten und davor auf der Straße. Conrads Onkel ist Schneider, ihn will er besuchen – doch nirgends kann er eine Schneiderwerkstatt entdecken. Eine Gasse weiter findet er nur Schuhmacher, in der nächsten nur Bäcker. Im Erdgeschoss ihrer Häuser sieht er Läden und Werkstätten, aus den Wohnungen im ersten Geschoss hört er Kindergeschrei. Zu einem der darüber liegenden Dachböden werden mit einem Flaschenzug Waren hochgezogen. Gern würde er da genauer hinschauen, doch er muss achtgeben auf den Zustand der Wege: Vom Regen sind sie schlammig und wegen der vielen herumliegenden Abfälle auch schmutzig.

Rathaus, Kirchen und Kaufmannshäuser
Endlich hat Conrad die Schneidergasse und seinen Onkel gefunden. Er ist neugierig und möchte mehr von der Stadt sehen. Sein Vetter Kuno will ihn führen. Gemeinsam gehen sie zum Marktplatz. Dort herrscht ein geschäftiges

Treiben. Bauern bieten Lebensmittel an, Handwerker verkaufen ihre Waren, städtische Aufseher überwachen das Geschehen. Der Marktplatz ist mit Steinen gepflastert und rundherum stehen stattliche Häuser aus Stein mit bunten, verzierten Fassaden und Fenstern aus Glas. Durch die großen Tore gehen vornehm und reich gekleidete Bürger aus und ein. „Hier wohnen unsere vornehmsten und reichsten Bürger: die weitgereisten Kaufleute und auch der Apotheker. Da drüben im Rathaus üben der Stadtrat und die Bürgermeister ihre Ämter aus", erklärt Kuno. „Hast du schon den Marktbrunnen entdeckt? Den hat der Stadtrat letztes Jahr bauen lassen, wofür alle sehr dankbar sind." Ehrfürchtig schaut Conrad sich weiter um und bestaunt besonders die große und besonders prachtvolle Hauptkirche, mehrere kleinere waren ihm vorher schon aufgefallen. Kuno macht ihn auch auf den Mann aufmerksam, der an einer Ecke des Marktes am Pranger angekettet ist: „Jeder soll sehen, dass er sich etwas hat zuschulden kommen lassen! Der Rat und die Herren Bürgermeister sorgen für Ordnung und bestrafen die Übeltäter!" Conrad ist tief beeindruckt. Die Stadt gefällt ihm, hier würde er gern selbst leben!

Q2 Frau am Pranger
französische Buchmalerei, um 1296

Warum entstanden Städte?

Seit dem 11. Jahrhundert nahm die Zahl der Städtegründungen deutlich zu. Die Bevölkerungszahl stieg, den Bauern gelang es, mehr Nahrungsmittel zu erzeugen, als sie selbst verbrauchten. Deshalb konnten sich die Bewohner der Städte auf Handwerk, Handel und Verwaltungsaufgaben konzentrieren. Besonders wichtig war daher auch, dass Märkte abgehalten wurden. Dazu bedurfte es allerdings einer Genehmigung des Landesherrn. Nach und nach verlieh er seinen Städten einige Privilegien (Vorrechte), die ursprünglich einmal dem König zugestanden hatten: das Recht zur Erhebung von Zöllen und das Recht, eigene Münzen zu prägen. Im Hochmittelalter wurde diese wirtschaftlichen Fragen so interessant, dass nur deswegen Städte gegründet wurden, wie zum Beispiel Freiburg. Doch bei allen Gemeinsamkeiten – jede Stadt hat ihre ganz eigene Geschichte.

Auf der CD-ROM findest du eine dynamische Karte, auf der du etwas über verschiedene Phasen der Stadtgründung erfährst.

D1 Ursprünge mittelalterlicher Städte: Neben den Gründungen durch Landesherren (Bildmitte), kannst du sicher andere Ursprünge erkennen.

B: Liste die verschiedenen Anfänge der Stadtentwicklung auf. Erkundige dich, was auf deine Heimatstadt zutrifft.

D2 Stadtgründungen und Bevölkerungsentwicklung in Mitteleuropa 1150–1250

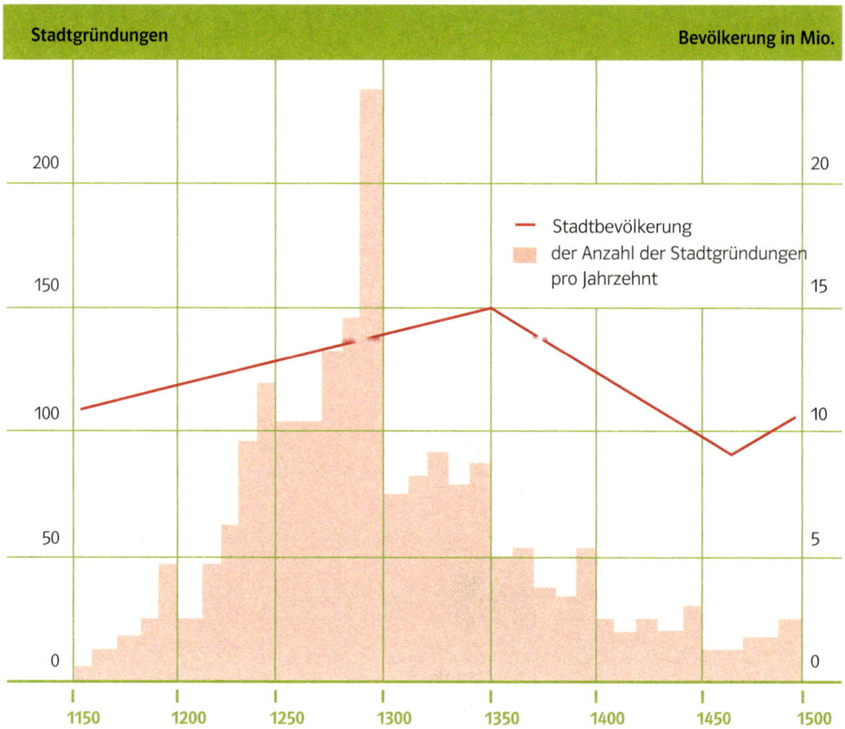

D3 Europas bevölkerungsreichste Städte im 14. Jahrhundert

Im Mittelalter gab es noch keine genauen Bevölkerungsstatistiken. Deshalb wurden die folgenden Einwohnerzahlen geschätzt. Grundlage für die Berechnungen bildet die Flächengröße bzw. die Zahl der Haushalte in einer Stadt.

Stadt	Einwohnerzahl
Barcelona	35 000
Brügge	50 000
Florenz	80 000
Frankfurt a. M.	10 000
Gent	60 000
Genua	84 000
Hamburg	17 000
Köln	40 000
Konstantinopel	über 100 000
London	40 000
Lübeck	25 000
Mailand	über 80 000
Neapel	60 000
Nowgorod	10 000–30 000
Nürnberg	23 000
Paris	über 80 000
Rom	40 000
Venedig	90 000

Q3 Eine Stadt wird gegründet

Die Gründungsurkunde von Freiburg im Breisgau wurde bald zum Vorbild:

Es sei den lebenden und zukünftigen Geschlechtern bekannt, dass ich, Konrad (Herzog von Zähringen), auf meinem Besitz einen Markt eingerichtet habe im Jahre des Herrn 1120. Nachdem ich Kaufleute der Umgebung zusammengerufen habe, habe ich beschlossen, diesen Markt zu gründen und einzurichten. Jedem Kaufmann habe ich ein Grundstück zum Bau eines eigenen Hauses gegeben und bestimmt, dass von jedem dieser Hausgrundstücke jährlich am Martinstag mir und meinen Nachfolgern ein Schilling Zins gezahlt werden soll. Jedes Hausgrundstück soll 100 Fuß lang und 50 Fuß breit sein. (...)

Ich verspreche all jenen, die zu meinem Markt kommen, Frieden und Schutz. Wenn einer in diesem Bereich beraubt wird und er nennt den Räuber, soll er den Schaden ersetzt bekommen. (...)

Wenn einer meiner Bürger stirbt, soll seine Frau mit seinen Kindern alles besitzen, ohne jeden Einspruch, was er hinterlassen hat. (...)

Allen Kaufleuten der Stadt erlasse ich den Zoll.

Meinen Bürgern will ich keinen anderen Vogt (Vertreter des Herzogs in der Stadt) oder Priester geben außer dem, welchen sie selbst gewählt haben.

Wenn ein Streit oder Rechtsfall entsteht, soll nicht von mir oder meinen Richtern darüber entschieden werden, sondern nach Gewohnheit und Recht aller Kaufleute, wie sie besonders in Köln geübt werden. (...)

Jede Frau wird dem Mann gleichgesetzt und umgekehrt.

Wenn der Mangel am Notwendigsten jemanden dazu zwingt, darf er seinen Besitz verkaufen, an wen er will. (...) Jeder, der in diese Stadt kommt, darf sich hier frei niederlassen, wenn es nicht der Leibeigene irgendeines Herren ist und diesen auch anerkennt als seinen Herrn. (...) Wenn aber ein Leibeigener seinen Herrn verleugnet, kann der Herr mit sieben Zeugen beweisen, dass der Leibeigene ihm gehört. Dann soll der Leibeigene ihm gehorchen. Wer aber über Jahr und Tag in der Stadt gewohnt hat, ohne dass irgendein Herr ihn als seinen Leibeigenen gefordert hat, der genieße von da an sicher die Freiheit. (...)

Keiner der Dienstmannen oder Leibeigenen eines Herrn darf in der Stadt wohnen und das Bürgerrecht genießen, wenn er nicht die Erlaubnis aller Bürger besitzt. (...) Die Bürger sind nicht verpflichtet, bei einem Kriegszug oder sonstigen Unternehmungen den Herrn länger als eine Tagesreise weit zu begleiten, sodass sie in der nächsten Nacht wieder in die Stadt zurückgelangen können. (...)

Bürger dieser Stadt ist, wer ein freies Erbeigentum in der Höhe von mindestens einer Mark Wert besitzt.

Zit. nach Dieter Starke, Herrschaft und Genossenschaft im Mittelalter, Stuttgart 1971, S. 86.

D4 Spurensuche in Köln

In alten Städten trifft man bis heute Spuren des Mittelalters an. So kann man eine Ahnung davon erhalten, wie es einst in den Städten ausgesehen hat. Fast immer haben allerdings nur die prächtigen Vorzeigebauwerke überdauert. Die Bauten der Armen hingegen wurden längst beseitigt, die schlammigen Straßen befestigt und Wasserleitungen sowie Kanalisation angelegt.
So ist es auch in Köln, das uns hier als Beispiel dient.

Q4 Dom

Eine Hauptkirche gehörte zu jeder Stadt – in Köln ist es der Dom. Seit 1248 wurde er als neue Bischofskirche gebaut. Die alte war wegen der Wallfahrten zu den Reliquien der Heiligen Drei Könige zu klein geworden. Ab dem 16. Jahrhundert ruhten für rund 300 Jahre die Bauarbeiten. Erst 1880 wurde der Dom fertiggestellt.

Q5 Rathaus

Ein „Haus der Bürger" bestand in Köln ab der Mitte des 12. Jahrhunderts. Der heute „Historisches Rathaus" genannte Bau wurde im 14. Jahrhundert begonnen, nachdem der Erzbischof als Stadtherr besiegt und entmachtet worden war. Wegen starker Beschädigungen im Zweiten Weltkrieg musste das Rathaus, wie viele andere Bauwerke auch, in großen Teilen wieder aufgebaut werden.

Q6 Mikwe, erbaut um 1150

Das jüdische Bad für besondere Waschungen wurde vor dem Historischen Rathaus ausgegraben.

Q7 Gürzenich, erbaut um 1450

Das Gebäude wurde als Festhalle für die Bürgerschaft errichtet. Bis heute wird es für Empfänge und Festlichkeiten genutzt.

Q8 Eigelsteintor, 1250 erbaut

Die Stadtmauer bot der Einwohnerschaft Schutz. Durch Stadttore gelangte man in die Stadt oder aus ihr heraus. Mit der Verbreitung von Kanonen boten die Mauern keinen ausreichenden Schutz mehr. Sie wurden nach und nach beseitigt.

1. Erkläre, wie sich Bevölkerungszahlen und Städtegründungen zwischen 1150 und 1500 in Mitteleuropa entwickelten (D2).

2. Suche die im Mittelalter bevölkerungsreichsten Städte im Atlas auf (D3). Informiere dich über ihre heutige Größe.

3. Versetze dich in einen Kaufmann, der sich in Freiburg angesiedelt hat, und berichte einem Geschäftspartner über deine Gründe (Q3).

4. Vergleiche Conrads Beobachtungen mit Q4 bis Q7. Was findest du wieder, was nicht? Woran könnte das liegen?

5. Begib dich auf Spurensuche in deiner Stadt und stelle eine ähnliche Übersicht wie Q4 bis Q8 zusammen.

6. Im Mittelalter hieß es: „Burger und Baur scheydet nichts dann die Maur." Begründe, ob der Ausspruch zutrifft oder nicht.

Mittelaltermärkte

„Mittelalter ist in", das hört und liest man immer öfter. Gemeint sind dann Ritterturniere oder Mittelaltermärkte. Doch wie „mittelalterlich" sind solche Märkte wirklich? Erwerben wir dabei ein richtiges Bild vom Mittelalter? Mach dir selbst ein Bild mit den folgenden Materialien.

D1 Ein Bild vom Mittelaltermarkt auf Schloss Burg in Solingen, dem einstigen Sitz der Grafen von Berg. Die Burg wurde ab 1890 wieder aufgebaut.

D2 Interview mit Dr. Geppert, Museumsleiter auf Schloss Burg und Veranstalter eines Mittelaltermarkts

F.: Herr Dr. Geppert, weshalb führen Sie den Markt durch?

A.: Wichtige Gesichtspunkte für mich sind der Spaß an der Sache und dass man hier Eindrücke aus einem „lebendigen Museum" mitnehmen kann. Selber fahre ich auch auf andere Märkte, spreche mit Handwerkern und Schaustellern und werbe die guten als Anbieter für unsere Veranstaltung an.

F.: Wie originalgetreu ist Ihr Markt denn?

A.: Das Mittelalter war nicht so, wie wir es hier auf dem Markt darstellen. Zum Beispiel gab es kein Ritterlager innerhalb der Burg, wie wir es hier zeigen, sondern die Ritter und ihr Gefolge schliefen in Gemächern der Burg. Man kann das Leben nicht wirklich authentisch (originalgetreu) wiedergeben, denn je authentischer es werden soll, desto höher wird die Hürde und desto schwieriger wird es auch für die Besucher, einen Einblick zu bekommen und ohne Erläuterungen dann noch etwas an Wissen mitzunehmen.

Aber auch so stimmt es:

Obwohl ein Mittelaltermarkt nicht originalgetreu aufgebaut sein kann, geht der Besucher mit der Überzeugung nach Hause, er habe einen Blick auf das Mittelalter geworfen. Wichtig ist es mir, dass er durch eine solche Veranstaltung angeregt wird, sich mehr für dieses angeblich „dunkle Zeitalter" zu interessieren, und beginnt, sich damit intensiver zu beschäftigen. Vielleicht zu Hause selbstständig ein Buch darüber liest oder unser Museum erneut besucht.

D3 Eine junge Gauklerin berichtet

Ich heiße Indre und trete auf Mittelaltermärkten auf, wenn meine Mutter auch dort ist. Mit ihrer Gruppe Satolstelamanderfanz macht sie nämlich Musik auf alten Instrumenten. Dann kündigen mich die Spielleute als „Amsel von Mecklenburg" an und ich zeige einen Tanz mit Tüchern, mit denen ich auch jongliere. Dazu trage ich mein rotes „Marktkleid" und gehe meist barfuß, auch bei schlechtem Wetter. Als ich mein erstes Gewand bekommen habe, war ich drei. Die anderen Leute vom Markt kenne ich gut und vertraue ihnen. Bei den Umzügen über das Marktgelände bin ich dann auch mit vielen von ihnen zusammen. Zu Hause bin ich in Mecklenburg-Vorpommern, lebe auf einem Bauernhof und besuche die Grundschule.

D4 Die Schreibermeisterin

Als Schreibermeisterin trage ich ein Gewand, wie es im Mittelalter von einer „ehrbaren Frau" erwartet wurde. Ich mag die Atmosphäre der Märkte und das Miteinander mit den anderen Marktleuten sehr und bin gerne hier. Allein davon leben kann ich aber nicht.
Als gelernte Grafikerin gehörte ich vor über zwanzig Jahren zu den Gründern der Organisation „Kramer, Zunft und Kurtzweyl" (KZK). Mit anderen suchte ich eine Möglichkeit, um unsere handgefertigten Produkte – und ebensolche Musik – besser vermarkten zu können. Aus einem Gefühl heraus erschien uns dazu das Mittelalter als geeigneter Rahmen. Unsere heutigen Kenntnisse über Mittelalter mussten wir uns erst anlesen, inzwischen verfügt unsere Organisation über eine eigene Bibliothek mit mehr als 1000 Bänden dazu.
Auf den Märkten ordnen wir Anbieter von Metall- oder Holzprodukten entsprechend den früheren Zunftgassen nebeneinander an und das „fahrende Volk" am Rand. So nehmen wir mittelalterliche Muster auf. Für den Gebrauch auf den Märkten haben wir auch eine verständliche Sprache mit mittelalterlicher Anmutung entwickelt.
Wir haben aber nicht den Anspruch, das Mittelalter originalgetreu darzustellen. Denn es sind auch immer Kompromisse nötig, z. B. in Hinblick auf Hygienevorschriften. Bei den Ständen, die Speisen oder Getränke anbieten, sind deshalb häufig Anlagen wie fließendes Wasser oder Kühlschränke verdeckt aufgestellt.

D5 Aus dem Schlusswort eines Buches

Das Mittelalter ist eine faszinierende Zeit […] Doch man sollte all dies nicht überbewerten, sondern die heutigen Mittelaltermärkte und Ritterturniere als das ansehen, was sie sind: ein Freizeitvergnügen, das den Teilnehmern genauso wie den Besuchern das Mittelalter ein wenig näher bringen mag. […]
Das Mittelalter konnte durchaus bunt und schillernd sein, fröhlich und laut – wenn man es mit den Maßstäben seiner Zeit misst. Wer jedoch unseren heutigen Komfort nicht aus dem Blickwinkel lassen kann, der wird vermutlich auch nicht nachvollziehen können, was die modernen Mittelalter-Freunde so faszinierend an jener Epoche zwischen der Völkerwanderung und der Reformation finden. Natürlich lässt sich nicht alles authentisch (originalgetreu) darstellen. Brillen, andere heutzutage selbstverständliche Dinge wie Zahnprothesen oder gar Gipsbein und Krücke kann und will man nicht unbedingt zu Hause lassen, wenn man an einem modernen Mittelaltermarkt teilnehmen möchte.

Zit. nach Claudia Beckers-Dohlen/Simon Baße, Markt, Turnier und Alltagsleben im Mittelalter, Greiz 2000, S. 208. (König)

1. Hast du selbst schon einmal einen Mittelaltermarkt besucht? Wenn ja, berichte davon.
2. Lies die Texte auf dieser Doppelseite und schreibe auf: Was spricht für die Durchführung von Mittelaltermärkten, was dagegen?
3. Vergleiche Bilder und Texte auf dieser Doppelseite mit dem, was du über das Mittelalter weißt. Welche Gemeinsamkeiten und Unterschiede stellst du fest?
4. Diskutiert in der Klasse: Kann man beim Besuch eines Mittelaltermarktes tatsächlich eine „Zeitreise ins Mittelalter" unternehmen?
5. Überlege, ob es dich reizen würde, wie Indre oder die Schreiberin bei einem Mittelaltermarkt dabei zu sein, und begründe deine Einstellung.

Macht Stadtluft frei und gleich?

„Stadtluft macht frei!“, sagte man. Und tatsächlich: Wer sich ein Jahr und einen Tag in der Stadt aufgehalten hatte, ohne dass der frühere Grundherr die Rückkehr einforderte, der war frei. Doch garantierte dies auch eine bessere Zukunft?

A: Schreibe auf, welche Bevölkerungsgruppen in der Stadt lebten und welche Rechte sie jeweils hatten.

Bürger oder nur Bewohner?

Nicht alle Stadtbewohner waren Bürger. Oft besaß mehr als ein Drittel von ihnen kein Bürgerrecht, denn das wurde nur Vermögenden verliehen. Handwerksgesellen und Lehrlinge gehörten ebenso wenig dazu wie Knechte, Mägde oder Tagelöhner. Für Bettler war das Bürgerrecht völlig unerreichbar. Allerdings konnten auch Bürger arm sein. So waren z. B. Witwen nur selten in der Lage, ihre Familien zu ernähren. Auf manche Stadtbewohner sah man herab, weil ihre Berufe als unehrenhaft galten. Neben den Bettlern gehörte dazu auch der Henker, der außerhalb der Stadtmauer leben musste. Zu den „Unehrlichen“ zählten auch die Spielleute, die von Stadt zu Stadt zogen.

Bürger/Bürgerrecht
Ein Bürger schwor seiner Stadt mit dem Bürgereid Treue und Gehorsam. Dann durfte er als Kaufmann oder selbstständiger Handwerker arbeiten und den Markt zum Verkauf nutzen. Bei Rechtsstreitigkeiten konnte er städtische Gerichte anrufen oder den Rat um Hilfe bitten. Seine Kinder erbten diese Rechte von ihm.

Wer bestimmte in der Stadt?

Stadtherr war ursprünglich der König, später auch Bischöfe, Herzöge oder Grafen. Die Verwaltung übertrugen sie adligen Vertretern. Diese erließen Regeln für das Zusammenleben, aber auch für das Abhalten von Märkten; sie hielten Gericht und zogen Steuern und Abgaben ein. Mit der Zeit wollten dies jedoch die Fernkaufleute nicht mehr akzeptieren. Durch deren Handelstätigkeit waren die Städte wohlhabend geworden, nun wollten sie auch mitbestimmen. Seit dem 13. Jahrhundert erstritten die Patrizier die Einrichtung eines Stadtrates und wählten an dessen Spitze einen Bürgermeister aus ihren Reihen. Zu dessen Aufgaben gehörten der Vorsitz im städtischen Gericht, die Aufbewahrung der Schlüssel für die Stadttore und im Kriegsfall die Führung der Bewaffneten. Der Stadtrat erließ Gesetze wie Marktordnungen oder Anordnungen über die Höhe der Steuern. Manchmal erstritten Stadtrat und Patrizier nur einzelne dieser Rechte. Andere erkämpften mit Gewalt die Selbstverwaltung und vertrieben den Stadtherrn. Auf diese Weise sicherten sie die Freiheit der Stadt, vor allem aber sich selbst eine mächtige Stellung.

Patrizier
Der Begriff wurde im antiken Rom für die Oberschicht benutzt. Für die Städte des späten Mittelalters werden darunter die Fernhandelskaufleute zusammen mit den adligen Amtsleuten verstanden.

Q1 Tanzfest in Augsburg, Gemälde aus dem 15. Jahrhundert

B: Beschreibe die Kleidung der Tanzenden. Um welche Gruppe aus der Einwohnerschaft handelt es sich?

Q2 Fahrendes Volk, Holzschnitt um 1450
Das Paar hat alles bei sich, was es besitzt.

C: Schreibe ein Interview mit den abgebildeten Personen auf.

Q3 Bettler
spanische Buchmalerei aus dem 13. Jahrhundert

(…) seine Nahrung nicht mit Handwerk erworben haben.

Hansische Geschichtsblätter 1876, S. 136, zit. nach Wolfgang Lautemann/Manfred Schlenke (Hrsg.), Geschichte in Quellen. Bd. 2. München 1996, S. 733.

Q4 Wer darf Ratsmitglied werden?
Als Stadtherr von Lübeck bestimmt der Herzog von Sachsen:
Wählt man jemanden in den Rat, der soll zwei Jahre darin sitzen, im dritten soll er frei sein, man kann ihn aber bitten, den Rat zu besuchen. Wir bestimmen auch, dass niemand in den Rat komme, der nicht ehelich, von freier Geburt und niemandes Eigentum sei, auch darf er bei keinem Herrn irgendein Amt bekleiden. Er soll von gutem Ruf sein, und auch seine Mutter muss frei und niemandes Eigentum gewesen sein. Er darf keines Geistlichen oder Pfaffen Sohn sein und soll liegendes Eigentum (Grundbesitz) innerhalb der Mauern haben, er darf

Q5 Ausgaben einer Stadt
Aus dem Rechnungsbuch des Rats der Stadt Hamburg:
1360. Dem Ratsdiener 16 Pfennige für das Läuten zur Bürgerversammlung. (…) Für Pergament und für das Binden der Bücher der Stadt und sonstiges Zubehör [hier fehlt die Summe] (…) Dem Büttel (Ratsdiener) 14 Schillinge für Gefangenenbeköstigung. (…)
1370. Herrn F. von G. 3 Schillinge für Papier. Gerhard, dem Sekretär des Herrn Johann von Wunst [Notar des Rates] 8 Schillinge für Schreibarbeiten (…) Dem Sekretär des Herrn F. von G. 3 Mark, als er ein Verzeichnis der in unserer Stadt Hamburg lagernden Getreidemengen niedergeschrieben hat. (…)
1375. Zehn Schillinge an einen Kleriker (Geistlicher), der Briefe zur römischen Kurie (zum Papst nach Rom) befördert hat (…) Drei Mark Herrn L. B. für die Bewahrung des Stadtsiegels. (…)
1377. Fünf Schillinge für Ausbesserung der Kissen im Ratssaal. 3 Pfund und 21/2 Schillinge für einen Schmaus (…), als die Alt-Ratsherren die Gebäude der Stadt einer Inspektion unterzogen (…)
1479. Vier Pfund und 16 Schillinge an den Kastenmacher H. B. für Anfertigung von zwei Schreinen (…) worin die silbernen Kleinode (Kostbarkeiten) der Stadt eingeschlossen werden können (…) 32 Pfund an J. S. (…) für mehrere Schlösser, Schlüssel und andere Dinge (…)

Zit. nach Karl Koppmann/Verein für Hamburgische Geschichte (Hrsg.), Kämmereirechnungen der Stadt Hamburg, Bd. 1, S. 72, 125, 222, 255f.; Bd. 3, S. 344f., 349.

1. Stelle die Aufgaben zusammen, für deren Erledigung der Hamburger Stadtrat Geld ausgab (Q5).

2. Überlege, für welche Zwecke du Ausgaben vermisst. Stelle Vermutungen an, woran das liegen könnte (Q5).

3. Versetze dich in den Herzog von Sachsen und erkläre den Einwohnern Lübecks deine Absichten (Q4).

4. Untersuche, welche der Bedingungen für eine Wahl in den Stadtrat heute nicht mehr zulässig wären (Q4).

5. „Macht Stadtluft frei und gleich?" Antworte darauf als Bürgermeister, als Patrizier, als dessen Magd, als Tagelöhner, als Bettler. Ihr könnt dies auch verteilt vorbereiten und als Streitgespräch auf dem Marktplatz umsetzen (VT, Q1–Q3).

„Handwerk hat goldenen Boden“

So sagt es ein altes Sprichwort. Traf dies auch auf das Handwerk in den mittelalterlichen Städten zu? Wie arbeiteten, lebten und organisierten sich die Handwerker damals?

A: Du bist Handwerksmeister oder Handwerksmeisterin und triffst auf dem Marktplatz einen Patrizier. Ihr sprecht über die Leistungen, die jeder von euch für die Stadt erbringt. Spielt das Gespräch nach.

Städte – Zentren des Handwerks

Mehr als die Hälfte der Stadtbewohner verdiente sich als „ehrbare“ Handwerker ihren Lebensunterhalt. Auf dem Land stellten die Bauern Kleidung und Gebrauchsgegenstände möglichst selbst her, doch wohlhabende Städter kauften ihre Kleidungsstücke bei Gewandschneidern, Kürschnern und Schuhmachern. Diese bezogen die Stoffe von Wollwebern und das Leder von Gerbern und die wiederum kauften bei Tuchscherern und Färbern ein. Mit den steigenden Ansprüchen ihrer Auftraggeber spezialisierten sich auch die Handwerker weiter. So erklärt sich, dass es beispielsweise in Köln Garnmacherinnen, Goldspinnerinnen und Seidenmacherinnen gab oder in Nürnberg zehn verschiedene Arten von Schmieden.

Zunftzwang

In vielen Städten gelang es den Zunftmeistern, einen Zunftzwang durchzusetzen. Ortsfremden Handwerkern wurde die Eröffnung neuer Betriebe verboten, alle Meister eines Berufes mussten der Zunft angehören und deren Höchstzahl wurde festgesetzt. Eine Ausbildung durfte nur machen, wessen Eltern schon im gleichen Handwerk tätig waren.

Die Zünfte als Interessenvertretung

Fast überall bestand Zunftzwang für die Handwerker: Handwerksmeister und gelegentlich Meisterinnen des gleichen Berufszweiges schlossen sich zu Vereinigungen zusammen, die man Zünfte nannte. Ihre Mitglieder wohnten in enger Nachbarschaft, oft gemeinsam in einer Gasse. Straßennamen wie „Webergasse“ oder „Färbergraben“ erinnern bis heute daran. Die Zünfte gaben sich eine Zunftordnung, in der alle wichtigen Bestimmungen für die Ausübung des jeweiligen Handwerks aufgeschrieben waren: Damit alle von ihrem Handwerk leben konnten, durften pro Meisterbetrieb nur begrenzte Warenmengen hergestellt und nur zu festgelegten Preisen verkauft werden. Auch die Qualität der Waren wurde genau festgelegt. So beeinflussten die Zünfte die gesamte handwerkliche Wirtschaft ihrer Stadt. Heute gültige Grundsätze wie „Angebot und Nachfrage bestimmen den Preis“ oder „Konkurrenz belebt das Geschäft“ galten also nicht – im Gegenteil. Die Zünfte kümmerten sich aber auch um ihre Mitglieder. Die Zunftmeister zahlten in eine gemeinsame Zunftkasse ein. Mit dem Geld konnte dann im Notfall Bedürftigen geholfen werden. Auch gemeinsame Feste wurden gefeiert.

Zunftmeister wollen in den Rat

Trotz ihrer Bedeutung für Wirtschaft und Gesellschaft waren die Zünfte im Stadtrat zunächst nicht vertreten. Das wollten die immer selbstbewusster werdenden Zunftmeister ändern. Wenn die Patrizier nicht zustimmten, versuchten sie sogar häufig, dieses Ziel gewaltsam zu erreichen. So gelangten sie in manchen Städten in den Stadtrat, in anderen nur in den weniger bedeutenden „erweiterten Rat“ und in einigen blieben sie ganz außen vor.

B: Für welche Berufe stehen diese Zeichen? Stelle Vermutungen an, weshalb diese Zeichen angebracht wurden. Ähnliche Zeichen sieht man auch heute noch in unseren Städten. Welche Bedeutung haben sie in der heutigen Zeit?

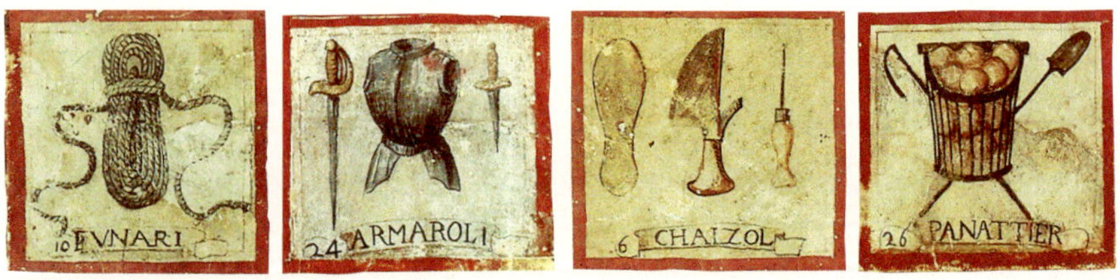

Q1 Zunftzeichen aus Italien, 1602

Q2 Hutmacher, Kürschner und Sattler bei der Ausübung ihrer Handwerke aus einer Handschrift, 1467

C: Beschreibe die verschiedenen Tätigkeiten. Überlege, weshalb diese drei Handwerke gemeinsam dargestellt sind.

Q3 Grundsätze einer Zunft

Die Straßburger Tucherzunft antwortet der Wollweberzunft in Schweinfurt und erklärt ihre Zunftordnung, 15. Jahrhundert:

Zum Ersten haben wir eine gemeinsame Stube, Haus und Hof, die uns zur Verfügung stehen. In dieser Stube kommen wir zusammen, um miteinander zu essen und zu trinken. Dort empfangen wir auch unsere Gäste.

Wir wählen jährlich (...) einen vertrauenswürdigen Mann aus unserer Zunft in den Großen Rat. Außerdem bestimmen wir einen (...), der in den Kleinen Rat oder in das Gericht (...) abgeordnet wird. Desgleichen bestimmen alle anderen Zünfte, von denen es insgesamt 28 gibt, jeweils einen vertrauenswürdigen Mann für den Großen Rat (...)

[Der Vorsteher und vier Meister leiten die Zunft. Ein weiteres Fünfergremium übernimmt folgende Aufgaben:] Diese fünf sind dann für ein Jahr unsere Prüfer und Besiegler der Tuche, die die Tucher und die Weber machen. Diese fünf müssen schwören, alle Tuche zu prüfen, die guten besiegeln, die keine Fehler aufweisen, außerdem diejenigen mit einem besonderen Siegel kennzeichnen, die kleine Fehler haben, und den ganz fehlerhaften Tuchen ein Siegel verwehren (...)

Weiterhin lassen wir auch jede Nacht ein Zunftmitglied mit seinem einfachen Harnisch und Gewehr zusammen mit anderen aus den anderen Zünften auf Wache gehen. Jede Zunft stellt jeweils einen oder, wenn es (...) nötig ist, mehrere [Wächter]. Jeder übernimmt, sobald er an der Reihe ist, seine Wache selbst oder stellt einen rechtschaffenen Vertreter. (...) Weiterhin ist uns zusammen mit zwei anderen Zünften eine Stelle an der Stadtmauer übergeben worden, um (...) zu schließen und zu öffnen. (...) Wenn jemand das Handwerk ausüben will, so muss er die Zunftmitgliedschaft mit dem dafür erforderlichen Betrag (...) erwerben. Dieses Geld wird zum Nutzen der gesamten Zunft verwandt. (...) Wenn (...) einem von uns Freud oder Leid widerfährt, so bewirten wir ihn auf unserer Stube. Begeht jemand den Todesfall eines der Seinigen, so gehen wir mit ihm zum Gottesdienst. (...). Weiterhin (...) sind wir verpflichtet, wenn (...) ein Aufruhr in der Stadt ausbricht, unter unserem Banner mit unserem ganzen Harnisch samt unseren Zunftvorstehern auf einen Platz zu den anderen Zünften zu ziehen, (...) um dort auf unsere Herren Bürgermeister und unsere Ratsherren zu warten. Außerdem sind aus allen Zünften etliche Leute dazu bestimmt, bei einem Feuer herbeizueilen, um zu löschen und das zu tun, was dann notwendig ist (...)

Zunftordnung d. Tucherzunft Straßburg, zit. nach Peter Ketsch/Gerhard Schneider, Handwerk in der mittelalterlichen Stadt (Tempora: Lesehefte Geschichte für die Sekundarstufe I) Stuttgart 1985, S. 10f.

1. Liste die Bestimmungen auf, die für das Zusammenleben in der Zunft bedeutsam sind (Q3).

2. Erläutere die Bedeutung des Sprichwortes „Handwerk hat goldenen Boden". Wie sorgten die Zünfte dafür, dass das so blieb?

3. Stelle dir vor, die Straßburger Zünfte sollten aufgelöst werden. Verfasse eine Rede, in der du schilderst, welche Folgen das für das städtische Leben hätte (VT, Q3).

4. Finde heraus, wer heute die Dienstleistungen in der Stadt erbringt, die früher die Zünfte übernahmen.

Kein Handelsmann gedeiht zu Hause

Auf unseren Straßen sehen wir Fahrzeuge mit Kennzeichen wie z. B. HH oder HL. Der erste Buchstabe steht für „Hansestadt“, der zweite ist der Anfangsbuchstabe ihrer Heimatstädte Hamburg bzw. Lübeck. Beide Städte waren Mitglieder eines mittelalterlichen Bundes, der Hanse. Welche besondere Bedeutung hatte diese Organisation, dass man sich bis heute stolz darauf bezieht?

A: Stelle dir vor, du bist ein Hansekaufmann. Du unterhältst dich im Hafen von Bremen mit einem Händler, der keiner Kaufmannsgilde angehört. Mache ihm klar, worin der Vorteil besteht, dass du Hansekaufmann bist.

Die Hanse – ein Kaufmannsbund

Seit dem 12. Jahrhundert schlossen sich in vielen Teilen Europas Kaufleute zu Vereinigungen zusammen, die man Gilden nannte. Eine von ihnen war die Hanse (das Wort bedeutet Schar). Ihre Mitglieder gaben sich ein eigenes Kaufmannsrecht und erwirkten königliche Schutzbriefe. Sie organisierten gemeinsame Handelsreisen, um sich besser gegen Gefahren unterwegs zu schützen. Am Zielort vertraten sie ihre Interessen gegen dortige Händler und Landesherren. So schlossen sie zum Beispiel langfristige Verträge über günstige Zölle und besondere Vorrechte beim Warentransport ab.
Zur Hanse gehörten nicht nur Küstenstädte, sondern auch Städte wie Köln, Dortmund oder Soest. Am erfolgreichsten wurde dieser Kaufmannsbund jedoch im Ostseeraum, den die Händler auf dem Seeweg für sich erschlossen.

B: Du sollst 100 Fässer Wein von Köln nach Moskau liefern. Ein Fuhrwerk schafft am Tag ungefähr 15 km, eine Hansekogge etwa 100 km. Wie gelangt der Wein am günstigsten zu den Abnehmern? Überlege auch, welche russischen Waren du im Rheinland verkaufen könntest.

D1 Wichtige Hansestädte und Handelswege der Hansekaufleute um 1400

Online-Link: 443010-1004
Arbeitsblatt: Landweg oder Seeweg

1000 n. Chr. 1400 n. Chr.

Was ein Kaufmann können musste

Die Tätigkeit der Kaufleute lohnte sich. Jeder Stadtbewohner konnte es sehen: Die Dachgeschosse der Kaufmannshäuser dienten als Warenspeicher und fast täglich wurden Waren angeliefert oder abgeholt. Doch Fernhandel war auch unbequem. Denn man musste auf Reisen gehen, Waren einkaufen und transportieren und schließlich anderswo Abnehmer finden, die einen guten Preis bezahlten. Deshalb musste ein Kaufmann gut beobachten können und einen Sinn für günstige Gelegenheiten haben. Andererseits musste er aber auch Risiken eingehen. Wichtig war zu wissen, wo man sich Geld beschaffen konnte und wie man das verdiente Geld gut anlegte. Dazu musste man natürlich lesen, schreiben und rechnen, ein Kontor betreiben und Verbindungen zu anderen Kaufleuten unterhalten können.

Eine neue Form des Handels – die Kontore

Die reichsten Kaufleute reisten bald nicht mehr selbst, sondern ließen den Warentransport von Gehilfen durchführen. An den wichtigsten Handelsplätzen richtete man eigene Niederlassungen ein, die man Kontore nannte. Am bekanntesten waren der „Stalhof" in London oder der „Peterhof" in Nowgorod. Dort gab es große Lagerhallen, mitunter eigene Hafenanlagen und ein eigenes Gericht.

Die Hanse – ein Städtebund

Dem Städtebund Hanse gehörten zu seinen machtvollsten Zeiten etwa 70 größere und über 100 kleinere Städte an. 1358 ist er als „dudesche hense" (Deutsche Hanse) bezeugt, bestand aber bereits vorher. Gemeinsam vertraten die Mitgliedsstädte ihre Interessen gegenüber Landesherren und ausländischen Königen, sie schlossen Bündnisse und führten sogar Kriege. Auf regelmäßigen Hansetagen in Lübeck trafen die Städte Absprachen untereinander und verurteilte auch Städte, die Verträge nicht einhielten. Die Vertretung gemeinsamer Interessen bezog sich vor allem auf die Freiheit des Handels und die Sicherheit der Fernhandelskaufleute.

Das Ende der Hanse

Die Blütezeit der Hanse endete im 15. Jahrhundert, da zunehmend Kaufleute aus anderen Ländern in den Ostseeraum vordrangen. Mit der Entdeckung Amerikas verlagerte sich das Interesse auf den Atlantischen Ozean, auf dem Spanier sowie Portugiesen und bald auch Engländer, Holländer und Franzosen den Handel organisierten. Gleichzeitig schwand auch die Bedeutung des Städtebundes. Der letzte Hansetag fand 1669 in Lübeck statt, vertreten waren nur noch neun Städte. Aufgelöst worden ist der Städtebund allerdings nie.

D2 Rekonstruktion einer Kogge
Die Kogge ist ein einmastiges Segelschiff, das ab dem 13. Jahrhundert in Nord- und Ostsee als Handelsschiff verbreitet war. Es war 20 bis 30 m lang und 5 bis 8 m breit, hatte beladen einen Tiefgang von 2,50 m und konnte 40 bis 200 Tonnen Lasten transportieren.

Q1 Hafenszene in Hamburg, 1497
Die Darstellung mit dem Titel „Van schiprechte" ist Teil einer Bilderhandschrift zum hamburgischen Stadtrecht.

D: Du kommst das erste Mal nach Hamburg und schreibst einen Brief nach Hause. Beginne so: „Heute Morgen war ich im Hafen. Du glaubst nicht, was ich da alles gesehen habe …"

Verwende dazu die CD-ROM.

Q2 Beschwerden gegen die Hanse
Die umfangreiche Liste wurde von König Håkon von Norwegen 1370 vorgelegt. Vorher hatten sich die Hansestädte ihrerseits beim König beschwert.

1. Zum Ersten, wenn einer von ihnen ein Delikt begeht gegen einen anderen, suchen die Kaufleute, wo sie können, eine geheime Streitbeilegung zwischen dem Angeklagten und Kläger, damit die Rechtsfrage nicht vor die Krone und ihre Beamten gezogen werde. Und was schlimmer ist, wenn irgendwelche Leute des Mordes oder anderer schwerer Delikte überführt sind, werden die Übeltäter auf ihren Schiffen fortgebracht, mit der Absicht, weder dem Kläger noch der Krone Genugtuung zuteil werden zu lassen.

2. Auch haben die Seestädte andere Städte sich angeschlossen und in die Hanse aufgenommen, die vorher nicht in ihr waren, ohne unsere oder unserer Vorgänger Zustimmung, um Nutznießer von Privilegien zu sein, die nur für die Städte gelten, die damals in den Urkunden unserer Vorfahren genannt wurden.

3. Ebenso haben sie sodann unter sich beschlossen, dass die Güter und Waren unserer Untertanen oder Untergebenen nicht in Schiffe verfrachtet werden, in denen sie selbst ihre Güter haben, zu dem Zwecke, dass die Unseren keinen Handelsgewinn haben sollen.

4. Ferner: Wo immer sie in unseren Häfen angelegt haben, verkaufen und kaufen sie, was sie wollen, entgegen dem Recht des Königreiches. (…)

39. Ferner haben die Kaufleute in Bergen unsere Münze abgelehnt, welche wir mit Zustimmung des ganzen Reiches eingeführt haben. Sie erkennen nur auswärtiges Geld, wie das von Lübeck und Stralsund, für vollwertig an. Es ist offensichtlich, dass wir dadurch viel Unrecht und Schaden erlitten haben. (…)

Beschwerdeliste gegen die Hansestädte von 1370, zit. nach Philippe Dollinger, Die Hanse, Stuttgart 5. erw. Aufl. 1998, S. 520f.

Q3 Merkmale von Hansestädten
Merkspruch, wahrscheinlich aus dem 15. Jahrhundert. Der Text ist umgangssprachlich überliefert:

Lübeck, ein Kaufhaus; Köln, ein Weinhaus; Braunschweig, ein Zeughaus; Danzig, ein Kornhaus; Magdeburg, ein Backhaus; Rostock, ein Malzhaus; Lüneburg, ein Salzhaus; Stettin, ein Fischhaus; Halberstadt, ein Frauenhaus; Reval, ein Wachs- und Flachshaus; Krakau, ein Kupferhaus; Visby, ein Pech- und Teerhaus.

[Unklar ist, weshalb ausgerechnet für Halberstadt Frauen genannt werden, die durchreisenden Kaufleuten den Aufenthalt verschönten. Das gab es nämlich in allen Handelsstädten. Typische Handelsgüter von Halberstadt waren eigentlich landwirtschaftliche Produkte aus der Region sowie Bier und Linnen (Fasern der Flachspflanze)].

mündlich überliefert

1000 n. Chr. 1400 n. Chr.

D3 Warenumschlag im Lübecker Hafen
Die Aufstellung zeigt, welche Waren vom 18.03.1368 bis 10.03.1369 über den Lübecker Hafen ein- und ausgeführt wurden. Die Wertangabe erfolgt in Tausend lübischen Mark. Ein Handwerksmeister verdiente 50–60 lübische Mark im Jahr. Ein Kaufmannshaus soll um 250 lübische Mark gekostet haben.

Ware	Hauptherkunft	Einfuhr	Ausfuhr	Summe
Tuche	Flandern	120,8	39,7	160,5
Fisch	Schonen	64,7	6,1	70,8
Salz	Lüneburg	–	61,6	61,6
Butter	Schweden	19,2	6,8	26,0
Felle, Pelze	Russland, Schweden	13,3	3,7	17,0
Getreide	Preußen	13,0	0,8	13,8
Wachs	Russland, Preußen	7,2	5,8	13,0
Bier	Wendische Städte	4,1	1,9	6,0
Kupfer	Schweden, Ungarn	2,2	2,4	4,6
Eisen	Schweden, Ungarn	2,4	2,2	4,6
Öl	Flandern	2,7	1,5	4,2
Flachs	Livland, Norddeutschland	0,4	3,0	3,4
Wein	Rheinland	1,3	0,9	2,2
Leinen	Westfalen	0,2	1,1	1,3

Q4 Qualitätssicherung in der Hanse
Aus einem Beschluss der Lübecker Hanseversammlung im Juni 1375:
12. Ferner kam die Klage an die Städte wegen (...) der Teer- und Aschetonnen, man fälsche die, mache den Boden und den Deckel allzu dick und man fülle Erde hinein. In dieser Sache soll man an Preußen, Stettin, Kolberg und Goland Briefe senden, damit jeder sich in Acht nehme, denn wenn man nach dem nächsten St. Martinstag solche Ware findet, so soll als Fälschung darüber gerichtet werden. Diesen Beschluss soll jede Stadt ihren Nachbarn mitteilen.
13. Ferner soll jeder in seinem Rat über Herings- und Biertonnen reden, dass man die in allen Städten gleich mache, und zwar gleich den Rostocker Tonnen; ist dies nicht möglich, so soll jede Stadt ihre Tonnen mit ihrem Zeichen brennen.
14. Ferner soll der Vogt auf Schonen den Seinen verkünden, dass sie ihren Hering so in die Tonnen einsalzen, dass er an beiden Böden und in der Mitte gleich gut sei und dass man keine [... minderwertigen] Heringe zwischen die guten packe (...).

Zit. nach Johannes Bühler, Bauern, Bürger und Hansa, Leipzig 1929, S. 296f.

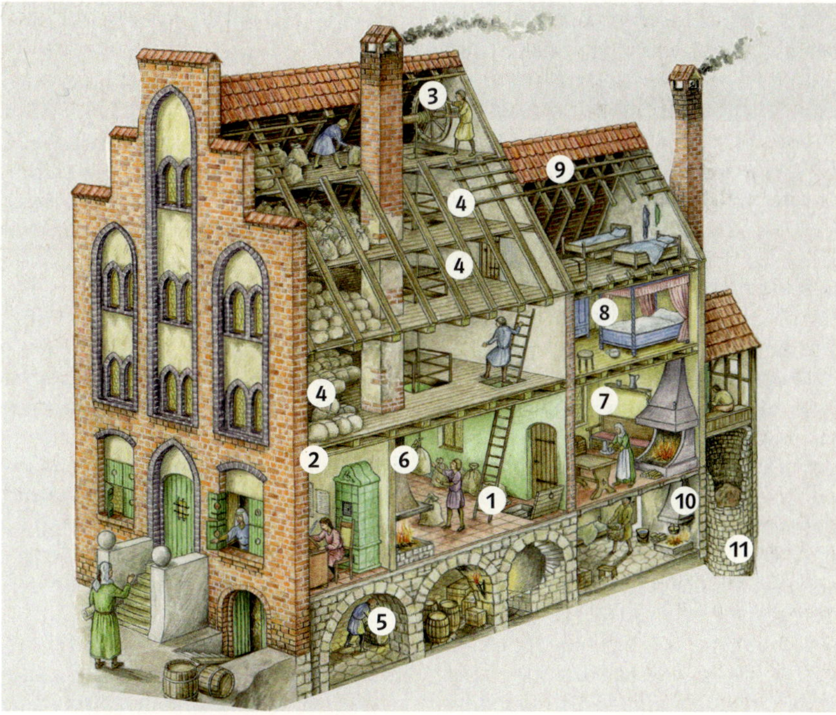

D4 Kaufmannshaus
1 Diele, 2 Schreibkammer, 3 Winde, 4 Speicherböden, 5 Vorratskeller, 6 Kamin, 7 Wohnzimmer, 8 Schlafzimmer, 9 Dachkammer, 10 Wohnkeller, 11 Kloake

1. Schreibe auf, welche Aufgaben die Hanse als Kaufmannsbund und welche sie als Städtebund hatte (VT, Q2, Q4).

2. Zeige am Beispiel von Q4, wie sich Kaufleute vor Betrug schützten.

3. Untersuche die Beschwerden gegen die Hanse (Q2). Antworte als norwegischer Händler und als Hansekaufmann.

4. Untersuche die Tabelle D3 und beschreibe die Wege der Waren.

5. Erkläre, was mit dem Merkspruch Q3 gemeint ist. Nimm die CD-ROM zu Hilfe.

6. Führe als Kaufmann bzw. Kaufmannsfrau Gäste durch dein Haus (D4).

Bauwerke untersuchen

Wer etwas davon versteht, sieht jedem Schulgebäude sofort an, wann es in etwa erbaut worden ist. Und so sind alle Bauwerke typisch für die Zeit, in der sie entstanden sind. Kirchen, Burgen oder Rathäuser geben daher Auskunft über das Leben der Menschen in früheren Zeiten.
Am Beispiel des Overstolzenhauses in Köln und des Historischen Rathauses in Münster kannst du lernen, solche Bauwerke zum Sprechen zu bringen.

Q1 Das Overstolzenhaus in Köln
Ansicht von der Rheingasse

Beschreiben
Das Overstolzenhaus wurde um 1230 von einer Kaufmannsfamilie erbaut. Es hat eine ideale Lage für ein Kaufmannshaus, denn es liegt an der Rheingasse, nicht weit vom Rheinufer und Hafen entfernt. Das Haus besteht aus einem Keller, zwei Wohngeschossen und darüber vier Speichergeschossen. Im Erdgeschoss befanden sich zur Straße hin auch die Arbeitsräume des Besitzers, im Obergeschoss außerdem ein Saal für gesellschaftliche Zwecke. In den Speichergeschossen lagerte der Kaufmann seine Waren, deshalb befand sich ursprünglich im obersten Speichergeschoss ein Kranausleger. Zur Straßenseite hat es eine aufwändige Fassade mit einem Stufengiebel und Rundbogenfenstern. Die Fassade ist 30 m hoch und im Erdgeschoss 14 m breit. Das Overstolzenhaus ist das einzige Kaufmannshaus aus der Zeit der Romanik, das in Köln erhalten geblieben ist. Es gilt als das schönste erhaltene Beispiel eines Bürgerbaus aus der Romanik in Deutschland.

Untersuchen
Erbaut wurde es von der Patrizierfamilie Overstolz, in deren Besitz es aber nicht lange blieb. Zeitweise wurden auch Nachbargebäude dem Haus angegliedert. Es diente – wie damals üblich – als Geschäfts- und Lagergebäude sowie als Wohnhaus.

Deuten
Der Bau zeigt den Reichtum der Familie Overstolz. Nachbarn, Geschäftspartner und Konkurrenten sollten sehen, wie gut die Geschäfte liefen. Obwohl das Haus im Zweiten Weltkrieg stark beschädigt wurde, wurde es wieder aufgebaut, denn die Fassade war erhalten geblieben. Im Inneren ist das Gebäude stark verändert worden. Es wird heute von einer Hochschule genutzt.

Informationen zum Historischen Rathaus von Münster
Das Historische Rathaus von Münster ist inmitten der Stadt am Prinzipalmarkt errichtet worden. Seine Baugeschichte ist nicht genau dokumentiert, das Gebäude dürfte ab spätestens 1250 in mehreren Bauabschnitten erstellt worden sein. Um 1400 wurde der Bau mit der Errichtung des 31 m hohen Schaugiebels vorläufig abgeschlossen.
Er gliedert sich in das Arkadengeschoss, das darüber angeordnete Hauptgeschoss mit den vier Maßwerkfenstern und das Giebelgeschoss. Alle waren und sind teilweise noch mit reichhaltigen Verzierungen versehen, die großteils religiösen Ursprungs sind.
Am 28.10.1944 wurden das Hauptgebäude und der Schaugiebel durch Brandbomben schwer beschädigt. Das heute zu sehende Gebäude ist – wie viele Baudenkmäler in Deutschland – eine nach dem Zweiten Weltkrieg errichtete Rekonstruktion.

Q2 Das Historische Rathaus in Münster

A: Vergleiche das Historische Rathaus Münster mit dem Overstolzenhaus in Köln. Wende dabei die methodischen Arbeitsschritte an. Beachte die Informationen zum Rathaus im Verfassertext und die Merkmale der Stilepochen auf der rechten Seite.

1000 n. Chr.

1400 n. Chr.

Methodische Arbeitsschritte

1 Beschreiben

- Stelle fest, um was für ein Gebäude es sich handelt und wann es errichtet wurde.
- Beschreibe die Lage des Bauwerks in der Stadt und suche eine Erklärung dafür.
- Bestimme die Maße des Gebäudes, also Länge, Breite und Höhe.
- Beschreibe die einzelnen Teile des Bauwerks und stelle fest, in welchem Baustil es erbaut wurde.

2 Untersuchen

- Bestimme anhand der einzelnen Bestandteile und Räume die Funktion (Aufgabe, Zweck) des Bauwerkes.
- Informiere dich, wer das Bauwerk errichten ließ und ob es einen bestimmten Anlass dafür gab.
- Erkundige dich, wer die Bauarbeiten bezahlt hat.
- Untersuche die Baugeschichte: Wurden z.B. Teile nachträglich an- oder umgebaut?

3 Deuten

- Stelle Vermutungen an, wie das Bauwerk auf die Menschen wirkte und welche Absichten der Erbauer damit verfolgte.
- Finde heraus, ob sich das Bauwerk im Laufe der Zeit veränderte: Wurde es zerstört, wieder aufgebaut, restauriert oder umgebaut? Welche Gründe gab es dafür?
- Triff Aussagen über den heutigen Verwendungszweck. Hat er sich geändert, dann erkläre, warum.

D1 Stilepochen
Romanik und Gotik sind die beiden Baustile, nach denen im Mittelalter überall in Europa gebaut wurde. Wenn du ihre Merkmale beachtest, kannst du bestimmen, in welcher Epoche ein Bauwerk errichtet wurde.

Baustil der Romanik
in Deutschland ca. 1000–ca. 1250
1. Rundbögen bei Fenstern und im Gewölbe
2. dicke Mauern, kleine Fenster
3. bei Kirchen massive Türme

Baustil der Gotik
in Deutschland ca. 1250–ca. 1500
1. Spitzbögen bei Fenstern und im Gewölbe
2. Fenstergestaltung mit Maßwerk
3. mit bunten Glasfenstern aufgelöste Wände
4. Strebepfeiler
5. bei Kirchen schlanke, aufstrebende Türme

Romanik und Gotik begegnen uns vor allem in Kirchen. Auf der CD-ROM kannst du dich anhand des Kaiserdoms in Speyer und des Straßburger Münsters ausführlich darüber informieren.

1. In vielen Städten gibt es noch mittelalterliche Bauten, vor allem Kirchen. Startet in Gruppen ein Erkundungsprojekt und geht nach den methodischen Arbeitsschritten vor. Mit euren Ergebnissen könnt ihr eine kleine Ausstellung in der Schule gestalten.

Willkommen, geduldet und verfolgt – die Juden

In vielen alten Städten findet man in bestimmten Vierteln Hinweise darauf, dass hier einst jüdische Bewohner zu Hause waren. Wie lebten sie dort während des Mittelalters?

A: Vergleiche das Leben christlicher und jüdischer Bewohner von mittelalterlichen Städten.

Synagoge
Die Synagoge bildet den Mittelpunkt des jüdischen Gemeindelebens. Hier finden am Sabbat (Samstag) und den sieben über das Jahr verteilten religiösen Hauptfesten die Gottesdienste statt. Die Synagoge ist darüber hinaus auch Gemeindezentrum und Ausbildungsstätte, in der junge Juden das Studium der religiösen Schriften betreiben.

B: Versetze dich in die Rolle des Bischofs von Speyer und halte eine Rede, in der du erklärst, weshalb du Juden in die Stadt eingeladen hast.

C: Vermute anhand der Bilder, welchen Stellenwert Bildung bei vielen Juden hatte.

Juden in der Stadt

In vielen mittelalterlichen Städten Europas lebten Juden. Meistens wohnten sie in enger Nachbarschaft. Um die jüdischen Speiseregeln einhalten zu können, brauchten sie eigene Bäckereien und Metzgereien. In der Synagoge trafen sie sich zum Gottesdienst und in eigenen Bädern nahmen sie vorgeschriebene Waschungen vor. So entstanden allmählich Judenviertel oder Judengassen in den Städten.
Ihren Lebensunterhalt zu verdienen, war für sie keineswegs einfach. Viele Juden lebten an der Armutsgrenze, denn sie durften keiner Zunft beitreten und als Handwerker nur für die jüdische Gemeinde arbeiten. Einige wichen deshalb auf das Geldverleihen aus, das Christen lange Zeit verboten war. Wegen des beträchtlichen Risikos – wenn zum Beispiel ein Händler bankrott ging und seine Schulden nicht zurückzahlen konnte – und wegen der Steuern mussten sie jedoch hohe Zinsen nehmen. Das erregte oft den Neid der christlichen Mitbürger und trug ihnen den Ruf als „jüdische Wucherer" ein.

Willkommene Mitbürger

Das Zusammenleben mit der christlichen Bevölkerungsmehrheit gestaltete sich unterschiedlich. Zu manchen Zeiten und an manchen Orten kamen sie gut miteinander aus, besonders dann, wenn die Herrscher den Juden Schutz zusicherten. So lud beispielsweise Bischof Rüdiger 1084 Juden nach Speyer ein. Er sicherte ihnen volle Freiheit und einen eigenen, zu ihrer Sicherheit auch mit einer Mauer umgebenen Wohnbezirk samt Begräbnisplatz zu. Am militärischen Schutz Speyers beteiligte er sie ebenfalls. Dafür erwartete der Bischof, dass die jüdischen Fernhändler und Kaufleute durch Zölle und Steuern die Einnahmen Speyers erhöhen werden. So leisteten die jüdischen Gemeinden einen wichtigen Beitrag zum Auf- und Ausbau der Städte.

Q1 Jüdischer Arzt und sein Patient
Holzschnitt, 1487. Juden waren oft als Ärzte oder Gelehrte anzutreffen.

Q2 Jüdische Frauen lesen und diskutieren jüdische Schriften
jüdische Buchmalerei, 13. Jahrhundert

1000 n. Chr. 1400 n. Chr.

Sündenböcke

Trotzdem wurden Juden immer wieder Opfer gewalttätiger Übergriffe. Schon früh wurden sie von vielen Christen wegen ihrer andersartigen Tracht und der fremd wirkenden religiösen Gebräuche mit Misstrauen betrachtet. Vor allem aber warfen die Christen den Juden vor, Schuld am Kreuzestod Christi zu sein. Oft schlug dies in grenzenlosen Hass um. So wurden z.B. 1096 im Rheinland Tausende Juden ermordet. Weil sie sich nicht zwangsweise taufen lassen wollten, begingen viele verzweifelt Selbstmord, als ihre Wohnbezirke belagert wurden.
Auch später dienten Juden den Menschen in unerklärlichen Notzeiten als „Sündenbock". So wurde ihnen in den Jahrzehnten der Pest nach 1348 vorgeworfen, sie hätten die Brunnen vergiftet, um die Christen auszurotten. Brutale Übergriffe in zahlreichen Städten Mitteleuropas waren die Folge.

D: Liste die Ursachen für Judenfeindlichkeit unter den Christen auf und erläutere, welche Folgen sie hatte.

Ausgrenzung

Dies alles führte im Laufe der Zeit mehr und mehr zur Abgrenzung von der übrigen Stadtbevölkerung. Schon seit etwa 1000 n. Chr. war in manchen Städten das direkte Zusammenleben von Juden und Christen verboten. Seit 1215 mussten Juden äußerlich erkennbar sein: Ein spitzer Hut und ein gelber Ring oder Fleck an ihrer Kleidung dienten dazu. Im 16. Jahrhundert wiesen viele Stadträte den Juden ein räumlich beschränktes Wohnviertel (Getto) zu, in dem sie von den übrigen Stadtbewohnern getrennt leben mussten.

Vertreibung

Spätestens als ab 1435 das Geldverleihen auch Christen wieder erlaubt war, verloren viele Städte das Interesse an Juden als steuerlicher Einnahmequelle. Jüdische Familien wurden häufig ausgewiesen und mussten die eigenen Wohnviertel mit der Synagoge verlassen. Viele von ihnen flohen nach Osteuropa und fanden u.a. in Polen Aufnahme. Dort bildete sich mit der Zeit aus mittelalterlichem Deutsch, hebräischen und polnischen Anteilen das „Jiddisch" als eigene Sprache heraus.

Q3 „Ritualmord der Juden"
kolorierter Holzschnitt aus der Schedelschen Weltchronik von 1493
Ungebildete Christen behaupteten, dass Juden bei geheimen Treffen christliche Jungen töten und aus ihrem Blut Brot backen würden.

E: Erläutere, welche Wirkung derartige Darstellungen auslösen sollten.

Q4 Kaiser Heinrich VII. bestätigt 1312 die Privilegien der Juden
Buchmalerei, um 1340

F: Vergleiche die Bilder Q4 und Q6. Schreibe mindestens fünf Sätze in dein Heft, was diese Bilder über das Schicksal der europäischen Juden im Mittelalter aussagen.

Q5 Privileg für die Juden von Worms

Kaiser Friedrich I. erneuerte 1157 alte Rechte, die schon sein Großvater den Wormser Juden gewährt hatte:

(2) Von den Sachen, die die Juden nach Erbrecht besitzen in Form von Grundstücken, Gärten, Weinbergen, Äckern, Knechten oder sonstigem beweglichem oder unbeweglichem Hab und Gut, soll niemand wagen, irgendetwas wegzunehmen. In dem Freiraum, den sie an Baulichkeiten an der Stadtmauer innerhalb und außerhalb besitzen, soll sie keiner behindern. (…)

(4) Innerhalb des Gebietes unseres Reiches dürfen sie frei und friedlich umherziehen, um ihre Geschäfte und ihren Handel auszuüben, um zu kaufen und zu verkaufen; und keiner soll von ihnen Zoll fordern noch irgendeine öffentliche und private Abgabe erheben. (…)

(7) Niemand soll sich herausnehmen, die Söhne oder Töchter der Juden gegen ihren Willen zu taufen, doch falls er gewaltsam (…) tauft, soll er zwölf Pfund Gold an das Schatzamt des Königs zahlen. Wenn aber einer von ihnen freiwillig getauft werden will, so soll dies drei Tage aufgeschoben werden, damit man eindeutig erkennen kann, ob er wirklich wegen des christlichen Glaubens oder wegen eines ihm zugefügten Unrechts sein Gesetz verlassen will. (…)

(13) Wenn jemand gegen einen von ihnen einen Plan ausheckt oder ihm nachstellt, um ihn zu töten, so sollen beide, Ratgeber und Mörder, zwölf Pfund Gold an das Schatzamt des Königs zahlen. (…) Wenn er nun aus Armut das Genannte nicht zahlen kann, (…) sollen ihm die Augen ausgestochen und die rechte Hand abgeschlagen werden.

(14) Wenn die Juden einen Streit oder eine Rechtssache untereinander zu entscheiden haben, sollen sie von ihresgleichen und nicht von anderen Leuten gerichtet werden. Und wenn unter ihnen einmal ein Treuloser die Wahrheit über eine unter ihnen verübte Tat verheimlichen will, so soll er gezwungen werden, dem, der ihr Bischof (Gemeindevorsteher) ist, die Wahrheit zu bekennen.

Zit. nach Rudolf Buchner (Hrsg.), Quellen zur deutschen Verfassungs-, Wirtschafts- und Sozialgeschichte bis 1250 (Ausgewählte Quellen zur deutschen Geschichte des Mittelalters, Bd.32), ausgewählt u. übers. v. Lorenz Weinrich, Darmstadt 1977, S. 243ff.

Q6 Juden fliehen aus einer fränkischen Stadt
Darstellung in einer Handschrift hebräischer Klagelieder

Q7 Anschuldigungen und Verfolgung
Aus der Chronik von Straßburg, 1349:
Die Stadt hatte Geld aufgenommen von den Juden, hatte Rückzahlung zugesichert und ihnen dafür ordnungsmäßig gesiegelte Schutzbriefe gegeben. Und es bestand auch folgende gesetzliche Abmachung: Wer von ihnen geliehen hatte, musste höhere Zinsen zahlen. [...] Darum wurden sie verhasst bei vielen. Dazu fiel die Beschuldigung auf die Juden, dass sie die Brunnen und die (fließenden) Wasser sollten vergiftet haben. Darauf murrte das Volk und sie sprachen, man sollte sie verbrennen. [...] Doch gestanden sie (die Juden) nie, dass sie der (Brunnen-)Vergiftung schuldig wären. [...]
(Bürgermeister und Rat) wollten nichts gegen den Schutzbrief tun, den die Juden hatten von der Stadt. Davon wollte das gemeine Volk nichts wissen. [...] Am Freitag fing man die Juden, am Samstag verbrannte man die Juden, deren waren schätzungsweise wohl gegen zweitausend. Die sich aber wollten lassen taufen, die ließ man leben. Es wurden auch gegen ihrer Mütter und ihrer Väter Willen viele junge Kinder aus dem Feuer genommen, die getauft wurden. Was man den Juden schuldig war, das war alles erledigt, und es wurden alle Schuldbriefe, die diese hatten, zurückgegeben. Das bare Geld, das sie hatten, das nahm der Rat und teilte es unter die Zünfte der Handwerker.

Zit. nach Julius Höxler, Quellenlesebuch zur jüdischen Geschichte und Literatur, Bd. 3. Frankfurt/M. 1927, S. 28ff.

1. Stelle in einer Tabelle alle Rechte zusammen, die Friedrich I. den Juden bestätigte (Q5).

2. Untersuche den Ablauf der Judenverfolgung in Straßburg. Halte dazu die einzelnen Schritte des Ablaufs ebenso fest wie die handelnden Personen und deren Interessen (Q7).

3. Schreibe als christlicher Schmied Jakob einen Bericht über das Geschehen in Straßburg. Gehe besonders auf das Schicksal des Juden David ein, bei dem du Geld geliehen hast.

4. Willkommen – geduldet – verfolgt. Nenne Beispiele aller drei Verhaltensweisen gegenüber den Juden (VT, Q1–Q7).

Frauen in der Stadt

In den vorangehenden Kapiteln war fast nur von Männern die Rede, obwohl sie natürlich nur etwa die Hälfte der Stadtbevölkerung ausmachten. Wie aber lebten und arbeiteten die Frauen?

A: Stelle in einer Übersicht gegenüber: Welche Rechte besaßen die Frauen in den mittelalterlichen Städten? In welchen Bereichen waren ihre Rechte eingeschränkt?

Die Rechte der Frauen

Die Frauen in den Städten waren rechtlich frei. Daher konnten sie erben und vererben. Auch ihren Ehemann durften sie selbst auswählen. Oft bestimmten aber die Eltern, wen die Tochter heiratete. Politische Rechte besaßen Frauen allerdings nicht. Sie konnten daher keinerlei Ämter im Stadtrat, in der Verwaltung oder bei Gericht übernehmen.

Die Arbeitswelt der Frauen

Als erste und wichtigste Aufgabe galt für die Frauen, den Haushalt zu führen und die Kinder zu erziehen. Daneben war die Mitarbeit der Frauen im Handwerksbetrieb ihrer Männer recht verbreitet. Viele Frauen verdienten sich ihren Lebensunterhalt als Mägde oder Wäscherinnen. Doch es gab auch Krämerinnen und Weinhändlerinnen. Einzelnen gelang es sogar, Kauffrau oder Ärztin zu werden.

Doch nur selten gab es Handwerkerzünfte, in denen Frauen unter sich waren. Für Garnmacherinnen, Goldspinnerinnen und Seidenmacherinnen in Köln traf dies zu. Die große Mehrzahl der Zünfte lehnte die Selbstständigkeit von Frauen ab. So wurde zum Beispiel die Witwe eines Hildesheimer Leinewebermeisters schon beim Totenessen im Zunfthaus bedrängt, möglichst bald einen der verwitweten Meister zu heiraten. Erst nach langen Verhandlungen durfte sie selbstständig bleiben. Doch ihren Betrieb durfte sie ihrer Tochter nicht vererben.

Informiere dich noch einmal auf S. 208–213 über das Leben im Kloster und vergleiche mit dem Leben der Beginen.

Die Gemeinschaften der Beginen

Seit etwa 1200 breitete sich eine neue Lebensform für Frauen aus: das Gemeinschaftsleben der Beginen. Wie in den Nonnenorden führten sie ein frommes christliches Leben mit gemeinsamen Gebeten und Mahlzeiten. Man war versorgt und genoss Schutz in einer Gemeinschaft, die nicht den Männern unterstand. Oft waren ihre Häuser zu abgegrenzten Beginenhöfen zusammengefasst, wo die Mitglieder ihren Lebensunterhalt mit Handarbeit, mit der Erziehung und dem Unterricht von Mädchen sowie mit Krankenpflege verdienten.

Q1 Eine Händlerin übergibt einer Kundin einen Männerrock
Holzschnitt, 1490

B: Benenne die Tätigkeiten der Frauen auf den Bildern Q1 bis Q4 und schätze ein, welche soziale Stellung sie einnahmen.

Q2 Kaufmannsfamilie in ihrer Wohnung
Holzschnitt, 1476

Q3 Frauen beim Spinnen und am Webstuhl
italienische Buchmalerei, 15. Jh.

Q4 Töpferin
Darstellung auf einer Spielkarte, kolorierter Holzschnitt, um 1450

Q5 Wie Beginen leben sollen

Aus den Statuten des Beginenkonvents „Auf dem Sande" in Wesel, um 1309:

1. Es sollten nur brave und ehrsame Personen mit Genehmigung ihrer Eltern aufgenommen werden, keine natürlichen Schwestern außer zweien, keine persönlich Unfreie.
2. Jede aufgenommene Schwester soll zum Lebensunterhalt [... etwas] besitzen oder eine Kunst verstehen, um sich die Existenzmittel (den Lebensunterhalt) zu erwerben.
3. Entsteht Zwistigkeit (Streit) unter Schwestern des Hauses, so muss dieser vor dem Schlafengehen von der Vorsteherin in Friede und Liebe beigelegt werden.
4. Keine Schwester des Hauses soll ohne Erlaubnis der Vorsteherin ausgehen und nie allein, sondern stets zu zweien, nicht vor Sonnenaufgang und nicht nach Sonnenuntergang, es sei denn, dass (...) die Vorsteherin dieses gestattet hat.
5. Vor Sonnenaufgang und nach Sonnenuntergang soll das Haus allen männlichen Personen verschlossen sein. (...)
7. Täglich sollen sie für ihre Wohltäter Vigilien [Abendgebete] lesen. (...)
8. Diejenige Schwester, die sich unmanierlich und ungeistlich beträgt und, deswegen zweimal zur Rede gestellt, sich nicht bessert, soll aus dem Haus entfernt werden und alle Ansprüche an dieses verlieren. (...)
10. Schwestern, die freiwillig oder gezwungen des Haus verlassen, verlieren ihre Ansprüche und müssen von ihrem Vermögen dem Hause eine Brabanter Mark [abtreten ...].

Statuten d. Beginenkonvents, zit. nach Herbert Krimm (Hrsg.), Quellen zur Geschichte der Diakonie: Altertum und Mittelalter, Bd. 1, Stuttgart 1960, Nr. 117, S. 128.

Q6 Der Papst über die Beginen

Auszug aus einer päpstlichen Anordnung auf dem Konzil von Vienne, 1311/12:

Unter den im Volk Beginen genannten Frauen, die weder der Gehorsamspflicht noch irgendeiner approbierten (zugelassenen) Regel unterworfen seien, aber dennoch eine eigene Tracht besäßen und gewissen religiösen Männern folgten, seien einige, die über [... religiöse Inhalte] diskutierten und predigten und außerdem Lehrsätze gegen die Sakramente und den katholischen Glauben verbreiteten. Sie täuschten dabei unter dem Deckmantel der Heiligkeit viele aus dem einfachen Volk und seien deshalb (...) für alle Zeiten zu verbieten und aus der Kirche zu entfernen.

Zit. nach Franz-Josef Schweitzer, Der Freiheitsbegriff der deutschen Mystik: seine Beziehung zur Ketzerei der „Brüder und Schwestern vom Freien Geist", Frankfurt a. M. 1981, S. 555.

1. Als Mutter oder Vater gibst du deiner Tochter einen Rat, wie sie später leben sollte. Bedenke dabei, zu welcher Berufsgruppe du selbst gehörst (VT, Q1–Q4).
2. Suche nach Erklärungen, weshalb die einzelnen Vorschriften in die Statuten aufgenommen worden sind (Q5).
3. Die Mitglieder des Beginenkonvents in Wesel diskutieren über den Inhalt der päpstlichen Bulle. Schreibe ihr Gespräch auf (Q5, Q6).

1. Eine Geschichtserzählung ergänzen: Gang durch eine mittelalterliche Stadt (Sachkompetenz)

Ergänze die Geschichtserzählung des 1. Kapitels mit Conrad im Mittelpunkt. Verwende dabei folgende Situationen:

Conrad
- erhält am Marktplatz von einem Patrizier Informationen über die Stadtregierung
- bekommt von einem Fernhändler sein Haus gezeigt und dessen Geschäft erklärt
- fragt seinen Onkel über die Zünfte aus
- schaut Artisten zu und lässt sie erzählen
- beobachtet jüdische Bewohner und spricht mit ihnen

2. Eine Zeichnung vervollständigen: der typische Aufbau einer mittelalterlichen Stadt (Sachkompetenz, Urteilskompetenz)

In der Zeichnung ist eine spätmittelalterliche Stadt als Skizze dargestellt. Noch fehlen aber wichtige Bestandteile, die du ergänzen musst:
- Kopiere die Zeichnung, schneide die „leere" Stadt aus und klebe sie in dein Heft.
- Schneide die Gebäude und Stadtviertel ebenfalls aus und klebe sie an die richtigen Stellen in der Stadt.
- Beschrifte die Gebäude und Stadtviertel; verwende folgende Begriffe: Hauptkirche, Zunfthaus, Handwerkerhäuser, Kaufmannshäuser, Judenviertel mit Synagoge, Marktbuden, Brunnen
- Erkläre, warum du dich für die jeweiligen Standorte entschieden hast und was für diese Lösung spricht.

Beachte: Einige Dinge haben sich eingeschlichen, die nicht in eine mittelalterliche Stadt gehören.

3. Lösungen überarbeiten und ergänzen: Rechte in der mittelalterlichen Stadt (Sachkompetenz, Methodenkompetenz, Urteilskompetenz)

Nachdem du im Unterricht den gesamten Themenbereich „Stadt im Mittelalter" erarbeitet hast, kannst du viele Aufgaben gründlicher und kenntnisreicher lösen als vorher.

a) Werte die Gründungsurkunde von Freiburg im Breisgau (S. 224, Q3) mithilfe der methodischen Arbeitsschritte „Textquelle" aus und schreibe auf, welche Rechte den Bürgern Freiburgs eingeräumt werden.

Erläutere, warum es trotz solcher Festlegungen in mittelalterlichen Städten immer wieder zu Machtkämpfen kam.

b) Macht Stadtluft frei und gleich? Versetzt euch in die Lage unterschiedlicher Stadtbewohner und beantwortet diese Frage. Beginnt jeweils so: „Ja, das stimmt, denn …" oder „Nein, das stimmt nicht, denn …" Besetzt folgende Rollen: Patrizier, Zunftmeister, Handwerksgeselle, Tagelöhner, jüdischer Händler, Frau eines Handwerksmeisters, Gaukler, Lehrling.

c) Als gebildeter Christ liest du im Jahr 1493 die Schedelsche Weltchronik und findest in dem Buch das Bild zum Ritualmord (S. 239, Q3). Schreibe einen Brief an die Redaktion, in dem du deine Meinung zur Veröffentlichung einer solchen Darstellung mittteilst.

d) Du bist Handwerksmeister oder Handwerksmeisterin und unzufrieden damit, dass im Stadtrat niemand von den Zünften vertreten ist. Auf dem Markt triffst du den Bürgermeister. Was würdest du ihm sagen? Was antwortet er? Spielt das Gespräch nach.

e) Das Sprichwort „Burger und Baur scheidet nichts dann die Maur" ist in der Kapitelüberschrift auf S. 222 mit einem Fragezeichen versehen. Entscheide, ob der Unterschied zwischen Stadt- und Landbevölkerung tatsächlich so verinfacht ausgedrückt werden kann. Gehe dabei auf folgende Fragen ein:
- Was sagt das Sprichwort aus?
- Wodurch unterscheiden sich wirtschaftliche Tätigkeiten und die Rechte der Stadtbewohner im Vergleich zu den Bauern?

4. Ein Bild auswerten: Die Hanse (Methodenkompetenz, Urteilskompetenz)

Analysiere dieses Bild nach den methodischen Schritten für die Bildauswertung.

Was erzählt das Bild über die Hanse und die Hansekaufleute?

Zusatzinformation: Der abgebildete Kaufmann stammt aus Danzig, wo er 1497 geboren wurde. Das Bild zeigt ihn in seinem Londoner Kontor.

Auf der CD-ROM kannst du noch weitere interessante Einzelheiten zum Bild erfahren.

Q1 Der Kaufmann Georg Gisze
Ölgemälde von Hans Holbein dem Jüngeren, 1532, 96,3 × 85,7 cm

Eine Zeitleiste erstellen Band 1, S. 14/15

Methodische Arbeitsschritte

1 Die Planung

- Bestimmt Thema und Zweck der Zeitleiste.
- Berechnet Maßstab und Platzbedarf.
- Tragt die Zeitskala ein und nehmt die Markierung von Abschnitten vor.
- Besprecht untereinander, zu welchen Ereignissen, Personen oder Begriffen ihr Eintragungen vornehmen wollt (am besten dann, wenn ein Thema im Unterricht abgeschlossen ist).

2 Die Zeitleistenbausteine

- Schreibt eure Texte vor und besprecht sie miteinander.
- Sammelt passende Bilder und andere zusätzliche Materialien, wählt sie gemeinsam aus und formuliert Unterschriften dazu.

3 Die Ausgestaltung

- Klärt genau, wo welcher „Baustein" in der Zeitleiste hinkommen soll; tragt, klebt oder malt dann ein, was ihr geplant habt.
- Überlegt gemeinsam, welche Verzierungen ihr noch vornehmen könnt (Farbe, Symbole).

Sachquellen untersuchen Band 1, S. 18/19

Methodische Arbeitsschritte

1 Beschreiben

- Stelle fest, um welchen Gegenstand es sich handelt.
- Sieh ihn an, nimm ihn in die Hand, probiere ihn aus.

2 Untersuchen

Beantworte die folgenden Fragen:
- Aus welchen Materialien ist der Gegenstand?
- Aus welcher Zeit stammt er vermutlich?
- Wozu diente er?
- Wie wurde er gehandhabt und von wem?

Dafür musst du dir unter Umständen zusätzliche Informationen aus Lexika, Sachbüchern, dem Internet oder von Experten besorgen. Als Experten können oft ältere Menschen dienen.

3 Deuten

- Überlege, was du aus dem Gegenstand über das Leben von Menschen früher entnehmen kannst. Welche Bedeutung hatte er für sie? Notiere Fragen, die sich an den Gegenstand anknüpfen und zu deren Beantwortung du weitere Informationen brauchst.
- Stelle abschließend fest, ob der Gegenstand für unser heutiges Leben noch eine Rolle spielt. Ist er durch andere ersetzt worden? Was lässt sich daraus über die Lebensweise der Menschen und ihren Wandel ablesen?

Vom Affen zum Menschen – einen Verfassertext auswerten

Band 1, S.30/31

Methodische Arbeitsschritte

1 Überblick

- Lies den ganzen Text einmal zügig durch. Um welches Thema und um welche Fragestellungen geht es?
- Notiere eine Überschrift und Stichwörter auf deinem Arbeitsblatt.

2 Untersuchung

- Finde Begriffe, mit denen du den Text gliedern kannst.
- Notiere die wichtigsten Gedanken eines jeden Abschnitts. Zum Beispiel: Welche Ereignisse und Entwicklungen werden genannt; wer sind die Handelnden; mit welchen Begriffen werden die historischen Situationen und Abläufe benannt; wie werden sie bewertet?
- Untersuche, wie der Verfasser seine Informationen und Argumentationen sprachlich darbietet. Zum Beispiel: Zeitliche Bezüge werden ausgedrückt durch „vorher", „nachher", „plötzlich" oder „danach"; Begründungen durch „weil", „da", „deshalb", „deswegen"; gegensätzliche Wertungen oder Widersprüche durch „einerseits – andererseits", „obwohl", „trotzdem", „manche meinen"; Unsicherheit oder Vorbehalte durch „vielleicht", „vermutlich", „wahrscheinlich".

3 Zusammenfassung

Fasse die wichtigsten Informationen des Textes knapp zusammen und bringe sie in eine eigene Form. Dafür kannst du zum Beispiel
- den Inhalt des Textes in wenigen eigenen Sätzen formulieren,
- eine Stichwortliste erstellen (etwa mit einander widersprechenden Argumenten oder Wertungen),
- eine Tabelle gestalten,
- die Aussage des Textes in einer Strukturskizze wiedergeben.

Rekonstruktionszeichnungen untersuchen

Band 1, S.42/43

Methodische Arbeitsschritte

1 Beschreiben

- Stelle fest, worum es bei der Rekonstruktionszeichnung geht. Die Unterschrift gibt dir dazu Informationen.
- Handelt es sich um einen einzelnen Gegenstand, ein Bauwerk, eine historische Szene, ...?
- Ordne das Thema in Zeit und Raum ein.
- Überlege, was du bereits über das Thema weißt.

2 Untersuchen

- Welche Gegenstände sind zu sehen?
- Welche baulichen oder technischen Einzelheiten kann man erkennen?
- Was lässt sich über die Funktionsweise erkennen?
- Welche Personen sind abgebildet?
- Welche Tätigkeiten üben sie aus?
- Welche Darstellungsweise wurde gewählt: farbig oder schwarz-weiß, einige wenige Dinge oder viele Details, welche Perspektive?
- Geht es um Sachinformation oder um Atmosphäre und Dramatik?

3 Deuten

- Was sagt die Rekonstruktionszeichnung über das Thema aus?
- Ist erkennbar, was man über das Thema tatsächlich weiß und wo Ergänzungen vorgenommen wurden? Woran erkennst du das?
- Was würdest du möglicherweise an der Rekonstruktionszeichnung kritisieren? Begründe deine Kritik.

Ein Schaubild erklären

Band 1, S. 66/67

Methodische Arbeitsschritte

1 Thema

- Stelle fest, welches Thema das Schaubild behandelt. Die Unterschrift gibt dir dazu Informationen.
- Ordne das Thema in Zeit und Raum ein. Manchmal geben Schaubilder Zustände wieder, die nur für kurze Zeit und nur für bestimmte Länder oder Gebiete galten. Andere zeigen gesellschaftliche Zustände, die für viele Länder und über lange Zeit typisch waren oder sind.

2 Untersuchung

- Stelle fest, welche Bestandteile das Schaubild hat. Das können zum Beispiel Kästchen, Kreise, Linien, Pfeile, Figuren oder Zeichen sein.
- Untersuche die Bedeutung der einzelnen Bestandteile des Schaubildes. Finde heraus, wofür verwendete Farben, Formen und Zeichen stehen.
- Überlege, welchen Zusammenhang es zwischen dem Thema und der Form des Schaubildes gibt.

3 Deutung

- Arbeite heraus, wie die einzelnen Bestandteile miteinander verknüpft sind und was das bedeutet: Stehen sie z.B. nebeneinander oder untereinander, sind sie mit Pfeilen verbunden und was heißt das?
- Erkläre, welches Verhältnis zwischen Personen oder Menschengruppen durch das Schaubild deutlich wird.
- Fasse zusammen, was du über das dargestellte Thema erfahren hast.

Textquellen auswerten

Band 1, S. 76/77

Methodische Arbeitsschritte

1 Inhalt erfassen

- Lies dir den Text zuerst einmal genau durch, damit du weißt, worum es geht. Achte dabei besonders auf die genannten Personen sowie Orts- und Zeitangaben.
- Kläre alle Wörter und Aussagen, die du nicht verstehst, entweder mit einem Wörterbuch oder frage deine Lehrerin/deinen Lehrer.
- Unterteile den Text in Sinnabschnitte, die jeweils einen Gedanken ausdrücken, und schreibe für jeden davon eine Überschrift.
- Fasse jetzt den Text mit deinen Worten so zusammen, dass alle Sinnabschnitte berücksichtigt sind.

2 Untersuchen

Nun weißt du, was in dem Text steht. Aber es könnte ja sein, dass der Verfasser des Textes ziemlich unwissend war oder eine einseitige Meinung vertrat. Deshalb musst du dich über den Verfasser informieren, z.B. mit einem Lexikon.

- Stelle fest, wer den Text verfasst hat, an welches Publikum er sich richtete und mit welcher Absicht er das tat.
- Kläre, mit welchem zeitlichen Abstand vom Geschehen der Verfasser schrieb und wie er an sein Wissen darüber gelangt ist.
- Kläre ferner, ob der Verfasser vielleicht eine einseitige Meinung vertritt. Hinweise dazu könntest du im Text oder in deinem Wissen über den Verfasser oder durch Vergleich mit einer anderen Quelle finden.

3 Deuten

- Abschließend muss die Quelle in einen größeren Zusammenhang eingeordnet werden, z.B. in den Verfassertext oder in andere Darstellungen.

Geschichtskarten verstehen Band 1, S.96/97

Methodische Arbeitsschritte

1 Beschreiben

- Stelle fest, welches Thema die Karte behandelt.
- Bestimme den geografischen Ausschnitt der Karte.
- Benenne den Zeitpunkt oder Zeitraum, auf den sich die Karte bezieht. Stelle fest, ob die Karte einen Zustand oder eine Entwicklung zeigt

2 Untersuchen

- Schreibe alle einzelnen Informationen auf, die du der Karte entnehmen kannst.
- Nimm gegebenenfalls dafür notwendige Berechnungen vor.

3 Deuten

- Fasse die wichtigsten Aussagen der Karte zusammen.
- Verknüpfe die Kartenaussagen mit Kenntnissen, die du schon hast.
- Überlege, auf welche Fragen die Karte keine Antwort gibt.
- Überlege, ob die Kartendarstellung unter Umständen Probleme aufwirft.

Ein Standbild untersuchen Band 1, S.120/121

Methodische Arbeitsschritte

1 Beschreiben

- Stelle fest, welche Personen dargestellt werden: Handelt es sich um lebende Personen, um Götter oder um Figuren, die stellvertretend für ein Volk oder eine Gruppe stehen? Werden sie bei bestimmten Handlungen dargestellt?
- Informiere dich, wann und von wem das Standbild geschaffen wurde.
- An welchem Ort wurde die Darstellung gezeigt?
- Welche Einzelheiten fallen dir besonders auf?

2 Untersuchen

- Finde heraus, wer der Auftraggeber/ die Auftraggeberin war. Welche Gründe hatte er/sie für den Auftrag?
- Untersuche die Einzelheiten:
- Wie werden die Personen dargestellt?
- Welche Haltung nehmen sie ein? Wie sind Kleidung und Haare gestaltet worden?
- Wie groß ist die Darstellung im Verhältnis zum Vorbild?
- Wie werden Handlungen und Szenen dargestellt? Wer steht dabei im Mittelpunkt?
- Gibt es Einzelheiten im Bild, die symbolisch gemeint sind?

3 Deuten

- Fasse zusammen, wie das Standbild auf dich wirkt und wie es wohl auf die Menschen zur Entstehungszeit gewirkt haben muss.
- Erkläre, was die dargestellte Person oder der Auftraggeber den Betrachtern mitteilen wollten.

Symbole erschließen
Band 1, S.164/165

Methodische Arbeitsschritte

1 Beschreiben

- Beschreibe, welche Personen, Tiere, Gegenstände, Zeichen usw. dargestellt sind.
- Entscheide, welche Teile des Dargestellten wirkliche Dinge abbilden und welche symbolische Bedeutung haben.
- Stelle fest, in welchem Zusammenhang das Symbol/die Symbole verwendet werden (z.B. auf Münzen, Gebrauchsgegenständen, Flaggen, Denkmälern usw.).

2 Untersuchen

Finde heraus, was das Symbol oder die Symbole bedeuten. Beachte dabei, dass Symbole in unterschiedlichen Zeiten und Zusammenhängen Verschiedenes bedeuten können.

Wenn du die Bedeutung eines Symbols nicht erschließen kannst, schlage unter dem entsprechenden Stichwort (z.B. „Heiligenschein") in einem Lexikon für Symbole nach. Du kannst auch im Internet recherchieren.

3 Deuten

Ordne die Bedeutung der Symbole in den Gesamtzusammenhang ein und fasse zusammen, was damit ausgesagt wird. Was bedeutete die symbolische Darstellung für die Menschen der damaligen Zeit? Was kann man daraus z.B. über das Denken der Menschen, über religiöse Vorstellungen, über Herrschaftsverhältnisse oder über politische Ziele erfahren?

Bilder untersuchen
Band 1, S.178/179

Methodische Arbeitsschritte

1 Beschreiben

- Beschreibe deinen ersten Eindruck von dem Bild.
- Stelle fest, was darauf besonders ins Auge fällt.
- Nenne Einzelheiten, die du auf dem Bild siehst.

2 Untersuchen

- Benenne das Thema des Bildes.
- Finde heraus, welche einzelnen Personen, historischen Ereignisse, Gegenstände dargestellt sind. (Hierfür benötigst du oft Zusatzinformationen.)
- Analysiere die verwendeten Darstellungsmittel:
- Bildaufbau (Bildteile; Vorder-, Mittel-, Hintergrund; besondere Anordnung)
- Perspektive (Zentral- oder Bedeutungsperspektive; Auf- oder Untersicht)
- Figurendarstellung (Körperhaltung; Blickrichtung; Mimik; Gestik)
- Größenverhältnisse
- Licht- und Farbwirkungen

3 Deuten

- Formuliere die Gesamtaussage des Bildes.
- Erkläre, welche für die Zeit typischen Sichtweisen, Vorstellungen oder Haltungen das Bild deutlich werden lässt.

Urkunden auswerten Band 1, S.182/183

Methodische Arbeitsschritte

1 Beschreiben

- Sieh dir zunächst die Abbildung der lateinischen Originalurkunde (Faksimile) an und halte fest, was du erkennst.
- Lies dir die deutsche Übersetzung durch und fasse den Inhalt des Textes zusammen.
- Vergleiche die Übersetzung mit dem Faksimile.
- Suche in der deutschen Übersetzung die einzelnen Bestandteile einer Urkunde und markiere sie.
- Gliedere die Urkunde in die drei Hauptteile. Versuche, im Faksimile zu erkennen, wie der Schreiber die Gliederung gestaltet hat.

2 Untersuchen

- Untersuche das Schriftbild auf Zeichen, Wörter oder Namen, die größer geschrieben sind als die übrige Schrift.
- Stelle dann die Informationen zusammen, die du der deutschen Übersetzung entnehmen kannst: über den Aussteller der Urkunde und den Schreiber, über den Adressaten und die ihm verliehenen Rechte und über die praktischen Umstände der Rechtshandlung.
- Überlege, mit welcher Absicht und unter welchen Umständen die Urkunde ausgestellt wurde und welche Wirkung sie hatte.

3 Deuten

- Versuche nun, die Urkunde in den historischen Zusammenhang einzuordnen und ihre Bedeutung zu erschließen. Frage dich z. B.:
- Welche Informationen aus den vorhergehenden Kapiteln werden durch diese Urkunde gestützt?
- Erwähnt die Urkunde einen für dich neuen Aspekt?

Einen Grundriss auswerten Band 1, S.208/209

Methodische Arbeitsschritte

1 Beschreiben

- Stelle fest, was auf dem Grundriss dargestellt ist. Handelt es sich um ein einzelnes Gebäude oder eine große Anlage mit verschiedenen Teilen?
- Informiere dich, aus welcher Zeit der Grundriss stammt und wer ihn angefertigt hat. Handelt es sich um ein Original oder eine Nachzeichnung?
- Erläutere, wie die Einzelteile dargestellt sind: z.B. Mauern, Eingänge, Türen, Fenster, verschiedene Stockwerke, Türme usw.

2 Untersuchen

- Benenne die verschiedenen Bestandteile, die du erkennst. Welche Teile erscheinen dir besonders wichtig? Unterscheide z. B. Haupt- und Nebengebäude, Wege. Beschreibe die Lage der einzelnen Bestandteile zueinander.
- Untersuche, welche Auskünfte der Grundriss über die Größe der Anlage oder die Abmessungen einzelner Teile gibt.
- Finde heraus, welche Funktionen die einzelnen Bestandteile hatten.

3 Deuten

- Fasse zusammen, was der Grundriss über Arbeits- und Lebensgewohnheiten der Menschen aussagt, die das Gebäude oder die Anlage nutzten.
- Erkläre, welche Bedeutung die Anlage für die Menschen in der damaligen Zeit hatte.

Bauwerke untersuchen

Methodische Arbeitsschritte

Band 1, S.236/237

1 Beschreiben

- Stelle fest, um was für ein Gebäude es sich handelt und wann es errichtet wurde.
- Beschreibe die Lage des Bauwerks in der Stadt und suche eine Erklärung dafür.
- Bestimme die Maße des Gebäudes, also Länge, Breite und Höhe.
- Beschreibe die einzelnen Teile des Bauwerks und stelle fest, in welchem Baustil es erbaut wurde.

2 Untersuchen

- Bestimme anhand der einzelnen Bestandteile und Räume die Funktion (Aufgabe, Zweck) des Bauwerkes.
- Informiere dich, wer das Bauwerk errichten ließ und ob es einen bestimmten Anlass dafür gab.
- Erkundige dich, wer die Bauarbeiten bezahlt hat.
- Untersuche die Baugeschichte: Wurden z.B. Teile nachträglich an- oder umgebaut?

3 Deuten

- Stelle Vermutungen an, wie das Bauwerk auf die Menschen wirkte und welche Absichten der Erbauer damit verfolgte.
- Finde heraus, ob sich das Bauwerk im Laufe der Zeit veränderte: Wurde es zerstört, wieder aufgebaut, restauriert oder umgebaut? Welche Gründe gab es dafür?
- Triff Aussagen über den heutigen Verwendungszweck. Hat er sich geändert, dann erkläre, warum.

Hinweise für das Lösen der Aufgaben

In diesem Buch findest du in jedem Kapitel viele Aufgaben, mit denen du die abgedruckten Materialien bearbeiten kannst. Um die Aufgaben zu lösen, musst du ganz unterschiedliche Tätigkeiten ausführen. Damit du weißt, was von dir erwartet wird, wenn du aufgefordert wirst, etwas zu erläutern, beschreiben, skizzieren usw., ist hier eine kleine Übersicht für dich zusammengestellt.

Arbeite heraus: Du liest einen oder mehrere Texte unter einem bestimmten Gesichtspunkt und gibst die wichtigsten Gedanken dazu mit deinen Worten wieder.

Begründe: Du suchst in Texten und Materialien nach Gründen, warum sich Ereignisse in einer bestimmten Form zugetragen haben oder warum Menschen in einer bestimmten Art und Weise gehandelt haben. Anschließend gibst du die Zusammenhänge ausführlich mit deinen Worten wieder. (Beispiel: Die Menschen der Altsteinzeit konnten nie sehr lange an einem Ort bleiben, weil …)

Beschreibe: Du gibst wieder, was du auf einem Bild, in einem Text oder einem anderen Material zu einem Thema erkennen kannst.

Besprecht/tauscht euch aus: Du tauschst mit anderen Meinungen über Ereignisse oder Handlungen aus. Dabei gehst du auf deine Gesprächspartner ein und begründest deine Meinung. (Beispiel: Ich sehe das ganz genauso, weil … Ich bin anderer Meinung, denn … Ich möchte noch etwas hinzufügen …)

Bewerte: Du vergleichst eine Aussage oder eine Behauptung zu einem historischen Sachverhalt mit dem, was du darüber weißt und entscheidest, ob die Aussage oder die Behauptung zutrifft oder nicht. Du äußerst dich auch dazu, wie du zu einem Sachverhalt bzw. zum Handeln von Menschen in einer bestimmten Situation stehst. (Beispiel: etwas ist richtig oder falsch, gerecht oder ungerecht, gut oder schlecht, grausam oder gerechtfertigt usw.) Du begründest, warum du zu diesem Urteil gelangt bist.

Charakterisiere: Du führst die wichtigsten Merkmale auf, die eine Handlung, ein Ereignis oder einen Zustand am besten beschreiben.

Diskutiert: Du tauschst mit Gesprächspartnern Meinungen zu einer Frage- oder Problemstellung aus. Dabei wägt ihr ab, was für einen bestimmten Standpunkt spricht und was dagegen.

Erkläre: Du äußerst dich ausführlich zu Abläufen, Ereignissen, Zuständen oder Handlungen und machst dabei Gründe und Zusammenhänge deutlich.

Erläutere/skizziere: Du stellst Sachverhalte oder Handlungen ausführlich dar. Dabei entscheidest du selbst, was du für besonders wichtig hältst und du demzufolge sehr genau darlegst, was du nur kurz erwähnst oder was du weglassen willst.

Erörtere/stelle dar/lege dar: Du äußerst dich ausführlich zu einem historischen Ereignis, einem Zustand oder einem Handlungsablauf und versuchst dabei unterschiedliche Sichtweisen einzubringen. (Beispiel: Einerseits waren die Römer Eroberer und wurden von den Germanen bekämpft. Aber andererseits brachten die Römer viele Lebensgewohnheiten in die eroberten Gebiete, die dort gern übernommen wurden …)

Erkundige dich/informiere dich: Du besorgst dir Informationen zu bestimmten Sachverhalten in von dir selbst gewählten unterschiedlichen Medien (Bücher, Zeitschriften, Zeitungen, Fernsehsendungen, Internetseiten usw.) oder durch Befragen anderer Menschen (Eltern, Lehrer, Fachleute, Zeitzeugen usw.). Anschließend stellst du das Ergebnis in geeigneter Form zusammen.

Fasse zusammen: Du liest einen oder mehrere längere Texte und gibst den Inhalt in verkürzter Form wieder.

Finde heraus: Du suchst aus verschiedenen Texten und Materialien nach Antworten auf Fragen bzw. auf Lösungen bestimmter Probleme und formulierst diese mit deinen Worten.

Gib ... wieder: Du suchst aus einem oder mehreren Texten nach wichtigen Aussagen/Informationen und wiederholst diese.

Liste auf/stelle zusammen: Du schreibst Informationen in Form von kurzen Sätzen, Wortgruppen, Tabellen usw. auf.

Nenne: Du entnimmst einzelne Begriffe und Informationen aus vorgegebenen Texten und Materialien.

Ordne ein/zu: Du sortierst Informationen unter bestimmte Überschriften oder Oberbegriffe.

Prüfe/überprüfe: Du vergleichst Informationen aus den Materialien mit vorhandenen Kenntnissen und stellst fest, ob beides übereinstimmt oder sich widerspricht.

Schließe auf etwas: Du entnimmst einem Material Aussagen und denkst darüber nach, was die Gründe dafür sein könnten. (Beispiele: Ein Kriegsgegner wird besonders grausam beschrieben, weil der Schreiber die eigenen Taten rechtfertigen möchte. Ein Herrscher wird übernatürlich groß gemalt, weil damit seine Macht gezeigt werden soll.)

Stelle fest: Du entnimmst einem Material oder mehreren Materialien Informationen und formulierst zweifelsfrei feststehende Aussagen ohne sie weiter zu bewerten oder zu kommentieren. (Beispiel: 476 n. Chr. wurde der letzte weströmische Kaiser abgesetzt.)

Stelle gegenüber: Du beschreibst verschiedenartige Informationen, Aussagen oder Sachverhalte, ohne sie zu kommentieren oder zu bewerten.

Überlege: Du suchst nach logischen Erklärungen dafür, warum sich Vorgänge oder Ereignisse in der Vergangenheit in einer bestimmten Art und Weise abgespielt haben. (Beispiel: Um gemeinschaftlich jagen zu können, mussten sich die Steinzeitmenschen miteinander verständigen können.)

Unterscheide: Du ordnest unterschiedliche Aussagen in zwei oder mehrere Gruppen ein und begründest, welche Merkmale für dich dabei von Wichtigkeit waren.

Untersuche: Du stellst an ein Material oder mehrere Materialien gezielt Fragen, beantwortest diese und begründest deine Antworten.

Vergleiche: Du stellst unterschiedliche Aussagen/Informationen gegenüber und findest heraus, worin sie sich gleichen, ähnlich sind oder sich völlig unterscheiden.

Zähle auf: Du entnimmst einem Text oder einem anderen Material einzelne Aussagen und ordnest sie sinnvoll. (Beispiel: Ötzis Ausrüstung: 1. Bekleidung: Grasmantel, Mütze aus Bärenfell ... 2. Waffen: Pfeile ... 3. Werkzeuge: ...)

Bei den folgenden Aufgabenstellungen musst du dich immer in die jeweils angegebene Zeit und in eine bestimmte Person hineinversetzen. Du musst also immer bedenken, das Denken und Handeln der Menschen und ihre Möglichkeiten waren ganz andere als heute.

Schreibe einen Tagebucheintrag: Du vertraust dich nur dem Tagebuch an, kannst also deine ganz persönliche Sicht und deine Gefühle zum Ausdruck bringen, ohne auf andere Rücksicht zu nehmen.

Schreibe einen Brief: Du musst dir genau überlegen, wer der Adressat deines Briefes ist und wie du zu ihm stehst. Der Empfänger des Briefes erwartet, dass du dich klar und verständlich ausdrückst, dass er genau weiß, worüber du ihm schreibst, und er möchte deine Meinung, deine Gedanken und vielleicht auch deine Gefühle erkennen.

Schreibe einen Zeitungsartikel: Du schreibst für ein großes Publikum und kannst nicht ohne weiteres wissen, welche Kenntnisse die Leser haben. Also musst du kurz erläutern, worum es geht. Du möchtest auch deine Meinung zu dem Ereignis oder Sachverhalt darlegen. Um die Leser zu überzeugen, brauchst du gute Argumente. Denke auch daran, dass ein Zeitungsartikel immer auch eine bestimmte Form hat: Überschrift, vielleicht eine Unterüberschrift oder eine kurze Einführung.

Verfasse eine Rede: Mit einer Rede möchtest du viele Leute von deiner Meinung überzeugen. Du musst alles kurz auf den Punkt bringen und wirkungsvoll begründen. Wenn du deine Rede vorträgst, achte darauf, dass du gut ankommst (Fragestellungen, geschickte Pausen, veränderte Stimmlage usw.)

Gestalte ein Flugblatt/ein Plakat: Du musst deine Botschaften auf wenige aussagekräftige Schlagwörter zusammenfassen. Bilder oder Symbole müssen auf den ersten Blick entschlüsselt werden können. Plakate müssen auch groß genug sein, um von weitem erkannt zu werden.

Führt ein Interview: Fragen und Antworten müsst ihr vorbereiten. Bedenkt dabei sehr genau, was ihr herausbekommen möchtet und was die Menschen, die ihr darstellt, überhaupt wissen konnten.

Literaturtipps

Ur- und Frühgeschichte

Ballinger, Erich: Der Gletschermann. Ein Steinzeitkrimi. Würzburg 2005.

Beyerlein, Gabriele: Die Maske im See. Eine Erzählung aus der frühen Eisenzeit. Berlin 1990.

Beyerlein, Gabriele: Gabriele Beyerlein erzählt von den Steinzeitjägern. Hamburg 1991.

Beyerlein, Gabriele: Gabriele Beyerlein erzählt vom Gletschermann. Hamburg 1993.

Beyerlein, Gabriele: Die Entscheidung am heiligen Felsen. Eine Erzählung aus der Keltenstadt Alkimoennis. Würzburg 1993.

Beyerlein, Gabriele: Gabriele Beyerlein erzählt vom den Keltenfürsten. Hamburg 1995.

Beyerlein, Gabriele: Die Höhle der weißen Wölfin. Hamburg 1996.

Beyerlein, Gabriele/Lorenz, Herbert: Die Sonne bleibt nicht stehen. Eine Erzählung aus der Jungsteinzeit. Würzburg 1998.

Beyerlein, Gabriele: Der goldene Kegel. Eine Erzählung aus der späten Bronzezeit. Stuttgart, Wien 2007.

Beyerlein, Gabriele: Steinzeit: die Welt unserer Vorfahren. Würzburg 2008.

Grund, Josef Carl: Das Dorf am See. Donauwörth 2005.

Heyne, Isolde: Tanea, Tochter der Wölfin. Würzburg 1997.

Das alte Ägypten

Holler, René: Rettet den Pharao. Ein Ratekrimi aus dem alten Ägypten. Bindlach 2002/ 2007.

Holler, René: Spurensuche am Nil. Ein Ratekrimi aus dem alten Ägypten. Bindlach 2004/ 2006.

Kustermans, Paul: Timus lange Flucht. Abenteuerroman aus dem alten Ägypten. Weinheim 1999.

Majonica, Rudolf: Das Geheimnis der Hieroglyphen. München 2007.

McGraw, Eloise Jarvis: Tochter des Nils. Weinheim 2000.

Naumann, Rosa: Verschollen in der Pyramide. München 2005.

Naef, Thomas H.: Der Schreiber des Pharao. Leben im alten Ägypten. Zürich u.a.1989.

Osborne, Mary Pope/ Osborne, Will: Mit Anne und Philipp im alten Ägypten. Bindlach 2005.

Ross, Stuart: Abenteuer im alten Ägypten. Starnberg 2004.

Stephan-Kühn, Freya: Viel Spaß mit den alten Ägyptern! Würzburg 1990.

Antikes Griechenland/ Hellenismus

Grund, Josef Carl: Bis an das Ende der Erde. Eine Erzählung um Alexander den Großen. Bindlach 1991.

Holler, René: Im Schatten der Akropolis. Ein Ratekrimi aus dem alten Griechenland. Bindlach 2003.

Holtei, Christa: Skandal in Olympia. Ein Mitratekrimi aus dem Alten Griechenland. München 2008.

Lenk, Fabian: Eine Falle für Alexander. Ein Ratekrimi aus der griechischen Antike. Bindlach 2005.

Zitelmann, Arnulf: Hypatia. Weinheim und Basel 1988.

Das antike Rom

Baumann, Hans: Ich zog mit Hannibal. München 1972/ 2007.

Grund, Josef Carl: Der Ring des Pilatus. Eine Erzählung aus der Zeit Christi. Würzburg 1988.

Grund, Josef Carl: Zwei Leben für Hannibal. Eine Erzählung aus dem Reich der Kathager. Würzburg 1989.

Grund, Josef Carl: Asche auf Pompeji. Würzburg 1995/ 2005.

Grund, Josef Carl: Feuer am Limes. Würzburg 2003.

Grund, Josef Carl: Geiseln für Cäsar. Donauwörth 2006.

Holler, Renée: Der Geheimbund der Skorpione. Ein Ratekrimi aus dem alten Rom. Bindlach 2002/2006

Kaiser, Maria Regina: Lukios. Abenteuer im Alten Rom. Würzburg 1995.

Lenk, Fabian: Verschwörung gegen Hannibal. Bindlach 2003/ 2005.

Lenk, Fabian: Die Spur führt zum Aquädukt. Ein Ratekrimi aus der Römerzeit. Bindlach 2003/ 2005.

Lenk, Fabian: Anschlag auf Pompeji. Ein Ratekrimi aus der Römerzeit. Bindlach 2005.

Lewin, Waltraut: Wenn die Nacht am tiefsten. Caesar und Kleopatra – eine historische Liebe. Bindlach 2005.

Parriger, Harald: Der Dieb von Rom. Würzburg 2004/ 2007.

Schröder, Rainer M.: Der geheime Auftrag des Jona von Judäa. München 2007.

Stöver, Hans Dieter: Caesar und der Gallier. München 2000.

Stöver, Hans Dieter: Das römische Weltwunder. 1995

Stöver, Hans Dieter: Drei Tage in Rom. Land- und Stadtleben zur Zeit Caesars. München 1989.

Stöver, Hans Dieter: Quintus in Gefahr. München 1991.

Stöver, Hans Dieter: Quintus setzt sich durch. München 1992.

Stöver, Hans Dieter: Quintus geht nach Rom. München 1987.

Stöver, Hans Dieter: Die Akte Varus. München 1991/ 2006.

Thilo: Gefangen im alten Rom. Bindlach 2005.

Völker, Werner: Hermann der Cherusker. München 2006.

Winterfeld, Henry: Caius, der Lausbub aus dem alten Rom. Alle Abenteuer. München 1979/ 1986.

Wolfram, Herwig: Plötzlich standen wir vor Attila. Eine Zeitreise ins Hunnenreich. Wien 2006.

Mittelalter

Bentele Günther: Schwarzer Valentinstag. Ein Kriminalfall aus dem Mittelalter. Stuttgart 1999/ 2005

Bentele Günther: Blutiges Pergament. Stuttgart 2002/ 2006.

Beyerlein, Gabriele: Gabriele Beyerlein erzählt vom Mittelalter. Hamburg 1992.

Beyerlein, Gabriele: Wie ein Falke im Wind. Würzburg 2001.

Cushman, Karen: Alyce und keine andere. München 1998.

Fircks, Christoph v.: Der heilige Ort am See. Güstrow 1992.

Holler, Renée: Gefahr für den Kaiser. Ein Ratekrimi aus dem Mittelalter. Bindlach 2002/ 2005.

Holler, Renée / Lenk, Fabian: Die geheimnisvolle Unbekannte. Zwei Ratekrimis aus dem Mittelalter. Bindlach 2004.

Verzeichnis der Namen, Sachen und Begriffe

Verwendete Abkürzungen:
Abb. = Abbildung; ägypt. = ägyptisch; angelsächs. = angelsächsisch; asiat. = asiatisch; athen. = athenisch; bäuerl. = bäuerlich; brit. = britisch; burg. = burgundisch; christl. = christlich; dt. = deutsch; engl. = englisch; fränk. = fränkisch; frz. = französisch; germ. = germanisch; griech. = griechisch; hist. = historisch; ind. = indisch; ital. = italienisch; Jh. = Jahrhundert; jüd. = jüdisch; karthag. = karthagisch; maked. = makedonisch; mittelalterl. = mittelalterlich; pers. = persisch; preuß. = preußisch; röm. = römisch; weltl. = weltlich

➜ Verweis auf ein anderes Stichwort

Bei historischen Grundbegriffen, die im Buch in der Randspalte erläutert werden, ist die entsprechende Seitenzahl halbfett gesetzt. Bei Herrschern und kirchlichen Amtsträgern sind in der Regel soweit möglich die Regierungs-/Amtsdaten, bei allen anderen Personen die Lebensdaten angegeben.